商务谈判

理论、实务与技巧

（第二版）

冯光明◎编著

清華大學出版社
北京

内容简介

本书系统深入地阐述了商务谈判的理论、商务谈判的思维与心理、商务谈判的组织管理、商务谈判的礼仪、商务谈判的准备、商务谈判的过程、商务谈判的签约、商务谈判的语言、商务谈判的僵局、商务谈判的风险防范、国际商务谈判等内容。并且每章精选了若干案例、思考题，以便读者复习巩固所学。

本书结构清晰，语言通俗流畅，例证真实生动，理论联系实际，适合作为普通高等院校经济与管理类及相关专业本科教材，同时兼顾成人高等院校、高等专科院校经济与管理类及相关专业学生有选择地使用本书，本书也可以作为商务人士的学习参考书。

图书在版编目（CIP）数据

商务谈判：理论、实务与技巧 / 冯光明编著. —2版. —北京：清华大学出版社, 2022.7
21世纪经济管理新形态教材. 营销学系列
ISBN 978-7-302-61235-3

Ⅰ. ①商… Ⅱ. ①冯… Ⅲ. ①商务谈判—高等学校—教材 Ⅳ. ①F715.4

中国版本图书馆CIP数据核字(2022)第112192号

责任编辑： 陆浥晨
封面设计： 李召霞
责任校对： 宋玉莲
责任印制： 曹婉颖
出版发行： 清华大学出版社
网　　址： http://www.tup.com.cn，http://www.wqbook.com
地　　址： 北京清华大学学研大厦A座　　**邮　　编：** 100084
社 总 机： 010-83470000　　**邮　　购：** 010-62786544
投稿与读者服务： 010-62776969，c-service@tup.tsinghua.edu.cn
质 量 反 馈： 010-62772015，zhiliang@tup.tsinghua.edu.cn
课 件 下 载： http://www.tup.com.cn，010-83470332
印 装 者： 三河市天利华印刷装订有限公司
经　　销： 全国新华书店
开　　本： 185mm×260mm　　**印　　张：** 22.75　　**字　　数：** 519千字
版　　次： 2015年1月第1版　　2022年9月第2版　　**印　　次：** 2022年9月第1次印刷
定　　价： 65.00元

产品编号：092287-01

作 者 简 介

冯光明，硕士，北京师范大学珠海分校国际商学部工商管理系教授，珠港澳经济研究院城市发展战略研究室主任。长期从事普通高校管理学、市场营销学、客户关系管理、商务谈判、国际企业管理等课程的教学与研究工作。主要研究方向为企业战略管理和市场营销管理。出版专著和教材20余部，在学术刊物上公开发表论文40余篇，主持和参与省部级和市级课题20余项。

第二版前言

商务谈判既是一门科学，也是一门艺术。随着世界经济一体化进程的加快和我国“一带一路”倡议的不断推进，越来越多的企业与个人需要同国内或国外的经营者打交道。任何一次商务活动都离不开谈判，任何一次商务谈判都离不开谈判的理论、知识和技能的运用。这使商务谈判课程变得越来越重要。拥有商务谈判理论、知识和技能的多少直接影响着经济利益的实现及谈判结果，因而，掌握商务谈判基本理论、知识和技能将使企业及个人受益无穷。

本书自 2015 年 8 月出版发行以来，经有关院校教学使用，深受广大教师及学生的欢迎和好评。他们对书中内容提出了很多宝贵的意见和建议，编者对此表示衷心感谢。为使本书内容能更好地符合当前高等院校商务谈判课程的需要，作者结合近年来高等院校教学改革动态，依据最新商务谈判的相关规定，借鉴吸收国内外谈判的最新理论和研究成果对本书进行了修订。

本书以第一版为基础进行修订编写。本书的修订坚持以理论知识够用为度，遵循“精练理论、突出应用、夯实基础、强化能力”的原则，以培养现代应用型人才为目的，强调提高学生的实践能力和动手能力，力求做到内容精简、由浅入深，在文字上尽量做到通俗易懂。通过本书的学习，能让学生更好地理解商务谈判的原理，掌握商务谈判的方法，熟练商务谈判的技巧，获得商务谈判宝贵的经验，提升商务谈判的能力。

为方便教师的教学和学生的学习，本次修订对部分章节内容进行了较大调整，对各章节中的部分内容进行了重新编写，对部分案例进行了更新，对思考题进行了补充与修改。相信本书的第二次出版，能使高等院校教师的教学更加得心应手，也能给广大读者一定的指导和启迪，对参与商务谈判的专业人士将更有辅弼之功效。

在本书修订过程中，参阅了国内作者的相关著作，得到了清华大学出版社的大力支持，在此表示衷心感谢!

由于编著者水平有限，修订后的书中仍难免有疏漏和差错，恳请广大读者批评指正。

编著者

第三版前言

目
录

第一章

商务谈判概述

学习目标与重点

1. 商务谈判的概念与特征；
2. 商务谈判的类型与形式；
3. 商务谈判的原则与作用；
4. 商务谈判的内容与程序。

案例导入

第一节　商务谈判的概念与特征

一、谈判的概念与特征

（一）谈判的概念

谈判无处不在。世界谈判大师赫伯·寇恩说："人生就是一张大谈判桌，不管喜不喜欢，你已经置身其中了。"夫妻通过谈判决定去哪个国家旅游；朋友通过谈判决定去哪里吃饭；孩子们通过谈判决定看哪个电视节目；律师通过谈判争取仲裁还是法律诉讼；警察通过和挟持人质的恐怖分子谈判解救受害人；企业通过谈判决定采购哪种原料、销售哪种产品；国家通过谈判解决边境领土争端的重大问题；美国与俄罗斯通过谈判就销毁叙利亚化学武器达成框架协议等。谈判不仅是技术高超的国家外交官员、企业销售人员和工会组织者所进行的活动，也是每个人每天都要经历的事情。有时人们谈判是为了重要的事情，而有时则是为了一些微不足道的小事。不论是个人谈判还是外交谈判或是企业谈判，谈判的原则和程序都大致相同。

那么，究竟什么是“谈判”？关于“谈判”的概念，谈判各个角度的观点不同，解释不同，可以说是众说纷纭，至今没有一个一致的说法。我们先看看辞学与不同专家学者对谈判的几个定义。

谈判，《现代汉语词典》解释为：有关方面对有待解决的重大问题进行会谈。谈判有狭义和广义之分。狭义的谈判，指为解决较为重大的问题，在正式的专门场合下进行的会谈；广义的谈判，则包括各种形式的交涉、洽谈、协商等。作为探讨谈判实践内在规律的谈判理论，主要以建立在广义谈判基础之上的狭义谈判为研究对象。

谈判，实际上包含“谈”和“判”两个紧密联系的环节。谈是“彼此的对话；讲论”，就是当事人明确阐述自己的意愿和所要追求的目标，充分发表关于各方应当承担和享有的责权利的看法。判则为“分辨和评定”，就是当事各方努力寻求关于各项权利和义务的共同一致的意见，以期通过相应的协议正式予以确定。因此，谈是判的前提和基础，判是谈的结果和目的。

“谈判”，法语解释为“art，action de mener à bonne fin les grandes affaires，les affaires publipues”，意为使大的生意和公共事务获得良好结果的行动和艺术。

“谈判”，英语解释为“an act or the action of negotiating”，即谈判的行为和过程。对negotiaton的解释是“to talk with another person or group in order to settle a question or disagreement；try to come to an agreement”，即为了解决一个问题或分歧，并试图达成一个协议，而与某人或集体进行谈话的行为或过程。此定义虽然泛泛，但却给出了谈判的核心：达成一个协议。

美国谈判学会主席杰勒德·I. 尼尔伦伯格（Gerard I. Nierenberg）1968年在其所著的《谈判的艺术》（*The Art of Negotiating*）中写道：“谈判的定义最为简单，而涉及的范围却最为广泛，每一个要求满足的愿望和每一项寻求满足的需要，至少都是诱发人们展开谈判过程的潜因。只要人们为了改变相互关系而交换观点，只要人们为了取得一致而磋商协议，他们就是在进行谈判。”

英国谈判学家P. D. V. 马什（P. D. V. Marsh）1972年在《合同谈判手册》（*Contract Negotiation Handbook*）一书中对谈判所下的定义是：“所谓谈判是指有关各方为了自身的目的，在一项涉及各方利益的事务中进行磋商，并通过调整各自提出的条件，最终达成一项各方较为满意的协议这样的一个不断协调的过程。”

法国谈判学家克里斯托夫·杜邦（Christophe Dupont）全面研究了欧美许多谈判专家的著述后在其所著的《谈判的行为、理论与应用》（*Lanegociation Conduite*，*Theorie*，*Applications*）中给谈判下了这样的定义：“谈判是使两个或数个角色处于面对面位置上的一项活动。各角色因持分歧而相互对立，但他们彼此又互为依存。他们选择谋求达成协议的实际态度，以便终止分歧，并在他们之间（即使是暂时性的）创造、维持、发展某种关系。”

美国著名谈判咨询顾问C. 威恩·巴罗（C. Wayne Barlow）和格莱恩·P. 艾森（Glenn P. Eisen）在合著的《谈判技巧》一书中指出：“谈判是一种双方致力于说服对方接受其要求时所运用的一种交换意见的技能。其最终目的就是要达成一项对双方都有利的协议。”

国内学者认为：谈判是当事人为满足各自需要和维护各自利益而进行的协商过程。

上述国内外专家、学者按照各自的理解就谈判的形式、意义与观点对谈判下了定义，既有共识，也有各自的高见，却无一致的定义。

综合上述定义，本书对谈判的定义是：谈判是指参与各方在一定的环境条件下，为了满足各自的需要，通过协商而争取达成一致的行为过程。

对谈判的这一定义，可以从以下几个方面理解和把握。

1. 谈判建立在人们需要的基础上

杰勒德·I. 尼尔伦伯格指出：当人们想交换意见、改变关系或寻求同意时，人们开始谈判。这里，交换意见、改变关系、寻求同意都是人们的需要。需要包括的具体内容极为广泛，如物质的需要、精神的需要、低级的需要和高级的需要。需要推动人们进行谈判，需要越强烈，谈判的动因就越明确。由于谈判是两方以上参与的行为，只有各方的需要能够通过对方的行为满足时，才会产生谈判。无论什么样的谈判，都是建立在需要的基础上的，而且需要越强烈，谈判的需求越迫切。

2. 谈判是两方或两方以上的参与者之间的交际活动

要谈判，就要有谈判对象，只有一方则无法进行谈判活动。比如，企业采购员与推销员的一对一谈判，联合国的多边谈判，都说明谈判要有两方或两方以上的参与者。既然有至少两方的人员参加，这种活动就是一种交际活动，就需要运用交际手段、交际策略实现交际的目的。可以说，有两方或两方以上的参与者是进行谈判的先决条件。

3. 谈判寻求建立或改善人们的社会关系

人们的一切活动都是以一定的社会关系为背景的。就商品交换活动来讲，从形式上看是买方与卖方的商品交换行为，但实质上是人与人之间的关系，是商品的所有者和货币持有者之间的关系。买卖行为之所以能发生，取决于买方与卖方新的关系的建立。谈判的目的是要获得某种利益，要实现追求的利益，就需要建立新的社会关系或改善原有的社会关系，这种关系的建立和巩固需要通过谈判来实现。

4. 谈判是一种协调行为的过程

由于参与谈判各方的利益、思维及行为方式不尽相同，存在一定程度的冲突和差异，因而谈判的过程实际上就是寻找共同点的过程，是一种协调行为的过程。谈判的整个过程就是解决问题或协调矛盾。谈判不可能一蹴而就，总需要一个过程，这个过程往往不止一次，而是随着新问题、新矛盾的出现而不断重复，这意味着社会关系需要不断协调。

5. 谈判具有约束性

谈判具有约束性，表现在谈判内容和结果受外部环境条件的制约。政治、法律、经济、社会文化、时间与地点等环境条件对谈判的影响很大。所以，谈判人员不仅要掌握谈判的基础理论知识、谈判的材料与技巧，还应掌握国家政策、法律、经济与社会文化等方面的知识，这样才能控制复杂的谈判局势，实现谈判目标。

（二）谈判的特征

作为人类的一种有意识的社会活动，谈判具有以下五个方面的特征。

1. 谈判参与各方的主体性

谈判活动的开展必须在两个或两个以上的谈判主体之间进行，任何单一的个人或组织都无法进行谈判。参与谈判的当事人都是平等的谈判主体，谈判是谈判主体之间的主体性行为，反映谈判主体的主观意愿。参与方为两个以上时，则根据参与方的数量分别称为三方谈判、四方谈判或多边谈判。

2. 谈判具有明确的目的性

谈判是一种目的性很强的活动，是双方或多方为了实现各自目的所进行的反复磋商的过程，谈判各方均有明确的目标。谈判的产生是因为谈判主体有需求出现，且需要通过与他人的合作才能满足。因此，谈判的最终目标是获取某种利益以满足自身的需求。没有明确的谈判目的，不明白为什么谈及谈什么，只能称之为聊天或闲谈。因此，谈判的任何一种定义都会强调谈判的目的性，即追求一定的目标这一基本特征。

3. 谈判过程的互动性

谈判是一种双边或多边的交流活动。这个活动既是双方或多方活动的过程，也是说服与被说服、争取与妥协的过程，还是一个给与取、施与受兼而有之的过程。

①谈判是一种交流，即参与各方信息的相互传递与影响。谈判中，一方将己方的需求目标、需求理由及需求代价通过信息载体（口头语言、书面语言、网络语言、通信语言或肢体语言）向对方进行完整传达。另一方通过获取对方的信息，了解对方的实质性需求目标，并逐步调整自身的预期目标和具体谈判对策。双方通过直接交锋，最终达成共同目标。在谈判过程中，谈判人员的言行举止乃至装扮都有可能成为一种影响对方抉择的信息。

②谈判是给与取、施与受兼而有之的过程，这是谈判的基本要求。谈判总是涉及谈判的对象，如果是单方面的施舍或者单方面的接受，不论是自愿接受还是被动接受，都不能算是一种谈判。因为谈判涉及的至少是两方，所以寻求的是双方互惠互利的结果。真正的谈判，双方有得必有失。谈判双方都期望对方会对其公开陈述的要求或需求做出某种程度的修改或让步。尽管谈判初期双方都会尽力为自己的利益与对方争议，每一方都希望对方先做出让步，但通常到最后双方都会改变立场，每一方都会向对方做出让步，最终实现互惠互利。谈判结果不是那种你赢我输、你死我活的单利性零和博弈结果，而是你赢我也不输的双赢非零和博弈结果。唯有达成双方互惠互利，才能实现确认成交的良性结果。

4. 谈判的合作性与冲突性

谈判各方的需求的实现都离不开对方的合作，这是谈判的必要性所在，也是谈判各方能坐下来协商的唯一理由，这就是谈判的合作性，又称为相互依存性。这种相互依存关系是十分复杂的。谈判各方都知道，己方可以影响对方的谈判结果；同样，对方也可以影响己方的谈判结果。当各方都在设法影响对方时，整个谈判就处于各方对计划达成方案的不断协调中。这里的相互影响就是指谈判的合作与冲突。为了让谈判能达成协议，参与谈判各方均须具备一定程度的合作性。但是，为了在较大程度上满足各自利益需要，谈判各方势必处于利害冲突的对抗状态。尽管在不同的谈判场合下，合作程度与冲突程度各不相同，但可以肯定的是，任何一种谈判均含有某一程度的合作与某一程度的冲突。这种合作与冲突共存的局面正是谈判的实质所在，纯粹的合作无须谈判，单一的冲突更无谈判的必要，直接用“战争”解决会更简单。严格意义上讲，谈判大多数是由合作中的冲突成分所引起并促成的。

5. 谈判结果的不可预知性

由于谈判具有合作性，因而通过谈判，各方都能在一定程度上实现自己的利益目标。但这种目标实现的程度，或者说互惠互利的结果并非是均等的。有的谈判方获得的好处多，有的谈判方获得的好处少，出现这种结果的原因在于谈判的参与方所拥有的实力（包括政府背景、市场背景、企业背景及技术背景）和谈判技巧（包括谈判者的能力、水平，谈判的策略运用）各不相同。

谈判结果的不可预知性是指即使拥有同样的谈判条件，但是，由于不同谈判行为主体的谈判方法和技巧具有一定的差异性，其谈判结果可能会有很大的差异。因此，虽然在谈判以前可以大致了解谈判各方优势的大小，但对谈判结果是很难准确预测的。谈判的这一特征使谈判的艺术性和技巧性在谈判中占据了重要位置，也使谈判成为少数人所拥有的特殊技能。

二、商务谈判的概念、特征和要素

（一）商务谈判的概念

商务谈判是一种主要的谈判类型。它既有一般谈判的质的规定性，又具有商务的特性。商务即交易的事务，是指经济组织或企业之间发生的一切有形与无形的产品、服务或资产的交换活动与买卖及合作等事宜。在商品交换中，买方希望以较少的货币获取较多的商品，而卖方则希望以较少的商品获取较多的货币。买、卖双方各自的需要、欲望及矛盾的对立性为商务谈判的产生提供了可能性。商务行为按照国际习惯可以划分为以下四种。

①直接的商品交易活动，如批发、零售商业等。

②直接为商品交易服务的活动，如运输、仓储、加工整理等。

③间接为商品交易服务的活动，如金融、保险、信托、租赁等。

④具体服务性质的活动，如饭店、商品信息、咨询、广告等服务。

所以，商务谈判是指买卖双方为了促成交易而进行的活动，或是为了解决买卖双方的争端，并取得各自的经济利益的一种方法和手段。

商务谈判是在商品经济条件下产生和发展起来的，它已经成为现代社会经济生活必不可少的组成部分。可以说，没有商务谈判，经济活动便无法进行。小到人在生活中购物的讨价还价，大到企业法人之间的合作、国家与国家之间的经济技术交流，都离不开商务谈判。

商务谈判与商务活动的关系。

从定义来看，商务谈判是买卖双方为了促成交易，满足自身经济利益而交换意见，谋求解决彼此之间的争端或利益互补而磋商协议的活动。商务活动离不开谈判，凡是在商务活动中发生的谈判，都属于商务谈判。“商务”表明这类谈判的特定目标和内容性质。“谈判”则说明这类商务活动的运作过程和活动方式。

（二）商务谈判的特征

商务谈判是一项十分复杂的综合性工作。它是综合运用政治、经济、管理、技术、法律、语言文学、心理、社交等多学科知识于商务活动的一门艺术，具有自身的特征。商务谈判主要有以下几个特征。

1. 谈判对象具有广泛性和不确定性

普通商品可以在国内市场和国际市场上自由流通。作为卖方，其商品可以出售给任何一个人，销售范围具有广泛性；同理，作为买方，也可以选择购买任意卖主的商品，选择范围也具有广泛性。因此，无论是卖方还是买方，其谈判交易对象遍布全国甚至全世界。为了使交易更有利，交易者需要广泛接触交易对象。但是，交易者总是同具体的交易对象达成交易，不可能同广泛的对象谈判，而具体的交易对象在各种竞争存在的情况下是不确定的。这种不确定性不仅是由交易对象的要求和变化决定的，也是由交易者的要求和变化所决定的。

交易对象具有广泛性和不确定性的特征要求谈判者不仅要充分了解市场行情，及时掌握价值规律和供求关系的变动趋势；而且要选择适当的广告媒体宣传自己的企业和产品，选择适当的交易对象，并树立良好的企业形象，经常与社会各界保持良好的关系；还要通过各种方式、方法发展新客户，并维系好老客户。

2. 谈判各方具有合作性和竞争性

谈判是确立共同利益、减少分歧、最终达成协议的博弈过程。协议至少能最低限度地被谈判各方所接受，因而对各方来说都是有利的。谈判各方为了取得利益，必须共同解决他们所面临的问题，以便最终达成某项对各方都有利的协议，这是谈判的合作性的一面。与此同时，谈判各方又希望在谈判中获得尽可能多的利益，因此，谈判的过程就是谈判主体选择和使用谈判策略的过程，是谈判各方的策略选择、谈判技巧、谈判人员素质等因素共同博弈的结果。这是谈判的竞争性的一面。

在商务谈判中，谈判各方之间存在利益上的联系与分歧，利益联系使各方走到一起，从而产生了合作的关系；利益分歧使各方要进行积极的讨价还价，从而产生了激烈的竞争。谈判各方为了更好地解决谈判中的这一矛盾，首先必须对矛盾要有深刻的认识；此外，在制定谈判的战略方针、选择与运用谈判策略及战术时，必须注意既要不损害各方的合作关系，又要尽可能为本方谋取最大的经济利益，也就是要在这两者之间求得平衡。这就要求谈判者必须认识到两点。第一，谈判各方都是合作者，而不是你死我活的敌对关系，因而不能只进不退，也不能只退不进。谈判者应把谈判看成是一项双方互利的事情，都应为实现共同的利益而努力；否则，对方就会退出谈判，而使自己前功尽弃。第二，谈判各方存在利益矛盾，因而必须与对方针锋相对地据理力争，否则自己的利益就会受到损失。谈判各方虽合作但并没有放弃竞争；相反，各方在合作的前提下每时每刻都有竞争。但是，竞争只是一种抗衡手段，竞争所得到的报酬主要体现在谈判各方合作的成果上。

3. 谈判过程具有多变性和规律性

商务谈判的多变性是商务谈判中最常见、最富挑战性的特征。经济在激烈的竞争和瞬息万变的市场中运行，作为经济活动重要组成部分的商务谈判，其进展和变化还受到谈判主体的思维和行为方式的影响。因此，商务谈判不仅比一般经济活动的变化更急速、更突出，而且也更难把握。对于许多人来说，谈判是深奥莫测的，其原因就在于谈判要随着谈判各方、谈判形势、谈判时间、谈判地点等的变化而不断变化。但是，谈判又是一种有规律可循的活动。从谈判过程、谈判内容、谈判方式到谈判策略技巧，都有其内在的活动规律，谈判者都可以通过学习、实践、研究来把握。正是由于这一特征，谈判才成为一门研究协调各方之间利益关系的边缘科学。了解了谈判的这一特征，谈判者就必须对谈判理论、原则、方法和技巧等进行认真研究，以提高自己的谈判水平。例如，针对商务谈判的多变性，谈判者可以通过学习采取因势而变、因时而变、因机而变的策略，克服因谈判的多变性所造成的盲目性，以确保实现谈判目标。

①因势而变。这是指根据经济形势或谈判形势的发展变化而变化。对谈判方来说，谈判形势是不断变化的，有时有利于己方，有时有利于对方。谈判者应根据自己所处的地位因势利导，采取不同的优势策略、均势策略或劣势策略，以变应变。这里的变是围绕谈判目标进行的，一旦突破任何一方可接受的极限，谈判就会破裂。

②因时而变。这是指随着时间的变化而变化。不同的时间，谈判各方的地位可能会随着外部环境的变化而发生逆转，谈判主体的地位和状态可能会有较大的反差。成功的谈判者往往把时间安排作为谈判策略的重要组成部分。

③因机而变。这是指随着机会和时机的变化而变化。在谈判中，当机会偶然出现时，谈判者应善于把握机会，当机立断，调整自己的谈判计划和策略，促成谈判状况的改变或改善。此时，谈判者如果仍按照常规行事就会失去机会，追悔莫及。

4. 谈判结果具有公平性和不平等性

在商务谈判中，谈判双方在需要的满足方面是有不同得失的。也就是说，谈判结果总是不那么平等，即谈判双方可能一方需要满足的程度高一些，而另一方需要满足的程度低一些。导致谈判结果不平等的主要因素有：一是谈判双方各自拥有的实力的差异性，二是谈判双方各自所掌握的谈判技巧的差异性。不论谈判结果存在多大程度的不平等性，只要最终协议是双方共同协商的结果，并且谈判双方对谈判结果具有否决权，就说明双方在谈判中的权利和机会是均等的，谈判便是公平的。此即商务谈判的公平性与不平等性的统一。

5. 谈判活动具有科学性与艺术性

商务谈判的科学性是指在谈判过程中，具有某些操作过程中的规范和要点、系统的思维过程和工作步骤，以及完整的计划、策略和实施方案。整个谈判过程，涉及语言学、逻辑学、哲学、经济学、传播学、管理学、心理学、法学、市场营销学、公共关系学和人际关系学等广泛的学科基础理论知识。

商务谈判也是一门具有艺术性的技术，谈判者应该掌握必要的谈判技术，进行谈判技术方面的训练，熟练掌握谈判中的技巧，在实际谈判中进行创造性的探索，应根据不同对象和不同环境使用不同的技巧。有时按照谈判者主观的思维进行处理，对于同样的内容、环境与条件，也可能产生意想不到的效果。所以，商务谈判要将科学性与艺术性有机结合。在涉及谈判各方实力的认定、谈判环境的分析、谈判方针政策的制定以及交易条件的确定等问题时，应更多地考虑其科学性的一面；而在具体的谈判策略、技术的选择运用上，则应较多地思考其艺术性的一面。"科学"能帮助谈判者在谈判中把握住正确的决策方向，而"艺术"则能使谈判者把事情做得更加圆满。

（三）商务谈判的构成要素

商务谈判的要素是指构成商务谈判活动的必要因素。它是从静态结构上对谈判行为的剖析。换言之，没有这些要素，谈判就无从进行。

1. 商务谈判的主体

商务谈判的主体是商务谈判活动的主要构成要素，指在谈判活动中由"谁来谈"。任何一种商务谈判都是在人与人之间进行的协商，商务谈判活动不可能离开人而进行。因此，商务谈判的主体是指参与商务谈判的当事人。作为商务谈判的主体，可以是一个人，也可以是一个组织，但并不是什么人都是商务谈判的主体。商务谈判的主体应具有商务谈判的科学知识和能力，拥有相应的权力。在商务谈判中，商务谈判的主体最大的特点就在于表现出充分的主观能动性和创造性。商务谈判活动的成效在很大程度上取决于商务谈判的主体的表现。

2. 商务谈判的客体

商务谈判的客体是指谈判的议题，即在谈判活动中"谈什么"。所谓议题是指谈判的具体内容或交易条件，在资金方面，如价格和付款方式等；在技术合作方面，主要是技术标准方面的问题；在商品方面，如商品的品质数量、仓储、装运、保险和检验等。总之，涉及交易双方利益的一切问题，都可以成为谈判的议题。议题是谈判的起因，内容和目的决定当事各方参与谈判的人员组成及策略，所以，它是谈判活动的核心。没有议题，谈判显然无从开始且无法进行。另外，在一定的社会环境条件下，谈判的事项受诸如法律、政策、道德等内容的制约。因此，谈判的内容是否符合有关规定，是谈判成功与否的关键所在。

3. 商务谈判的环境

商务谈判的环境是指谈判所处的客观条件。任何谈判都不可能孤立地进行，而必然处在一定的客观条件之下并受其制约。因此，谈判环境对谈判的发生、发展、结局均有重要的影响，是谈判不可忽视的要件。商务谈判的环境主要包括三个方面的因素：政治、经济与文化。

政治环境是指本国政局的稳定状态及政策的要求，以及交易方所在国之间的外交状态，包括社会制度、政治信仰、体制政策、政局动态、国家关系等。经济环境是指商务谈判当事人与议题所处的宏观与微观经济环境条件。宏观经济因素主要是指交易货币的汇率变化，交易人所在国通货膨胀、股市涨跌、经济发展快慢等。微观经济因素主要是指谈判主体所处的市场状态和谈判当事人所在企业的经营状态，如市场模式、供求关系、生产销售、资本运作等。文化因素是指价值观为核心的组织意识形态，包括价值观念、民族宗教、风俗习惯、教育程度、行为规范、思维方式等。

4. 商务谈判的目标

商务谈判的目标是指谈判的最终结果。概括地讲，商务谈判的直接目标就是最终达成协议。实际谈判中，谈判各方的具体目标往往是不同的，甚至是对立的，但都统一于商务谈判活动的目标。只有商务谈判的直接目标实现了，最终达成了协议，谈判各方的目标才能实现。没有目标的谈判，就不能构成真正的谈判活动，只能是闲谈。

三、商务谈判的评价标准

谈判是人们有意识、有目的的交易活动，因而确立若干个谈判得失的评估标准是非常重要的。评估标准可以指导谈判者的实际谈判工作，并对自己的谈判结果进行评价。

美国著名谈判学家杰勒德·I. 尼尔伦伯格认为，谈判不是一场棋赛，不要求决出胜负；也不是一场战争，要将对方消灭或置于死地。恰恰相反，谈判是一项互利的合作事业。我们主张，谈判中的合作是互惠互利的前提，只有合作才能谈及互利。因此，从谈判是一项互惠互利的合作事业和谈判要实行合作的利己主义观点出发，评估谈判得失可用以下三个标准。

1. 谈判者自身需要是否因谈判而得到基本满足

满足自身需要是谈判者所要追求的基本目标，因此，谈判是否取得积极成果，取决于谈判者自身需要在多大程度上得到了满足。谈判者的一切举动都要围绕满足自身需要这个中心。很少有谈判者在对方获得很多，而自己获得很少，自身需要没有得到满足的情况下，认为这场谈判是成功的或理想的。除非他有意识地让对方多得一点，另有他谋。

2. 谈判是否富有效率

谈判效率是指谈判者通过谈判取得的收益与付出的成本之间的对比关系。谈判成本包括三个部分：第一部分是为了达成协议做出的所有让步之和，其数值等于该次谈判预期谈判收益与实际谈判收益之差值。第二部分是为洽谈而耗费的各种资源之和，其数值等于为该次谈判进行所付出的人力、物力、财力和时间的经济折算值之和。第三部分是机会成本。如果谈判所费成本很低，而收益却很大，则本次谈判是成功的、高效率的。反之，如果谈判所费成本很高，而收益却很小，则本次谈判是失败的、低效率的。

在有些谈判中，由于各方利益冲突相当激烈，或是谈判者的失误，使谈判花费过多的时间、精力与费用，虽然最后勉强达成协议，但是由于所花代价超过了谈判取得的成果，这种谈判显然是低效率和不明智的。因此，作为一个合格的谈判者必须具有效率观念，在谈判中进行必要的权衡。

3. 谈判之后与对方的关系是否良好

众所周知，人的需要是发展变化的，因此当谈判者为满足现实需要而同他人进行谈判时，就应该考虑到眼前与长远的关系。除非确认以后与该对手再没有可能进行任何一种交易，否则，谈判者就不能忽视与对方建立长期合作关系的必要。为此，谈判者在谈判中要维护良好的人际关系，避免过分贪图眼前利益而在谈判中断送了未来合作的可能。

总之，所谓成功的谈判是指谈判者在与对方维护良好人际关系的前提下，以富有效率的方式实现谈判目的以满足自身的需要。

由于需要、效率、人际关系三者在实现途径上的差异，使它们很难同时得以充分实现。面对这一事实，谈判者在不同的谈判场合需要在三者之间进行适当的取舍及不同程度的调控，以便三者能够起到协同作用。

第二节　商务谈判的类型与形式

一、商务谈判的类型

商务谈判客观上存在不同的类型，认识谈判的不同类型，有助于谈判者更好地掌握商务谈判的内容和特点，更好地参与谈判和采取有效的谈判策略。可以说，谈判者对谈判类型的正确把握，是谈判成功的起点。

（一）按参加谈判的人数规模划分

1. 单人谈判

单人谈判是指谈判各方都只有一个人参加，一对一地进行协商谈判。这种谈判方式一般用于项目比较小的商务谈判中。虽然出席谈判的各方只有一个人，但这不意味着谈判者不需要做准备。相反，因为谈判各方只能各自为战，得不到助手的及时帮助，所以，在安排参加这种类型谈判的人员时，一定要选择有主见，决断力、判断力强，善于单兵作战的人。单人谈判是一种比较难的谈判类型。

（1）单人谈判的优点

①谈判方式灵活，有利于建立和谐气氛。由于谈判方各自只派一个人进行谈判，因而谈判方式的选择可以比较灵活。谈判气氛也可以更加和谐，特别是当各方谈判人员彼此比较熟悉和了解时，谈判就显得更为融洽。因为这样可以避免和消除小组谈判中正式、紧张的会谈气氛，有利于建立和谐、友好的谈判氛围，有利于谈判者的有效沟通与合作，从而使谈判更加高效、顺利地进行。

②决策迅速。一般而言，单人谈判的谈判人员都是企业的全权代表，他们都有很大的权限，基本有权处理谈判中的一切问题，从而避免了小组谈判中相互协调、令出多头、无法决策和决策迟缓等情况。

③避免了小组谈判人员之间相互配合不力的状况。谈判是一种需要谈判人员之间默契配合的活动，谈判一方人员之间能否相互配合、相互协调、相互信任是战胜对方、争取谈判主动的必要条件。如果谈判人员之间不能很好地配合、有效地协同作战，就会暴露己方的弱点，给对方以可乘之机。在商务谈判中，许多重要的谈判活动之所以经常以单人谈判与小组谈判交叉进行，正是基于这种原因考虑的。

④有利于谈判内容的保密。商务谈判的内容对企业而言是机密。因此，谈判内容应该严格保密。单人谈判能够有效地保守秘密，特别是当某些谈判内容高度机密，或由于时机不成熟而不宜让外界了解时，单人谈判是最好的方式。

（2）单人谈判的缺点

①谈判人员会感到力不从心。谈判者要一人同时应付多方面的问题，担负多方面的工作，因此可能会影响工作的效果。所以，单人谈判对谈判人员的要求比团队谈判的要高。

②谈判人员的决策压力大。谈判人员要单独做出决策，其面临的决策压力较大。

③会影响谈判策略的运用。单人谈判，一个人要扮演多种类型的角色，会使谈判策略的运用受到很多限制。

④谈判人员会感到孤立无援。单人谈判没有其他人辅助与配合，也没有人可以商量和沟通，谈判者常常会处于孤立无援的状态。

⑤容易产生商业贿赂行为。由于单人谈判无人监督，因而容易产生舞弊现象。

可以说，单人谈判既是最简单的谈判，也是最复杂的谈判。这是由于谈判人员在谈判中没有别的依靠，只能靠个人的智慧和技能。适合采用单人谈判的情形有：供、需双方有着长期的合作关系，谈判双方比较熟悉，交易条款、交易内容比较明确；推销员或采购员拜访客户，双方各自有权决定成交条件；续签合同，主要条款已经确定，只需在个别地方进行调整与修改；对谈判中的细节进行讨论等。

2. 小组谈判

小组谈判也称团队谈判，是指谈判各方派两名或两名以上的代表参加的商务谈判。小组谈判是一种常见的谈判类型。小组谈判一般用于较大的谈判项目。由于情况比较复杂，各方有几个人同时参加谈判，各人之间有分工、有协作，取长补短，各尽所能，是一种效率比较高的谈判方式。

（1）小组谈判的优点

①可以有效地发挥团队的智慧与力量。由于经验、能力、经历受各种客观条件限制，每个人不可能具备谈判所需要的一切知识和技能，因此需要其他人员的补充与配合。小组谈判可以克服个人的不足，利用团队的智慧和力量取得谈判的胜利。

②可以更好地运用谈判策略和技巧，更好地发挥谈判人员的创造性、灵活性。

③有利于谈判人员采用灵活的方式消除谈判僵局或障碍，特别是可以有效地避免单人谈判中出现僵局无法挽回的尴尬情况。

④达成的协议具有更高的履约率。这是因为谈判各方认为这是小组协商的结果，而不是某个人谈判的产物；小组集体决定对其成员具有更大的约束力，经小组集体讨论产生的协议具有更大的合理性。

（2）小组谈判的缺点

①容易产生分歧，引起内耗。在小组谈判中，如果一方谈判人员内部对某些问题产生了重大分歧，很可能会影响谈判的进程，甚至会影响谈判的结果。

②花费的费用比较高。由于小组谈判涉及人员比较多，因而谈判所需要的各项费用会比较高。

显而易见，小组谈判的最大优点是能充分发挥团队智慧。因此，慎重选配谈判小组成员是十分重要的，包括谈判小组组长的确定、主谈人的确定、主要成员和专业人员的选配等。

（二）按谈判进行的地点划分

1. 主场谈判

主场谈判又叫主座谈判，是指谈判一方在自己所在地以东道主身份组织的谈判。主场谈判地点包括主方所居住的国家、城市或办公所在地。

在熟悉的环境中进行谈判，会给主方带来许多方便。但是，作为东道主，主方必须做好对客方的接待工作，包括邀请、迎送、组织娱乐活动等。

（1）主场谈判的优点

①主场谈判方在心理上有安全感和优越感，易于树立自信心。

②主场谈判方可随时检索各种资料并予以充分利用，客方则无此便利。

③主场谈判方可以利用室内布置、座位安排乃至食宿款待等创造某种谈判气氛给对方施加影响。

④谈判出现意外情况可随时向领导请示。

（2）主场谈判的缺点

①当谈判进入白热化阶段时，对方为了摆脱没有把握的决策压力，会借口资料不全扬长而去。

②远离工作地的种种不便，成为对方中止谈判的体面借口。

③要支付较大的谈判成本，且容易被对方了解虚实。

2. 客场谈判

客场谈判也叫客座谈判，是指在谈判对手所在地进行的谈判。进行客场谈判时，客居他乡的谈判人员会受到各种条件的限制，需要克服种种困难。作为客场谈判方，必须注意两个事项。一是入境问俗、入国问禁。客方要了解各地、各国不同的风俗和国情、政情，以免做出伤害对方感情的事。二是审时度势、争取主动。客方要审时度势、灵活反应，认真分析谈判背景、主方的优势与不足，正确地运用并调整自己的谈判策略，发挥自己的优势，争取满意的谈判结果。

（1）客场谈判的优点

①谈判人员可全心全意参加谈判，不受或少受本企业事务干扰。

②使对手无法借口无权决定或资料不全而故意拖延时间。

③因谈判小组在外谈判无法经常向领导汇报从而有更多灵活性，且能以授权有限为由，采取拖延战术，使自己由被动变为主动。

④可减少烦琐的接待工作。

（2）客场谈判的缺点

①由于谈判人员身处异地他乡，会有拘束感，会形成一些客观上的劣势，诸如谈判期限、谈判授权、信息交流以及可能的语言障碍。

②由于主场谈判方过分的款待及娱乐活动会使客场谈判者失去斗志。

3. 第三地谈判

第三地谈判是指在谈判各方所在地以外的其他地方进行的谈判。第三地谈判不存在倾向性，各方均无东道主地域优势，谈判策略运用的条件相当，谈判的地域环境较为公平。选择第三地谈判的情形有：谈判各方对谈判地点的重要性都有较为充分的认识；谈判各方冲突性大、政治关系微妙，在主、客场谈判都不妥当；谈判各方相互关系不融洽，信任程度不高等。在主、客场谈判都不适宜的情况下，可选择中立地点进行谈判。

（1）第三地谈判的优点

①各方能够平等地进行谈判。这种谈判对任何谈判方都没有主客之分，享有同等的谈判气氛，这样也就避免了其中的某一方处于客场的不利地位。

②内容达成某种默契或协议。在第三地由于气氛冷静，不受干扰，谈判各方都比较注意自己的声望、礼节，容易减少误会，再加上各方的诚意，因而都能比较客观地处理各种复杂的问题和突发事件。

（2）第三地谈判的缺点

不利于谈判各方实地考察和了解对方的状况等。

（三）按沟通手段划分

1. 面对面谈判

面对面谈判是指谈判各方直接地、面对面地就谈判内容进行沟通、磋商和洽谈。一般正规的谈判、重要的谈判、高规格的谈判，都是以面对面的谈判方式进行的。

（1）面对面谈判的优点

①谈判具有较大的灵活性。谈判不仅是语言的直接交流，而且各方均能直接观察对方的仪表、手势、表情和态度，甚至利用私下接触，进一步了解谈判对手的需要、动机、策略，以及主谈人的个性等，能够及时、灵活地调整谈判计划和谈判策略。

②谈判的方式比较规范。商务谈判各方在谈判桌前就坐，就形成了正规谈判的气氛，使每个参加谈判的人产生一种开始正式谈判的心境，很快进入谈判角色。

③谈判的内容比较深入细致。面对面谈判便于各方就某些关键问题或难点进行反复沟通，就谈判协议的具体条款进行反复磋商、洽谈，从而使谈判目标更容易达成。

④有利于建立长久的贸易伙伴关系。面对面的沟通容易产生感情，特别是在谈判工作之余谈论热门话题或开展文娱活动，可以加深了解，培养友谊，从而建立一种比较长久的贸易合作伙伴关系。

（2）面对面谈判的缺点

①容易被对方了解己方的谈判意图。对方可以从己方谈判人员的举手投足、语言态度，

甚至面部表情来推测己方所选定的最终目标以及追求最终目标的坚定性。

②决策时间短。通常要在谈判期限内做出成交与否的决定，没有充分的考虑时间，也难以充分利用谈判后台人员的智慧，因而要求谈判人员有较高的决策水平。

③费用高。谈判各方都要支付一定的差旅费或礼节性的招待费等，从而增加了商务谈判的成本。可以说，在所有的谈判方式中，面对面谈判方式费用最高。

2. 电话谈判

电话谈判是指借助电话通信进行信息沟通、协商，寻找达成交易的一种谈判类型。

（1）电话谈判的优点

快速、方便、联系广泛。

（2）电话谈判的缺点

①易被拒绝，有风险。电话谈判，双方互相看不见，“不”字更容易出口，而且，由于无法验证对方的各类文件，有被骗的风险。

②某些事项容易被遗漏和删除，出现失误。多数情况下，电话谈判是一次性叙谈，往往是在毫无准备的状态下仓促面对某一话题，甚至进行某一项决策，谈判者有意或无意地将某些事项遗漏或删除是在所难免的，因此容易出现失误。

3. 函电谈判

函电谈判是指通过邮政电传、传真等途径进行磋商，寻求达成交易的书面谈判类型。

（1）函电谈判的优点

①方便、准确，有利于谈判决策。谈判各方利用现代化通信手段沟通，能够做到方便、及时、快速，而且来往的电传、信函都是书面形式，做到了白纸黑字，准确无误。谈判人员有比较充裕的时间思考，从而有利于慎重决策。

②省时、低成本。函电谈判方式可以使谈判人员无须四处奔波，一来省时，二来省去了差旅费等。

（2）函电谈判的缺点

①函电谈判用书面文字沟通，有可能出现词不达意的情况，使谈判对方耗时揣摩。如果因此造成谈判各方各有不同的解释，就会引起争议和纠纷。

②谈判各方代表不见面，就无法通过观察对方的话态、表情、情绪以及习惯动作等来判断对方的心理活动，从而难以运用语言与非语言技巧，讨论问题往往不够深入、细致。

4. 网上谈判

网上谈判是指借助互联网进行协商、对话的一种特殊的谈判类型。网上谈判为买卖双方的沟通提供了丰富的信息和低廉的沟通成本，因而有强大的吸引力。

（1）网上谈判的优点

①加强了信息沟通，有利于慎重决策。网上谈判具有谈判快速、联系广泛、可以备查的特点，可以使企业、客户掌握他们需要的最新信息，又能使谈判各方有时间进行充分的分析，慎重决策。

②降低了成本。采用网上谈判方式，企业大大降低了人员开销、差旅费、招待费以及

管理费等，降低了谈判成本。

（2）网上谈判的缺点

①商务信息公开化，导致竞争对手的加入。

②互联网的故障、病毒等会影响商务谈判的开展。

（四）按谈判的态度与方法划分

1. 软式谈判

软式谈判也称让步型谈判或关系型谈判。在这种谈判中，谈判者把对方当作朋友，以达成相互满意的协议、为进一步扩大合作打下良好的基础为目的，强调的不是要占上风，而是相互信任、让步，建立并维持良好的关系。

软式谈判的一般做法是：信任对方，提出建议，做出让步，达成协议，维系关系。软式谈判是一种关系型谈判。如果当事各方都能以和为贵，以宽容、理解的心态处事，互谅互让，友好协商，那么，这种谈判将是一种高效率、低成本的谈判。同时，通过这种谈判，谈判方相互之间关系会得到进一步加强。然而，由于价值观念和利益驱动等原因，有时这只是一种善良的愿望、相对理想化的境界。现实谈判中的各方，即使是在理性的前提下，也会在谋求合作的同时追求己方利益的最大化。在有长期友好关系的互信合作伙伴之间，或者在合作高于局部近期利益、今天的“失”是为了明天更好的“得”的情况下，软式谈判的运用是有意义的。

2. 硬式谈判

硬式谈判也称立场型谈判。这种谈判，谈判者往往认为己方具有足够的实力，因此在谈判中提出自己的条件，强调己方的谈判立场。谈判者认为，谈判是一场意志力的竞赛，只有按照己方的立场达成的协议才是谈判的胜利。采用硬式谈判，谈判各方常常是互不信任、互相指责，谈判易陷入僵局、旷日持久，无法达成协议。而且，这种谈判即使达成某些妥协，也会由于某方的让步而履约消极，甚至想方设法撕毁协议、予以反击，从而使谈判各方陷入新一轮的对峙。只有在谈判难以进行下去时，才会采用硬式谈判，迫使各方不得已做出让步，采用这种谈判很难达成理想的协议，最后导致相互关系的完全破裂。

因为硬式谈判的谈判者把谈判看作意志力的竞赛和搏斗，他们认为立场越强硬，收获也就越多，所以各方谈判者把注意力集中于如何维护自己的立场而否定对方的立场，忽视了寻找能兼顾双方利益的解决办法；他们的目的不是要达成协议，而是要获取坚守本方立场的胜利。硬式谈判有明显的局限性，一般应用于以下两种情况。

①一次性交往，这种谈判必须是“一锤子买卖”，也就是为取得一次胜利而拿未来的合作做赌注。

②谈判方实力相差悬殊，在这种情况下，一方处于绝对优势。

3. 原则式谈判

原则式谈判，也是价值型谈判，又称实质利益谈判，最早由美国哈佛大学谈判研究中心提出，故又称“哈佛谈判术”。原则式谈判吸取了软式谈判和硬式谈判之所长而避其所短，强调公正原则和公平价值，主要有以下特征。

①把人和事分开。谈判中对人温和、对事强硬，强调把人与事分开。

②坚持公正原则。主张按照客观公正性的原则和公平价值来达成协议，而不是简单地依靠具体问题来讨价还价。当谈判各方的利益发生冲突时，坚持按原则处理。

③谈判中开诚布公而不施诡计，追求利益而不失风度。

④谋求共同的利益，放弃立场。谈判各方努力寻找共同点，争取共同满意的谈判结果。

原则式谈判是一种既理性又富有人情味的谈判。这种谈判与现代谈判强调的实现互惠合作的宗旨相符，日益受到推崇。运用原则式谈判的要求有：第一，当事各方从大局着眼，相互尊重，平等协商；第二，处理问题坚持公正的客观标准，提出相互受益的谈判方案，以诚相待，采取建设性态度，立足于解决问题；第三，求同存异，互谅互让，争取双赢。

（五）按商务交易的地位划分

1. 买方谈判

买方谈判是指以购买者的身份参与的谈判。显然，这种买方地位不以谈判地点而论。买方谈判的主要特征如下。

①重视谈判信息的搜集。大凡采购谈判，买方首先会收集大量相关信息，如技术标准、价格水平等，以确定自己的谈判目标。这种收集信息的工作贯穿于整个谈判过程，尤其是在谈判的准备阶段和开始阶段。

②极力压价。买方是掏钱者，一般不会“一口价”随便成交。即使是重购，买方也总要以种种理由追求更优惠的价格。

③度势压人。顾客是上帝，买方地位的谈判者往往会产生卖方“有求于我”的优越感，甚者盛气凌人，因而在谈判过程中往往会对标的物评头论足、吹毛求疵。特别是当市场上有多个供应商时，这种情况表现得更为明显。

2. 卖方谈判

卖方谈判是指以供应商的身份参与的谈判。同样，卖方地位也不以谈判地点为转移。卖方谈判的主要特征如下。

①主动出击。卖方即供应商，为了自身的生存和发展，其谈判态度自然积极，谈判中的各种表现也体现出主动精神。

②虚实相映。谈判中卖方的表现往往是态度诚恳、交易心切与软中带硬、待价而沽同在，亦真亦假、若明若暗兼有。当己方为卖方时，应注意运用此特征争取好的卖价。当他方为卖方时，应注意识别哪里是虚、哪里是实。

③“打”“停”结合。卖方谈判常常表现出时而紧锣密鼓，似急于求成；时而鸣金收兵，需观察动静。其目的都是为了克服来自买方的压力和加强卖方的地位。

3. 代理谈判

代理谈判是指受当事方委托参与的谈判。代理又分为全权代理和只有谈判权而无签约权代理两种。代理谈判的主要特征如下。

①谈判人员权限观念强，一般都能谨慎和准确地在授权范围之内行事。

②由于不是交易的所有者，谈判人员的谈判地位超脱、客观。

③由于受人之托，为表现其能力和取得佣金，谈判人员的态度比较积极、热情和主动。

（六）按谈判目标划分

1. 意向书谈判

意向书是一种简单的意向声明，也称备忘录或谅解备忘录，主要说明签字各方的某种愿望，或某个带先决条件的、可能的承诺。它对签字各方并不构成一种合同义务，但有备忘的作用。意向书谈判的特点有：谈判可发生在谈判初期、中期或后期，针对交易总体的、原则的或个别的问题，是一种比较灵活的谈判。

2. 协议书谈判

协议书谈判是指谈判各方对特定时刻各方立场的系统概括的文件，有时也称为原则协定和框架协定。协议书谈判的特点为：由于文件描述的是各方的原则意向，即使是一致的意向，也因其缺乏合同要件而无约束力，只能作为一种过渡性的工作文件。当然，比起意向书来，其内容更丰富，表示各方的态度与立场更深入、更具体，表示各方共同点也相对较多，但本质上两者仍同属一类。

3. 合同谈判

合同谈判是指为实现某项交易并使之达成契约的谈判。所谓合同，即应具有最基本的要件，包括商品特性、价格、交货期。在谈判中谈判各方如果就标的、质量、数量、费用、期限、付款方式等几个要件达成协议，并以法律形式规定下来，那么就是合同谈判。合同谈判的特点为：由于契约与法律的刚性使谈判者在谈判中会直奔目标，对该目标据理力争，为达到目标手法多变。

4. 准合同谈判

准合同是指带有先决条件的合同，先决条件是指决定合同要件成立的条件，如许可证落实问题、外汇筹集、待律师审查或者待最终正式文本的打印、正式签字等。准合同谈判的特点为：准合同的格式、内容与合同完全相同，全面反映交易双方的意愿，也具备了合同成立的所有要件。因为双方同意的保留而使交易双方谈判结果停在“准”水平上的原因既有原则问题，如许可证、外汇、法规要求的程序需要完成等；也有非原则问题，如打字、印刷装订、审检等。准合同在先决条件丧失时自动失效。

5. 索赔谈判

索赔谈判是指在合同义务不能或未能完全履行时，合同当事双方所进行的谈判。在众多的合同履行中，违约或部分违约的事件屡见不鲜，因此，形成了一种特定的商业性谈判，人们把它称为索赔谈判。无论是数量、质量、期限、支付，还是生产、运输等索赔的谈判，均有以下特点：重合同，重证据，注重时效，注重关系。

（七）按纵向谈判与横向谈判划分

1. 纵向谈判

纵向谈判是指在确定谈判的主要问题之后，逐个讨论每一个问题和条款，讨论一个问题，解决一个问题，一直到谈判结束。例如，一项产品交易谈判，各方各自确定出价格、质量、运输、保险、索赔等几项内容后，开始就价格进行磋商，只有价格谈妥之后，才依次讨论其他问题。

（1）纵向谈判方式的优点

①程序明确，把复杂问题简单化。

②每次只谈一个问题，讨论详尽，解决彻底。

③避免多头牵制、议而不决的弊病。

④适用于原则谈判。

（2）纵向谈判方式的缺点

①议程确定过于死板，不利于各方的沟通与交流。

②讨论问题时难以相互通融，当某一问题陷于僵局后，不利于其他问题的解决。

③不能充分发挥谈判人员的想象力和创造力，不能灵活、变通地处理谈判中的问题。

2. 横向谈判

横向谈判是指在确定谈判所涉及的主要问题后，开始逐个讨论优先确定的问题，在某一问题上出现矛盾和分歧时，就把这一问题放在后面，先讨论其他问题。如此周而复始地讨论下去，直到所有问题都谈妥为止。例如，在资金借贷谈判中，谈判内容涉及金额、利息率、贷款期限、担保、还款以及宽限期等问题，如果各方在贷款期限上不能达成一致意见，就可以把这一问题放在后面，继续讨论担保、还款等问题。当其他问题解决之后，再回过头来讨论贷款期限问题。

（1）横向谈判方式的优点

①议程灵活，方法多样。

②多项议题同时讨论，有利于寻找变通的解决办法。

③有利于更好地发挥谈判人员的创造力、想象力，更好地运用谈判策略和谈判技巧。

（2）横向谈判方式的缺点

①加剧各方的讨价还价，容易促使谈判双方做出对等让步。

②容易使谈判各方纠缠在枝节问题上，而忽略主要问题。

（八）按谈判参与方的国域界限划分

1. 国内商务谈判

国内商务谈判是指国内各种经济组织以及个人之间所进行的商务谈判。它包括国内的商品购销谈判、商品运输谈判、仓储保管谈判、联营谈判、经营承包谈判、借款谈判和财产保险谈判等。国内商务谈判的双方都处于相同的文化背景中，这就避免了由于文化背景的差异可能对谈判产生的影响。由于语言相同，观念一致，所以各方谈判的主要问题更容易聚焦于怎样调整各方的不同利益，寻找更多的共同点。这就需要谈判人员充分利用谈判的策略与技巧，更好地发挥谈判人员的积极性和主动性。

2. 国际商务谈判

国际商务谈判是指一国政府以及各种经济组织与外国政府以及各种经济组织之间所进行的商务谈判。国际商务谈判包括国际产品贸易谈判、易货贸易谈判、补偿贸易谈判、各种加工和装配贸易谈判、现汇贸易谈判、技术贸易谈判、合资经营谈判、租赁业务谈判和劳务合作谈判等。不论是谈判形式，还是从谈判内容来讲，国际商务谈判远比国内商务谈判复杂。这是由于谈判人员来自不同的国家，其语言、信仰、生活习惯、价值观念、行为规范、道德标准乃至谈判心理等方面都存在着极大的差别，而这些方面都是影响谈判进行的重要因素。

二、商务谈判的形式

商务谈判的形式，是指为交换谈判内容所采取的方式。谈判的形式一般分为口头谈判、书面谈判和网络谈判。

（一）口头谈判

口头谈判，是指交易双方面对面地进行语言谈判，或者通过电话进行谈判。这种形式在企业实际工作中表现为派出推销员或采购员主动登门谈判，邀请客户到本企业谈判或者在第三地谈判等。

口头谈判的优势表现在：在口头谈判中，面对面地洽谈交易，有利于谈判各方当面提出条件和意见，也便于谈判者察言观色，掌握心理，施展谈判技巧。无论谈判者是在推销滞销商品，还是在采购紧俏商品，各方都有说服对方的余地。

口头谈判的劣势表现在：时效性强，决策风险大。口头谈判一般要在谈判期限内做出成交与否的决定，没有充分的考虑时间，因而要求谈判人员具有较高的决策水平，一旦决策失误，就可能给己方造成经济损失或者失去成交的良好时机。口头谈判一般要支付往返差旅费和礼节性招待费，费用开支较大。因此，它适用于首次交易谈判、同城或相近地区的商务谈判、长期谈判、大宗交易谈判或者贵重商品的谈判。

（二）书面谈判

书面谈判，是指买卖双方利用信函、电报、传真等通信工具所进行的谈判。它要求由卖方或买方以信函、电报等载体，将交易要求和条件通知对方，一般应规定对方答复的有效期限。

书面谈判方式的优势表现在：可以使各方对问题有比较充足的考虑时间。谈判人员在谈判过程中有时间同自己的助手、企业领导及决策机构进行讨论和分析，有益于慎重决策。书面谈判一般不需要谈判者四处奔走，可以坐镇企业，向国内外许多单位发出信函、电报，并对不同客户的回电进行分析比较，从中选出对自己最有利的交易对象。由于具体的谈判人员互不见面，他们都是各自企业的代表，各方都可不考虑谈判人员的身份，把主要的精力集中在交易条件的洽谈上，从而避免因谈判人员的级别、身份不对等而影响谈判的开展和交易的达成。此外，由于书面谈判只涉及通信费用，没有差旅费和招待费，因而谈判费用开支较少。

当然，书面谈判也有不足之处。第一，书面谈判多采用信函、电报等方式，文字要求精练。如果词不达意，则容易造成双方理解差异，引起争议和纠纷。第二，由于各方的谈判人员不见面，因而无法通过观察对方的语态、表情、情绪以及习惯动作等来判断对方的心理活动，从而难以运用肢体语言技巧达到沟通意见的效果。第三，书面谈判所使用的信函、电报需要邮电、交通部门的传递，一旦传递过程出现意外，则会影响双方的联系，甚至丧失交易的时机。鉴于书面谈判有其局限性，所以它多适用于各方经常有交易活动的谈判，以及跨地区、跨国界的谈判。

为了发挥书面谈判的作用，使对方了解自己的交易要求，作为卖方，可以把事先印好的具有一定格式的表单寄给客户，表单上比较详细地反映卖方商品的名称、规格、价格、装运等条件，可以使客户对卖方的交易意图有一个全面、清楚的了解，避免因文字表达不周而引起的误解。同时，谈判各方都要认真、迅速、妥善地处理回函和来函，能达成的交易要迅速开展进一步谈判，不要贻误时机，即使不能达成的交易也要委婉地答复，搞好与客户的关系，“生意不成人情在”。书面谈判最忌讳的是函件处理不及时，也忌讳有求于人时丧失企业的品格，而人求于我时冷眼相待，这不仅影响企业购销活动的持续开展，而且影响企业的经营作风和商业信誉。

（三）网络谈判

网络谈判是指谈判双方依靠各种网络服务和技术，通过互联网进行的谈判。在人类历史上，谈判作为一项人类的基本活动并没有因科学技术的进步和发展而受到太多的影响。如今互联网彻底改变了人类的生活方式，同样，互联网对谈判的影响也是深远的。虽然面对面谈判仍然是最主要的谈判形式，尤其是高层的谈判，但是互联网可以提供更多切实可行的谈判方式，并且可以发挥它的优势。比如，当各方因情绪化因素而无法达到预期的结果时，或各方进入谈判的某个阶段，需要将注意力集中在合同文本上时，互联网显得更为有效。

在交易过程中，交易各方会运用各种交易方式来交换商品或服务，较为常用的方式包括固定价格销售、谈判协商、拍卖以及封闭式招标等，所有这些方式如今都已经出现在了互联网上。实践证明，基于互联网的谈判大大减少了某些交易的成本和时间，同时，交易各方利用互联网及其搜索功能更容易找到交易对象，相应降低了开发成本和机会成本。

随着互联网技术的不断进步，从电子邮件、文件处理到先进的网络会议、网络电话、网上视听系统等，这些使基于互联网的交易飞速增长。但网络身份认证、网络安全、网络条例法规等方面还不健全，互联网要真正成为主要的谈判工具可能还需要一定的时间，尤其是涉及网络合同谈判及其争端问题的解决。基于网络的谈判技术需要不断开发和完善，包括网络虚拟会议、虚拟眼球、语言辨别技术、电脑的个性化信息处理技术等，使网络谈判真正人性化，使谈判进程更加顺利。

综上所述，各种谈判形式都各有利弊。谈判形式利用的好坏，完全在于谈判参与者对各种谈判形式掌握的程度，谈判者应根据交易的需要和各种谈判形式的特点加以正确选择。在实际工作中，不要把三种谈判形式截然分开，可以把它们结合起来，取其所长，避其所短。在一般情况下适用书面谈判的交易，在特殊情况下也可以改用口头谈判或网络谈判，谈判者既要正确选择又要灵活运用。

值得注意的是，只要是通过谈判达成交易，无论采取哪种谈判形式，都必须签订书面合同。商务谈判的内容烦琐而复杂，每项内容都关系到各方的经济利益，将谈判的结果用书面合同反映出来，会加强签约各方的责任心，促使各方按照合同办事。一旦出现问题，发生纠纷，也有据可查，便于公平合理地处理问题。签订书面合同对口头谈判和网络谈判的作用显而易见，因为“口说无凭”，要“立据为证”。同样，书面谈判的成交也要以合同为证，虽然在书面谈判的过程中也采用书面形式，但这只能反映谈判过程的情况，而不能表明成交的确立。

第三节　商务谈判的原则与作用

一、商务谈判的原则

商务谈判的原则，是指商务谈判各方应当遵循的指导思想和基本准则。商务谈判的原则是商务谈判内在的、必然的行为规范，是商务谈判的实践总结和制胜规律。因此，认识和把握商务谈判的原则，有助于维护谈判各方的权益、提高谈判的成功率和指导谈判策略的运用。

商务谈判的原则包含丰富的内容，其基本原则如下。

（一）合作共赢原则

商务谈判的合作共赢原则，是指谈判各方在换位思考的基础上互相配合进行谈判，力争达成共赢的谈判协议。参与谈判的各方究竟是合作者，还是竞争者？这是历来谈判学家在理论上争论的焦点，也是众多的谈判者在实际谈判中确定立场的出发点。我们认为，不论是何种类型的谈判，谈判的双方或多方都是合作者，而非竞争者，更不是敌对者。谈判首先是为了满足需要、建立和改善关系，是一个协调行为的过程。这就要求参与谈判的各方进行合作和配合。如果没有各方的提议、谅解与让步，就不会达成最终的协议，各方的需要都不能得到满足，合作关系也无法建立。如果把谈判纯粹看成是一场比赛或一场战斗，不是你赢就是我输，那么各方都会站在各自的立场上把对方看成对手、敌人，并千方百计地想压倒对方、击败对方，以达到自己单方面的目的。结果，达到目的的一方成了赢家，趾高气扬，做出重大牺牲或让步的一方成了输家，屈辱不堪。各方虽然签订了协议，但并没有融洽各方的关系，更没有达到双方都满意的目的。这种协议缺乏牢固性，自认为失败的一方会千方百计寻找各种理由或机会延缓协议的履行，挽回自己的损失。其结果可能是两败俱伤。

因此，在商务谈判中最重要的是明确各方不是对手、敌对者，而是朋友、合作的对象。理想的谈判过程不能简单地看成是利益争夺的过程，而是一个各方互相沟通、交流，寻求发展的过程。美国谈判专家费雪·尤瑞明指出：“每位谈判者都有两种利益：实质的利益和关系的利益。”合作共识、互惠互利，会使谈判各方既得到实质的利益，又能获得关系的利益。只有在这一指导思想下，谈判者才能从客观、冷静的态度出发，寻找各方合作的共同途径，消除达成协议的各种障碍，并能认真履约。

要坚持合作原则，主要应从以下方面着手。

第一，从满足各方的实际利益出发，发展长期的合作关系，创造更多的合作机会。谈判都是互惠互利的，如果各方都能够充分认识这一点，就能极大地增加合作的可能性。

第二，坚持诚挚与坦率的态度，这是做人的根本，也是谈判活动的准则。中国有句古话，“精诚所至，金石为开。”任何交易活动，不论哪一方缺乏诚意，都很难取得理想的合作效果。

第三，坚持实事求是。这是指谈判各方在提出自己的要求、条件时要尽可能符合客观实际，要充分估量己方条件的切实可行性，同时坚持公平合理的原则去评价对方的要求、立场。

坚持合作共赢的原则，并不排斥谈判策略与技巧的运用。合作是解决问题的态度，而策略和技巧则是解决问题的方法和手段，两者是不矛盾的。

（二）互利互惠原则

互利互惠原则是指谈判各方都要从协议的执行中获得相应的利益。成功的谈判就是要在谈判结束后，谈判参与方各自的需求都有所满足。商务谈判不是竞技比赛，不能一方胜利、一方失败，一方盈利、一方亏本。因为，谈判如果只有利于一方，不利方就会退出谈判，这样自然导致谈判破裂，谈判的胜利方也就不复存在。同时，谈判中所耗费的劳动也就成为无效劳动，谈判各方都只能是失败者。可见，互惠互利是商务谈判的目标。坚持互惠互利，就要重视双方的合作，没有合作，互惠互利就不能实现。谈判各方只有在追求自身利益的同时，尊重对方的利益追求，立足于互补合作，才能互谅互让，才能实现各自的利益目标，获得谈判的成功。正是从这一原则出发，著名的美国谈判学学者尼尔伦伯格（Gerard Nierenberg）把谈判称为“合作的利己主义”。

（三）求同存异原则

求同存异原则是指谈判各方在谈判中面对利益分歧时，应从大局着眼，努力寻求共同利益。贯彻求同存异原则，要求谈判各方首先要立足于共同利益，要把谈判对象当作合作伙伴，而不仅视为谈判对手；同时，谈判各方要承认利益分歧，正是由于需求的差异和利益的不同，才可能产生需求的互补和利益的契合，才会形成共同利益。贯彻求同存异原则，要求谈判者在商务谈判中要善于从大局出发，要着眼于自身发展的整体利益和长远利益的大局，要着眼于长期合作的大局；要善于运用灵活机动的谈判策略，通过妥协寻求协调利益冲突的解决办法，构建和增进共同利益；要善于求同存异，不仅应当求大同存小异，也可以为了求大同而存大异。可以说，求同存异原则是商务谈判成功的关键。善于求同，历来是谈判高手具有智慧的表现。

（四）客观标准原则

客观标准原则是指谈判各方在谈判中因坚持不同的标准而产生分歧时，坚持运用独立于各方意志外的合乎情理和切实可行的标准来达成协议。这些客观标准既可能是一些惯例、通则，也可能是职业标准、道德标准、科学鉴定标准等。

无论是把谈判看成双方的合作，还是双方的较量，利益冲突和分歧都是客观存在、无法避免的。买方希望价格低一点，而卖方希望价格高一些；贷方希望高利率，借方希望低利率。从这种观点出发，一方希望得到对自己有利的结果，另一方也持同样的观点。这些分歧在谈判中时时刻刻存在着，谈判双方的任务就是清除和调和彼此的分歧，达成协议。

清除和调和彼此的分歧有多种方法，一般是通过双方的让步或妥协来实现的。这种让步或妥协是基于双方的意愿，即愿意接受什么，不愿意接受什么。所以，经常会出现一方做出让步以换取另一方对等的让步。如若双方均不肯让步，调和与消除双方的分歧就会变得十分困难，付出的代价也是巨大的，更谈不上创造性地解决问题。

坚持客观标准能够很好地克服建立在双方意愿基础上的让步所产生的弊病，有利于谈判者达成一个明智而公正的协议。客观标准是多种多样的，如果双方无法确定哪个标准是最合适的，那么比较好的做法是找一个双方认为公正的、权威的第三方，请他建议一个解决争端的标准。这样，问题会得到比较圆满的解决。

在谈判中坚持客观标准有助于双方和睦相处，冷静而又客观地分析问题，有利于谈判双方达成一个明智而公正的协议。由于协议的达成是依据客观标准，双方都感到自己利益没有受到损害，因而会积极有效地履行合同。

（五）诚实信用原则

诚实信用原则是指谈判各方在谈判中都要诚实且守信。所谓诚实，就是在任何谈判中言行与内心思想都要一致，即实事求是。所谓守信，就是能够履行与人约定的事情而取得的信任，即“言必信，行必果”。谈判言而无信，出尔反尔，朝令夕改，势必失信于人，破坏双方的合作，谈判必将失败。“诚招天下客”，诚实和守信给人以安全感，使人愿意同你洽谈生意，还有利于消除顾虑，促成交易。为此，商务谈判中谈判人员要坚持诚实信用原则，以信誉为本，实事求是，言行一致，取信于人。同时，谈判者在谈判中要注意不轻易许诺，一旦承诺或达成协议，就必须严格履行。

（六）遵守法律原则

遵守法律原则是指在商务谈判及合同签订的过程中，各方必须遵守国家的法律、法规和政策。与法律、政策有抵触的商务谈判，即使出于谈判各方自愿并且协议一致，也是无效的，是不允许的。

任何商务谈判都是在一定的法律环境下进行的，法律规范制约着协议的内容。谈判各方依法认真严肃地履行协议，关系未来谈判机会的得失，也决定既定合作项目能否继续进行下去。因此，坚持遵守法律原则，是商务谈判公正、合理、健康进行的保证，也是合同执行的保证。谈判各方只有在商务谈判中遵守法律原则，谈判形成的协议（合同）才具有法律效力，受法律保护。

商务谈判的遵守法律原则具体体现在以下三个方面：一是谈判主体合法，即谈判参与各方组织及其谈判人员具有合法的资格。二是谈判议题合法，即谈判所要磋商的交易项目具有合法性。对于法律不允许的行为，如买卖毒品、贩卖人口、走私货物等，其谈判显然违法。三是谈判手段合法，即谈判各方应通过公正、公开、公平的手段达到谈判目的，而不能采用某些不正当的，如行贿受贿、暴力威胁等手段，来达到谈判的目的。总之，只有在商务谈判中遵守法律原则，谈判及其协议才具有法律效力，当事各方的权益才能受到法律的保护。显然遵守法律原则是商务谈判的根本。

二、商务谈判的作用

商务谈判是完成交易、获取利益、实现目标的重要环节，贯穿于商务活动的全过程，无论是国内经济项目合作，还是国际经济项目合作，都离不开谈判。可以说，商务谈判在现代经济社会中扮演着越来越重要的角色。其作用具体体现在以下六个方面。

（一）有利于促进商品经济的发展

谈判并不是今天才出现的，但只有在商品经济发展到一定阶段时，谈判才能在社会生活中发挥巨大的作用。这是由于商品经济崇尚等价交换，排斥一切特权干预，只有通过买卖双方的平等协商谈判，才能在互利的基础上达到双赢的结局，进一步促进商品经济的发展。

实践证明，商品经济越发达，谈判的应用就越广泛，谈判的形式就越多样化、复杂化。同时，谈判广泛运用于社会生产、生活的各个领域，又进一步促进了社会的繁荣和经济的发展。它更好地实现了人们在平等互利基础上的联系，改善了相互关系，提高了交易的成功率。今天，谈判已经成为商品经济社会中不可或缺的组成部分，成为各种组织和公众解决彼此之间矛盾、争议和调整人际关系的重要手段。

（二）有利于加强企业之间的经济联系

商务谈判大多是在企业之间、企业与其他部门之间进行的。每个企业要与其他部门或单位进行协商，才能完成生产经营活动。事实上，经济越发展，分工越细，专业化程度越高，企业间的联系与合作就越紧密，就越是需要各种有效的沟通手段。同时，企业具有独立的法人资格，企业之间的交往与联系也必须在自愿互利的基础上实行等价交换、公平交易。因此，谈判理所当然地成为企业间经济联系的桥梁和纽带，成为经济活动中企业之间以及企业与其他各种经济实体之间联系的主要媒介。企业通过谈判获得生产要素，销售产品；通过谈判磋商解决企业之间生产经营过程中所涉及的问题。所以说，谈判加强了企业之间的联系，促进了经济的发展。

（三）有利于企业获取市场信息

市场信息是反映市场发展和变化的消息、情报、资料等。商务谈判是获取市场信息的重要途径。谈判各方在谈判前通过对对方的资信、经营等一般状况的调查了解，在谈判中通过各自观点的陈述，了解对方的交易需要，这些活动本身就反映了市场的供求状况。同时，谈判中相互磋商，常常使当事各方得到有益的启示，从中获得许多有价值的信息，从而提高经营决策的科学性，使企业在市场竞争中立于不败之地。

（四）有利于企业树立形象

企业形象，就是企业在社会公众脑海中的印象。企业良好形象可以通过日常的和专门的公共关系策划活动来塑造，也有赖于通过谈判达到此目标。商务谈判者往往代表企业的文化和精神，体现企业的可信度。商务谈判者的着装、举止、谈吐、语言直接影响对方对本企业的联想和记忆。在商务谈判中，谈判者提出来的问题是否有理有节、顾全大局，能否讲究效率和信誉，都是关系到双方能否真诚合作、长期合作的关键。若一个商务谈判者在这些方面均能表现出较高的素质，那么不仅能促成双方达成一致协议，而且能树立良好的企业形象。

（五）有利于企业实现经济目标

在市场竞争条件下，企业的营销工作受各种主客观条件的制约。企业产品的畅销，除了要适销对路、质量过硬、价格合理、包装美观以外，在很大程度上还有赖于业务人员搞好商务谈判工作。商务谈判是达成商品交换关系的前奏，每一笔交易的价格、数量和其他交易条件都要通过谈判来确定。如果谈判不成功，产品销售困难，就会造成商品积压，资金短缺、经济效益下降，使企业的经营目标无法实现，久而久之，企业就会面临破产的危险。

（六）有利于企业提高管理水平

商务谈判是市场经济环境下企业管理活动的部分组成和职能之一，科学地进行谈判可以提高企业的管理水平。企业管理活动是对企业经营过程进行计划、组织、领导、控制。企业经营计划除了接受国家宏观计划的指导之外，与其他经济组织之间发生联系、保证计划的执行都是通过先谈判后签订合同达成的。企业通过谈判还可以发现和借鉴对方业务管理上的先进经验，分析寻找本企业管理中存在的问题，从而制定有效措施予以纠正。谈判除了协调企业行为以外，还是企业实力的对比，具体表现为业务活动上的竞争、管理上的较量。有竞争、有较量就能给企业的经营管理活动以启发和提高，也是学习和借鉴对方经验的好机会。

第四节　商务谈判的内容与程序

一、商务谈判的内容

商务谈判的内容是指与产品交易有关的各项交易条件。为了有效地进行谈判，交易双方在制订商务谈判计划时，必须把有关的内容纳入谈判的议题之中。在谈判内容上出现疏漏，势必影响合同的履行，从而给企业带来不可估量的损失。因此，谈判人员在谈判之前应全面地掌握谈判的内容。商务谈判的类型不同，其谈判的内容也各有差异。

（一）商品贸易谈判的内容

商品贸易谈判是指商品买卖双方就商品的买卖条件所进行的谈判。商品贸易谈判的内容主要包括商品的品质、数量、包装、运输、保险、检验、价格，贷款结算与支付方式，以及索赔、仲裁和不可抗力等条款。

1. 商品的品质

商品的品质是指商品的内在质量和外观形态。它往往是交易双方最关心的问题，也是洽谈的主要问题。商品的品质取决于商品本身的自然属性，其内在质量具体表现在商品的化学成分、生物学特征及其物理、机械性能等方面；其外在形态具体表现为商品的造型、结构、色泽、味觉等技术指标或特征。商品品质的特征有多种多样的表示方法，常用的表示方法有样品表示法、规格表示法、等级表示法、标准表示法和牌名或商标表示法。

①样品表示法。样品指的是最初设计加工出来或者从一批商品中抽取出来的能够代表贸易商品品种的少量实物。样品可由买卖的任何一方提出，只要双方确认，卖方就应该供应与样品一致的商品，买方也就应该接收与样品一致的商品。为了避免纠纷，一般样品要一式三份，由买卖双方各持一份，第三份送到合同规定的商品检验机构或其他公证机构保存，以备买卖双方发生争议时核对品质之用。

②规格表示法。商品规格是反映商品的成分、含量、纯度、大小、长度、粗细等方面品质的技术指标。由于各种商品的品质特征不同，所以规格也有差异。如果交易双方用规格表示商品的品质，并作为谈判条件，就称为凭规格买卖。一般来说，凭规格买卖是比较准确的，日常的商品交易活动大多采用这种方法。

③等级表示法。商品等级是对同类商品质量差异的分类，是表示商品品质的方法之一。这种表示法以规格表示法为基础，同类商品由于厂家不同，有不同的规格，所以同一数码、文字、符号表示的等级的品质内涵不尽相同。买卖双方可以借助已经制定的商品等级来对商品品质进行磋商。

④标准表示法。商品品质标准，是指经政府职能部门等有关团体统一制定并公布的规格或等级。不同的标准反映了商品品质的不同特征和差异。商品贸易中常见的有国际公认的通用标准，即国际标准。我国有国家技术监督局制定的国家标准和国家有关部门制定的部颁标准。此外，还有供需双方洽商的协议标准。明确商品品质标准，以表达供需双方对

商品品质提出或认可的要求。

⑤牌名或商标表示法。牌名是商品的名称，商标是商品的标记。有些商品由于品质上优质、稳定，知名度和美誉度都很高，在用户中享有盛名，为广大用户所熟悉和赞誉，在谈判中只要说明牌名或商标，双方就能明确商品品质情况。但在磋商时要注意同一牌名或商标的商品是否来自不同的厂家，以及这些商品是否由于某些原因造成了损坏或变质，更要注意假冒牌名或商标的商品。

2. 商品的数量

商品交易的数量是商务谈判的主要内容。成交商品数量的多少，不仅关系到卖方的销售计划和买方的采购计划能否完成，而且影响商品的价格。同一货币金额所购买的商品数量越多，说明这种商品越便宜，因此商品交易的数量直接影响交易双方的经济利益。

确定买卖商品的数量，首先要根据商品的性质，明确所采用的计量单位。商品的计量单位，表示重量的单位有吨、千克、克、磅等，表示个数的单位有件、双、套、打等，表示面积的单位有平方米、平方英尺等，表示体积的单位有立方米、立方英尺等。在国际贸易中，由于各国采用的度量衡制度不同，同一计量单位所代表的数量也各不相同，因而谈判者要掌握各种度量衡之间的换算关系，在谈判中明确规定使用哪一种度量衡制度，以免造成误会和争议。

在贸易谈判实践中，容易引起争议的是商品重量。因为商品重量不仅会因自然因素的影响而发生变化，而且许多商品本身就有包装重量的问题。如果交易双方在谈判时没有明确重量的计算方法，在交货时就会因重量问题而发生纠纷。

常用的重量计算方法有两种：一是按毛重计算，二是按净重计算。毛重是商品和包装物的总重量，净重是商品本身的重量。因为净重不包括包装物的重量，所以按净重计算就必须是毛重减去包装物的重量。

3. 商品的包装

商品包装，是指为保护商品的实体质量，方便装卸、储存、运输，采用一定技术、材料、容器盛装商品的行为总称。包装不仅有利于保护货物的使用价值，也有利于实现和增值货物的价值。商品包装分为运输包装和销售包装两种。在商品交易中，除了散装货与裸体货外，绝大多数商品都需要包装。交易的商品不同，包装的种类、材料、成本、技术、方法也不同。商品是否需要包装和采用何种包装方式，主要取决于商品的特点和买方的要求。在商品包装方面，买卖双方一般主要就包装材料、包装方式、包装标志和包装费用等进行磋商。为了合理选择商品包装和避免出现包装纠纷，交易双方在谈判时应注意以下几点。

①根据交易商品本身的特征明确其包装的种类、材料、规格、成本、技术和方法。商品经营包装分内销包装、出口包装、特种商品包装；商品流通包装有运输包装（外包装）、销售包装（内包装）。按包装内含商品数量多少划分，有单个包装、集合包装；按包装使用范围划分，有专用包装、通用包装；按包装材料划分，有纸制、塑料、金属、木制、玻璃、陶瓷、纤维、复合材料、其他材料包装等。不同的包装还有体积、容积、尺寸、重量的区别，这些都影响着商品贸易。

②根据对方或用户对同类商品在包装种类、材料、规格、装潢上的一般要求和特殊要求，以及商品不同时期的变化趋势进行磋商并认定。

③包装费用。按照一般的交易惯例，包装所涉及的费用是包含在货价之中的，卖方不再向买方另行收取。如果买方有特殊要求，双方可另行商定，或提高商品的价格，或另行收取包装费。

除此之外，交易双方在谈判中还应就运输标记以及包装物的供应方法等进行商谈和确定，并在合同中予以明确。

4. 商品的运输

在商品交易中，卖方向买方收取货款是以交付货物为条件的。如何将货物按照合同约定，及时、完整地交付给买方，是卖方的责任和义务。因此，谈判双方如何交接货物，即确定运输方式、运输费用，以及装运、交货的时间、地点等依然是商务贸易谈判的重要内容。

①运输方式。商品的运输方式是指将商品转移到目的地所采用的方法和形式。以运输工具进行划分，运输方式有公路运输、水路运输、铁路运输、航空运输和管道运输等。以营运方式划分，可分为自运、托运和联运等。目前，在国内贸易中主要采用铁路运输、公路运输、水路运输和自运、托运等；对外贸易中主要采用海运、航运、托运和租运等。在商贸活动中，如何使商品能够多快好省地到达目的地，关键在于选择合理的运输方式。一般情况下选择运输方式时应考虑以下因素：一是商品的特点、运货量大小、自然条件、装卸地点等方面的具体情况；二是要根据各种运输方式的特点，通过综合分析加以选择。

②运输费用。运输费用的计算标准有：按货物重量计算、按货物体积计算、按货物件数计算、按商品价格计算等。另外，运输费用还会因为运输中的特殊原因增加其他附加费用。谈判中双方应对货物的重量、体积、件数、商品的贵重情况进行全盘考虑，合理规划，在可能的条件下改变商品的包装、缩小体积，科学堆放，选用合理的计算标准，论证并确定附加费用变动的合理性，明确双方交货条件，划清各自承担的费用范围和界限。

③装运时间、地点和交货时间、地点。这些不仅直接影响买方能否按时收到货物，满足需求或投放市场，回收资金；交货时空的变动还会引起价格的波动，甚至造成经济效益的差异。谈判中双方应根据运输条件、市场需求、运输距离、运输工具，码头、车站、港口、机场等设施，以及货物的自然属性、气候条件等进行综合分析，明确装运、交货的地点及具体截止日期。

5. 商品的保险

保险是指投保人根据合同约定，向保险人支付保险费，保险人对合同约定的可能发生的事故因其发生所造成的财产损失承担赔偿保险金责任，或者被保险人死亡、伤残、疾病或者达到合同约定的年龄、期限等条件时承担给付保险金责任的商业保险行为。在商品贸易中，由于商品在运输、装卸中可能会发生各种风险，为了避免损失，需要办理商品保险。商品保险谈判主要解决贸易双方的保险责任问题，即具体明确由谁来办理保险手续，投保什么险种，运输中的风险由谁承担等。

在商品买卖合同中，为了明确交易双方在商品保险方面的责任，通常都要订立保险条款。其主要包括以下几个方面的内容。

①保险投保人。由于每笔交易的交货条件和使用的贸易术语不同，故对投保人的规定也不相同，买卖双方应在合同中明确规定是由买方投保还是卖方投保。

②投保公司。保险公司的资信状况与卖方的关系不大，但与买方却有着重大的利害关系。买方一般会要求在合同中明确规定投保的保险公司。

③保险险别。按照国际惯例，在双方未约定险别的情况下，卖方可按最低的险别予以投保。可见，双方应在合同中尽可能明确规定投保险别。

④保险金额。按照国际惯例，预期利润一般按到岸价格的 10%计算。因此，如果合同中未规定保险金额时，习惯上是按到岸价格的 110%投保。

在国际贸易中，商品价格条款中的价格术语确定后，也就明确了双方的保险责任。对同类商品，各国在保险的险别、投保方式、投保金额方面的通用做法，或对商品保险方面的特殊要求和规定，谈判各方必须加以明确；对世界各国主要保险公司在投保手续与方式、承保范围、保险单证的种类、保险费用、保险费用的支付方式、保险的责任期和范围、保险赔偿的原则与手续等方面的有关规定要加以考虑筛选，最后加以确定；对保险业务术语上的差异和名词概念的不同解释，要给予注意，以避免争议。

6. 商品的检验

商品检验是指对交易商品的品种、质量、数量、包装等项目按照合同规定的标准进行检查或鉴定。通过检验，由有关检验部门出具证明，作为买卖双方交接货物、支付货款或处理索赔的依据。

商品储存时间、地点的变化及转移，以及商品运输、生产、装卸条件等都有可能造成商品在数量、质量上出现问题。买方为了保证贸易商品在质量、数量、包装上与合同的规定一致，就必须对交货商品进行检验。商品检验合格是卖方履约的重要标志，也是买方支付货款的前提条件。许多国家的法律与有关国际公约都明确规定或默示了买方收到货物后的检验权利和卖方对所供货物不符合合同规定须承担的违约责任。因此，各方在谈判时必须协商如何检验商品。商品检验主要包括以下几个方面的内容。

①商品检验的内容和方法。商品检验通常针对商品的品种、规格、数量、质量、包装等基本内容进行检验。数量检验比较简单，一般采取点数、称重量的方法。质量检验除了采取视觉、味觉、嗅觉、触觉及一些简单的操作方法检验商品的外观形态和内在性能外，主要是用仪器和科学的方法检验商品的内在性能。

检验方法是指物理检验或生化检验，抽样检验或总体检验，一般检验或法定检验等。在进行商品质量检验时，一般采用按比例抽样检验，对个别贵重、量少的商品可进行全部检验。买卖双方谈判时应确定交验产品的数量及检验费用的负担方。

②商品检验的时间和地点。商品检验的时间和地点容易在以后的合同执行中发生纠纷，谈判者应当在谈判时慎重考虑。检验商品是需要一定时间的，而检验时间的长短直接关系到买卖双方的经济利益，因而应根据商品的性质和存放地点等情况合理、明确地加以确定。商品检验的时间和地点通常有三种：一是以商品离岸的品质和数量为准；二是以商品到岸的品质和数量等为准；三是以装运港的检验证明为依据，但商品到达目的港后买方有复检

权利并可依此索赔。在以上三种做法中，第一种有利于卖方，第二种有利于买方，第三种则兼顾了双方利益，比较公平、合理，也是目前普遍采用的做法。在给予买方复验权的情况下，买卖双方须对复验的时间和地点做出明确规定。

③商品检验机构。商品检验机构应具有资格并与交易双方无利害关系。商品检验机构有三类，即国家设立的商检部门，私人、行业协会开设的公证机构，厂商、使用单位设立的检验部门。在我国的商品贸易中，有些商品必须由国家商检部门强制进行法定检验，其他的一般商品检验由贸易双方协商确定的检验机构检验。

④检验证书。检验证书是检验机构对交易商品进行检验、鉴定后就检验结果出具的具有法律效力的文字鉴定证明。一般来说，检验机构出具的检验证书应包括商品的数量、质量、包装、规格、产地等有关内容。交易双方应根据商品的特性、种类、贸易习惯、政府的有关规定等确定检验证书的种类。

7. 商品的价格

商品价格是商务谈判中最重要的内容，它的高低直接影响着贸易双方的经济利益，也与其他交易条件有着密切的联系。商品价格是否合理是决定商务谈判成败的重要因素。商品价格的构成一般受商品成本、商品质量、成交数量、供求关系、竞争条件、运输方式和价格政策等多种因素影响。谈判人员只有深入了解市场情况，掌握实情，切实注意上述因素的变动情况，才能取得谈判成功。

（1）价格条款

一般来说，商品贸易谈判中的价格条款主要涉及以下几个方面的内容。

①价格水平，即单价。它通常是在买卖双方报价的基础上经过讨价还价最终确定的，而且价格水平的确定必须与其他各项交易条件统筹考虑。

②价格计算方式。在货物买卖中，通常采用固定价格，即合同中明确规定的价格进行交易，并在合同期内不进行价格调整。有时也采用非固定价格，即只规定作价原则或暂行价。价格谈判中，买卖双方应对价格计算方式进行具体磋商并达成一致意见。

③价格术语的运用。价格术语是贸易（主要是国际贸易）中习惯采用的，用以概括价格构成并说明交易各方权利与义务的专业用语。使用价格术语有助于简化交易磋商的内容和规范交易各方的责任，谈判者应在订立合同时根据交易需要予以运用。

（2）价格谈判中的注意事项

①按质论价是价格谈判中常用的方法。谈判人员应该在掌握商品品质的基础上，货比三家，确定合理的价格。

②商品数量的多少是讨价还价的一个筹码。目前，大多数买卖双方使用批量定价。一般来说，商品数量越多，价格越低；数量越少，价格越高。

③商品价格还受市场供求状况的影响。当商品供过于求时，价格就下跌；反之，商品价格就会上涨。谈判者在谈判中应根据商品在市场上的需求状况进行分析，确定交易价格。

④谈判人员还要考虑该商品的市场生命周期、市场定位、市场购买力等因素，判断市场供求变化趋势和签约后可能发生的价格变动，综合确定商品交易价格，并要确定应对价格发生变动的处理办法。一般来说，在合同规定的交货期内交货，不论价格如何变动，

仍按合同定价执行。如果逾期交货，交货时市价上涨，按合同价执行；市价下跌，按下跌时的市价执行。总之，因价格变动造成的损失应由有过失的一方承担，以督促合同的按期履行。

⑤竞争者的经营策略也会直接影响商品交易的价格。企业在市场竞争中，有时为了取得货源，商品价格就会定高一点；有时为了抢占市场，提高市场占有率，价格就会定低一些。谈判人员在进行价格谈判时，一定要密切关注市场竞争状况。

⑥各国在不同时期有关价格方面的政策、法令、作价原则，也会影响交易双方关于价格的谈判。买卖双方在谈判时应遵守国家的价格政策、法令，并依照政策、法令来确定价格形式、价格变动幅度和利润率的高低。

⑦在国际商务谈判中，谈判双方还应该明确规定使用何种货币和货币单位。一般来讲，出口贸易时争取采用"硬通货"，进口贸易时则力求使用"软货币"或在结算期不会升值的货币。总之，谈判者要注意所采用货币的安全性及币值的稳定性、可兑换性。

⑧在国际商务谈判中，谈判人员还应尽量了解各国及国际组织对与价格有关问题的不同解释或规定，并在合同中加以明确，选定对己方有利的价格条件。

8. 货款结算与支付方式

在商品贸易中，货款的结算与支付是一个重要问题，直接关系到交易双方的利益，影响双方的生存与发展。交易双方在商务谈判中应注意货款结算与支付的方式、期限、地点等。

国内贸易货款结算方式分为现金结算和转账结算。现金结算，即一手交货，一手交钱，直接以现金支付货款的结算方式。转账结算是通过银行在双方账户上划拨的非现金结算。非现金结算的付款有两种方式：一种是先货后款，包括异地托收承付、异地委托收款、同城收款；另一种是先款后贷，包括汇款、限额结算、信用证、支票结算等。根据国家规定，各单位之间的商品交易，除按照现金管理办法外，都必须通过银行办理转账结算。这种规定的目的是节约现金使用，有利于货币流通，加强经济核算，加速商品流通和加快资金周转。

转账结算可分为异地结算和同城结算。前者的主要方式有托收承付、信用证、汇兑等，后者的主要方式有支票、付款委托书、限额结算等。

9. 索赔、仲裁和不可抗力

在商品交易中，买卖双方常常会因彼此的权利和义务引起争议，并由此引起索赔、仲裁等情况的发生。为了使争议得到顺利的处理，买卖双方在洽谈交易中对由争议提出的索赔和解决争议的仲裁方式，事先应进行充分商谈，并做出明确的规定。此外，谈判双方对不可抗力及其对合同履行的影响结果等也要做出规定。

（1）索赔

索赔是指一方认为对方未能全部或部分履行合同规定的责任时，向对方提出索取赔偿的要求。引起索赔的原因除了买卖一方违约外，还有由于合同条款规定不明确，一方对合同某些条款的理解与另一方不一致而认为对方违约。一般来讲，买卖双方在洽谈索赔问题时应洽谈索赔依据、索赔期限和索赔金额的确定等内容。

①索赔依据是指提出索赔必须具备的证据和出示证据的检测机构。索赔方所提供的违约事实必须与品质、检验等条款相吻合，且出证机关要符合合同的规定，否则，都要遭到对方的拒赔。

②索赔期限是指索赔一方提出索赔的有效期限。索赔期限的长短，应根据交易商品的特点合理商定。

③索赔金额包括违约金和赔偿金。对于违约金，只要确认是违约，违约方就得向对方支付违约金，违约金带有惩罚的性质。赔偿金则带有补偿性。当违约金不够弥补违约给对方造成的损失时，应当用赔偿金补足。

（2）仲裁

仲裁是指双方当事人在谈判中磋商约定，在本合同履行过程中发生争议，经协商或调解不成时，自愿把争议交给双方约定的第三者（仲裁机构）进行裁决的行为。在仲裁谈判时，双方应洽谈的内容有仲裁地点、仲裁机构、仲裁程序规则等。

①仲裁地点，可为卖方所在地、买方所在地或双方约定的第三地。

②仲裁机构，有关贸易的仲裁机构包括国内贸易仲裁机构与国际贸易仲裁机构。谈判双方应根据具体情况在仲裁条款中约定仲裁机构。在仲裁谈判中，谈判者一般应争取在本国或友好国家进行仲裁。

③仲裁程序规则，是指当事人和仲裁员在进行仲裁时所遵循的行为准则，包括提出仲裁申请、委托仲裁员、进行答辩、仲裁审理、仲裁裁决、裁决效力和仲裁费用的支付等方面的规则。

（3）不可抗力

不可抗力，又称为人力不可抗力，通常是指合同签订后，不是由于当事人的疏忽过失，而是由于当事人所不可预见，也无法事先采取预防措施的事故，如地震、水灾、旱灾等自然原因或战争、政府封锁、禁运、罢工等社会原因，造成的不能履行或不能如期履行合同的全部或部分。在这种情况下，遭受事故的一方可以据此免除履行合同的责任或推迟履行合同，另一方无权要求其履行合同或索赔。在合同谈判中，双方应商谈并制定不可抗力条款，以防发生不可抗力事故而造成巨大损失。为避免有不同解释，条款中应明确不可抗力事故的范围、事故出现的后果和发生事故后的补救方法、手续、出具证明的机构和通知对方的期限等。

（二）技术贸易谈判的基本内容

技术贸易是随着技术作为商品进入商品流通领域而发展起来的。在现代社会，技术的种类很多，随着国际贸易和科学技术的发展，技术贸易也得到了迅速的发展，技术贸易谈判则成为商务谈判中较为重要的一项谈判内容。

1. 技术贸易的概念和方式

（1）技术贸易的概念

技术贸易也称技术转让，它有两种形式。一种是无偿的非商业性技术转让，是指政府间的援助，以及政府、不同国家的团体或个人的技术通过情报交换、学术交流、技术考察等进行的无偿技术转让。另一种是有偿的商业性技术转让，是指不同国家或同一国家的政府机构、企业或个人按商业条件进行的有偿技术转让。技术贸易中拥有和提供技术的一方称为供方或转让方，接受技术的一方称为受方或引进方。

（2）技术转让的方式

技术转让的方式主要有许可证贸易、合作生产、交钥匙合同、顾问咨询、技术服务与协助等。

①许可证贸易，是指受方通过支付一定数额的报酬，获得专利权人或商标所有人或专有技术所有人作为供方的某项许可，可以按供方所提供的技术进行生产。许可证贸易有专利许可、商标许可和专有技术转让（许可）三种基本类型。在技术贸易中，单纯的专利许可、商标许可和专有技术转让较为少见，大多数情况是两种或三种类型相结合。

②合作生产，是指两个不同的企业之间根据所签协议，在某项或某几项产品的生产、销售中采取联合行动，通过合作生产和销售产品。技术较强的一方将有关产品的生产技术知识逐步传授给另一方。合作生产可以是双方分别生产对方所需的部件，通过交换，再各自组装成产品出售；也可以由一方按另一方的需要进行生产。

③交钥匙合同，又称为工程承包，是指由供方承担受方建设某项工程所必须的全部技术工作与管理工作，包括工程设计、土建施工、提供机器设备、施工安装、提供技术、培训人员、投产试车、提供原材料供应和质量管理等。交钥匙合同是一种综合性的经济技术合作合同，其中包含了大量的技术转让内容。

④顾问咨询，是指技术受方与工程咨询公司公开签订合同，由咨询公司负责找技术供方谈判技术转让事项的活动。一些技术受方的技术力量不足或缺乏解决某项技术的经验，通过咨询公司引进技术，可以节约资金，节省寻找技术的成本，但是要支付一定的咨询费用。由于咨询公司的努力，受方在购进技术和设备时所节约的资金往往超过咨询费用，因而通过顾问咨询引进技术对受方来说还是有利的。

⑤技术服务与协助，主要是请供方的技术专家和有关人员为受方提供服务。技术贸易的技术可以是公开的技术知识，也可以是秘密的技术知识和经验。另外，有一些技术知识和经验很难通过学习书面资料掌握，必须通过言传、示范等方式传授。

技术贸易除了上述五种形式外，还可以采用外国直接投资、特许经营等方式进行。在实际的技术贸易中，通常把多种方式结合起来，如许可证贸易包括技术服务等。

2. 技术贸易谈判的内容

①技术类别、名称和规格。技术类别、名称和规格即技术的标的。技术贸易谈判的最基本内容是磋商具有技术的供给方能提供哪些技术，引进技术的接受方想买进哪些技术。

②技术经济要求。因为技术贸易转让的技术或研究成果有些是无形的，难以保留样品作为今后的验收标准，所以，谈判双方应对其技术经济参数采取慎重和负责的态度。技术转让方应如实地介绍情况，技术受让方应认真地调查核实。最终，双方把各种技术经济要求和指标详细地写在合同条款中。

③技术的转让期限。虽然科技协作的完成期限往往很难准确地预见，但规定一个较宽的期限还是很有必要的。

④技术商品交换的形式。这是技术贸易双方权利和义务的重要内容，也是谈判不可避免的问题。技术商品交换的形式有两种：一种是所有权的转移，买方付清技术商品的全部价值并可转卖，卖方无权再出售或使用此技术。这种形式较少使用。另一种是不发生所有权的转移，买方只获得技术商品的使用权。

⑤技术贸易的计价、支付方式。技术商品的价格是技术贸易谈判中的关键问题。转让方为了更多地获取利润，报价总是偏高。引进方不会轻易地接受报价，往往通过反复谈判，进行价格对比分析，找出报价中的不合理成分，将报价压下来。价格对比一般是比较参加竞争的厂商在同等条件下的价格水平或相近技术商品的价格水平。价格水平的比较主要看两个方面，即商务条件和技术条件。商务条件主要是对技术贸易的计价方式、支付条件、使用货币和索赔等进行比较。技术条件主要是对技术商品供货范围的大小、技术水平高低、技术服务的多少等进行比较。

⑥责任和义务。技术转让方的主要义务是：按照合同规定的时间和进度，进行科学研究或试制工作，在限期内完成科研成果或样品，并将经过鉴定合格的科研成果报告、试制的样品及全部技术资料、鉴定证明等情报交付委托方验收。积极协助和指导技术受让方掌握技术成果，达到协议规定的技术经济指标，以期收到预期的经济效益。

技术受让方的主要义务是：按协议规定的时间和要求，及时提供协作项目所必需的基础资料，拨付科研、试制经费，按照合同规定的协作方式提供科研、试制条件，并按接收技术成果支付酬金。

技术转让方如果完全没有履行义务，应退还技术受让方全部委托费或转让费，并承担违约金。如果部分履行义务，应根据情况退还部分委托费或转让费，并承担违约金。延期完成协议的，除应承担因延期而增加的各种费用外，还应偿付违约金。所提供的技术服务，因质量缺陷给对方造成经济损失的，应负责赔偿。由此引起重大事故，造成严重后果的，还应追究主要负责人的行政责任和刑事责任。

技术受让方不履行义务的，已拨付的委托费或转让费不得追回。同时，还应承担违约金。未按协议规定的时间和条件进行协议配合的，除应允许转让方顺延完成外，还应承担违约金。如果给对方造成损失的，应赔偿损失。因提供的基础资料或其他协作条件本身的问题造成技术服务质量不符合协议规定的，后果自负。

（三）劳务合作谈判的基本内容

劳务合作谈判的基本内容是围绕着某一具体劳动力供给方所能提供的劳动者的情况和需求方所能提供的劳动者的有关生产环境条件、报酬和保障等实质性的条款。其基本内容有：劳动力力的层次、数量、素质，职业和工种，劳动地点（国别、地区、场所）、劳动时间和劳动条件，以及劳动报酬、工资福利和劳动保险等。

1. 劳动力的层次

劳动力的层次是指劳动者由于学历、知识、技能、经验的差别，形成许多具体的、不同水平级别的职业，如科技人员、技术工人、勤杂工、家政服务员等。

2. 劳动力的数量

劳动力的数量，即劳动者的人数。

3. 劳动力的素质

劳动力的素质是指劳动者智力、体力的总和。目前，只能从劳动者年龄、文化程度、技术水平上加以具体区别。

4. 职业和工种

根据国民经济行业分类，我国现有行业划分为20个门类。职业工种在各行各业中有许多不同的分类，如农民、教师、医生、工人等。机器制造业工人又分为铸工、锻工、车工、铣工、磨工、钳工等。职业、工种按劳动者层次、素质双向选择，特别是对高空、水下、井下和容易产生职业病的职业，工种的选择性更大。

5. 劳动地点、劳动时间和劳动条件

劳动地点对某一具体劳动力需求方来说一般是固定的，只有少数是流动的。劳动者主要考虑劳动地点离家远近、交通状况，结合劳动时间、劳动条件和劳动报酬来选择工作。

6. 劳动报酬、工资福利和劳动保险

劳动报酬、工资福利和劳动保险，是双方磋商的核心问题。它是发展劳务市场，推动劳动力在不同工作、地区、单位间转移的重要动力。

除此之外，劳务合作谈判各方还应依据劳动法规规范制定谈判内容与条件。

二、商务谈判的程序和模式

（一）商务谈判的程序

在长期商务谈判实践的基础上，谈判人员将谈判的程序逐步确定下来，并以此作为工作的规范和要求。商务谈判的基本程序一般包括准备、开局、正式谈判和签约四个阶段。

1. 准备阶段

简而言之，商务谈判前的准备工作就是要做到知己知彼，心中有数。一场谈判能否达到预期的目的，获得圆满的结果，不仅取决于谈判中有关策略、战术和技巧的灵活运用和充分发挥，还有赖于谈判前充分细致的准备工作。后者是前者的基础，尤其是在缺乏谈判经验的情况下，准备工作就显得更为重要。在与经验丰富的对手谈判时，谈判者更要重视谈判前的准备工作，以充分、细致、周到的准备来弥补经验和技巧上的不足。

谈判准备阶段的工作内容主要包括以下五个部分。

①对谈判环境因素的分析。谈判往往涉及政治、经济、社会、文化、法律等各个方面的因素，这些因素对谈判的成败有很大影响。谈判人员必须对这些因素进行认真分析，才能制订相应的谈判计划。

②信息的收集。在商务谈判中，谈判人员对谈判信息的收集、分析和利用的能力，对整个谈判活动有着极大的影响。在谈判信息方面占据优势的一方往往会把握谈判的主动权。

因此，经验丰富的谈判大师们都极其重视对各种谈判信息的运用，他们都具有敏锐洞察细微事物的能力，并十分注意捕捉对方思想过程和行为方式中的各种信息。

③目标和对象的选择。由于整个谈判活动都是同谈判对象围绕谈判的主题和目标来进行的，因此，任何谈判方案的制定都必须首先确定谈判的对象和目标，既要明确与谁谈判，又要明确通过这次谈判想获得什么。

④谈判方案的制定。在了解了谈判环境、谈判对手和自身的情况之后，在正式进行激烈的谈判交锋以前，谈判人员还需要制订一个周密又明确的谈判计划，即制定一个谈判方案。谈判方案是在谈判开始前对谈判目标、谈判议程、谈判策略预先做好安排。谈判方案是指导谈判人员行动的纲领，它在整个谈判过程中起着非常重要的作用。

⑤模拟谈判。模拟谈判能使谈判人员获得实际经验，随时修正谈判中可能出现的错误，提高谈判能力。

谈判前的准备是否充分是决定商务谈判成败得失的关键。准备工作充分，谈判中就能处于主动地位，谈判就能顺利，效果也好；否则，仓促上阵，往往使自己陷入被动地位，难以取得好的谈判效果。

2. 开局阶段

开局阶段，主要是指谈判双方见面后，在进入具体交易内容商谈之前，相互介绍、寒暄，以及就谈判内容以外的话题进行交谈的那段时间和经过。开局阶段所占用的时间较短，谈论的内容也与整个谈判主题关系不大或根本无关，但这个阶段却很重要，因为它为整个谈判过程确定了基调。

谈判的内容、形式、地点不同，其谈判气氛也各不相同。有的谈判气氛十分热烈、积极、友好，双方都抱着互谅互让的态度参加谈判，通过共同努力去签订一个双方都满意的协议，使双方的需要都能得到满足；有的谈判气氛却很冷淡、对立、紧张，双方均抱着寸土不让、寸利必争的态度参加谈判，针锋相对，分毫不让，使谈判变成了没有硝烟的战场。有的谈判简洁明快，节奏紧凑，速战速决；有的谈判咬文嚼字，慢条斯理，旷日持久。不过，更多的谈判气氛则介于上述两个极端之间：热中有冷，快中有慢，对立当中存在友好，严肃当中不无轻松。一般来说，通过谈判气氛，谈判人员可以初步感受到对方人员谈判的气质、个性和对本次谈判的态度，以及准备的方针。

在开局阶段，究竟以营造何种谈判气氛为宜，谈判人员要根据准备采取的谈判方针和谈判策略来决定，也要视谈判对手是陌生的新人还是熟识的老朋友加以区别。也就是说，谈判气氛的选择和营造应该因人而异，服务于谈判的目的、方针和策略。

3. 正式谈判阶段

正式谈判阶段，又称实质性谈判阶段，是指从开局阶段结束以后，到最终签订协议或谈判失败为止，双方就交易的内容和条件进行谈判的时间和过程。它是整个谈判过程的主体。正式谈判阶段一般要经历询盘、发盘、还盘、接受四个环节。从法律的角度来看，每一个环节之间都有着本质的区别。询盘和还盘不是必须经过的程序，买卖双方完全可以依据实际情况，不经过询盘而直接发盘，或不经过还盘而直接接受。发盘和接受则是谈判获得成功，最终签订合同必不可少的两个环节。商务谈判人员只有熟练掌握每个环节的中心问题和重点问题，以及两者之间的相互衔接关系，精通有关法律规定或惯例，才能在谈判时发挥自如，运用得当，控制整个谈判进程，直到获得成功。

①询盘。询盘是指在商品交易洽谈中，由买卖双方中的一方向另一方就某项商品的交易内容和条件发出询问（一般多由买方向卖方发出询问），以便为下一步彼此间进行详细而周密的洽谈奠定基础。询盘可以口头表示，也可以书面表示；可以询问价格，也可以询问其他一项或几项交易条件。由于询盘纯属试探性接触，询盘的一方对能否达成协议不负有任何责任，因而它既没有约束性，也没有固定格式。

②发盘。继询盘之后，通常要由被询盘的一方进行发盘。发盘又称为发价，它是由交易的一方向另一方以书面或口头形式提出交易条件，并表示愿意按照有关条件进行磋商，达成协议，签订合同。在大多数情况下，发盘是由卖方发出的，有时也可以由买方主动发出。这种由买方主动做出的发盘，国际上称为买方发盘或递盘。

发盘是交易洽谈中至关重要的一环。若发盘人发出实盘后，受盘人无条件地表示接受，交易即告达成。协议当即成为一项对买卖双方均具法律约束力的契约。

③还盘。还盘是指受盘人不同意发盘人的交易条件而提出的修改或增加条件的表示。

④接受。接受是买方或卖方无条件同意对方在发盘中提出的交易条件，并愿按这些条件与对方达成交易、订立合同的一种肯定表示。一方的发盘经另一方接受，交易即告达成，合同即告成立，双方就应分别履行其所承担的合同义务。一般以“接受”“同意”和“确认”等术语表示接受。作为一项有效的接受，应具备相应的条件。

4. 签约阶段

谈判各方经多次反复洽谈，就合同的各项条款达成一致以后，为了明确各方的权利和义务，通常要以文字形式签订书面合同。书面合同是确定各方权利和义务的重要依据，因此，其内容必须与各方达成的事项及要求完全一致，特别是主要的交易条件必须明确和肯定。合同中所涉及的概念不应有歧义，前后的表述不能自相矛盾或出现疏漏和差错。

（二）商务谈判的模式

PRAM 谈判模式，就是要让谈判对方像己方一样看待谈判工作，参与谈判的各方都在为彼此达成一致而努力。它包括四个步骤：计划（plan）、关系（relationship）、协议（agreement）、维持（maintenance），简称 PRAM 模式。

1. 制订谈判计划

制订谈判计划时，首先要明确己方的谈判目标，还要设法理解和弄清对方的谈判目标。在确定各方目标之后，谈判者应该对各方目标加以比较，找出在本次谈判中各方利益一致的地方，即共同点，以便在正式谈判中首先提出来，并由各方加以确认。这种做法既能够保持各方对谈判的兴趣和争取成功的信心，也为后面解决利益不一致的问题打下了良好的基础。对于各方利益不一致的问题，则要通过各方发挥创造性思维和开发能力，本着“成功的谈判应该使各方的利益需要得到满足”的原则，积极寻找使各方都满意的办法来加以解决。

2. 建立信任关系

在正式谈判之前，己方要建立起与对方的良好关系。这种关系不是那种一面之交的关系，而应该是一种有意识形成的、能使谈判双方的当事人在协商过程中都能够感受到的舒畅、开放、融洽的关系。换言之，就是要建立一种彼此都希望对方处于良好协商环境之中的关系。要建立这样一种关系是因为，在一般情况下，大多数人是不愿意与自己不了解、不信任的人签订合同的。在与一个从未谋面也没有听说过的人做交易时，必然小心谨慎，在行动之前就会层层设防，在谈判中也不轻易许诺；反之，如果双方都已相互了解，建立了一定程度的信任关系，那么谈判的难度就会大大降低，成功的可能性也就大大提高了。因此，可以说，谈判双方之间的相互信赖是谈判成功的基础。

如何建立谈判双方的信任关系，增强彼此的信赖感呢？经验证明，以下三点至关重要。

①要坚持使对方相信自己的信念。对事业与个人的关心、周到的礼仪、工作上的勤勉都能使对方信任自己。

②要表现出自己的诚意。与不熟悉的人进行谈判时，向对方表示自己的诚意是非常重要的。为了表明自己的诚意，可向对方介绍一些过去交易中自己与他人真诚相待的例子。

③通过行动最终使对方信任自己。为了使对方信任自己，要做到有约必行、信守诺言。谈判者必须时刻牢记，不论自己与对方之间的信赖感有多强，只要有一次失约，彼此之间的信任就会崩溃，而信任一旦崩溃是难以修复的。

由此，我们可以得到这样一个结论：如果谈判者还没有与对方建立足够的信任关系，就不应匆忙进入实质性事务协商的正题。勉强去做是难以达到预期效果的，甚至会将事情搞糟。就好比男女青年谈恋爱，如果双方没有经过充分的接触和了解，没有建立起相互信任、倾慕的关系，一方在初次见面时就提出结婚，必然会把另一方吓跑；如果双方慢慢发展，则有可能喜结良缘。

3. 达成合作协议

在谈判双方建立了充分信任的关系之后，即可进行实质性的事务谈判。在这里，首先应该核实对方的谈判目标；对彼此意见一致的事项内容加以确认，而对不一致的问题则应通过充分地交换意见，寻求双方都能够接受的方案来解决。

所有参与谈判的人员，都应该清醒地认识到，达成满意的协议只是一个阶段性目标，使协议的内容能得到圆满的执行才是协商谈判的终极目标。因为写下来的协议无论对己方多么有利，如果对方觉得在达成的协议中“吃了亏”处于不利地位，那么就没有了履行协议约定条款的动机。一旦对方不遵守，那协议也就一文不值了。虽然己方可以依法提起诉讼，但解决纠纷可能需要花费相当长的时间，并还要为此投入大量的精力。况且在提起诉讼期间，希望毁约方办的事情依然得不到实现。因此，即使己方最后胜诉并得到了相应赔偿，但却付出了沉重的代价甚至造成一些无法弥补的损失。

4. 履行协议与关系维持

谈判者最容易犯的错误是：一旦达成了令自己满意的协议就认为万事大吉，会鼓掌欢呼谈判的结束，以为签约各方会立刻毫不动摇地履行协议约定的义务和责任。因为履行职责的不是协议而是人，所以不管协议书规定得多么严格，它本身并不能保证得到实施。因此，强调协议书是重要的，但维持协议书，确保其得到贯彻实施才是根本，也更加重要。

为了促进对方履行协议，己方必须认真做好两项工作。

①对签约各方遵守协议约定的行为给予适当、良好的情感反应。经验告诉我们，对一个人的成绩给予良好的反应是最能够鼓舞其干劲的。因此，在签约方努力信守协议时，给予及时的肯定赞扬和感谢，其信守协议的精神就会保持下去。

情感反应的形式是多种多样的，可以是亲自拜访致以问候来表示，也可以通过写信、打电话来表示。

②要求别人信守协议的同时，自己首先要信守协议。通过努力，谈判者确保协议能认真履行，对一项具体交易来讲可以画上一个圆满的句号。但对于一个具有长远战略眼光的谈判人员来讲，还有一项重要的工作要做，这就是维持与对方的关系。在现实的社会生活中，人们都有这样的切身体验：与某人的关系如果不加以维持的话，就会渐渐地淡化、疏远，甚至恶化。一旦这种关系疏远了或者恶化了，要想使之恢复到原先的状态和水平，则需要花费很多的时间和精力，有时甚至不可能重现过去的关系。这就好比汽车，保养它要比修理它省时、省力得多。

因此，从为以后继续进行交易往来的目的考虑，谈判人员对于在本次交易协商中发展的与对方的关系，应想方设法予以保持和维护，避免以后与其进行交易时再花费力气重新培养关系。

维持与对方关系的基本做法是：保持与对方的接触和联络，主要是个人之间的接触。

扩展阅读

思考题

1. 如何理解商务谈判的概念？
2. 商务谈判有哪些特点？
3. 商务谈判由哪些要素构成？
4. 试述商务谈判成功的评价标准。
5. 商务谈判有哪些类型？
6. 商务谈判的基本原则有哪些？
7. 试述商务谈判的内容。

8. 商务谈判基本程序有哪几个阶段？
9. 试述 PRAM 谈判模式。

案例分析

第二章

商务谈判理论

学习目标与重点

1. 需求层次理论；
2. 谈判博弈理论；
3. 谈判公平理论；
4. 谈判实力理论。

案例导入

第一节　需求层次理论

一、马斯洛的需求层次理论

（一）马斯洛的需求层次理论的核心观点

需求层次理论是研究人的需求结构的一种理论，由美国心理学家亚伯拉罕·H. 马斯洛教授首创。他在 1943 年出版的《人类动机理论》一书中提出了需求层次论。该理论的构成基于三个基本假设。第一，人是有需要的高级动物，生存的需求能够影响人的行为。需求取决于人已经得到了什么，还缺少些什么，只有尚未满足的需求能够影响其行为。换言之，已经得到满足的需求不再起激励作用，只有未满足的需求能够影响行为。第二，人的需求按重要性和层次由低到高，从基本（如食物和住房）到复杂（如自我实现）排成一定的次序。第三，当人的某一级的需求得到最低限度满足后，才会追求高一级的需求，如此逐级上升，成为推动其继续努力的内在动力。一般来说，需求强度与需求层次高低成反比例变化，即需求层次越低，需求强度越大；反之，需求层次越高，需求强度越小。

马斯洛将人的需求按由低级到高级的顺序分成五个层次，如图 2-1 所示。

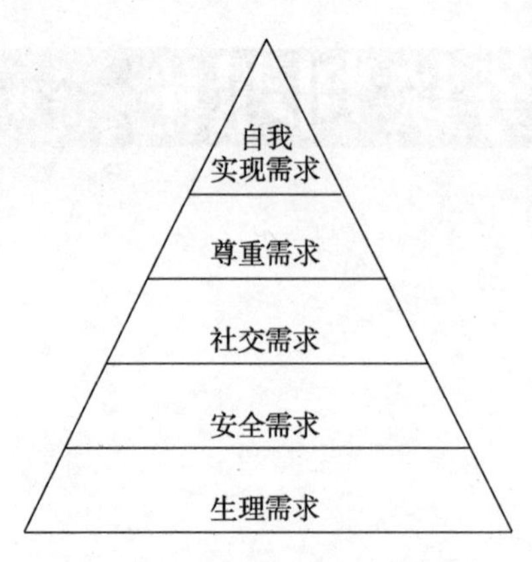

图 2-1　马斯洛需求层次结构

1. 生理需求

生理需求是指人类对维持生存和延续生命的基本的物质需求，如对衣、食、住、行和其他生理机能的需求。马斯洛认为，人们的生理需求是第一位、最优先的需求，如果这一层次的需求不能较好地得到满足，那么其他层次的需求就没有什么意义了。也就是说，生理需求是人类最低层次的需求，也是最强烈的需求。它的满足是其他层次的需求产生的基础和条件。

2. 安全需求

安全需求是指人们为了保障自身的安全与健康，或者在经济上、财产上不受威胁等的需求。这是在人类的生理需求得到满足或基本满足之后接踵而来的追求舒适、稳定和安全的一种需求。它仍然属于较低层次的需求，如对劳动安全、职业安全、生活稳定和身体健康等的需求。在实际生活中，人们直接或间接表达安全需求的现象随处可见。例如，在市场经济大潮中，相当一部分人对国家机关、银行、学校、医院等单位的“铁饭碗”情有独钟。这就是人对就业保险、退休金制度、医疗保险等的安全需求。又如，出于自身健康安全的需求，人们对食品的卫生、期限等特别关注。在商务谈判中，给对方以安全感、稳定感是非常重要的，尤其是对于对安全需求较强的谈判者更为重要。否则，其宁可放弃有较大吸引力的大额交易而选择比较保险的小额交易，甚至放弃交易。

3. 社交需求

社交需求，也称归属和爱的需求。社交需求是当一个人的物质需求和安全需求获得了相对的满足后产生的一种需求，如希望与人保持友谊、希望得到信任和友爱、渴望有所归属、成为群体的一员等。社交需求是人的中等层次的需求。人是生产关系的总和，这种社会属性决定了任何人在社会中都不能孤立地存在和生活。人们需要交往、组织家庭、参加团体活动等，需要被集体所接纳。如果一个人不被他人或集体所接受，将会产生孤独感、自卑感，会感到精神压抑和心情郁闷。在经济文化较发达的社会，社交需求更加重要，直接关系着人类社会的生存和发展。商务谈判是当今社会实现人与人之间交往、协调的一种典型的社交活动。

4. 尊重需求

尊重需求是指人们的自尊得到满足、在社会中有一定地位、受到认可的需求。这是属于人类较高层次的需求。马斯洛认为，所有正常人都有自尊心和荣誉感，希望有一定的社会地位和自我表现的机会，能获得别人的尊重，得到社会的认可，使自尊心得到满足。社会和其他人的承认和鼓励无疑会使人增强信心，从而有所作为、有所成就。

5. 自我实现需求

自我实现需求是指希望充分发挥自己的潜能、实现自己的理想和抱负的需求。自我实现是人类最高级的需求，它涉及求知、审美、创造、成就等内容。其目的是自我实现，或是发挥潜能。达到自我实现境界的人接受自己也接受他人，解决问题能力增强，自觉性提高，善于独立处事，要求不受打扰地独处，完成与自己能力相称的一切事情。也就是说，人必须干称职的工作，这样才会感到最大的快乐。马斯洛提出，为满足自我实现需求所采取的途径是因人而异的。自我实现的需求使人努力挖掘自己的潜力，从而成为自己期望成为的人物。

马斯洛提出的这五个层次的需求，是按照从低级到高级的顺序来排列的，只有在低级需求得到满足以后才会产生高一级的需求，即所谓的“衣食足而知荣辱”。但绝不等于产生了高一级的需求，低级需求就不存在了。一般情况下，高层次需求是与低层次需求并存的，只不过在并存的状况下，低层次需求所产生的动力和强度以及影响力会有所下降。在需求层次理论基础上，马斯洛又提出了相互性原则理论，即如果对方对我方表示出尊重、喜欢与亲密，那么对方也会得到我方的尊重、喜欢与亲密；反之，对方也必将会受到我方的敌视。在相互尊重、喜欢与亲密的心理基础上，对话者常常不会那么固执己见，而容易改变立场和态度。

马斯洛的需求层次理论虽然存在着诸如离开一定的生产关系抽象地谈论人的需求等不科学的方面，但其把人的需求分为不同层次这一点无疑是正确的，是可供我们借鉴吸收的“合理内核”。抛开它的不科学的方面，马斯洛的需求层次理论是商务谈判心理方面的重要理论依据。

（二）需求层次理论在商务谈判中的应用

需求层次理论不仅揭示了商务谈判对人类生存发展的必然性和必要性，而且也是人们在商务谈判中获胜的理论依据。

①必须较好地满足谈判者的生理需求。谈判者的生理需求并不是进行谈判的直接动力和原因，但却直接关系着谈判的成败。对谈判者而言，如果最基本的生理需求都得不到很好的解决，他一边进行谈判一边还要考虑如何解决午餐、晚上在哪里睡觉，那么这个谈判结果是可想而知的，甚至导致谈判无法很好地按本意进行下去。

②尽可能地为商务谈判营造一个安全的氛围。谈判安全包括谈判者的人身、财产安全，更重要的是谈判内容本身的风险情况。谈判者人身、财产方面安全的保证，是使谈判者全身心投入谈判活动并积极促成谈判的必要保证。在局势动荡或战乱等不能较好保证人身、财产安全的地区，商务谈判往往无法顺利进行，这主要是因为在安全需求无法满足的情况

下，商务谈判需求就不那么强烈和重要了。对一般的商务谈判而言，除了要满足谈判者的人身、财产安全需求外，更重要的是在谈判的具体项目上给谈判者以安全、稳定、可靠的感觉。做到这一点，对一些对安全需求比较敏感的谈判者而言，意味着谈判成功了一半。

③在商务谈判中注重关系的建立和维护。在进行商务谈判的过程中，与谈判者建立互相信任、互相依赖的长期稳定和谐的关系，可以使谈判各方联合起来，共同处理分歧，为把冲突和对立转化为满意结果打下良好的基础。

④谈判者在谈判时要使用谦和的语言和态度，注意满足谈判对手尊重和自尊的需求，促使谈判圆满成功。

⑤对于谈判者的最高要求，在不影响满足自己需求的同时，也应尽可能地使之得到满足。

总之，在谈判过程中，谈判者要注意对方各个层次的需求，并尽可能地从低层次到高层次对这些需求给予满足。当然，这是要在满足自己需求的前提之下才会进行的。只有这样，才能使谈判不至于陷入僵局并得以顺利进行，为最终的胜利创造良好的环境和条件。

二、尼尔伦伯格的主体需要理论

（一）尼尔伦伯格的主体需要理论的核心观点

谈判活动的主体是人，无论谈判的客体是什么，都必须通过人来进行。如果谈判者只注意到谈判内容的重要性，而忽视了对于参与谈判的人的研究，就很难全面把握谈判的主动权。尼尔伦伯格将需要层次理论及相互性原则总结并应用到谈判领域。他在《谈判艺术》等著作中提出了著名的谈判主体需要理论，将谈判行为中人的需要、动机和主观作用作为谈判主体需要理论的核心。他认为，需要和对需要的满足是谈判的共同基础，需要是谈判的策动力，谈判的过程就是发现需要、引导需要的过程。

尼尔伦伯格以马斯洛的需求层次理论为基础，在生理需要、安全需要、社交需要、尊重需要、自我实现需要的基础上加上了认识和理解需要、美的需要，从而形成了七个层次的需要。

1. 认识和理解需要

认识和理解需要是指个人对自身、他人和周围世界的变化有所理解、探索及解决疑难问题的需要，是人类更高一层的需要。在正常人身上，存在着一种探索和理解有关自己周围环境知识的基本动力。好奇心、探索和解释无知的需要是人类行为的一个基本要素。

2. 美的需要

美的需要是指欣赏美好事物，并希望周围环境有秩序、有结构、顺自然、循真理，以及对行为完美的心理需要。美的需要与其他需要相互关联，不可截然分开，如对秩序的需要，既是美的需要，也是安全的需要和认知的需要。

上述这七种需要出现的顺序对于大多数人来说是正确的，但对于有些人可能不那么正确。因此，谈判者在谈判的过程中，发现和满足对方的需要应因人而异，切忌生搬硬套；否则，会使自己陷入窘境。尼尔伦伯格认为人类的这七个层次的需要在谈判过程中会通过谈判者的追求表现出来。

3. 相互性原则

尼尔伦伯格还提出相互性原则，即如果己方对对方表示出尊重、喜欢与亲密，那么对方也会对己方表示相应的尊重、喜欢与亲密；反之，如果己方敌视对方，那么也会遭到对方的敌视。

谈判主体需要理论认为，谈判各方都希望从谈判中得到某些东西；否则，各方会彼此对另一方的要求充耳不闻、熟视无睹，各方当然不会再有必要进行谈判了。所以，谈判者在谈判前、谈判中，甚至谈判后都必须关注、发现与谈判各方相联系的需要；谈判者对对方的各种需求必须加以重视并充分利用；时刻关注并选择不同的方法去顺势、改变或对抗。

根据马斯洛的需求层次理论，结合谈判的特殊性，尼尔伦伯格将谈判分为三个层次：个人与个人之间的谈判、大的组织之间的谈判、国家与国家之间的谈判。在任何一种非个人的谈判中，都有两种需求同时起作用：一种是组织（或国家）的需要，另一种是谈判者个人的需要。谈判的正确方法是通过某种方式或手段去发现、诱导对方的个人需要，进而影响其立场、观点与看法，弱化其组织（或国家）的需要，使谈判向有利于实现己方目标的方向发展。

尼尔伦伯格强调，依照人的需要层次的高低，谈判者能抓住的需要越低，在谈判中获得成功的可能性就越大，并且就大多数人类行为而言，这个顺序是成立的。但是，这种需求层次顺序决非一成不变。尼尔伦伯格提请人们注意的是：在不同的物质生活条件下，人们的抱负水准可能存在反差。在物质生活条件好的人看来，追求高层次的需要对他只是最基本的东西，例如，一位学者愿意以牺牲身体健康为代价换取事业成功所带来的精神上的满足。然而，在物质生活条件较差的情况下，一个人可能因其价值观和抱负水准的作用，视安全为其最高需要而“安居乐业”“知足常乐”。

4. 结论

从谈判主体需要理论得出了下面三点结论。

①依照人的需要层次的高低，谈判者抓住的需要越低，在谈判中获得成功的可能性就越大。

②针对每一个谈判主体而言，满足基本需要并非一定要以生理需要、安全需要等为起点；否则，就等于否认了人的受教育程度、价值观念、抱负水准等在调节人的需要层次上的能动作用。

③谈判中，要关注对方“自我实现的需要”——人们渴望使自己成为一个与自己能力或愿望相称（而不是与社会要求相称）的人。所以，一定要将谈判的组织和谈判的个人区分开来。

（二）谈判中需要的发现

需要是谈判活动的动力和目的，但它绝不是纯粹的、单一的。为了进一步影响谈判进行和最后结果的各种需要，我们可以将它划分为以下两类。

一类是谈判的具体需要。这类需要是产生谈判的直接原因和谈判所要达到的第一目的。它们相对比较具体，可以协商调整的幅度比较小。比如，某企业实行信息化管理，需要购进50台电脑，该企业对50台电脑的需要就是促成这次谈判的直接原因，买回50台电脑是谈判的目的。这个需要是谈判必须满足或应基本得到满足的，否则，谈判本身也就不存在了。

另一类是谈判者的需要。谈判者的需要并不是谈判的动力和目的，但它却直接影响着谈判的进行和结果。谈判者是谈判活动的当事人和直接操作者，他的需要虽然不是谈判的目的，但却通过当事人的行为活动影响决定着谈判的成功与否。这里的需要主要是指谈判者生理、安全、社交、自尊和自我实现的需要。在具体的谈判活动中，表现最强烈、影响最大的主要是交际的需要——社交的需要、权力的需要（即自尊的需要）和成就的需要（即自我实现的需要）。

在商务谈判中，谈判者应通过以下四种方法和渠道，全面了解对方多方位、多层次的潜在需要，并想方设法给予满足。

①在谈判的准备阶段要尽可能多地收集谈判对手的有关资料，诸如谈判对手的财力状况、性格特点、社会关系、目前状况等。这些是在谈判中发现需要、了解需要、满足需要的基础，也是谈判成功的条件。

②在谈判过程中要多提一些问题，在对方讲话时要注意分析其中的内在含义，借此了解发现对方的潜在需要和真正需要。

③谈判过程中要善于察言观色，通过对方的形体语言发现需要。

④对于一些在谈判过程中无法了解到，但对谈判又非常重要的需要，谈判者可以采取私下的形式或其他的渠道获得。

（三）尼尔伦伯格主体需要理论的应用

尼尔伦伯格在分析了谈判者需要的层次后，提出了需要理论的六种不同的适用方法和三个谈判层次（国家间、组织间、个人间）。

1. 谈判者顺从对方的需要

谈判者从对方需要出发去说服对方，对方在接受说服的同时，也满足了说服者的需要。比如，警察劝说自杀者不要自杀，要珍惜生命，这是顺从了对方生理的需要。自杀者接受劝说，放弃了自杀的念头，同时也满足了警察挽救生命的任务。

2. 谈判者使对方服从其自身的需要

这是指谈判者掌握满足对方某种需要的条件，且具有垄断性，而对方的这种需要又往往是难以割舍的。于是谈判者利用自己的这种优势，向对方提出苛刻的要求，迫使对方为了自己的需要，而不得不接受要求。例如，为了使囚犯不闹事，看守和囚犯谈判，他们威胁囚犯说：如果不听话，就把他们关进“小黑屋”，只准他们吃面包和水。如果老实，可以享受更好的食物和放风的自由。囚犯听后答应老实服刑。因为囚犯不得不服从生存的基本需要。

3. 谈判者同时服从对方和自己的需要

谈判者服从对方需要的同时，也是在服从自己的需要。也就是说，双方的需要是共同的。比如，在“冷战”时期，苏联、美国两个超级大国为了自身的安全，举行核武器谈判，签订了一些条约，在一定程度上限制了核武器的发展，这既是为了别人的安全，也是为了自己的安全。

4. 谈判者违背自己的需要

谈判是为了满足某种需要而进行的，但当谈判陷入僵局，前途渺茫时，一方要终止谈判，也就是违背自己原先的需要。例如，法国在加入欧洲共同体后，与德国就开放农副产品市场进行谈判，谈了四年没有进展。法国向德国表示：如果德国不愿打开市场大门，法国将退出欧洲共同体。结果，德国迫于压力，不得不改变立场。法国加入欧洲共同体，是为了满足归属的需要，它要退出这一组织，是违背初衷的。

5. 谈判者损害对方的需要

谈判者在满足自己需要的同时，往往也会损害对方某一方面的需要。举个例子，一条船在下沉，有个女人（谈判者 A）想搭上救生艇，但被一个男人（谈判者 B）抢了先。为了求生，她拿出一项公认的社交规则当作她的“谈判”策略。她说，海上救生的规矩是“妇女和儿童优先”。她认为，这就可以使那个男子把座位让给她，否则对方将难免使自己的品德蒙羞。可是，如果那男子把座位让给她，她就损害了对方最基本的需要——求生的需要。

6. 谈判者同时损害对方和自己的需要

谈判者在坚持自己立场的时候，往往不让对方如愿以偿，但自己想要的也得不到；当谈判陷入僵局的时候，威胁要退出谈判，这样既损人也不利己；合作到一半，发生违约事件，不能解决时，提出要停止合作，也属于这种情况。例如，商品交易中，竞争双方展开价格战，都冒着破产的危险，竞相压低价格，以期挤垮对手、打败对手，采取的就是这种策略，其结果是害人又害己。

尼尔伦伯格认为，对谈判者来说，运用第一种方法时较容易控制局面，运用第六种方法时最难控制。在对需要进行分类及提出不同适用方法的基础上，结合谈判的层次，尼尔伦伯格还提出了运用谈判需要理论的 126 种可能的谈判策略，并以大量的实例说明每一种策略可能带来的结果。

谈判的需要理论尚处于发展初级阶段，但这个理论所揭示的某些基本原理，无疑对包括商务谈判在内的所有谈判，乃至人类生活中所有问题的处理，都有重要的指导意义。谈判是很复杂的交际活动。它的复杂性，一方面来自复杂的谈判环境，另一方面来自谈判的需要。而人的需要是很复杂的内心活动，所有包括需要理论本身，以及在谈判中如何认识需要、满足需要等问题，都是值得进一步探索和研究的课题。

第二节 博弈理论

一、博弈理论简介

（一）博弈理论的基本概念

博弈理论简称博弈论（game theory），是研究决策主体的行为在直接相互作用时，人们如何进行决策，以及这种决策如何达到均衡的问题。简单地说，就是当事人在平等的对局中各自利用对方的策略变换自己的对策达到取胜的目的。博弈，根据不同的基准有多种不同的分类，其中主要的一种分类法是按当事人之间是否有一个约束的协议进行划分，可分为合作博弈和非合作博弈。合作博弈是指参与者从自己的利益出发与其他参与者谈判达成协议或形成联盟，其结果对联盟双方均有利。非合作博弈是指参与者在行动选择时无法达成约束性协议。

（二）博弈论的产生与发展

博弈思想可以追溯到2000多年前，在古代文献中有大量记载博弈的案例故事，虽然不是研究意义上的真正的博弈理论，但当中或多或少地渗透了一些相关思想。我国古代的《孙子兵法》不仅是一部军事著作，还是一部博弈论专著。博弈论最初主要研究象棋、桥牌、赌博中的胜负问题，人们对博弈局势的把握只停留在经验上。博弈论在20世纪初正式发展成为一门学科。1928年，冯·诺伊曼证明了博弈论的基本原理，标志着博弈论正式诞生。1940年，冯·诺伊曼和摩根斯坦利合著的《博弈论与经济行为》将两人博弈推广到*N*人博弈结构，并将博弈论系统应用于经济领域，奠定了博弈的基础和理论体系，标志着现代博弈理论的形成。1951年，约翰·纳什利用不动点定理证明了均衡点的存在，为博弈论的一般化奠定了坚实的基础。20世纪50年代以来，通过纳什、海萨尼、泽尔腾等人的努力，博弈论终于成熟，进入了应用阶段。

二、博弈论的基本模型

在社会生活中，各种战略和获得的结果可以通过数学矩阵来表现。其中，最简单的典型例子就是囚徒困境。囚徒困境是一种非合作性的博弈状况。

囚徒困境是美国数学家阿尔伯特·W. 塔克于1950年任斯坦福大学客座教授时，在一次讲演中举的一个形象的例子。他运用两个囚犯的故事对博弈论做了生动而贴切的描述，进而成为经典案例。案例情形大致如下：甲、乙两人在大楼里放了一把火，准备等大火燃起来时偷东西，但当他们离开时，被警察发现并因偷窃罪被捕。警方怀疑火可能是他们放的，但没有证据。于是警方分开囚禁两人（使他们不能交流），并分别进行审讯，告诉他们相同的内容："你有两个选择，坦白或不坦白。如果你坦白火是你放的，而你同伴没有坦白，你就可以从轻处理只判1年，而你的同伴将被判15年；你不坦白，而你的同伴坦白的话，你的同伴被判1年，你会被判15年；你坦白而对方也坦白的话，那么两人都被判10年；如果两人都不坦白，那么你们将被囚禁3年。"在这种情形下，坦白和不坦白就变成了囚犯的选择。我们用表2-1来展示囚犯的对策。

表2-1 囚徒困境

囚犯甲 囚犯乙	坦白	不坦白
坦白	甲、乙都判10年	甲判15年，乙判1年
不坦白	甲判1年，乙判15年	甲、乙都判3年

很显然，对囚犯来说，最好的结果是都不坦白，只监禁3年，这样会使利益最大化。

但由于双方不能交流，无法建立合作协议，于是对于任何一个囚徒来说，自己坦白就能够得到最大的收益，只有 1 年监禁，这是个人利益最大化的最佳选择。所以，最终两个人都会选择坦白。我们把两人都不坦白的结果称为双赢，而把两人都坦白的结果称为双输。

在商务谈判中，同样存在囚徒困境。从上述例子可以看出，只有合作才能实现整体利益的最大化。所以，在谈判中，只有考虑双方利益的最大化，才能避免囚徒困境，使谈判达成双赢。同样，在谈判中仅考虑自己利益的最大化，而不考虑对方利益，就会使双方陷入非合作博弈的囚徒困境，结果自然是双输。

三、博弈论在谈判中的运用

通过前面的分析，我们可以在博弈论的基础上建立商务谈判合作的一般模式。例如，假设谈判双方为甲和乙，乙是化妆品批发商，想从制造商甲那里批发一批化妆品，这批化妆品对甲来说有 50000 元的利益，而乙则认为这批化妆品市场价格为 70000 元。所以交易时，甲要价 50000 元以上，乙只愿意付 70000 元以内的价格，双方之间的差额使谈判有了成功的可能性。假如双方通过自愿谈判，最后交易价格为 58000 元，双方就都获得了谈判带来的剩余，甲为 8000 元，乙为 12000 元。但如果谈判破裂，则双方都不会获得这个剩余。

可见，在谈判中，只有双方合作且谈判成功，才能使谈判双方获得由谈判带来的剩余利益。由此，我们可以得到在博弈论基础上的谈判程序如下。

（一）建立风险值

建立风险值是指打算合作的各方对所要进行的交易内容的评估确定。在谈判中，它不仅指商品价格，例如，要购买某一商品，需要估计可能的价格、最理想的价格、最后的交易价格，以及总共需要多少资金；风险值还包括非价格条件，如产品质量、技术水平、资金风险、社会风险等。风险值的确定是很复杂的，由于许多合作项目的风险值的确定本身就是一个庞大的系统工程，收益也是长远的，所以短期内难以确定。风险值的确定还取决于谈判的双方是竞争者还是合作者，前者的利益是对抗的，后者的利益是一致的，显然后者的风险比较容易确定。对风险值的合理确定是双方是否存在谈判可能的基础。在上例中，甲对化妆品 50000 元的估值和乙对化妆品的 70000 元的估值就是他们各自确定的交易风险值。因为卖方估值低于买方，所以存在交易的可能性，也就有谈判空间。但如果双方进行了不合理的估值，甲的估值是 70000 元，乙的估值是 50000 元，卖方估值高于买方，就不可交易，也无法谈判。

（二）确立合作剩余

风险值确定后，会形成双方合作剩余，但是，如何对合作剩余进行分配却是最关键的问题，双方的讨价还价、斗智斗勇就是为了确定双方的剩余。关于剩余的分配，从来没有统一的标准，一般取决于谈判双方实力的对比和谈判策略与技巧的运用。实际上，对于许多谈判项目来讲，合作剩余也是一个难以确定的未知数，因为合作剩余还应该包括一些附加利益。

确定合作剩余的一个最根本的问题就是如何分配参加博弈各方的利益，人们的社会经济活动除了获得利益等正效用外，也会得到损失等负效用。在许多情况下，一方收益的增加必定带来另一方收益的减少，但不论怎样分配，不会改变总的结果，这种情况在博弈中被称为零和博弈。它的特点是各方利益是相互对立的，为了在博弈中占据上风，多得利益，都不想让对方了解自己解决问题的思路，猜出所选择的对策，所以，其博弈结果总是不确定的。根据上例分析，如果确定 20000 元为合作剩余，但这 20000 元怎样分配，却是不确定的。

现代谈判观念认为：谈判不是将一块蛋糕拿来后，商量怎么分，而是要想办法把蛋糕做大，让每一方都能多分。这一点已被变和博弈所证明。变和博弈研究的是进行不同策略的组合，使博弈各方的得益之和增大。这就意味着参与谈判（博弈）的各方之间存在着相互配合，即在各自的利益驱动下自觉、独立采取的合作态度和行为。大家共同合作，将利益扩大，使每一方都多得，结果自然是皆大欢喜。

（三）达成分享剩余的协议

谈判是一种具有不确定性的行为，即使谈判是可能的，谈判者也无法保证谈判会成功。正是由于合作剩余的存在，谈判各方才进行着激烈的谈判，在谈判中竭尽全力为己方争取最大剩余。如果谈判各方只顾追求各自的最大利益，就难以在如何分割或分享剩余的问题上达成一致性的协议，就不能进行有效的合作，无法创造新的价值和实现更大的利益。如果谈判各方都认识到达成协议对彼此都有益的话，各方的谅解与合作是完全可能的。达成分享剩余的协议，是谈判各方分享合作剩余的保证，也是维系各方合作的纽带。所以，在谈判的博弈中，各方都会以自己的风险值为出发点去寻找一个各方都可以接受的中间值作为合作条件，以达成各方都能接受的分享剩余的协议。

可见，从博弈论的角度来看，谈判各方都想获得自己的最佳结果，如果进行非合作性博弈，则无法从交易中获利。只有通过合作博弈，各方才能有剩余，才谈得上剩余的分享。

商务谈判就是一次次博弈的过程，谈判各方应该准确分析己方和对方的行为，做到以下几点。

①充分调查对手的各种信息以获取完美信息。囚徒困境对商务谈判的启示在于抛开社会道德因素，当人们进行一次性交往时为追求收益最大化可能会不择手段。因此，在进行企业间业务交往之前就要做好对手的资信调查，充分预测对方的行动策略，避免上当受骗，变不完全信息博弈为完全信息博弈，以求双赢。

②清晰地判断己方的谈判目标。谈判者面对困境，必须设法将困境分解为若干较小的、可控制的具体问题。这样，单次博弈就变成了有顺序的、重复的博弈，可以帮助谈判者了解对方的谈判风格，以及判断能否进一步沟通达到己方所要达到的目标。

③要不断关注对手在谈判策略中的决策变化。博弈的前提就是能否获得对方的策略组合而制定出使己方利益最大的策略。如果谈判者在谈判之初或整个谈判过程中关注对方的谈判底线和终极目标，并分析对方的利益驱动，就可以利用动态博弈做出更加有利的决定。

④关注长远合作。企业间的业务往来不只局限于短期合作，应该具有长远的眼光，变逐利主义的非合作博弈为高瞻远瞩的合作博弈，以做到真正将博弈论有效地应用于商务谈判。

第三节 公平理论

一、公平理论的基本内涵

公平理论也称交换理论或社会比较理论，是美国心理学家亚当斯（J. Stacey Adams）在1965年发表的《社会交换中的不公平》一书中提出的。公平理论是主要研究个人将自己做出的贡献和所得报酬进行比较，从而对激励产生影响的一种理论。公平理论的基本观点是：人们对于自己工作所得的报酬，不仅关心其绝对量，更重要的是考虑相对数量，他们会将自己的付出和所得的报酬进行横向、纵向比较，从而得出自己是否获得公平的感觉。亚当斯根据人们认知公平的基本要素，确立了这些要素间的函数关系，从而归纳出衡量人们分配公平感的公式

$$O_p/I_p = O_r/I_r$$

式中：O 为结果，即分配中的所获，包括物质的、精神的或当事者认为值得计较的任何事物；

I 为投入，即人们所付出的贡献，也包括精神的、物质的和相关的任何要素；

P 为感受公正或不公正的当事者；

r 为比较中的参照对象，可以是具体的他人或群体的平均状态，也可以是当事者自身经历过的或所设想的未来状态。

由于公平理论的建立主要是从人们认知的心理感觉出发的，因此我们可以这样理解，当公式两侧相等时，人们就会感到公平、公正。这说明人们在对待分配是否公平时，并不是比较所获得结果绝对量的多少，而是比较所得与付出的比值。当公式两侧不相等时，人们会产生分配的不公平感。如果 $O_p/I_p<O_r/I_r$，人们会觉得吃了亏；反之，如果 $O_p/I_p>O_r/I_r$，人们占了便宜，也会产生另外一种不公平感，即歉疚感，但多数人此时会心安理得。由于主观上的比较估量极易调整，因此，歉疚感非常容易消除，这样不公平感便主要是指前者产生的吃亏感。

二、人们对不公平感的消除

当人们感觉到吃了亏而产生不公平感的时候，就会心存不满或产生怨恨，进而影响情绪与行为，后果是极其消极的。为了恢复公平感，就需要消除产生不公平的根源，一般可以采取以下几种调整措施。

①调整所得与付出。从实际上扩大自己的所得，或增大对方的贡献，以及减少自己的付出，或减少对方的所得。但实际上，除投入外，其他三种情况自我不能控制，所以恢复公平的主要方式是减少自己的付出。例如，一个积极工作的职工，如果在领取报酬时没有拿到

他期望的较多的奖金，而是和其他人一样，那么，他就会产生不公平感。此时，他既不能左右老板给他增加工资，又不能影响别人的工作干劲，但他能够使自己消极怠工，敷衍了事。

由于不公平感主要是根据人的自我认识形成的，因此，人们对不公平感的调整很大程度上取决于人的认知水平。比较常见的调整方法有自我安慰、理喻、角色转换等。

②改变参照对象，以避开不公平。改变参照对象，可以很快消除人们的不公平感。有句老话，叫作“比上不足比下有余”，就是指改变参照对象后人们的心理状态。例如，有的大学毕业生在与他同届毕业有成就的同学相比时，就会产生不公平感，抱怨自己机遇不好，上帝不公平，感叹自己怀才不遇。但如果他改变了对比对象，与没考上大学的同学比，他又会感到自己很幸运，生活、工作也都不错，不满意感也会随即消失。

③退出比较，以恢复平衡。人们调整不公平感心态的方式，还有一种比较常见的，就是退出比较，以求平衡。在现实生活中，人的不公平感的产生多是在参照物的比较下形成的，所以消除不公平感的最简单办法就是退出比较，当比照物消失后，不公平感也随之消失。

综上所述，人的不公平感的形成，在很大程度上是人们的一种心理感觉，而且参照物十分重要，要消除不公平感应从这些方面入手。

谈判活动具有极大的不确定性，谈判各方在接触过程中，会从各方面对谈判人员的心理产生微妙的影响，诸如，谈判中的一方只做出了很小的让步，但在签订协议时，让步的一方可能还觉得不公平，而有的时候，一方做出了很大牺牲，但却觉得很平衡。消除谈判一方的不公平感，防止由此带来的消极作用，是十分重要的。一个高明的谈判者必须谙熟各种谈判技巧，及时觉察谈判对手心理的微妙变化，使谈判各方处于有助于达成协议的积极的心理状态。

三、公平的判断标准

在实际生活中，人们往往会采取各种措施来消除不公平感。那么，关于公平有没有一个判定标准呢？或者说，人们根据什么来确定分配是否公平？在西方文化中，人们对公平的研究主要考虑两个方面：一是把什么样的因素投入对公平的“运算”，二是采取什么样的分配方式。对谈判中的公平问题的研讨及评判标准，可以用对策论的专家们经常讨论的一个例子，就是在两位谈判当事人——穷人和富人之间如何“公平”地分享200美元。

方案一：以心理承受的公平为标准，按150：50的比例分配，富人拿多的一份。因为在心理上，50美元对穷人来说是个大数目，穷人失去50美元相当于富人失去150美元。这种以心理承受为标准的划分是有一定道理的，例如，一些社会团体的赈灾救助活动，经常是按人们收入的多少进行募捐。

方案二：以实际需要的补偿原则为标准。按上述分配比例，如果穷人拿多的一份，这对于双方的实际需要来说是合理的，即对弱者实行补偿原则。例如，世界上的国家可以分为穷国和富国，或者是发达国家和不发达国家，许多谈判就是免除穷国欠富国的债务。联合国的一些机构、组织对一些不发达国家和地区的援助、投资等也属此类。

方案三：以平均分配为标准，即 100：100，穷人与富人各得 200 美元的一半。这种分配表面看很公正，但由于富人的税率比穷人高，富人拿到 100 美元并缴税以后的剩余要比穷人少，所以，有人指责这种分配方式不公平。但在现实中，这种方法简便易行，是最为常见的分配方法，也是其他演变分配的基础，诸如子女继承遗产，企业或社会发放的救济金等。

方案四：以实际所得平等为标准，按 142：58 的比率分配，富人在拿到 142 美元之后需纳税 84 美元，最后实际所得 58 美元，与穷人不需纳税的 58 美元正好相等。这种分配方式常见于企业，例如企业给职工的工资较低，但通过较高的福利待遇找齐。

从以上四种分配方法可以看出，根据不同的标准进行分配，会导致不同的分配比例和结果，而且这些结果均被人们认为是公平的。显然，公平是有多重标准的。同样的分配，还可以用年龄大小、地位高低、饥饿程度、先后次序、资历深浅等为标准进行分配。关键在于参与分配的各方要对公平的标准事先达成共识，这样分配的结果才会被认为是公平的。

四、公平理论在谈判中的应用

公平理论的基本内涵对于理解并处理谈判活动中的各种问题有着重要的指导意义。

①在商务谈判中，必须找到一个各方都能接受的公平的标准。只有按此标准进行谈判，谈判结果对各方来讲才是可接受的、公平的；人们进行谈判就是要对合理的公平分配的标准达成共识和认可。谈判成功后，各方会对所获得的利益感到公平，关键在于参与分配的各方事先找到了一个共同认可的利益分配标准。

②公平不是绝对的，在很大程度上受人们主观感受的影响。所以，谈判者在谈判中不应盲目地追求所谓的绝对公平，而是应该去寻找对各方都有利的感觉上的相对公平。有时谈判一方做出了很小的让步，但却觉得不公平；而有时一方做出了很大的牺牲，仍觉得很公平。这主要是由感觉上的相对公平感所造成的。

③心理因素的影响作用越来越重要。由于公平是人主观的意识，是心理现象，因此在谈判时应当从心理方面着手，提升谈判对手的公平感，促成合作。比如，谈判会场的布置、时间的安排尽量贴近对方的喜好；在谈判过程中，要使用礼貌策略，获得对方的好感等。公平始终贯穿于谈判过程，只有坚持公平原则，各方才有可能达成共识，最终达成谈判结果。

第四节　谈判实力理论

一、谈判实力理论简介

美国著名谈判学家约翰·温克勒长期从事谈判技巧的研究，并在此基础上进行理论升级，他在《谈判艺术——追求结果》一书中提出了谈判实力理论。温克勒的谈判实力理论不仅具有极强的实用性和操作性，亦具有很高的理论价值，尤其是在商务谈判领域有着广泛的影响力和接受度。

温克勒认为，娴熟的谈判艺术是从谈判者所施展的谈判技巧中体现出来的；在大多数情况下，谈判技巧运用的根据和成功的基础是谈判实力；建立并加强自己的谈判实力的基础又在于对谈判的充分准备和对对方的充分了解；技巧的运用与实力的消长有极为密切的关系。通过恰当的语言和交往方式，在对手面前树立或加强关于己方的印象，试探彼此的力量，采取一切可能的措施增强己方的实力，这样就为谈判技巧更加主动、灵活地运用打下了基础。温克勒的谈判实力理论可以概括为：充分准备—实力增强—灵活技巧。这一理论在全世界有广泛影响，他的理论在近十年通过其数百次的亲自传授，已经被许多企业领导人掌握并卓有成效地用来指导谈判实践。

温克勒还极为强调谈判行为对谈判的影响，认为当事人在谈判过程中的行为举止对谈判的成败有着至关重要的影响。谈判者在谈判中的行为将被看作他所代表的组织的素质中最有说服力的标志。针对商务谈判，温克勒提出了具有普遍适用性的“价格—质量—服务—条件—价格”逻辑循环谈判法则，即对方如果在价格上要挟你，就和他谈判质量；如果在质量上苛求你，就和他谈判服务；如果在服务上挑剔你，就和他谈判条件；如果在条件上逼迫你，就和他谈判价格。谈判者以此循环，而不能直接和轻易地在价格上做出让步。他还提出了“十大谈判原则”。

（一）谈判实力理论的含义与特点

谈判实力是指谈判者在谈判中相对于谈判对手所拥有的综合性势能，不仅包括谈判者所拥有的客观实力（如企业经济实力、科技水平、独特性、规模、信誉、品牌等），更包括谈判者与对方相比所拥有的心理势能（这是谈判策略和技巧的源头）。谈判实力强于对手，在谈判中就能占据优势和掌握主动，取得对己方更为有利的结果。此外，谈判实力与谈判权力虽有共同之处，但不是同一概念。谈判实力包括谈判权力，而谈判权力主要是指谈判者本身所具有的影响力。谈判实力具有以下几个明显的特点。

1. 综合性

谈判实力来源于影响谈判结果的各种因素，不仅包括客观因素和主观因素，还包括外部因素和内部因素。谈判实力受到多种因素的影响和制约，绝不等同于经济实力和固有实力。

2. 相对性

谈判实力不是绝对力量，而是相对力量，它只有在针对某一谈判对手、谈判环境和谈判事项时才有意义，它是经谈判各方对比后所形成的相对存在，不受环境和事物制约。

3. 动态性

因为谈判实力是一种相对力量，所以它是可变的。谈判者可能在此时的实力强于对手，但在彼时的实力又可能弱于对手；可能在此事项上实力强，在另一件事项上实力弱。由于谈判者的谈判技巧和行为举止对谈判影响大，而这些因素是变化的，因此谈判实力也是变化的。这种动态性不仅决定了谈判实力的可变性，也决定了谈判更多的是一场心理战。

4. 隐蔽性

谈判实力一般不会轻易地暴露出来，它常常虚实结合，是策略的重要部分。因此，谈判者要懂得实力的展示方式和使用时机，而不可将底细轻易暴露给对方。

（二）实力谈判的原则

1. 不参加不必要的谈判

该原则有两重含义：一是没有必要谈判就不要谈判，如果不用谈判就可以解决问题，那自然是理想的结果；二是不要轻易给对方讨价还价的余地，应努力使己方处于一种没有必要讨价还价的地位。即使己方要做出让步，也要让对方感觉至多只能在枝节问题上谈判，原则问题是不可以谈判的。谈判者决不要因想达成交易的冲动而背离这一原则。

2. 谈判前进行周全的准备

通常，谈判开始的 15 分钟内就可明了谁占优势。尽管后面的谈判时间还长，但在此期间内，谈判的总体框架已确定下来了。因此，谈判者在谈判前一定要准备充分，应尽一切可能了解对方，如对方的需求如何，问题在哪里，谁是对方的决策人等。同时，要了解自己想要达到的目标，正确预估对方的期望，以便能更好地掌握谈判的主动权。在没有准备的情况下，应尽量避免谈判。如果仓促应战或在自己没有意识到的情况下就被卷入谈判，那么己方所处的谈判地位是非常不利的。温克勒所强调的充分准备，其范畴相当广泛，不仅指市场调查、对对手资料的收集与分析、对策的制定、己方谈判人员的组成及必要的培训与演练等，还包括在正式谈判之前已经与对手进行的接触。

3. 操纵全局，不轻易让步

在商务谈判中，谈判者需要保持强硬的姿态，尽量不要向对方让步，尤其是在谈判的重点问题上更是不能轻易退让。谈判者要努力说服对手，贯彻自己的主张，这样才能在谈判中占据较为有利的位置。当然，谈判者必要时也可以稍微做出一些让步，否则，当对方看到你守备过于森严时，便会产生撤退的念头，而当你花费心力再去挽回对手时，你的力量就会大大减弱。为了要获得谈判上的成功，谈判者必须注意：一般人在拼命追求某种东西时会从中获得很大的满足，因此，要尽量给予对方这种满足感。

4. 强化个人支配力

谈判者在谈判之前先要比较一下自己和对方的谈判能力，以便确定自己是否需要再强化个人的支配力。如果发现对方的谈判能力比自己强，谈判者要运用一些方法加强个人的支配力。比如，你能使对方感到内疚、有愧、有罪过、自觉实力不行，你的支配力就会增强；如果你能使对方倾向于你的立场，你的支配力也会增强；如果你自己拥有某种在市场上有独占权的技术，你的支配力也会增强等。总之，谈判者要运用一切技巧和恰当的策略强化个人支配力，以便增强自身的谈判能力。

5. 让对手彼此之间展开竞争

在和对手谈判时，谈判者很忌讳表现出很热衷于谈判的态度，因为，当一个人过分热心的时候很容易暴露自己的缺点。当然，如果对方看到你的热心和关怀，会很愿意和你交往，关键是不要过分热心。在商务谈判中，当谈判者想要威胁对方时，必须掌握好时机。要找到一个能成为对方势均力敌的对手的竞争者，让对手们去竞争，这样己方将会更有主动权。无论何时，作为卖方，总可以找到一位质量比己方差而价格比己方高的竞争者；而作为买方，总可以找到一位出价比对方低而质量比对方好的竞争者。在谈判过程中，谈判者要保持镇定，遇事不要慌张，否则，在谈判中很容易遭受失败。

6. 巧妙运用弹性谈判策略

在商务谈判中，当卖方要获取时，应提出比预想的目标还高的要求（如你想要 20，那么先提出要 25）；当买方要付出时，应提出比预想的目标要低的要求（如你愿意给 10，那么先提出给 7）。给自己留有适当的余地，不仅可以增强谈判的主动权，还可以增强对方的满足感。一般情况下，谈判者不可把自己的底牌一次亮给对方或根本不给对方讨价还价的空间。

7. 表现诚实法

优秀的谈判者不会轻易地暴露自己能做到或愿意做到的是什么，也不会透彻地把自己需要什么及为什么需要等告诉对方。他们总是在十分必要的情况下才会把自己的想法一点一滴地透露出来。他们也不会暴露出正在承受的压力。当然，谈判者也没有必要去做一个说谎的人，保持正直非常重要，所说的话必须要让对方信得过。如果做出了什么承诺，那就得践诺；如果要放弃，则必须给自己留一条很好的退路。谈判者的个人品质若能够被对方所喜欢，会大大有利于谈判。

8. 谈判中要多听、多问、少说

谈判不等于演讲，也不同于推销，谈判者并非要滔滔不绝、口若悬河；恰恰相反，好的谈判者懂得多听、多问、少说。这是因为谈判者要尽可能多地了解对方的情况，并通过问和听，对双方的相互关系施加某种控制。过多地泄露己方的信息会使己方失去主动。优秀的谈判者总是让对方先把他的情况透露出来，在说明自己的情况时说得不多不少，仅仅为了引起对方的兴趣而已；而且只提必要的问题，并仔细倾听对方的回答。

一个掌握倾听艺术的谈判者应具备五个条件：第一，能够把握时机，适时提出自己的方案；第二，能够坦诚表示自己的立场，同时自己的立场又足以引起对手的关心；第三，进行必要的问话时，能够细心倾听对方的回答；第四，能够正确判断对方的立场以及力量的界限；第五，在谈话时，懂得迎合对方的口味，尽量把对方的抵抗心理降低到最低限度。

9. 要与对方所期望的目标保持接触

谈判者在谈判中提出高要求是很值得的，但必须与对方的期望保持一定的接触。如果己方提出的要求过高，使对方失去了谈判的兴趣，对方就会撤退。谈判者在谈判中提出的要求应该是可以调整的，应用信号进行试探，掌握对方的谈判期望。己方的要求与对方的要求之间距离越大，己方必须发出的信号也应该越多，必须做更多的事使对方的期望接近己方的期望，直至彼此均在对方的期望范围之内为止。

10. 要让对方习惯于己方的最大目标

谈判者应努力追求所能得到的最大值，而不能轻易地放弃。谈判者要懂得“降落伞”效应，即先把价格的降落伞在较高的空中打开，并慢慢地向地面飘落，直到进入对方的视线范围内为止。通过非正式渠道让对方了解己方的目标和要求是极为重要的技巧，其好处在于：一方面，它表明了己方所追求的高度，对对方产生某种心理影响和心理适应；另一方面，它不是正式和具体的承诺，具有相当的灵活性。

（三）对对手的谈判实力进行分析

对对手的谈判实力进行分析，主要从以下方面着手。

①个人情况分析，包括：年龄、家庭情况、背景、职业、爱好和兴趣、个人品质、对产品的态度、对组织的态度等。

②组织特征分析，包括：公司类型、雇员情况、财政规模、生产线状况、服务对象、竞争地位、组织结构、价格政策、推销政策、分销方法、发展计划、对我方特定业务的要求、当前面临的问题等。

③购买程序分析，包括：调查程序、决策程序、价值程序、产品分析、卖主分析、时机问题、所牵涉的人员等。

④销售程序分析，包括：销售策略、市场策略、销售组织、定价方法、折扣方法、可以商谈的条款、关键人物、销售压力等。

（四）影响谈判实力的主要因素

①交易内容对双方的重要性。交易内容对一方越重要，说明该方的主动权就越差，谈判实力就越弱；反之，谈判实力就越强。

②交易条件对双方的满足程度。交易条件对一方的满足程度越高，说明对其越有利，其让步或回旋余地越大，在谈判中就越主动，因此谈判实力就越弱。这就是“出价要高，还价要低”的道理所在。

③竞争对手的强弱。谈判者面临的竞争对手越多，实力越弱，其承受压力越大，谈判的主动权和影响力就越差，谈判实力就越弱；反之，谈判者对手越少，优势越明显，独特性越高，谈判实力就越强。

④谈判者信誉的高低。谈判者的信誉包括资信状况、业绩记录、美誉度、口碑、社会影响等因素，信誉越高，谈判实力就越强。

⑤谈判者经济实力的大小。经济实力通常表现为谈判方的资金状况、规模、技术水平、经营状况、市场占有率等，经济实力越强，谈判者的承受力和影响力就越强，谈判实力自然越强。当然，经济实力不等于谈判实力，它只是形成谈判实力的基础因素和潜在条件。

⑥谈判时间耐力的强弱。时间是改变谈判实力对比的重要因素，谈判者对时间的耐心反映了需求的强度和迫切程度。时间耐力越强，谈判者的承受力和主动性越强，谈判实力自然就越强。因此，谈判者在谈判中应有充分的时间余地和耐心。

⑦谈判信息的掌握程度。在谈判中，谁具有信息优势，谁就具有主动权。对信息的掌

握包括相关信息的多少、真伪、及时性等。谈判者对信息掌握的程度与谈判实力息息相关，二者成正比。

⑧谈判人员的素质和行为举止。谈判人员的基本素质、谈判能力、谈判技巧等，对谈判实力也具有十分重要的影响，因为谈判是通过人来完成的，选择优秀的谈判人员，谈判人员的举止得体，是增加实力的重要途径。

扩展阅读

思考题

1. 在商务谈判中如何运用需求层次理论？
2. 在博弈论基础上的谈判程序是什么？
3. 公平理论对于商务谈判具有什么启示？
4. 影响谈判实力的主要因素有哪些？

案例分析

第三章

商务谈判思维与心理

学习目标与重点

1. 商务谈判思维概念；
2. 商务谈判思维艺术；
3. 商务谈判心理素质；
4. 商务谈判中的心理。

案例导入

第一节　商务谈判思维

一、思维的含义及特点

（一）思维的含义

思维是指在表象、概念的基础上进行分析、综合、判断、推理等认识活动的过程。简单地说，思维就是人们认识事物、分析事物的行为与过程。思维是人类特有的一种精神活动，是从社会实践中产生的。人类的任何活动都离不开思维，人类的任何成就都是科学思维的结果。可以说，人类没有了思维，也就没有一切。

商务谈判是一项既紧张激烈又复杂多变的活动，人类的思维艺术在这里得到了充分的展现。对谈判各方来讲，在既定的客观条件下，如何正确地分析、判断对方的谈判实力、谈判策略和谈判心理，以及在谈判中提出的每一项建议和要求，如何充分地调动本方的有利因素，争取谈判优势，都有赖于谈判者的科学、正确的思维。一切商务谈判的成功，首先是思维的成功。

（二）思维的特点

1. 客观性

作为人类思维对象的事物是客观存在的。不仅如此，人类思维还直接或间接地受客观现实世界的影响和制约。

2. 主观能动性

思维是人们有意识地、能动地反映客观事物的行为和过程。在社会生活中，人们对事物所做的预测性分析正是这种主观能动性的体现。

3. 目的性

人类的思维是有一定目的的，是为了满足人类的一定需要，这种目的影响和决定了人类思维的方向与结果。

4. 差别性

由于思维是人们有意识地反映和认识事物的行为，个人的经验、知识等因素都会影响思维，同时，客观现实世界对思维也会产生影响，因而，人们在思维的方法和结果上会有差别。思维的差别性，使人们的认识、观点、见解各不相同，多姿多彩。

5. 间接性

间接性是指思维通过其他事物为媒介来反映外界事物。例如，人们早晨看见屋顶潮湿，推知夜里下过雨，这时下雨是通过屋顶潮湿为媒介推断出来的。这就是间接的思维反映。无论是自然现象或社会现象，还是生活琐事或社会大事，直接感知经验都是非常必要的，但却不足以为人类认知提供足够的信息。只有通过思维活动把不同的、看起来无直接关系的事物或现象联系起来，人类才可能超越感知觉提供的信息，去揭示事物或现象的本质和规律。

6. 概括性

概括性是指通过思维建立事物之间的联系，把一类事物的共同特征抽取出来加以概括，得出概括性的认识。例如，许多物体以数量表征其存在形式，各种各样的物体是不同的，但数量是它们具有的共同特征。思维活动从众多的物体中抽取它们的数量，概括为“数”，并以数字表示出来。因此，“数”就是数量的概括。思维的概括性使人们的认识摆脱了具体事物的局限性和对具体事物的直接依赖性，并在思维的概括活动中形成概念和命题。这就无限地扩大了人类的认识范围，加深了人们对客观事物的了解。

二、商务谈判思维

（一）谈判思维的概念

谈判思维是指谈判者在谈判过程中理性地认识客观事物的行为与过程，是谈判者对谈判活动中的谈判标的、谈判环境、谈判对手及其行为间接的、概括的反映。谈判思维是谈判者的一种有意识的行为。

商务谈判活动，无论其复杂程度如何，都是一个曲折的、具有风险的较量与选择的过程。一个成功的谈判者除了要具备敏锐、细腻、合作等基本素质外，还必须能够正确地认识谈判双方在谈判中所处的地位、相互作用的形式、性质、条件及其发展趋势，能够站在一定高度上把握谈判的局势变化，并根据这些变化采取相应的策略。所有这些都应在一个正确的、合理的思维模式指导下进行；否则，谈判就会显得缺乏必要的理性，谈判策略的运用也会因失去方向而变得盲目。正确、合理的谈判思维模式就是辩证逻辑思维模式，这是谈判中最有效的思维模式。

辩证逻辑思维是一种科学的思维形态，它要求人们客观、全面地看问题，从事物的发展变化中对具体事物进行具体分析，把握事物的全部基本要素。它要求将分析和综合相结合、归纳和演绎相结合、逻辑的方法和历史的方法相结合。辩证逻辑是逻辑学的辩证法，概念、判断、推理、论证四个逻辑范畴形成的逻辑思维过程是辩证逻辑思维的基本形式结构。因此，从思维形式来说，谈判思维过程就是运用概念进行判断、推理和论证的过程。概念、判断、推理和论证构成了谈判思维过程的四个环节，也是谈判思维的四个基本要素。其中，概念是谈判思维的基本细胞和出发点，它组成判断，判断组成推理，再由推理组成论证。判断是概念的展开，而推理和论证则是概念、判断的联系和转化形式。

（二）谈判思维要素

1. 概念

概念是谈判思维过程的第一个环节，是谈判者对谈判客观对象普遍本质的概括反映。在商务谈判过程中，无论是谈判主体，还是谈判客体以及谈判中的时空环境，由于对它们的认识和选择存在着不同的基准，因而都存在着一个对其内涵与外延的统一而明确的界定问题，即存在建立准确概念体系的问题。例如，货物买卖中“质量”的概念。质量即买卖货物的品质要求。但是，由于买卖的货物品种繁多、情况复杂、要求不一，因而在概念理解上会产生不一致，必须对其含义进行准确、周密的确认。又如，在谈判合同的质量条款中，出现“质量以样品表示”则是一个不准确的质量概念。因为，根据这一概念可以产生两种不同的质量认定基准：以卖方提供的样品和以买方提供的样品，从而使买卖双方对质量的认定失去统一的判别标准，产生质量确定上的异议，给条款的履行设置障碍。再如，“调价”的概念。调价是指价格的变动，但是引起价格变动的因素是错综复杂的，诸多因素交织在一起，导致价格在一定时期内上升或者下降。在谈判过程中，卖方往往会以“经济形势发生变化，原定价格要调整”而要求提价，但并没有对引起价格变动的原因和调价的依据加以限定。这显然是卖方企图以模糊的“调价”概念来迷惑对方，以获取更大的利益。而在此时，买方若用“调价”的具体概念，以对引起价格变动的原因的限定和对调价依据的明确指定来回答对方，则可以实现制止对方行为，保护自己利益的目的。概念是谈判思维过程的第一个环节，因此，概念的确定是正确运用谈判策略的基础。

商务谈判过程的特殊性，决定了一切法律和贸易的概念是商务谈判的起点。因此，一个谈判者如果不具有对谈判涉及的复杂而又通用的有关法律知识以及贸易惯例概念的认识，是无法控制谈判的方向和占据主动地位的，相反，却容易被对方钻空子，失去主动性。

因此，任何谈判首先都应明确概念的完整内涵和外延，确认概念的时间性和区域性，注意双方在概念认同上的分歧，以便谈判者准确阐述自己的观点和了解对方的真实意图。

2. 判断

判断是谈判者对谈判情形做出的一种确定性的识别和认定。这种识别和认定在人们思维中形成了判断。例如，“对方的这一报价是可以接受的”，这是对谈判对手报价行为的一种确定性的识别和认定，它是谈判思维中的一种判断。反之，“对方的报价是不能接受的”，这也是一种对报价行为的确定性的认定，也是一种思维中的判断。判断的基本作用是使谈判者做出对谈判中所涉及事物的确定性的判定，从而确立谈判策略实施与运用的基础。商务谈判策略的正确实施与运用，正是构建在谈判者的正确判断之上的。

作为辩证逻辑思维，谈判的判断思维过程体现了同一与差异、肯定与否定、个别与一般、现象与本质的对立统一。

①同一与差异，是指谈判者应在对谈判总体做出一致性判断中找出不同之处，在存在差异的事物中找出共同点。例如，选择商品销售渠道的谈判。固然，选择与零售商直接进行交易可以获得缩短流通时间、节约流通费用的益处，但在做出这种一般性的判断的同时，谈判者还必须意识到，相对于与若干个分散的零售商的直接交易，不如选择一个实力雄厚的大批发商。借助于批发商的销售网络和销售经验，是可以享有较低的分销成本，获取更大的经济利益的。当然，谈判者不能由此得出在所有的销售渠道选择中，选择与批发商进行交易是最优方案的结论。

②肯定与否定，是指谈判者在对谈判的内容做出肯定判断的同时，要考虑其中的否定内容；在做出否定判断的同时，要考虑其肯定的因素。肯定与否定的辩证思维在谈判的讨价还价中表现得最为明显。比如，对于卖方做出的价格让步，买方予以承认，与此同时又提出新的价格要求，要求对方进一步让步。在这个判断思维中，买方正是在对卖方价格让步的肯定中，对让步的结果予以否定，从而迫使卖方不断让步。

③个别与一般，是指谈判者在对谈判事物进行判断时，要从个性中找出一般或共性，在一般或共性中发现事物的特殊性和个性。例如，在谈判中，“没有不可谈的价格”是被普遍接受的一般性结论，价格的可谈性意味着价格的可变性。但是，有的谈判者称自己的报价是“标准报价”，不能改变。这里，以个别与一般的辩证思维去判断价格的不可变动性，则可以确认价格的不可变动性中存在着价格的可变动性，因为如果谈判的其他条件发生改变，那么价格必然出现相应的变动。

④现象与本质，是指谈判者要从对现象的判断中找到事物的本质。在谈判中，为了取得有利的成果或使自己的谈判目标得以实现，谈判一方往往会制造一些假象，以掩盖自己的真实思想或行为。例如，在价格谈判中，一方在第二轮让步中已经到了极限，在对方的进一步让步的强烈要求下，在第三轮让步中却故意安排小幅度的价格回升，此举必然激怒对方，引起对方的拒绝。随后在第四轮谈判中，己方再假装被迫做出让步。价格一升一降，实际上让步的总幅度并未发生变化，纯粹是虚假的让步行为，却迎合了对方的态度，投其所好，使其得到一种心理上的满足，从而容易使双方在价格谈判中达成一种共识。在谈判过程中，谈判双方往往都会做出许多姿态，或诉苦，或激动，或愤怒，或委屈，或向对方

透露其内部矛盾。谈判者在对对方显露的行为或情感做出判断时，必须透过现象看本质，以免被假象迷惑而做出错误的判断和决策。

3. 推理

推理是指谈判者从已知的判断中推导出新的判断和结论，它是谈判思维过程的第三个环节。推理是一种积极的、有价值的思维升华。通过推理，谈判者可以从已知前提知识中得出一个新的结论知识，即新的判断，从而对谈判双方策略的变换与运用产生影响。

从思维活动的角度看，商务谈判的过程就是一个复杂的推理过程，谈判决策与谈判策略的变换，是类比、归纳和演绎推理思维链条的最后环节。因此，在谈判过程中，不仅存在着如何认识推理过程的问题，还存在如何运用推理方式的问题。辩证逻辑思维是因循辩证逻辑方式而非形式逻辑方式进行推理的，主张推理的客观性、具体性和历史性。这是一种科学的推理。在现实的谈判中，我们不难看到这样的推理："由于原材料、能源价格上涨，工资成本增加导致产品成本增大，因而，产品价格要提高 5%。"这是典型的形式逻辑推理，其推理过程是正确的。然而，如果用辩证逻辑方式重新推理，结论未必成立。因为，这一推理是利用形式逻辑的"正确性"来代替辩证逻辑推理要求的"客观性""集体性"和"历史性"。价格上涨是一种社会现实，然而具体到某一产品，其价格是否上涨要受到多种因素的制约和影响。产品的原材料、能源价格上涨及工资成本增加，固然会引起产品价格上涨，但原材料、能源价格及工资成本究竟上升多少，能否致使产品最终价格上升 5%？在工资成本上升的同时，企业的劳动生产率是否提高？劳动生产率的提高幅度是否超过工资的增长幅度？运用辩证逻辑方式进行分析和推理，则不难发现上述貌似正确的推理实则漏洞百出。实际上，在现实的谈判中，上述推理正是谈判对手惯用的一种手段和技巧，即用貌似正确的推理迷惑对方，诱使对手产生错觉，出现判断失误。因此，在谈判过程中，谈判者必须注重推理的科学性。

4. 论证

谈判思维中的论证是指根据谈判中客观事物的内在联系，以一些已被证实为真的判断来确定某个判断的真实性或虚假性的思维过程。论证是综合运用概念、判断、推理等各种思维形式和逻辑方法的过程，论证过程对谈判策略的实施和运用具有更为重要的意义。

谈判中的论证主要包括两种类型：解释型的逻辑论证与预见型的逻辑论证。

①解释型的逻辑论证，是商务谈判中经常用到的论证方式。在报价方进行价格解释时，在双方讨价还价时都要用到这种论证方式。下面是一种典型的解释型的逻辑论证方式：其他同类产品的报价是每件 100 元，我公司的产品因其使用寿命为其他公司产品的两倍，因而我们的报价为每件 120 元。在产品性能价格上，我公司产品优于其他公司产品。

②预见型的逻辑论证，是以不确定的决策设想或问题设想去推论某个预见性结果的论证方式。例如，"卖方推销的这种产品，市场前景可能不好"，这是买方在接到卖方报价时得出的一个问题设想。根据这个设想，买方可以作如下推理：如果卖方认为前景不好，急于出手的话，那么即使我方还价稍低，卖方也可能接受。这是一种预见性的结论，这一结论需要用事实来证明。在买方还价很低时，卖方果然很快地接受了，这就说明，买方的预

见性推理和论证是正确的。

三、商务谈判思维方法

（一）联想思维法

联想思维法是指将事物的各方面联系结合起来统筹考虑，借以启发想象力、创造力，开阔思路和视野，从多角度对事物进行扫描，产生新方案的思维技巧。这种科学的思维方法能够防止片面、孤立地思考问题所造成的僵化、闭塞，能够深入事物的本质，用全面、联系的思考问题的方法来形成新思想。这种思维方法的特点是：把表面看起来彼此孤立的问题统筹起来，呼应联想，使之迸发出新的思想火花。

联想思维法在商务谈判中具体运用时要注意两方面的问题。

①要把与交易内容有关的所有议题都联系起来，列入谈判范围，而不是孤立地就某个议题而谈某个议题。例如，在有关设备引进的价格谈判中，谈判者要考虑设备的先进性、交货时间、技术服务等问题。

②在讨论某个议题时，不要只讨论这一议题所涉及的某一个方面或某几个方面，而是要讨论所有有关的方面。以某货物买卖谈判中的价格谈判为例，谈判者不仅要讨论某一单位的货物能卖多少钱，还要考虑计价的货币（因为其中存在着汇率风险）、采取什么样的支付方式、支付时间等。

（二）逆向思维法

逆向思维是指当人们的思路被遇到的难题所困扰的时候，采用与众不同的相反的思考问题的方法。这种思维方法有时会产生出奇制胜的全新方案。其主要特点是：打破常规，从一般人意想不到的相反的方向打开思考的大门，获取解决难题的全新方案。

在谈判时，谈判者常常被一些险局、僵局或难题所困扰，智穷思尽，百思不得其解。那么，谈判者不妨从相反的角度去思考一下，也许可以从中打开缺口，找到答案。历史上凭借这种思维方法取得谈判成功的事例很多。例如，1943 年，侵入丹麦的德国人下了一道命令：丹麦的所有犹太人都必须佩戴缀有“大卫星”的黄色臂章（大卫星是犹太教的一种符号，呈六角星形状）。与在其他欧洲国家一样，德国人发出这一命令，实际上就是要把犹太人赶到集中营里去。当时丹麦的犹太人惊恐不安，面对这一局势，丹麦的地下抵抗力量领导人绞尽脑汁，找不到一个拯救本国犹太同胞的万全之策。后来，他们借助于逆向思维的方法，跳出了围绕抵制德国人此项命令思考的圈子，从接受这项命令的角度找方案。得出了一个绝妙的主意，丹麦的地下抵抗力量通知全国人民遵照德国人的要求，全都佩戴缀有“大卫星”的黄色臂章。丹麦国王宣布，每一个丹麦人都是一母所生的同胞，他本人将第一个佩戴“大卫星”黄色臂章，并希望所有的丹麦人都以他为榜样，来拯救犹太同胞。第二天，丹麦首都哥本哈根几乎所有的丹麦人都佩戴了“大卫星”臂章。这一策略使德国法西斯的阴谋彻底破产，最终不得不取消这项命令。

当然，逆向思维法不一定对每个人、每件事都有效，但它至少为谈判者提供了一种解决问题的方法或途径，增加了成功的机会。如果对谈判各因素和关系的分析不透彻，不去研究新的问题，那么谈判者在谈判过程中就可能会吃亏。

（三）动态思维法

人们对问题的认识和分析常常是依据一定的环境条件和针对事物当时的状态而进行的，因而是相对的、静止的。但由于事物在不断发展变化，过去是正确的认识和结论，现在可能不那么正确，甚至是错误的。因此，如果我们的思维是静态的，一味抱着过去的认识和看法不放，就会脱离实际。商务谈判的重要特点之一就是其复杂性和多变性。随着谈判各方意见交流的展开，各种因素都在不断地变动，谈判者的思维必须紧紧地把握住这种变动，迅速地调整思维的方向、重点和角度，优化思维的过程和结构。

例如，在一场设备进口谈判中，原先我方与对方一直在补偿贸易的基础上进行谈判。但随着谈判的深入，各方面的情况逐步展开，对方突然提出因产品销售有困难，希望我方用现汇的方式进行支付，即由补偿贸易改为现汇贸易。这一要求的提出，必然打乱我方对原有谈判因素关系的分析和谈判目标的设想。面对这种情况，谈判者应该迅速调整思维，考虑由补偿贸易改为现汇贸易的可能性（有无外汇支付能力），及对我方的利与弊，如果可能，应考虑我方在新的支付条件下应该考虑哪些因素（货币的币种、外汇的汇率等），各因素之间的关系和目标等。如果我方仍然抱着补偿贸易条件对各因素和关系的分析不放，不研究新的问题，在谈判过程中势必会吃亏。

（四）超前思维法

在商务谈判中，如果一方能在思维上领先于对方一步，超前考虑某些问题，并能准确地预测到某些问题的发展变化趋势，必将在谈判过程中占有极大的主动性，并获得巨大的利益。

一般来说，在涉外商务谈判中都会碰到选择什么样的货币作为计价和支付的货币的问题，这就要求谈判者必须对各种货币的汇率变动趋势进行预测。如果不进行预测或预测不准确，都将会面临巨大的汇率风险，进而造成己方利益上的严重损失。

例如 1991 年的海湾战争，它与世界农产品市场上的交易好像是两个风马牛不相及的问题，而一个精明的具有超前思维的商人却不这样看。在他看来，海湾战争中，伊拉克人点燃了科威特的几百口油井，油井大火燃烧造成的二氧化碳会直接影响地球上的气候，特别是亚洲国家的气候。而气候的变化又会影响农产品的生产，从而最终影响到农产品的价格。因此，他会根据油井大火的预测分析来调整和决定其在农产品交易中的行动。

（五）多样化思维法

多样化思维是指要从事物的直接联系和间接联系、内部联系和外部联系、必然联系和偶然联系，以及因果关系等普遍联系中，寻找解决问题的新路子、新方法。例如，我们向国外投资，创办独资企业，在与东道国政府谈判时，某些问题难以谈得通，这时我们就应该思维多样化，应该想到经济与政治、外交是联系在一起的。我们可以请我国政府出面，通过政府之间的政治、外交关系来帮助做工作，影响谈判。实践证明这种做法是富有成效的。

（六）发散性和收敛性思维

1. 发散性思维

发散性思维是指沿着不同的方向、不同的角度思考问题，从多方面寻找问题答案的思维方式。发散性思维的具体表现形式是多种多样的，主要有多向思维、侧向思维等。

多向思维是发散性思维最重要的形式。它要求人们充分发挥思维的活力，从尽可能多的方面来考虑同一问题。

侧向思维是相对于正向思维而言的又一种发散性思维形式。正向思维是局限于本专业、本领域内对事物进行考察和分析、寻找解决问题答案的思维方式。侧向思维则不同，它是将本专业或领域与其他专业或领域交叉起来，并从别的领域取得思维的灵感和火花，来解决本专业或领域内的问题的思维方式。

2. 收敛性思维

收敛性思维是指一种以集中为特点的逻辑思维。其主要有以下几方面特点。

①经验性。收敛性思维非常注意经验，习惯从以往的经验中寻找或导引出解决问题的办法。它要求人们尽量排除事物的差异，从相同的方面去考虑问题。这样，往往限制了人们的思路。

②程序性。收敛性思维在思维过程中遵循着比较严格的程序。

③选择性。收敛性思维注重在有限的若干途径、方案中权衡利弊，选择一种比较好的途径和方案，而不注意创新和设计尽可能多的方案以扩大选择范围。

发散性思维与收敛性思维各有其优缺点。在思维过程中必须将两者结合起来，才能使思维趋于完善。

如果谈判者的思维只有发散而无收敛，那么就有可能出现虽然主意、方案很多，但不能确定最终能解决问题的方案的情况；反之，如果谈判者的思维只有收敛而无发散，将使思维陷入僵化，压抑思维的创造活力，从而难以找到最好的解决问题的方案。

第二节　商务谈判思维艺术

一、影响谈判思维发挥的主要因素

1. 惰性思维

惰性思维是指人类思维深处存在的一种保守的力量，使人们总是习惯用老眼光来看新问题，用曾经被反复证明有效的旧概念去解释变化的新现象。人们解决问题的能力同其对相关知识的接受程度密切相关。惰性思维会使人们在需要接受知识时显得无能为力，常常不能回忆起能解决问题的最有效的方法。

2. 惯性思维

惯性思维是指人习惯性地遵循以前的思路思考问题，仿佛物体运动的惯性。谈判者的判断力受惯性思维影响，他们更有可能被容易回忆起的信息所影响，从而对问题抱有偏见。惯性思维往往还同错误的共识效应结合在一起。错误的共识效应是指大多数人以为那些同他们持相同观点的人是正确的。在商务谈判中，当谈判者被惯性思维影响时，其采用创造性策略的可能性就会大大降低。

3. 代表性效应

代表性效应是指人们将新旧信息同类化的做法。人们通常习惯于有事实根据的信息，然而，这类信息经常是落伍和错误的，而且对类型化信息的依赖可能导致人们忽略其他对谈判非常要用的信息。

4. 功能固定

功能固定是指谈判者用自己熟悉的方法来制定解决问题的策略。其带来的问题是，谈判者固守以前掌握的解决问题的策略，从而阻碍他在新的环境下去尝试发现新的有效策略。人们一旦坚持既定的策略，对他们来说，转换另一种解决问题的方法是非常困难的。

二、谈判思维中的诡辩

谈判是运用正确的思维方式进行的“说理”活动。但是，在谈判过程中，谈判者会故意运用思维方式的缺陷或不正当的推理方法把问题搞乱，使对手陷入“有理说不清”的窘境，以维护自己的利益。这种狡诈的手段属于诡辩术的范畴。诡辩术实质上是谈判者以防卫为基本出发点，在谈判过程中使对方在不知不觉中陷入自己设置的思维“陷阱”中，从而陷入被动局面的一种思维方式。

商务谈判中，诡辩术的运用常常面临一种“道德风险”。在谈判过程中，谈判者的任何不违背法律和行为规范的行为仅仅是谈判技巧问题，而与道德问题毫无相关，因此，诡辩术的运用与伦理道德是并行不悖的。但是，我们提倡谈判诡辩术的运用，在道义方面应做到有节，要掌握分寸，适可而止。

谈判中的诡辩术主要以偷换主题、以相对为绝对、以现象代替本质等手法表现出来，弄清诡辩术的主要表现手法是谈判过程中对付诡辩术者的首要一点。

（一）偷换主题

偷换主题是指在谈判中当一方在论证对方的某个弱点时，对方觉得于己不利，则狡猾地转换论题，反而以对方的某一弱点或故意提出新的论题诱导对方继续进行论证，从而使谈判改变原来的方向。

偷换主题这种诡辩手法，其实质在于搅乱谈判者原有的思维链条，分散思维注意力。因此，对付这种手法的关键在于谈判思路清晰。只要谈判者思路清晰，偷换主题的诡辩术是很难得逞的。

（二）以相对为绝对

以相对为绝对是指谈判者在阐述问题时将相对的概念与绝对的概念混合使用，并以相对代替绝对，用来掩饰己方命题的错误，从而获取有利的谈判条件。例如，在一项设备交易谈判中，卖方认为己方公司提供设备的生产能力比原定能力提高了25%，而新的报价没有变动，这等于价格降低25%。这是谈判中卖方一种很典型的以相对为绝对的诡辩。在这里，关于价格高低的论证就是把“相对的生产能力提高”与“绝对的价格降低”混淆在一起，将相对变成绝对。

对以相对为绝对的诡辩手法，谈判者的对策是弄清绝对概念与相对概念的范畴，将绝对概念与相对概念截然分开。

（三）以现象代替本质

以现象代替本质是指谈判者只强调问题的表面形式、表面现象，而不涉及问题的实质，从而掩盖己方的真实企图。在商务谈判中，以现象代替本质的诡辩手法屡见不鲜。例如，在谈判的讨价还价阶段，卖方以虚伪的让步迎合对方的需要和心理，但让步缺乏实质性内容。谈判者防范这种诡辩手段的对策是要能够从复杂的现象中找到事物的本质，然后抓住不放。例如，在上述情形出现时，买方面对卖方修改过的报价，要分析其让步是否具有实质性内容。只要没有实质性改善，买方就应该盯住报价中的实质性内容或关键的谬误不放。同时依据对方的权限、成交的决心、双方实力对比及关系好坏，制定或改变讨价策略，进一步改变对方的期望，迫使对方做出实质性的改善报价的行为。

三、谈判思维方法的妥善运用

（一）比较法、抽象法与概括法的运用

1. 比较法的运用

比较法是在商务谈判中运用最多的一种思维方法，“不怕不识货，就怕货比货”，这句俗语就充分说明了比较的重要性。

谈判者在运用比较法时必须注意两个问题。

第一，比什么。也就是比较的内容和标准是什么。如果比较的内容和标准选择得不正确、不合适，则会直接影响比较结论的正确性。例如，假设我方是技术的引进方，准备与三家国外厂商就某一项目技术的转让进行谈判。在与这三家外商接触谈判后，我方要对他们提出的交易条件进行比较。这时，比较的内容应该怎样确定呢？一般来讲，比较的内容应该包括所有的交易条件，具体地说，有三个方面：一是技术方面，比如技术的先进性，产品竞争能力、生产效率、质量水平等。二是经济方面，包括价格、支付条件和方式、金融条件（是否提供信贷、利率高低、偿还期限）等。三是其他条件，主要是限制性条款。在一般情况下，人们往往只注意到技术与经济上的比较，而忽视其他条件的比较。事实上，转让方对引进方的任何限制（如产品销售范围与地区的限制，技术改进与再转让的限制等）都会造成引进方的利益受损。因此，如果比较的内容不完全，必然导致比较结论的不正确。

第二，比较的前提与条件。有时，人们只注意对两件事物比较，而没有注意这两个事

物之间是否具有可比性，以及在什么条件下可以相比较。例如，在国际货物买卖谈判中，对某一种货物，一家卖主报价 FOB 每吨 400 美元，另一家卖主报价 CIF 每吨 500 美元。由于在 FOB 和 CIF 两种价格条件下，买卖双方所承担的费用风险和责任是不同的，因此两家的报价不具有直接的可比性。但是，如果谈判者对第一家卖主的 FOB 价格进行适当的调整和处理，使之在内容上与 CIF 价格相一致，或者转化为 CIF 价格，那么就可以进行比较了。

谈判者在谈判中做比较时除了要注意上述两个问题外，同时还应该注意对方所做的比较是否正确，要防止对方把不可比的事物拿来比较，或者是做部分的比较，即只比较对其有利的几个因素、几项内容，从而得出错误的结论来欺骗我方。

2. 抽象法与概括法的运用

对于比较法，谈判者在运用当中除了强调可比性外，还要强调比较内容的全面性，以保证比较结论的正确性。但是，这样做也常带来一个问题，那就是由于两样东西在其属性方面各有千秋，比如两国的投资环境，甲国在某几个因素上优于乙国，乙国在另几个因素上又优于甲国，如果只是简单直接地进行全面比较，就难以做出最终的判断和评价。

怎样来解决这个问题呢？这就需要采用抽象法。抽象法就是把事物的本质、非主要的因素或属性撇开，暂时不予考虑，而只把事物的本质方面和主要方面的因素提取出来进行考虑和分析。就上面的例子而言，就是要选取投资环境中对投资经营影响最大的若干个因素进行比较、考察和分析，对其他影响较小的因素则暂时撇在一边，不予考虑，从而摆脱次要因素的纠缠。这实际上就是要抓住主要矛盾和矛盾的主要方面。只有这样，问题才能迎刃而解。

抽象法虽然较之比较法在认识上更全面、更本质，但仍然是有局限性的。这是因为从个别事物中抽象出来的属性并不一定具有普遍的意义。我们仍然以对一国的投资环境的评价为例，选取影响该国投资环境最主要的因素和方面进行分析和评价，把握住了该国投资环境的本质特征。但是，对该国投资环境进行评价所选取的因素不一定适合其他国家，也就是说，它不具备普遍的意义。对该国投资环境影响重大的因素，在其他国家可能不重要。因此，在抽象以后还必须进行概括。概括就是在抽象的基础上，给抽象的结果赋予普遍的意义。就投资环境的评价而言，就是要概括制定出一个适用于各国情况的一般的投资环境评价分析方法。只有这样，我们才能更好地了解、比较和把握各国的投资环境。在商务谈判中，充分发挥思维的抽象能力与概括能力，谈判者就能在纷繁复杂的关系中抓住主要的东西，形成一般的“理想的方案”，作为实际行为的参照。

（二）归纳法与演绎法的运用

1. 归纳法的运用

在商务谈判中，运用归纳法能使谈判者把发散性思维的成果集中起来，深入到事物的本质中去说明问题，从而使论点显得比较坚实可信。例如，在商务谈判中，作为谈判前的准备工作的一个重要方面，是调查谈判对手与其他公司的交易情况。如果该公司与其他公司的交易历史是诚实可靠的、讲究信誉的，那么我们就可以从这些具体交易中得出一般性的结论——该公司的信誉情况良好，诚实可靠；反之，如果在调查中发现在某些交易中，该公司是认真执行合同的，而在另外一些交易中则有违约的行为，那么，我们就不能得出上述结论。

因此，谈判者在运用归纳法时，必须扩大样本的数量，提高样本的代表性，从而提高归纳结论的正确性。而当对方使用归纳法来说明某种问题时，我方必须注意对方是否有足够的样本数量，以及样本是否具有同一性或代表性。同时，我方还应利用反证来检验其结论的正确性和可靠性。

2. 演绎法的运用

演绎法把一般性的结论作为前提，来推断出个别事物也具有相同或者类似的性质。在商务谈判中运用惯例来说明问题，就是一种演绎的方法。惯例就是在过去许许多多的实践中存在，并且现在依然存在，并为人们约定俗成地予以接受的，对某类事物进行处理的一贯的方针或规则。

在长期的国际经济贸易交往中，人们形成了许许多多的惯例。比如，在合资企业中，根据投资比例的多少分配董事会的席位，由投资最多的一方担任董事长；根据投资的比例来分配利润，分担亏损和风险；在国际货物买卖中对 FOB、CIF、C&F 含义的理解；在技术贸易中转让方对技术质量的保证等。谈判者应该熟悉和掌握国际惯例。

在谈判中运用演绎法来说明问题时，谈判者应该注意以下两点。

①演绎的前提是否正确。如果前提不正确，那么必然会导致演绎推论的错误。例如，某些外国来华投资者要求我们给予其“国民待遇”，即将外商企业完全视同国内企业，给予同等的待遇，他们给的理由是这是国际惯例。其实这种说法是不对的。因为仅就其推论的前提而言，给予外国投资者“国民待遇”并非是国际惯例。事实上，它只存在于西方的一些发达国家之间，许多发展中国家并不承认这一点。因此，我们可以不受此惯例的约束。

②演绎推论的事物在性质上是否具备与演绎前提的一致性。如果不一致，就无法进行推论，强性推论必然导致谬论。例如，在中外合资企业中对企业结业时的剩余财产处置，是按照双方当初的投资比例来分配清算的。而在中外合作经营企业中，在外商收回投资的情况下，结业时的所有资产应全部归中方所有。如果中外合作经营企业的外商要求像合资企业那样分配剩余财产，显然是错误的。因为中外合作经营企业与中外合资经营企业的性质不同。

（三）分析法与综合法的运用

在商务谈判中，有时对方提出的某个建议，或提供的某个资料内容关系比较复杂，我方很难直接地从外部总体上判断其真伪，看清其实质。这时，谈判者就可以运用分析法来进行分析。例如，在技术贸易谈判中，转让往往只报一个一揽子的总价格。对于这个总价格，引进方有时凭直觉，或者将之与其他厂商的价格进行比较，判断其是否具有“水分”。但是就谈判而言，光知道有“水分”是不够的，还必须知道“水分”藏在何处。只有这样才能挤出“水分”。为此，我方就可以采用分析的方法将对方所报的一揽子总价格拆开，分解为各个单项内容的价格。比如，分成技术设备的价格、技术资料的价格、咨询与培训的费用。如果需要的话，还可以再做进一步的分解。经过分析，我方就可以将各个单项的价格与正常的价格进行比较，从而清楚地看出其是否有“水分”，以及有多少“水分”。这样，在要求对方让价时，我方就有了针对性和依据，而不是盲目地胡乱砍价。

同样，如果买方要对两个卖方的报价进行比较，也可以将报价的内容分解为若干个项目，对每个项目进行逐一比较。这样，报价的优劣长短就会看得很清楚。

对于那些实际内容很复杂，而表现形式却比较简单的问题，分析法是最有效的分析手段。在运用分析法分析问题时，谈判者必须注意以下两点。

①必须注意对事物进行分解的角度。选择什么样的角度进行分解是十分重要的，必须使所选择的分解角度最有利于体现事物的本质、内部关系和最有利于说明问题。

②不要为分析而分析。分析本身不是目的，分析的目的是使我们能从事物的本质和事物内部的各个部分、各个方面的联系中认识事物的整体。就像上面例子中对技术转让价格的分析那样，最终的目的是要对该报价做出一个准确的评价。因此，在分析的基础上还必须进行综合。

综合法强调和体现的是对事物总体的把握。对谈判者来讲，在谈判中运用综合的方法提高自己的综合能力是很重要的。一项谈判从内容上看可以分为几个部分，一个部分又可以分为几个问题，一个问题也可以分为几个方面。谈判者不仅需要了解和研究谈判中每一个部分、每一个问题、每一个方面，更重要的是在此基础上要站在谈判全局的高度，从战略上来看待和把握。一个问题可能对某一部分很重要，但从谈判的全局来看可能就不那么重要了。拘泥于某一个方面、某一个问题而看不到全局，是许多谈判者在谈判中“捡了芝麻、丢了西瓜”的重要原因。

第三节　商务谈判心理

一、商务谈判心理的内涵

心理是指人的头脑反映客观现实的过程，如感觉、知觉、思维、情绪等。一般来讲，当一个人面对壮丽的河山、秀美的景色、善良热情的人们时，他会产生喜爱愉悦的情感，进而会形成美好的记忆；而当他看到被污染的环境、恶劣的天气、战争的血腥暴行时，则会表现出厌恶、逃避的心理，并会留下不好的印象。这就是人的心理活动。

商务谈判心理是指谈判者围绕商务谈判活动而形成的各种心理现象及其心态反应。它不仅影响谈判当事人的行为活动，也直接关系到交易协议的达成和合同的履行。商务谈判心理包括谈判前、谈判中和谈判签约，以及合约履行的谈判双方当事人的心理活动与心态效应。了解谈判对手的心理状况，有益于接收正确的信息反馈；分析谈判对手的行为动机，有助于判断双方的主观意向，以便更恰当地运用谈判的基本策略与技巧，从而取得理想的谈判结果。

二、商务谈判者的心理因素

什么是一个成功的谈判者所需要具备的良好心理素质？历来就有众多的谈判研究人员

和实践者对这一问题进行过孜孜不倦的探讨。然而，由于心理因素在多大的程度及可能性上会影响谈判的成功与否是一个难以数量化衡量的问题，因此，可能永远也无法获得一致认同的结论。本书根据以往谈判的研究和实践经验总结，一般性地探讨作为一个成功的谈判者应具备的自信、诚心、耐心、变通、果断和尊重六个基本心理因素。

1. 自信

自信是成功的动力与源泉。自信，就是相信自己的实力和能力。它是谈判者充分发挥自身潜能的前提条件，缺乏自信往往是商务谈判遭受失败的原因。面对艰辛曲折的谈判，只有具备必胜的信心，才能促使谈判者在艰难的条件下通过坚持不懈的努力走向胜利的彼岸。

自信不是盲目的自大和唯我独尊。自信是在充分准备、充分占有信心和对谈判各方实力科学分析的基础上对自己有信心，相信己方要求的合理性、所持立场的正确性及说服对手的可能性。谈判者只有自信才能有惊人的胆魄，才能做到大方、潇洒、不畏艰难、百折不挠。

自信，不仅会给己方增加力量，也会给对方以很大的精神压力。对方会感到面对的是难以战胜的对手，因而会在希望成交的前提下主动放弃一些努力。在谈判中，不管遇到什么样的困难和压力，谈判者都要有坚持到底的决心和必胜的自信，即使想求和，也要不卑不亢。

2. 诚心

谈判是两方以上的合作，而合作能否进行，能否取得成功，还取决于各方合作的诚心。就是说，谈判需要真心实意。受此支配的谈判心理是保证实现谈判目标的必要条件。从心理学角度讲，诚心是谈判的心理准备。只有在各方致力于合作的基础上，才会全心全意地考虑合作的可能性和必要性，才会合乎情理地提出己方的要求和认真考虑对方的要求。所以，诚心是合作的基础。

诚心从某种意义上讲也是责任的体现，是一种负责的精神。合作的意向是诚恳的态度，是谈判各方合作的基础，也是影响、打动对手心理的策略武器。如果说谈判的初始动机受需求欲望的支配，那么为了满足需求，在单靠自己无法满足时就需要寻找与之相适应的伙伴或对手。但在寻找和谈判的过程中，只有诚心，才是满足己方和对方的心理需求、实现合作和双赢的条件。

诚心贯穿谈判的始终。在谈判中，谈判者要做到有诚心，首先要尊重对方。对于对方提出的问题，要及时答复；对方的做法有问题，要适时恰当地指出；自己的做法不妥，要勇于承认和纠正；不轻易许诺，承诺后要认真践履。其次，谈判者要在细节处体现诚心和对对方的关怀。例如，人挨着谈判桌，摆出一副真诚的姿态，脸上露出淡淡的笑意。对方发言时谈判者总是显出认真倾听的样子，要采用“是呀，但是……”“我理解你的处境，但是……”“我赞同你的意见，但是……”等句式。在尊重对方的基础上为己方赢得利益和主动权，从而推动谈判向良好的态势发展。

总之，诚心诚意能使谈判各方沟通畅通，气氛融洽，使谈判者的心理活动保持在较佳状态，建立良好的互信关系，提高谈判效率，使谈判向顺利的方向发展。

3. 耐心

耐心是在心理上战胜谈判对手的一种战术与战略。它在谈判中表现为不急于求得谈判的结果，而是通过谈判者有意识的言论和行为，使对方知晓合作的诚意与可能。耐心是提高谈判效率、赢得谈判主动权的一种手段。如果谈判双方都通过细致而踏实的准备工作，让对方了解自己、相信自己，并且不厌烦地倾听对方的陈述和诉求，就可以精诚合作、产生默契，并在较短的时间内签署谈判协议。

弗朗西斯·培根曾说过："于一切艰难的谈判之中，不可存一蹴而就之想，唯徐而图之，以待瓜熟蒂落。"商务谈判的状况各种各样，有时是非常艰难曲折的，商务谈判人员必须有抗压能力和打持久战的准备。因而，耐心及容忍力是谈判者必不可少的心理素质，甚至是抗对压力的必备品质和谈判中争取机遇的前提。

作为谈判中的一种心理战术与谋略，耐心能使谈判者避免意气用事，融洽谈判气氛，缓和谈判僵局。耐心能使谈判者正确区分人与问题，学会采取对人软、对事硬的态度。耐心也是对付脾气急躁、性格鲁莽、咄咄逼人的谈判对手的有效办法，是实施以软制硬、以柔克刚的最为理想的策略方法。

在谈判活动中，谈判者要自始至终保持耐心，其动力来源于对利益目标的追求。另外，谈判者的意志、对谈判的信心，以及对追求目标的勇气都是影响其耐心的重要因素。

耐心是谈判者心理成熟的标志，它不同于拖延。在谈判中，谈判者会用拖延战术打乱对方的战术运用，或借以实施己方的策略。耐心则是从心理上战胜对方，是对谈判的关键问题以及对手的心理活动进行全面分析和理性思考，从而采取进一步的谈判谋略。耐心对于谈判的效果是至关重要的。

4. 变通

谈判既复杂又变幻莫测，这就需要谈判者具备良好的应变能力，善于与人相处，能够从复杂而多变的谈判活动中把握动向、随机应变。谈判者的变通能力还表现在要能够从利益分歧的争论、障碍和僵局中创造性地提出变通的、对双方都有利的解决问题的方案，从而破解障碍，达成合作。

5. 果断

果断是指一个人善于适时地、坚决地完成某件事情和进行适时决策的能力特点。谈判中的果断建立在信息准确可靠，于己方有利的基础之上。该断不断、不该断也断均有后患。成功的谈判者总是把果断作为自己的基石。

果断是一个优秀的谈判者良好的心理素质、战略眼光、领导能力和专业知识等因素的综合反映。具有果断能力的谈判者，才能更好地动员各种内在的和外在的力量，团结协作，夺取胜利。

具体地说，果断要求谈判者对谈判的后果负责，在面对重大责任或紧要关头时要表现出刚毅、勇于决策的品质，决不优柔寡断、退缩回避。成功的谈判者都是以果断作为基石的。美国麦克金赛管理咨询公司曾对 37 家在经营管理中卓有成效的企业进行调查，结果表明，它们都把行动果断作为获得成功的第一要素。当代法国的许多专家把具备果断能力的人，称为具有“价值10亿美元头脑”的人。

6. 尊重

尊重是谈判者正确对待自己和谈判对手的良好心理。尤其是在涉外商务谈判中，谈判者首先要有自尊心，维护民族尊严和人格尊严，面对强大的对手不能奴颜婢膝，更不能出卖尊严换取交易的成功。同时，谈判者还要尊重对方的意见、观点、习惯和文化观念。在商务谈判中，谈判各方只有互相尊重、平等相待，才可能保证合作成功。

三、商务谈判心理禁忌

1. 商务谈判心理有“六忌”

谈判就是竞争，如果谈判者信心不足，是很难取得成功的。即使达成了交易，也必将付出巨大的代价。在谈判中，八仙过海，各显神通，明比质量与价格，暗斗意志与智慧。谈判各方为了实现自己的目标，都充分运用各种谈判手段与技巧调整好自己的心理状态，试图从气势上压倒对手。谈判者如若信心不足，则无力支撑谈判的全过程，在对方的攻击下，很可能中途就败下阵来。信心十足是谈判人员从事谈判活动的必备心理要素。有了充足的信心，谈判者才能使自己的才能得到充分展示，潜能得到充分发挥。在必胜信心的支持下，谈判者能将己方的需求动机转变为需求行为，最终如愿以偿，实现目标。所以，无论如何，谈判者一定不能表现出信心不足，即使谈判出现十分困难的情形，也要善于控制和掩饰自己的心理变化和外表言行。

2. 忌准备不足

俗话说：不打无准备之仗。一切尚未知己知彼、尚未准备充分的谈判都不能盲目地开始。在谈判正式开始之前，谈判者要想法设法发现对方的需要，弄清对方有哪些需要，对方想什么、谋求什么，在搜集与谈判相关资料和信息的基础上，进行充分的分析研究，初步构想谈判的策略，把握谈判的重点。只有这样，才能做到知己知彼，百战不殆。因此，谈判者一定要克服盲目介入，要充分做好谈判之前的准备工作，避免一上谈判桌就陷入被动局面。要打有准备之仗，不打无准备之仗。

3. 忌热情过度

在谈判过程中，谈判者显得过分热情会暴露出己方的弱点和愿望，会给对方有求于他的感觉，这样就削弱了自己的谈判力，提高了对手的地位，本来比较容易解决的问题可能就要付更大的代价。对于一般人来说，对自己喜欢而又无法得到的东西，会有一种强烈的想占有的意念，可能就会表现出过度的热情。但作为谈判者，却要考虑对手的反应，要用自己的一言一行来牵制对方，努力让谈判的局面朝有利于己方的方向发展。

当己方实力强于对方时，要让对方表现出热情很高，让对方有求于你，强烈要求和你成交，从而维护自己的优势地位。当己方实力弱于对方时，要表现出热心但不过度，感兴趣但不强求，不卑不亢，泰然处之。这样反而使对方对自身产生怀疑，从而增加你的谈判力量。

当谈判出现分歧或陷入僵局时，冷处理比热处理更有效。比如提出一个竞争对手，对方的态度和条件马上就会发生变化。

4. 忌掉以轻心

谈判始终不可掉以轻心。谈判获胜前不能掉以轻心，获胜后更不能掉以轻心，否则，要么功败垂成，要么成而树敌。在谈判中，谈判对手性情不同，各种情形复杂多变，难以预料。比如，谈判中一方设置陷阱；提出条件时含而不露；故意掩盖事情的真相。如果谈判者不能及时地发现问题，很容易被“糖衣炮弹”所迷惑，为合同的履行埋下祸根。一旦情况发生变化，对方以各种理由不执行协议，将导致前功尽弃。还有的是为一点小事纠缠不清，或思路不同而令人难以解释，或故意寻衅滋事。当这些事情发生时，谈判者应保持清醒的头脑，分析其原因所在，找出问题的症结。如果是对方蛮不讲理，肆意制造事端，应毫不客气，以牙还牙，不让对方得逞，以免被对方的气势压倒，使对方从中谋利；如果己方亦有责任，则应以礼相待，消除隔阂，加强沟通。

5. 忌失去耐心

谈判是一种耐力的竞赛，没有耐力素质的人不宜进入谈判。在谈判过程中常有各种危机，要面对各种对手。例如，对方非常固执，你说东，他谈西，你越想说服他，他就更加固执地抵抗。这种人很难退一步，合作起来很不愉快；对方自信自满，自以为无所不能，认识事物带有片面性，只按自己的标准行事，往往听不进别人的意见；对方想控制别人，对某事拘泥于形式，深信自己的所作所为是绝对正确的，怕自己深信的一切被别人修正，但又想让别人也按他的意志行事；对方不愿有所拘束，个性外向，精力充沛，做起事来很有魄力。所以，耐心是谈判过程中不可忽视的制胜因素。

6. 忌不能突破

在谈判中，谈判者要避免出现被对方抛出的一大堆数字、先例、原则和规定唬住，寻找不到突破口的现象。要知道，没有不使用数字、原则的谈判，也没有不能突破数字、原则的谈判。在谈判双方的“谈”与“判”中，情况瞬息万变，谈判者要善于寻找突破口，要能够从对方提出的各种专业性术语或数据中解脱出来，抓住问题的实质，击中对方的要害，取得谈判的重大突破和进展。

四、商务谈判中的心理挫折

（一）心理挫折的含义

一个人做任何事情都不可能是一帆风顺的，总会遇到这样或者那样的问题与困难，这就是我们平常所说的挫折。所谓心理挫折，就是指在某个活动过程中，人们认为或感觉自己遇到难以克服的障碍和干预时在心理上形成的一种挫折感，并由此而产生焦虑、紧张、激动、愤怒等情绪状态。总的来说，心理挫折就是指活动过程中人的一种心理感受，或者说是一种感觉，包括由这种感觉所引起的心态及情绪的变化。

心理挫折不同于我们一般所说的挫折。心理挫折是人的一种主观感受，它的存在并不能说明在客观上就一定存在挫折或失败，也就是说心理挫折的存在并不一定意味着挫折的客观存在。反过来，客观挫折也不一定对每个人都会造成心理挫折。由于每个人的心理素质、性格、知识结构、生长环境等都不相同，因此他们对同一事物活动的反应也就不同，有的人可能会由于困难引发较大的挫折感；而有的人则可能会对困难、障碍没有什么反应。同样的挫折感所产生的情绪变化也是不同的。比如，有的人在感到挫折后沮丧、退缩，甚至一蹶不振；而有的人则恰恰相反，遇到困难反而更有信心，更加全力以赴。

（二）心理挫折对商务谈判行为的影响

1. 言行过激

言行过激是谈判者在受到挫折时最常见的一种表现。人们在感到挫折时，最容易产生也是最常见的反应莫过于生气、发泄愤怒情绪等。在这种情况下，谈判者的言行就会超出其原有的正常范围，有时会说出一些极端的话，如“你买就买，不买就算了”“我不卖给你了，你上别的地方买去”，或者做出过激的行为，如动手推拉，甚至打人等。这种言行过激行为的出现，往往会激化本来就处在谈判困境中的谈判双方的矛盾，容易导致谈判双方矛盾的升级。

2. 畏惧退缩

畏惧退缩主要是谈判者在谈判中受到挫折后对自己失去信心，缺乏勇气造成的。此时，谈判者的敏感度和判断力都会下降，最终影响目标的实现。比如，一位刚毕业的律师与一位名律师打一场官司，这位刚毕业的律师很容易产生心理挫折。缺乏应有的自信，在对簿法庭时，无论是他的判断力还是思辨能力，甚至语言表达能力都会受到影响。这实际上为对手的胜利提供了条件。

3. 盲目固执

盲目固执是指谈判者在受到心理挫折以后，不愿意面对现实去认真思考、判断，而是非常顽固地坚持一种错误的思想或意见，盲目地重复这种行为的表现，具体表现为心胸狭窄、思路不开阔等。这种行为会直接影响谈判者对具体事物的判断、分析，最终导致谈判失败。

以上是几种较为常见和普遍的心理挫折的行为反应。此外，不安、冷漠等也是心理挫折的表现。人们在心理挫折时的情绪反应，都是一种非正常的状态，无论对谁来讲都是一种不适的困扰，甚至是苦恼的折磨。但心理挫折对人的行为的影响因人而异，并不是所有人在遭受心理挫折时都会对行为产生消极、负面的反应。相反，对于一些非常振奋、善于在逆境中生存的人来讲，心理挫折以及客观的活动挫折反而更能激发他的进取心，激励他不断前进，不断成功。这一点正是人们所追求的，也是谈判者应具备的心理素质。

（三）商务谈判心理挫折产生的因素

在商务谈判中，谈判者会遇到各种各样的问题、困难和阻碍，由此引起谈判者心理波动，产生挫折是不可避免的。在商务谈判中，比较容易造成或形成谈判者心理挫折的因素，主要有以下几点。

①谈判者对谈判内容缺乏应有的了解，掌握的信息不够，制定的谈判目标不合理或者不可行，这些情况容易对谈判者造成心理挫折。比如，你非常喜欢一件衣服，并暗自决定如果价钱不超过 500 元就买下，你请售货员帮你取下来，然后一边看衣服一边向售货员问价钱，"2600 元。"售货员漫不经心地答道，此时对你来讲就会产生很大的心理挫折，从而失去谈判的信心和勇气，最终很不情愿地将衣服还给售货员。

②由于惯例、经验、典范对谈判者的影响，谈判者容易形成思维定式，将自己的思维和想法禁锢起来。对于出现的新情况、新问题仍然按照经验、惯例去解决，这样既影响谈判的结果，也容易使谈判者产生心理挫折。比如，你是一家商店的营业员，这个商店为"不二价商店"，即从不讨价还价。有一位顾客找到你提出打折，你不同意，顾客找出商品存在的缺点，如果你仍然不同意打折，谈判就很容易陷入僵局，甚至中断。

③由于谈判者自身的某些需要，特别是在社会需要和自尊、自我实现需要没有得到很好的满足或受到伤害时，容易造成心理挫折。

这些只是在商务谈判中容易造成谈判者心理挫折的常见因素。除此之外，导致谈判者心理挫折的因素还有很多，有来自谈判过程的，还有一些是来自谈判者本身的，如谈判者的知识结构、自身能力等。

（四）商务谈判心理挫折的防范

在商务谈判中，无论是什么原因引起的心理挫折，都会对谈判的圆满成功产生不利的影响。谈判是人与人之间斗智斗勇的一项交际活动，需要谈判者全力以赴，始终保持高度的敏感性和思辨能力。任何的心理挫折、情绪激动，都必然分散谈判人员的注意力，造成其反应迟钝、判断能力下降，而这些都会使谈判人员不能充分发挥个人潜能，从而无法取得令人满意的谈判结果。因此，谈判者要克服心理挫折对商务谈判的不利影响，就必须积极采取措施来预防和化解心理挫折的出现。一是要消除引起挫折的客观因素。商务谈判中，谈判者的心理挫折是随着谈判过程中客观挫折的产生而产生的。因此，如果能减少引起谈判过程中客观挫折的影响因素，谈判者的心理挫折就可以相应地减少。二是提高谈判者的心理素质。谈判中，谈判者受客观存在因素影响时会不会遭受心理挫折，与他对客观挫折的容忍力有关，容忍力较弱者比容忍力较强者更容易感受到心理挫折。而人对挫折的容忍力又与人的意志品质、承受挫折的经历及个人对挫折的主观判断有关。有着坚强意志的人能承受较大的挫折，有较多承受挫折经历的人对挫折有较高的承受力。因此，为了预防心理挫折的产生，就要尽力提高谈判者的意志力，提高对挫折的容忍力。具体的训练措施是有意识地设置成功和失败的情境，通过心理适应和自我锻炼，来增强谈判者的意志力。

（五）商务谈判心理挫折的应对策略

在商务谈判中，如果某种未能提前预防的心理挫折出现了，谈判者就必须采取积极的应对和化解策略，以保证谈判的顺利发展。

①勇敢面对挫折。进行一场商务谈判，往往要经过曲折的谈判过程，通过艰苦的努力才能到达成功的彼岸。商务谈判人员对于谈判中所遇到的困难甚至是失败要有充分的心理准备，以提高对挫折的承受力，并能在挫折的打击下从容应对变化的环境和情况，做好下一步的工作。

②摆脱挫折情境。相对于勇敢地面对挫折而言，摆脱挫折情境是一种被动地应对挫折的办法。当挫折出现后，商务谈判人员在无法面对挫折情境时，可以通过脱离挫折的环境情境、人际情境或转移注意力等方式来让情绪得到修补，使自己能以新的精神状态迎接新的挑战。

③情绪宣泄。情绪宣泄是一种利用合适的途径、手段将挫折的消极情绪释放出去的办法。其目的是把因挫折引起的一系列生理变化产生的能量发泄出去，消除紧张状态。情绪宣泄有助于维持人的身心健康，形成对挫折的积极适应，并获得应对挫折的适当办法和力量。

第四节 商务谈判中的行为素质

一、行为的理性

作为一个谈判者，如果在谈判过程中不遵循基本的理性原则，将会使谈判陷入不利的局面，最终也很难取得好的结果。在商务谈判中，谈判者遵循理性原则，采用理性行为模式会为谈判带来以下几个方面的好处。

1. 有利于得到最大利益

谈判者采用理性行为模式是基于谈判效果最大化原则的。也就是说，谈判者的行为模式应该保证谈判者能得到最大利益。除了遵循理性原则，采用理性行为模式外，其他任何方式都不能让谈判者得到最大的利益。因为面对利益，对方也是理性的。如果谈判者出现不理性的行为，会对谈判造成不良的影响，或者让己方利益受损，或者让对方无法接受而达不成协议，甚至会导致谈判破裂。

2. 提供了评估谈判者表现的标准

理性行为模式是一个评估谈判者在谈判中的表现是否完美和取得的谈判效果是否最大化的标准。如果没有理性行为模式，人们无法评估谈判者在谈判中的表现是好是差，也不知道应该在哪个方面做出努力，无法对谈判者提出任何建议。

3. 提供了诊断谈判者错误做法的标准

理性行为模式也可成为一个有用的诊断目标，通过判断谈判者的行为是否符合理性行为模式来找出谈判者谈判中的错误做法，使决策者的思考更加有洞察力。

4. 可以用来对付不理性的谈判者

在商务谈判中，需要遵循互利的原则，愚弄对方或者用诡计取胜并不是有效的讨价还价的方法。采取理性行为的谈判者通常能有效地对付那些采取非理性行为的谈判者。

5. 便于谈判者的行为保持前后一致

理性行为模式可以使谈判者的行为前后一致。前后矛盾的行为会阻碍谈判者的分析和研究，并且还会传递模糊的信息给对方。事实上，人们在感到迷惑不解时往往会更有戒备心，会降低信任水平。

6. 可以衡量决策的正确性

理性行为模式为谈判者提供了清晰而得体的方法，确保谈判者在谈判中使己方的优势最大化，为己方争取到最大利益。因此，理性的行为模式可以用来衡量决策的正确性。

二、成为一名好的聆听者

一个糟糕的谈判者，必定是一个不愿意怀疑对方说法的人，他只会一味地接受对方经过筛选后告诉他的事情。而一个有能力的谈判者，却总是对他所听说的事情提出疑问。更重要的是，他能根据已知的信息提出假设，以此判断对方说辞的真伪。

谈判者在收集信息时常常会准备一些严厉的问题，这些问题对方可能不会回答。如果对方不回答这些问题，谈判者可以通过对方对这些问题的反应来对谈判局势进行判断。

谈判者不但要做一名出色的演讲者，还要成为一名好的聆听者。只有成为一名好的聆听者，才能成为一名善于争取双赢的谈判者；也只有成为一名好的聆听者，才能从所听到的信息中得知对方的真实意图。

三、胜过对方的耐心

谈判者如果缺乏耐心，就不能很好地准备资料，就不会有策略地讨价还价，就不会忍受谈判的不确定性，就不会锲而不舍地为己方谋求最大的利益。因此，具备耐心是一个谈判者必备的心理素质。

四、争得更多的勇气

人们有时缺乏提出要求的勇气，因为他们会担心自己成为笑柄。害怕成为笑柄的想法会妨碍我们完成很多事情。在商务谈判中，一个谈判者应该向对方提出尽可能多的要求，做到这一点有时会很困难。因此，要成为一个有能力的谈判者，就应该克服这种心理，要有争得更多利益的勇气。

五、坚持谋求双赢的态度

在谈判快要失败时，谈判者仍应具有坚持谋求双赢的正直态度。这是一种非常宝贵的品质。这并不意味着谈判一方要慷慨地做出让步，而是意味着在向对方让步时不放弃自己的要求，继续寻找一些方法以求做到双赢。

六、忍受模糊事物的能力

谈判是一项有很多不确定性因素的活动。对方的谈判目标、谈判策略，以及谈判的进展、最后的谈判结果等都具有不确定性，是模糊的。因此，谈判者要具有忍受模糊事物的能力，要能在这些模糊的事物中做出理性行为，做到善于捕捉信息、认真分析、制定明确的目标、灵活地采取适当的策略，争取为己方谋求最大利益。

七、强烈的竞争欲望

擅长谈判的谈判者会把一场谈判看成一场游戏，他认为用自己的技巧挑战对方的技巧是一件有趣的事情。因此，越把谈判看成一场游戏，谈判者就会变得越有竞争性；越有竞争性，就会越勇敢，就会做得越好。因此，谈判者在谈判中要有强烈的竞争欲望。

八、不应该有被人喜欢的愿望

但凡是有能力的谈判者，都不会在乎自己的表现是否会被人喜欢。马斯洛需求理论中把人的需求由低到高分为五个层次，出色的谈判者大多超过了第三层次的需求。他们认为，谈判就是要对付冲突，最重要的是反复争论问题，直到找出各方都能接受的解决方案。因此，出色的谈判者会看淡被人喜欢的需求。

1. 什么是思维？思维具有哪些特点？
2. 什么是谈判思维？谈判思维有哪些要素？
3. 谈判思维具有哪些方法？
4. 影响谈判思维发挥的因素有哪些方面？
5. 如何妥善运用谈判思维方法？
6. 作为一个成功的谈判者，应具备哪些心理因素？

7. 商务谈判心理禁忌有哪些方面?

8. 心理挫折对商务谈判行为的影响有哪些?

9. 简述商务谈判中的心理模式。

案例分析

第四章 商务谈判组织管理

学习目标与重点

1. 商务谈判团队的组建；
2. 商务谈判人员的素质和能力；
3. 商务谈判人员的遴选；
4. 商务谈判人员的配备与管理。

案例导入

第一节　商务谈判团队的组建

一、团队的概念及特征

（一）团队的概念

“团队”一词，英文为“team”，直译的常用词是“小组”，也称为工作团队，即“work team”，其含义是通过团队成员的共同努力能够产生积极协同作用的最低层次的组织。在管理科学和管理实践中，人们对团队的概念有着基本一致的看法，即团队是指：一个在特定的可操作范围内，为实现特定目标而建立的相互合作、一致努力的由若干个成员组成的共同体。作为一个共同体，其成员努力的结果能够使该组织的目标较好地达到，且可能使绩效水平远大于个体成员绩效的总和。

（二）团队的特征

1. 清晰的目标

高效的团队对所要达到的目标非常清楚，并坚信这一目标包含着重大的意义和价值。

而且，这种目标的重要性还激励着团队成员把个人目标融入群体目标中。在高效的团队中，成员愿意为团队目标做出承诺，清楚地知道团队希望他们做什么，以及他们怎样共同工作能够最后完成任务。

2. 相关联的技能

高效的团队是由一群有能力的成员组成的。他们在事业技能上相互关联、相互补充、相互成就不仅具备实现理想目标所必需的技术和能力，也有能够良好合作的个性品质，能共同出色完成任务。后者尤其重要，却常常被人们忽视。有精湛技术能力的人并不一定就有处理群体内部关系的高超技巧，高效团队的成员往往兼而有之。

3. 相互间的信任

成员间相互信任是高效团队的显著特征，也就是说，每个成员对其他人的品行和能力都确信不疑。我们在日常的人际关系中都能体会到，信任是相当脆弱的，它需要花大量的时间去培养而又很容易被破坏。

4. 高度的忠诚

高度的忠诚是在对成功团队的研究中发现的。团队成员对他们的群体具有认同感，他们把自己属于该群体的身份看作是自我的一个重要方面。

5. 有效的沟通

群体成员通过畅通的渠道交流信息，包括各种言语交流和非言语交流。

6. 优秀的领导者

优秀的领导者能够让团队跟随自己共同度过最艰难的时期，他能为团队指明前途所在，向成员阐明变革的可能性，鼓舞团队成员的自信心，帮助他们更充分地认证并激发自己的潜力。高效团队的领导者往往担任的是教练和后盾的角色，他们对团队提供指导和支持，但并不试图去控制它。

7. 良好的支持环境

成为高效团队的一个必需条件就是它的支持环境。从内部条件来看，团队应拥有一个合理的基础结构。这包括适当的培训、一套易于理解的并用以评估成员总体绩效的测量系统，以及一个起支持作用的人力资源系统。恰当的基础结构应能够支持并强化成员行为以取得高绩效水平。从外部条件来看，管理层应给团队提供完成工作必须的各种资源。

二、谈判团队的组建原则

在现代社会中，商务谈判涉及的范围非常广泛。就知识面而言，商务谈判涉及产品、技术、市场、金融、法律、保险等多方面的知识，国际商务谈判还涉及国际法、国际贸易、外语等方面的知识。同时，商务谈判又是一种对思维要求较高的经济活动，是谈判人员之间智慧、能力、耐心、勇气的较量。谈判人员在谈判过程中不仅要应付各种压力、抵制各种诱惑，还要善于分辨机会与挑战。这些绝非是一个人的能力、知识、经验就能完全胜任的。因此，商务谈判中，除了一对一谈判外，更多情况下需要组建一个谈判团队。

高效的谈判团队是谈判成功的有力保障。管理者在组建商务谈判团队时要考虑团队成员的结构，明确谈判团队的人员构成原则，力求做到团队成员在知识、性格、能力等方面具有互补性。同时，每个人都能各司其职，分工明确，发挥所长。谈判团队的人员构成原则有以下三个。

1. 知识互补

知识互补包含两层意思。一是谈判人员具备相关的专业知识，都是处理不同领域问题的专家，在知识方面相互补充，能够形成整体的优势。例如，有的谈判人员精通商业、贸易，有的谈判人员精通金融、法律，有的谈判人员掌握某个相关领域的专业技术知识等，他们共同构成了一个知识全面而又各有所长的谈判团队。二是谈判人员掌握的理论知识与工作经验互补。谈判团队中应既有高学历的学者，也有身经百战、具有丰富实践经验的谈判老手。高学历学者可以发挥理论知识和专业特长，有实践经验的人可以发挥见多识广、成熟老练的优势。这样的团队人员构成才能实现知识与经验的互补，从而提高谈判团队的整体战斗力。

2. 性格协调

只有将不同性格的人的优势发挥出来，互相弥补不足，才能发挥团队整体的最大优势。例如，性格活泼开朗的人善于表达、反应敏捷、处事果断，但是性情可能比较急躁，看问题也可能不够深刻，甚至会疏忽大意；性格稳重的人办事认真、细致，说话比较谨慎，原则性较强，看问题比较深刻，善于观察和思考，理性思维比较强，但是可能不够热情，不善于表达，反应相对比较迟钝，处理问题不够果断，灵活性较差。如果这两类性格的人组合在一起，分别担任不同的角色，发挥出各自的性格特长，就可以使团队做到优势互补、协调合作。

3. 分工合作

谈判团队中的每个人都要有明确的分工，有自己承担的任务，不能越位工作，混淆角色，要有主角和配角、中心和外围、台上和台下的区别。谈判团队要明确分工，纪律严明，大家都要为一个共同的目标而通力合作、协同作战。从实践经验来看，由于商务谈判涉及的内容较多，因而大多数谈判团队由多人组成。那么，谈判团队由哪些人员构成才能达到最佳配置呢？国内外专家普遍认为，一个有效的谈判团队一般由特定团队管理者、商务人员、技术人员、法律人员、翻译人员、记录人员六类构成。当然，管理者也可以根据实际情况对人数的搭配进行适当调整，如国内商务谈判中一般不需要翻译人员。总之，谈判人员的配置必须与公司的人力资源、谈判目标、谈判规模、谈判内容相适应，尽量避免多余人员，力求成本最小化。

三、谈判团队的管理

商务谈判成败的关键在人。谈判团队要想发挥最大功效，离不开对人的管理，并且与团队管理者的管理方法与手段密切相关。

谈判团队管理是指谈判团队管理者运用现代团队管理方法，对谈判团队人员的选择、开发、保持和利用等方面进行计划、组织、指挥、控制、协调等，最终实现谈判目标的过程。具体来说，谈判团队管理需要从以下五个方面着手。

①在团队管理理念方面，管理者要认为谈判团队的组成人员是谈判中最宝贵的资源，经过选择、开发和培训可以使谈判成功，实现价值增长。

②在团队管理内容方面，关键是发挥谈判团队成员的力量，激发他们的活力，使他们能积极主动、创造性地开展谈判工作。此外，使团队成员树立良好的心态也是非常重要的，不仅能够增强谈判团队的大局意识、协作观念和服务精神，还能充分培养团队成员的归属感，从整体上提高团队的向心力和凝聚力。

③在团队管理方式方面，应采取人性化管理，考虑人的情感、自尊与价值，充分体现管理者的人文关怀。同时，对谈判团队成员进行准确的角色定位，使谈判团队成员对其担任的角色达成共识，从而充分发挥团队的潜能和优势。

④在团队管理手段方面，应充分借助现代科学技术，对谈判决策数据进行分析，利用定量分析方法对谈判中的风险行为进行预测，及时、正确地为决策提供依据。

⑤在团队管理层次方面，应确定谈判领导者的核心地位，让其直接参与谈判任务的计划与决策。高效的谈判团队离不开优秀的谈判团队领导。一个优秀的谈判团队领导，不仅需要营造相互信任的良好工作氛围，培养团队成员的责任心和信心，还要促进谈判团队中各种技能的组合，充分发挥每个成员的才能，让谈判团队成员在充满兴奋、富于挑战、支持和成功的环境中充分协作。

四、谈判团队的评价

谈判结束后，管理者要对谈判团队的谈判行为及过程进行总结、评价。这种总结、评价可以有效地控制团队成员的行为，进一步加强团队管理的凝聚力。谈判团队的评价指标主要有以下几个方面。

1. 谈判的集体协作效能是否发挥

管理者应力求使谈判团队成员都能人尽其才、才尽其用。谈判团队成员共同努力、取长补短，会事半功倍。如果人心不一、相互抵触，则可能一事无成。因此，谈判团队成员团结协作，充分发挥各自的才能，才能使谈判成功。

2. 谈判成本是否为最低

谈判是一项需要大量的物力、人力、财力等资源支持的工作。在商务谈判中，谈判团队是否最大限度地节约了成本、降低了谈判费用，是团队管理者和谈判团队成员都必须思考的问题。

3. 是否最大限度地实现了谈判目标

谈判目标的实现是进行谈判的初衷。在商务谈判中，谈判团队能否保证谈判目标完全实现是极为关键的。只有全面实现了谈判目标，才能使谈判团队的功效最大，企业的经营利润最高。

4. 是否使风险最小化

如何规避风险也是谈判团队需要着重考虑的，其中，对货币风险、交易风险、政治风险的规避尤为关键。谈判团队要在谈判前期和谈判中采用合理、有效的风险控制方法和手段对风险予以规避，在谈判中做出正确的决策。

第二节　商务谈判人员的素质和能力

一、商务谈判人员的素质

人是谈判的行为主体，谈判人员的素质是筹备和策划谈判谋略的决定性主观因素，直接影响整个谈判过程的发展，影响谈判的成功与失败，最终影响谈判双方的利益分割。可以说，谈判人员的素质事关谈判的成败。

素质，心理学上是指人的神经系统和感觉器官上的先天的特点。素质是人从事一切活动的基本条件。商务谈判人员的素质是由思想道德素质、知识结构、心理素质和身体素质四个方面构成的。商务谈判人员的素质既有先天与生俱来的，也有后天通过自身的努力而获得的。应当指出的是，商务谈判工作虽然要求谈判人员具有某些先天的禀赋和资质，但更重要的是在后天的学习和锻炼中不断积累经验，培养能力。

（一）思想道德素质

1. 强烈的事业心

商务谈判工作不仅是一种职业，也是一项事业，而且是具有一定目标、规模和系统的对社会发展有重要影响的事业。谈判人员通过恪守职业道德，塑造谈判人员形象，探索谈判规律，展现谈判艺术，创造谈判业绩来推动这一事业的发展，进而实现自身的价值。这就要求商务谈判人员要有强烈的事业心。

爱因斯坦说过："只有热爱，才是最好的老师。"凡是卓有成就的商务谈判人员，都十分热爱自己的工作，以至于达到入迷的程度。这种热爱是成功的前提，成功则是热爱的结果。这种热爱的动力来源就是他们强烈的事业心。

事业心是指成就一项伟大事业的雄心。具有强烈事业心的人，把事业的成功看得比物质报酬的获取更为重要。事业成功所带来的振奋和喜悦胜于他所获得的物质报酬。商务谈判人员的事业心主要表现在：要有献身于谈判事业的工作精神，不怕艰苦，任劳任怨，全心全意为客户服务，有取得事业成功的坚定信念。

强烈的事业心可以产生强大的动力，因为它来自于自我实现这种高级精神需要，在这种需要的推动下，商务谈判人员可以忍受各种艰难困苦，忘我地工作。强烈的事业心可以形成高度的责任感，这种责任感使商务谈判人员能充分认识到自己所承担的职责和自己工作的价值，使商务谈判人员忠于本企业、忠于自己的客户，能一心一意地把自己的精力投入到商务谈判工作中。强烈的事业心还可以激发谈判人员的荣誉感和成就感，只有把自己的行动与一种神圣的事业联系起来，才会享受到谈判成功的喜悦。

2. 忠于职守，遵纪守法

我国的商务谈判人员不论代表国有企业、集体企业、民营企业与国内其他单位或个人进行谈判，还是参加国际经贸谈判，都必须忠于职守，遵守党纪国法和职业道德，贯彻执行党和国家的方针政策。在当前市场经济条件下，谈判人员在国内外谈判中会遇到形形色色的对手，面临各种各样的诱惑、拉拢。所以，谈判人员必须有良好的思想品质，灵敏的政治嗅觉，能自觉抵制各种腐败思想作风的侵蚀。在国际商务谈判中，情况往往更复杂。只有奉公守法、道德高尚的谈判人员才能自觉遵守组织纪律，严格保守商业机密，维护国家和民族的利益和尊严；才能无私无畏、专心致志地施展才华，在各种复杂的情况下为国家争取更大的利益。如果谈判人员经不起外界的诱惑，为个人获得蝇头小利而牺牲国家或民族的利益，最后只会落得身败名裂的下场。

3. 百折不挠，意志坚定

要在一场重要的商务谈判中取得预期的结果，无异于赢得一场战斗，谈判人员需要耗费许多心血。商务谈判人员从接受任务开始，就要用心掌握己方和对方的情况，做好一切谈判准备。谈判过程风云变幻，会出现种种预料不到的困难和障碍。谈判人员一定要有坚定的事业心和高度的责任感，发挥自己的智慧和能力，百折不挠地去克服一个又一个困难，尽心尽力地完成自己承担的任务。

4. 谦虚谨慎，团结协作

商务谈判需要掌握大量的情况和资料，运用多方面的知识和技能。一个人的知识和能力总是有限的，只有依靠谈判团队的每一个成员以及幕后顾问的协作和支持，才能把事情办好。所以，无论个人的经验有多丰富，能力有多强，在过去的谈判中所起的作用如何重要，都要虚怀若谷，懂得尊重别人，既尊重领导，又尊重左右和下属；既尊重己方人员，也要尊重对方成员。谈判人员要做到谦虚谨慎，宽厚仁爱，把自己真正置于组织之下、群众之中，认真听取各方面有利于实现谈判目标的意见和建议，把谈判团队中各类人员的积极性、主动性和创造性充分调动起来，就能够克服谈判中面临的各种困难，不断取得良好的谈判成绩。

5. 诚实无欺，讲求信誉

诚实无欺，是每一个企业经营的基本原则，也是每个谈判人员应具备的道德风范，是树立国家和企业良好信誉的基本前提。企业与企业之间的关系，既是竞争的关系，又是相互协作、相互配合的关系，不择手段、尔虞我诈的做法在法制健全的市场经济活动中是绝对行不通的，是没有前途的。当然，商场如战场，诚实无欺不等于毫无心机，决不能轻易把自己的底牌全盘托出，更不能把谈判的主动权拱手让人。在商务谈判中，谈判人员为使交易顺利达成，使用暗示、夸大、假动作、声东击西等策略和技巧还是必需的，但前提是无害人之心。不懂得运用谈判策略的诚实，等于是发傻，“老实是无能的别名”。反过来说，如果谈判人员只知道运用策略和技巧，抛弃了基本的道德规范，则无异于欺诈。这样的人不可能使事业长久，最多只是"一锤子买卖"，甚至使国家、集体和个人的信誉扫地。所以，谈判策略与技巧的运用要在坚持信誉的前提之下，一旦协议达成，必须保质、保量、按时履行协议条款，以信誉赢得顾客、赢得未来。

（二）知识结构

商务谈判工作不是一件轻而易举的工作，而是一项极富创造性与挑战性的工作，因而商务谈判人员除具备过硬的思想道德素质外，也要求具有合理的知识结构，既要对各类学科广泛涉猎，也要有精深的专业学问，构成T形的知识结构，即横向知识结构和纵向知识结构。

1. 横向知识结构

在现实的商务谈判中，谈判人员的知识技能单一化的问题普遍人存在，如技术人员不懂商务、商务人员不懂技术，给谈判工作带来了很多困难。因此，谈判人员必须具备多方面的知识，才能适应复杂的谈判活动。

谈判人员必须具备完善的相关学科的基础知识，并能把自然科学和社会科学统一起来，普通知识和专业知识统一起来，还要具备贸易、金融、营销等一些必备的专业知识，对心理学、经济学、管理学、财务学、控制论、系统论等学科的知识广泛涉猎，并能为己所用，这是谈判人员综合素质的体现。商务谈判，特别是国际商务谈判必然会涉及许多法律问题，谈判人员在讨论合同条款时要做到仔细、认真，还要了解在合同执行中引起争议时有关适用法律的规定。因此，谈判人员不仅要有较强的法律意识，也要尽可能熟练地掌握己方与对方国家经济法的有关规定，以及国际经济法的有关规定。

2. 纵向知识结构

从纵向方面来说，作为商务谈判的参与者，应当具备：专业知识，即熟悉产品的生产过程、性能及技术特点；熟知某种商品的市场潜力或发展前景；丰富的谈判经验及处理突发事件的能力；掌握一门外语，最好能直接用外语与对方进行谈判；懂得谈判的心理学和行为科学；了解谈判对手的性格特点等。在我国的对外经济交往中，发生过许多因缺乏系统的专业知识、不懂专业技术而造成进口设备出现重大失误的案例，也发生过一些因预算错误而造成经济损失的案例。这些失误和错误造成的损失令人十分痛心，因此，谈判人员具备纵向知识结构是非常重要的。

（三）心理素质

谈判是各方之间精力和智力的较量，较量的环境在不断变化，对方的行为也在不断变化。要在较量中达到特定目标，谈判人员就必须具有健全的心理素质。具体表现为，谈判者坚忍顽强的意志力、高度的自制力和良好的协调能力。

1. 坚忍顽强的意志力

谈判的艰巨性，只有置身其中的人才能感受到。许多重大艰辛的谈判，就像马拉松运动一样，考验着参与者的意志。只有具有坚忍毅力的谈判者，才能在较量中获得最后胜利。

“宝剑锋从磨砺出，梅花香自苦寒来。”一个杰出的谈判者只有经过艰苦卓绝的意志磨砺，才能胜任谈判这样艰巨而又复杂的任务。谈判者之间的持久交锋，不仅是一种智力、技能和势力的比试，更是一场意志、耐心和毅力的较量。如果谈判者没有坚忍不拔、忍耐持久的恒心和泰然自若的精神，是难以适应的。正如一位谈判能手曾这样说过：“永远不轻易放弃，直到对方至少说了七次‘不’。”谈判者只有具备了这样的素质，才能应付各种艰巨复杂的谈判。

2. 高度的自制力

自制力是谈判者在谈判环境发生巨大变化时克服心理障碍的能力。由于谈判始终是利益的对决，谈判双方在心理上处于对立，因而僵持、争执的局面不可避免。这会引起谈判者的情绪波动，如果谈判者出现明显的情绪变化，如发怒、沮丧等，就可能会产生疏忽，给对手以可乘之机。所以，一个优秀的谈判者无论在谈判的高潮阶段还是低潮阶段，都应心静如水，特别是当胜利在望或陷入僵局时，更要能够控制自己的情绪。喜形于色或愤愤不平，不仅有失风度，而且会让对方抓住己方的弱点与疏漏，给对方以可乘之机。

3. 良好的协调能力

协调能力是指谈判者善于与他人和睦相处，有良好的人际关系。在谈判中，谈判团队人员之间的协调行动是非常重要的。一个好的谈判者，既能尊重他人，虚心听取一切有利于谈判进行和谈判目标实现的合理意见，又要善于解决矛盾冲突，善于沟通，调动他人积极性，使谈判人员为实现谈判目标密切合作，统一行动。

（四）身体素质

商务谈判工作是一项既消耗脑力又消耗体力的活动，谈判人员在谈判桌上精神高度紧张，谈判桌下经常需要加班加点看资料，有时拜访客户要东奔西走，有时还需要商务应酬，得不到很好的休息。因此，谈判人员只有具备良好的身体素质，才能保持充沛的精力、较强的适应能力、良好的自信心，才能更好地完成谈判任务。

谈判人员的素质是多方面的，除以上几个方面外，还包括良好的气质、广泛的兴趣、端庄的仪表、完美的个性、真诚和丰富的情感等。在具体的谈判工作实践中，谈判人员应努力加强自身修养、培养和提高个人素质，力争做一位合格的商务谈判人员。

二、商务谈判人员的能力

具备了良好的素质只是具备了当一名好商务谈判人员的基本条件，但并不一定能成为一名出类拔萃的商务谈判人员。除此之外，谈判人员还应有一定的特殊能力。

（一）出色的语言表达能力

商务谈判的沟通工作总是以一定的语言开始的，不管是形体语言、口头语言还是书面语言，都要求商务谈判人员能够通过语言准确地表达自己所主张的交易条件，同时也能使商务谈判对手清楚地理解和明白商务谈判标的物的方方面面。如果商务谈判人员语言贫乏、词不达意、前言不搭后语、逻辑性差、思路不清、笨嘴拙舌，一来影响谈判的效率，二来容易因沟通障碍导致谈判失败。

（二）不断学习的能力

商务谈判的业务内容是多方面的，谈判活动的组织形式是不断变化的，一位优秀的商务谈判人员必须具有不断学习的能力，才能在事业上有长远的发展。谈判人员首先应努力掌握完成谈判工作所必需的各种知识和技巧。其次，要善于思考，对于自己在谈判工作中所遇到的问题不仅要设法解决，还要加以分析和总结，不断积累经验，总结出谈判工作的一般规律。最后，谈判人员还应善于学习同行的经验，从中获得有益的启示。

（三）较强的社交能力

商务谈判过程实际上是一种信息沟通的过程。商务谈判人员必须善于与他人交往，有较强的沟通技巧，能够维持和发展与顾客之间长期稳定的关系。实践证明，具备较强社交能力的商务谈判人员总能很好地建立融洽的商务谈判氛围，驾驭整个商务谈判进程，促使商务谈判成功。

在当今的关系谈判环境中，优秀的商务谈判人员最重要的就是要成为解决客户问题的能手和与客户拉关系的行家，能本能地理解客户的需求，善于换位思考、有耐心、够周到、反应迅速、能听进话。真诚是优秀商务谈判人员的基本特征。优秀的商务谈判人员能够站在对方的立场思考，待人随和，热情诚恳，能设身处地地从客户的角度出发，为客户解决实际问题，取得客户的信任、理解与支持。

商务谈判人员除具备商务谈判领域所必须掌握的丰富专业知识外，还要有广泛的兴趣爱好。优秀的商务谈判人员的头脑应该是一本“大百科全书”，商务谈判工作事实上也是对商务谈判人员社交能力的检测。当今的客户寻求的是业务伙伴，而不仅是打高尔夫的伙伴。一位著名的商务谈判人员说：“优秀的商务谈判人员总是想到大事情，客户的业务将向何处发展，他们怎样才能帮上客户的忙。”

（四）快捷的应变能力

商务谈判人员应该逻辑缜密、思路清晰、适应能力强、反应速度快，面对困难与不利时不慌忙，善于处理被动的局面，能够变被动为主动。商务谈判人员虽然在与客户接触前，已经对其做过一定程度的分析与研究，并进行了接洽前的准备，制定了商务谈判方案，但由于实际商务谈判时变数很多，无法提前把客户所有可能的反应全部列举出来，因此必然会出现一些意想不到的情况。对于突发情况，商务谈判人员要理智地分析和处理，随机应变，并立即提出对策，这就是应变能力。世间不可能有一劳永逸的处理应变的方法，再好的方法也只在一定条件、时间和地点适用。

（五）敏锐的洞察能力

商务谈判人员应该是心理学的行家，擅长对客户环境的观察与分析，与客户的接触和交流，具有洞察细微事物的慧眼。谈判人员应从客户的手势、反应、脸色、心境等表现，在头脑中快速形成印象并加以整理，迅速做出判断。例如，哪些是潜在的买主，哪些绝对不可能成为买主，哪些客户有购买力等。好的商务谈判人员应该有洞察客户心理活动的能力，对多数人所忽略的细枝末节有较强的敏感性，并能针对顾客心理活动的各个阶段采取必要的刺激手段，转变客户看法，变潜在需求为现实需求，并力争扩大其需求。

（六）创造性思维能力

创造性思维不是指常规的、习惯的思维方式，而是指非常规的、创新性的思维方式。古语“兵无常势，水无常形”，就是比喻事物的发展没有可遵循的定式，商务谈判就是这样一种活动或行为。在商务谈判中，如果仅仅按照常规的思维方式去思考问题，往往不能达到预期的目的，甚至有可能会导致谈判的破裂或失败。因此，商务谈判人员需要掌握一些非常规的、创新性的思维方式，如散射思维、超常思维、动态思维、跳跃思维和逆向思维等，以便能在错综复杂的谈判中打破常规思维定式，寻找最佳的谈判角度，采取出人意料的方法，从而争取最佳的谈判结果，达到预期的谈判目的。

（七）高超的处理异议的能力

商务谈判人员必须具备必要的处理客户异议的能力。商务谈判时客户会对产品的质量、价格、式样等方面提出种种异议，甚至故意挑剔。对于客户所提出的异议，商务谈判人员应区别对待，不能都认可或完全否认。如果客户的异议是合理的，同时也是商务谈判人员能够解决的，就应该设法为其解决。但有些客户根本无心购买，只是为不买找借口，谈判人员对其所提出的异议就不能一味地迁就，和这样的客户达成一笔交易而进行马拉松式的交锋，需要很长时间，同样的时间你可能已找到更多的客户，做成更多的交易，从时间效应上看是得不偿失的。

总之，商务谈判人员应该是商务谈判活动的中心，应善于掌握主动权，创造一种适合商务谈判的气氛，把握说话的时机和尺度，在与谈判对象有良好沟通的基础上激发其购买欲望，进而采取购买行动。

第三节　商务谈判人员遴选

一、对谈判人员的要求

（一）气质

1. 气质的含义

气质是个人心理活动的动力特征，主要由神经过程的生理特点所决定。这些动力特征主要表现在心理过程的强度、速度、稳定性、灵活性及指向性上。比如，我们情绪的强弱，意志力的大小，知觉或思维的快慢，注意力集中时间的长短，注意力转移的难易，以及心理活动是倾向于外部事物还是倾向于自身内部等。

2. 气质的类型

关于气质的分类，是公元前 5 世纪由希腊著名医生希波克拉底首先提出的。他认为人体内有血液、黏液、黄胆汁和黑胆汁四种液体。按照每种液体在人体内所占的比例不同，会形成多血质、黄胆质、黑胆质和黏液质四种气质类型。几个世纪后，罗马的医师盖仑用拉丁语“temperamentum”一词来表示这个概念。这种传统的气质分类法，一直沿用至今。

①多血质。这一气质类型的谈判者活泼好动、应变能力强、反应迅速、动作灵敏、情感丰富、喜欢交往，但注意力不稳定，兴趣容易转移，情绪易起伏波动。具有这种气质的谈判者能够适应各种谈判气氛与环境，比较容易同对方相处，能够活跃谈判气氛，在谈判桌上往往趋于“关系型”。他们处理问题比较灵活，富于创造性，并且能积极主动地寻找解决问题的途径，有自信心，在困难和挫折面前比较乐观。他们对成功和关系的期望值高，而对权力的期望值很低。这类气质的谈判者的弱点是不善于发现和注意谈判中的某些细节，看问题有时流于表面，不够深刻。

对这类气质的谈判者应充分运用人际关系技巧，在十分友好的气氛中去实现谈判的目标。

②黄胆质。这一气质类型的谈判者对于情绪的刺激非常敏感，意志容易动摇，没有信心，情绪忽冷忽热。该气质类型的人既热心，也有爱心，做事情很有爆发力。他们喜欢参加各种活动，但想法常常改变，只有三分钟的热度。该气质类型的人不喜欢被压抑，喜怒哀乐的表现非常明显。他们不容易持续某种心情，不论悲伤或愤怒，都是来得快去得也快。

具有这种气质的谈判者往往宁可谈判失败，也不愿做成一笔勉强令人满意的交易。

③黑胆质。这种气质类型的谈判者行动迟缓、孤僻多疑，但观察问题深入细致，体验深刻。他们考虑问题慎重多疑，往往能够发现一般人不容易察觉的细微之处，对合同的条款确定更是千思万虑、反复推敲，不轻易下结论。

与这种气质的人谈判，可以按既定的方针，有条不紊地进行。具有这类气质的谈判者在决策阶段容易犹豫反复，拿不准主意。

④黏液质。这种气质类型的谈判者满足于实现一般目标，安静沉稳，情感内向，注意力稳定，善于忍耐，反应缓慢，不尚空谈，抑制力强，可塑性小。他们对成功、关系、权力的期望都比较均衡。因此，他们在谈判中能够从容不迫，很少显露出紧张、慌乱的神态，一旦下定决心做出的决策，就不轻易受外界因素的干扰，行动起来有条不紊，遇到困难和挫折决不轻易退却。

具有这种气质的人，不喜欢过多地表现自己。他们在交谈中常常是聆听别人的谈话，观看别人的表演，因而也就有更多的机会观察对方，分析其特点，并伺机进攻。这是一种比较理想的谈判者气质类型。

3. 关于气质的进一步认识

各种气质类型的划分，说明人的气质各有千秋，具有典型气质特征的谈判者在谈判中的行为特点具有一定的代表性。然而，实际情况远比这四种类型要复杂，真正属于某种典型气质的人极少，绝大多数人的气质不是单一的，常常是以一种气质为主，兼有其他几种气质特点。气质类型无好坏之分，任何一种气质类型都可能在某种情况下具有积极的意义，而在另一种情况下具有消极的意义。一个人的气质类型并不决定其活动的社会价值和成就的高低。实践证明，一个谈判者的成就是由他的思想素质、文化修养和技术能力决定的，但气质也具有一定的影响。在不同性质的工作中，人的气质特点所产生的影响是各不相同的。因此，了解气质类型，无论是对于选择和使用不同气质的谈判者，还是对于分析谈判对手，或对于谈判人员自觉地加强心理素质修养都具有重要意义。

虽然决定个人工作成败的关键不是气质特点，但不能否认，谈判者在运用双赢交心策略前了解对手的气质类型是非常重要的。只有如此，谈判者在谈判时沟通起来才比较适应，甚至轻松自如。一个成熟的商务谈判者，一方面应该切实了解自己的气质特征，在工作实践中充分发扬有利于谈判活动的方面，努力克服不利的方面；另一方面要善于在谈判桌上辨别谈判对手的气质特征，并根据其主导气质的特点，有针对性地选取适当的谈判方法，推动谈判健康而深入地进行，并取得成功。

（二）性格

性格是指人对客观现实的态度和行为方式中经常表现出来的稳定倾向。它是个性中最重要和显著的心理特征。

1. 人的性格倾向

对于商务谈判人员，每一种性格倾向都有其长处和不足。急性子的人虽不拖泥带水，但易急于求成，急中容易出差错，被别人钻空子。慢性子的人在谈判中反应慢，但把性格的弱点藏在自己的个性特征中，显得老练。性格温善的人，待人以善意，但用在谈判桌上，就显得幼稚、单纯，易轻信于人，缺乏认识别人的本领，往往经不起对方的谎言或做戏的攻击。性格泼辣的人，外露、勇于争辩，但他们往往语言尖刻，不给人面子，也不给自己留有退路。谈判的成败不仅取决于谈判方所处的优势谈判地位，而且取决于谈判人员的个性和魅力。在谈判过程中，善于发挥每个人性格的优势作用，掩盖其弱点，是争取谈判成功的一个关键。

2. 谈判者性格类型

人与人之间的性格差别是极大的，有的甚至截然对立。对于性格类型的分析是难以穷尽的，这里，我们就谈判这一特定形式的活动，分析几种具有一定代表性的性格类型。

（1）权力型

权力型谈判者是最难对付的一类谈判者。在谈判中，他们强烈地追求专权，全力以赴地实现目标，敢冒风险，喜欢挑剔，缺少同情，不惜代价。如果你顺从他，你必然会被剥夺得一干二净。如果你抵制他，谈判就陷入僵局，甚至破裂。

权力型谈判者的性格特征如下。

①对权力、成绩狂热地追求。为了取得最大成就，获得最大利益，他们不惜一切代价。

②敢冒风险，喜欢挑战。他们不仅喜欢向对方挑战，而且喜欢迎接困难和挑战，因为只有通过接受挑战和战胜困难，才能显示出他们的能力，树立起他们的形象，一帆风顺的谈判会使他们觉得没有意思、不过瘾。

③急于建树，决策果断。这种人求胜心切，不喜欢也不能容忍拖沓延误。他们在要获

得更大权力和成绩的心理驱使下，总是迅速地处理手头的工作，然后着手下一步的行动。因此，他们拍板果断，决策坚决。

权力型谈判者的弱点如下。

①不顾及冒险代价，一意孤行。

②缺乏必要的警惕性。

③没有耐心，讨厌拖拉。

④对细节不感兴趣，不愿意陷入琐事。

⑤希望统治他人，包括自己的同事。

⑥必须是谈判的主导者，不能当配角。

⑦易于冲动，有时控制不住自己。

（2）说服型

在谈判活动中，最普遍、最有代表性的是说服型的谈判者。在某种程度上，这类人比权力型的人更难对付。后者容易引起对方的警惕，但前者却容易被人忽视。在说服型谈判者温文尔雅的外表下，很可能暗藏雄心，要与对手一争高低。

说服型谈判者的性格特点如下。

①具有良好的人际关系。他们需要别人的赞扬和欢迎，受到社会的承认对他们来说比什么都重要。

②处理问题不草率盲从，三思而后行。他们对自己的面子和对方的面子都竭力维护，决不轻易做伤害对方感情的事。在许多场合下，即使他们不同意对方的提议，也不愿意直截了当地拒绝，总是想方设法说服对方或阐述己方不能接受的理由。

说服型谈判者的弱点如下。

①过分热心与对方搞好关系，忽略了必要的进攻和反击。

②对细节问题不感兴趣，不愿意进行仔细研究。

③不能长时间专注于单一的具体工作，希望考虑重大问题。

④不适应冲突气氛，不喜欢单独工作等。

（3）执行型

这种性格类型的人在谈判中并不少见。执行型谈判者的性格特点如下。

①对上级的命令和指示，以及事先定好的计划坚决执行。他们全力以赴，但是拿不出自己的主张和见解，缺乏创造性。维护现状是他们最大的愿望。

②工作安全感强。他们喜欢安全、有秩序、没有太大波折的谈判。他们不愿意接受挑战，也不喜欢爱挑战的人。

执行型谈判者的弱点如下。

①他们讨厌挑战、冲突，不喜欢新提议、新花样。

②没有能力把握大的问题，不习惯也不善于从全局考虑问题。

③不愿意很快决策，也尽量避免决策。

④不适应单边谈判，需要得到同伴的支持。

⑤适应能力差，有时无法应付复杂的、多种方案的局面。

（4）疑虑型

在谈判活动中，疑虑型谈判者是一种比较少见的类型。

疑虑型谈判者的性格特征如下。

①怀疑多虑。他们对任何事都持怀疑、批评的态度。每当一项新建议拿到谈判桌上来，即使对己方有明显的好处，只要是对方提出的，他们就会怀疑、反对，千方百计地探求他们所不知道的一切。

②犹豫不定，难于决策。他们对问题考虑谨慎，不轻易下结论。在关键时刻，这类谈判者不能当机立断，老是犹豫反复，拿不定主意，担心吃亏上当，结果常常贻误时间，错过达成更有利的协议的机会。

③他们对细节问题观察仔细，注意较多，而且设想具体，常常提出一些出人意料的问题。

3. 针对不同性格谈判者的策略

在商务谈判中，一个谈判者要获得谈判成功就必须针对谈判对手的不同性格类型采用相应的策略。

①针对权力型的谈判对手可采取的对策。对于权力型的谈判对手，可以利用他们对成功和关系的期望一般、对权力的期望高、希望能够影响他人的特点，让其参加谈判程序的准备，让其先陈述，使他觉得自己获得了某种特权，以满足其对权力的需求。不要企图控制他、支配他，不要提出过于苛刻的条件，但不能屈服于其压力，要运用机会和条件争取他的让步。

②针对说服型的谈判对手可采取的对策。第一，要在维持礼节的前提下，保持进攻的态度，并注意双方感情的距离，不要与对手交往过于亲密。必要时，保持态度上的进攻性，引起一些争论，使对手感到紧张不适。第二，可准备大量细节问题，使对方感到厌烦，产生尽快达成协议的想法。第三，在可能的条件下，努力造成一对一的谈判局面。说服者群体意识较强，他们善于利用他人造成有利于自己的环境气氛，不喜欢单独工作，因为这使他们的优势无法发挥。谈判者利用这一点，可以争取主动。第四，准备一些奉承话，必要时给对方戴个“高帽子”。这很有效，但必须恭维得恰到好处。

③针对执行型的谈判对手可采取的对策。第一，努力造成一对一谈判的格局，把谈判分解为有明确目标的各个阶段，这样容易获得对方的配合，使谈判更有效率。第二，争取缩短谈判的每一具体过程。这类人反应迟钝，谈判时间越长，他们的防御性越强，所以从某种角度讲，达成协议的速度是成功的关键。第三，准备详细的资料支持自己的观点。由于执行者常会要求回答一些详细和具体的问题，因此，必须有足够的准备来应付，但不要轻易提出建议或主张，这会引起他们的反感或防卫。必要时，要加以巧妙地掩护或者逐步提出，如果能让他们认识到新建议对他有很大益处，则是最大的成功；否则，会引起他们的反对，而且这种反对很少有通融的余地。第四，谈判者讲话的态度、措辞也很重要，冷静、耐心都是不可缺少的。

④针对疑虑型的谈判对手可采取的对策。谈判者提出的方案、建议一定要详细、具体、准确，避免使用“大概”“差不多”等词语，要论点清楚，论据充分。在谈判中耐心、细心是十分重要的。如果对方决策时间长，千万不要催促、逼迫对方表态，这样反而会增加对

方的疑心。在陈述问题后留出充裕的时间让对方思考，并提出详细的数据说明。谈判者在谈判中要尽量襟怀坦荡、诚实、热情。如果对方发现你有一个问题欺骗了他，那么再想获得他的信任是不可能的。虽然这类人不适应矛盾冲突，但己方也不能过多地运用这种方法。否则，会使他更多地采用防卫或封闭自己来躲避己方的进攻，双方无法进行坦诚、友好的合作。

（三）能力

能力是人顺利完成各种活动必须具备的个性心理特征。为了能顺利地开展谈判活动，商务谈判人员必须具备一定的谈判能力。谈判能力是谈判人员能力的一种表现，是具有的可以促使活动顺利完成的个性心理特征。

商务谈判是谈判双方为了各自的需要而在一定的主客观条件基础上进行的“讨价还价”的活动。这种活动包含一定的心理较量，特别是智力、能力的较量，这就要求谈判人员要具有一定的能力水平，能适应较量的要求。一般地，谈判人员应具备的能力有：观察能力、决断能力、语言表达能力、应变能力、社交能力、协调能力等。

（四）心理素质

①观念独特。如果谈判者和对手有着相同的观念，永远不会在谈判中争取到较大块的“蛋糕”。谈判者只有具有独特的见解或谈判技巧，才能出奇制胜。

②乐观向上。商务谈判充满了变数，常常是谈了几天几夜，到最后却突然因为一个小小的问题而破裂。这就要求谈判者不屈不挠，有积极、乐观向上的态度。

③情绪稳定。谈判者情绪的好坏对谈判的进程及效果是有直接影响的。谈判者的情绪是指谈判中的需求在谈判过程中对谈判者产生的客观的情感体验。

谈判者良好的情绪可以给谈判增添和谐融洽、友好热烈的气氛，会使谈判各方精神愉悦、心情畅快，使谈判能在积极友好、真挚诚恳的氛围中进行。如果谈判者情绪不佳或需求未得到满足，则会精神沮丧、心境低落、焦躁不安，使谈判气氛变得紧张冷淡，并使谈判向拖拉迟缓的方向发展，甚至有可能失败。谈判者一般可能会产生快乐、恐惧、愤怒、悲哀四种基本情绪：快乐的情绪能使谈判者在谈判中以良好的态度积极地应付谈判；恐惧情绪一般是在没有充足准备、担心失败的情况下产生的，有这种情绪的谈判者会失去谈判信心；谈判者的愤怒情绪一般产生在谈判目的受挫之后，易使谈判气氛变紧张，出现僵持尴尬的局面；悲哀的情绪一般出现于谈判结束后失利的一方，失利的损失越大，悲哀的情绪就越高。

在谈判过程中，谈判者应尽量克服不利情绪对谈判的影响，争取用好的情绪达到对自己有利的一面。

④要有求胜的决心、毅力和耐力。商务谈判往往很困难、很艰辛，有时甚至要“知其不可而为之”。谈判中的对抗是很激烈的，由于谈判的艰巨性，所以对谈判人员毅力、耐力的要求均很高。

（五）思想政治意识

思想政治意识主要包括思想觉悟、道德水平、价值观、法律意识。这是谈判人员必须具备的首要条件，也是谈判成功的必要条件。第一，谈判人员必须遵纪守法、廉洁奉公，具有爱国心，坚决维护国家、企业的利益，不能损公肥私，甚至与人合伙损害国家、企业的利益。第二，谈判人员必须具有强烈的事业心、进取心和责任感。在商务谈判中，谈判人员不应考虑个人的荣誉得失，应以国家、企业的利益为重，始终把握“失去集团利益就是失职，赢得集团利益就是尽职、就是成功”的原则，发扬奉献精神，有一种超越私利之上的使命感，使外在的压力变成内在的动力。

（六）知识结构

知识就是力量。从一定意义上讲，商务谈判过程实际上就是双方知识和能力的较量。在谈判中涉及的知识领域极其广泛，如政治、经济、法律、金融、营销、储运、财务、心理、公共关系、国际贸易等。在某些产品和技术的贸易谈判中，还需要专门的技术知识。在国际商务谈判中，良好的外语和国际政治、经济、法律的知识更是必不可少。所以，为应对复杂的商务谈判，谈判人员必须具备广博的社会科学和自然科学知识，还要深入掌握有关产品的技术特点、成本估算、行业特点以及市场行情变化趋势，摸清谈判对手的要求和意向等。当然，满足多方面知识的需求应该依靠参加商务谈判组织的整个集体，而每一个谈判人员在自己成长过程中应该尽快地掌握更多方面的有关知识，这是发挥自己才能的必需条件。

（七）实战谈判经验

商务谈判是一种具有实践性、应用性的商务活动。商务谈判理论研究所得出的一般结论只能作为谈判人员的行动指南。谈判人员除要具备与谈判相关的理论知识外，还要具有丰富的谈判经验。谈判人员可以通过模拟谈判获得谈判实战经验，更重要的是在谈判实战中不断积累谈判经验。

（八）身体素质

谈判的复杂性和艰巨性要求谈判者要有良好的身体素质，只有精力充沛、体魄健康才能适应谈判中紧张、高负荷的状况。若是赴国外谈判，谈判者还要遭受旅途颠簸、生活不适之苦；若接待客商来访，则要尽东道主之谊，承受迎送接待、安排活动之累。所有这些都要求谈判人员必须具备良好的身体素质。良好的身体素质是谈判人员保持顽强意志力与敏捷思维的物质基础。

二、商务谈判人员的选拔

（一）识别商务谈判人员的基本观点

1. 放大眼光看人

放大眼光看人是指从较广的范围和较多的人员中选拔适当的商务谈判人员。商务谈判是一种综合能力的反映，人员选拔适当与否关系到谈判的成败。为了做到放大眼光看人，选拔人员要因材录用，不拘一格，不为老观念束缚，要在竞争中择优选拔。在选择谈判人员时，切忌论资排辈、武断主观。

2. 扬长避短看人

选拔谈判人员要一分为二，分清主流和支流。在分析谈判人员的素质时，应看到每个人既有长处也有短处。选拔谈判人员应首先考虑其优点、长处是什么，这些优点和长处是否适合参加谈判。人都有缺点和短处，如果这些缺点与短处不至于影响谈判，则不应排斥这样的人参加谈判。唯有如此，才会选拔出适合发挥优点和长处的谈判人员。选拔谈判人员应重主流轻支流，懂得事物的性质是由矛盾的主要方面决定的，人才是由其长处决定的。九方皋相马："得其精而忘其粗，在其内而忘其外，见其所见而不见其所不见，视其所视而遗其所不视。"这种富有哲理的识才之道值得在选拔谈判人员时借鉴。当然，识人所长并不是不见其短，而是不要揪住人才的缺点不放。

3. 在实践中看人

任何人才的成长都有一个发展过程，都是在实践中发展起来的。掌握了相关的谈判理论，在实务中并不一定就能运用自如，运用的效果并不一定会很好，因为人才的成长有一个成熟过程。所谓成熟，不取决于谈判人员的年龄，而是取决于谈判人员必不可少的实践过程。谈判人员的成长是一个由潜人才向显人才发展的过程。潜人才只有在谈判实践中做出成绩与贡献，才能转化为显人才。要给潜人才创造参加谈判实践的机会，使他们在谈判中脱颖而出。因此，识别谈判人员不能靠印象、凭个人好恶，而应通过实践加以检验。谈判人员的素质高低、业务能力强弱、谈判成效大小，只有在实践中才能被检验出来。

（二）商务谈判人员的选择方法

1. 经历跟踪法

经历跟踪法是对备选者在较长时间内的有关情况进行了解，收集其工作情况、受教育情况、工作经历、社会地位、性格特点等有关资料，研究其心理和能力的发展过程，分析其有关谈判活动或相近活动的工作成绩。通过对工作成绩的分析，可以了解备选人员的智力水平、个性心理特点、谈判技能的熟练程度、兴趣爱好、工作态度等。

2. 观察法

观察法是在自然条件下，通过对备选者的行动、语言、表情等进行有计划、有目的、系统的观察，了解备选人员的各种能力和心理特点。运用观察法可能获得备选人员比较真实的情况，并做出比较实事求是的评价。但是，如果是无计划、片断的观察，所获得的结果就会片面，难以做出公正的结论。对备选人员全面而系统的观察应包括：动作的速度、准确性和协调性，记忆力的速度、保持性和准确性，思维力的广度、深度、灵活性和创造性，想象力的生动性、丰富性和新颖性，情绪状态、理智感、道德感、兴趣、意志、气质、语言、面部表情等。

3. 谈话法

谈话法是通过与备选者进行语言交流，了解其各种能力和心理特点的方法。在谈话中应注意：事先要拟定好谈话的主要内容；最好采取面对面的对话形式，并要记录谈话内容；

谈话时可设计激烈、轻松、打断等情景，以便了解备选人员的应变应答能力。

4. 谈判能力测验法

谈判能力测验法是根据所要测验的内容，设计各种问卷进行测验评分，数量化表示备选者能力和心理特点的方法。这种方法的优点是能在较短的时间、较大的范围内取得调查材料，方便分析对比、择优录取。缺点是测验问卷的水平不同，结果也会不尽相同，备选者不一定按其真实思想回答问题。谈判能力测验法在不同时间使用，可测验出谈判人员各种能力的变化。

第四节 商务谈判人员的配备与管理

商务谈判内容复杂，涉及面广，往往不是一个人就可以承担和胜任的，需要集体谈判，即谈判小组。所以，谈判的准备工作首先是要根据谈判的性质、对象、内容、目标等组织一个谈判团队。

一、商务谈判人员配备原则

1. 规模要适当

组建谈判团队，首先遇到的是人数问题，如果人数太多，协调的难度就会增加；如果人数太少，又会疲于应付，对谈判不利。谈判团队应由多少人组成，并没有统一的规定，一般是根据谈判项目的性质、对象、内容和目标等因素综合确定的。当谈判涉及的项目相对容易时，本着容易控制、容易协调的原则，谈判团队的人数可以适当减少；当谈判所涉及的内容复杂、技术性强，谈判难度相对较大时，人数可以适当增加。

英国谈判专家比尔·斯科特提出，谈判团队以 4 个人为最佳，最多不能超过 12 人。这是由谈判效率、对谈判组织的管理、谈判所需专业知识的范围和对谈判成员调换的要求决定的。

依据上述原则的要求，谈判团队的规模不能太大，也不能太小，规模要适当。

2. 知识、能力要互补

商务谈判是一项涉及商业、法律、金融、专业技术等多种知识的经济活动。任何一个人所拥有和掌握的知识总是有限的，而且存在着个体差异。因此，在组建谈判团队时必须做到知识互补，使谈判团队的成员都是处理不同问题的专家，还应当考虑具体成员在能力上的互补。例如，善于逻辑思维的人和善于发散思维的人组成谈判搭档，既可以减少谈判中的失误，又有利于对方案进行调整，或提出新的合作模式。此外，有些人善于表达，有些人善于观察，有些人善于思考，安排恰当的人员组合，使他们在能力上互补，往往会产生“1+1>2”的效果。这样，通过谈判人员在知识、能力方面的相互补充，才可以形成整体优势。

3. 性格要协调

在一个较为合理而完整的谈判团队中，谈判人员的性格必须互补协调，即一个谈判集体要由多种性格的人员组成，通过性格的补偿作用，使每个人的才能得到充分发挥，不足得到弥补。

谈判人员的个体性格按行为类型基本上可以分为外向型与内向型两种。外向型人的特点是性格外露、善于交际、思维敏捷、处事果断。这类性格的人善于在谈判中“攻城拔寨”，但是情绪易波动的个性特点，使他们在谈判中容易出现漏洞。对于外向型的谈判人员，或安排为主谈，或分派其了解情况、搜集信息等交际性强的工作。内向型人的特点是性格内向、不善于交际、独立性差，善于从事正常的、按部就班的工作，但有耐心、做事有条不紊、沉着稳健。内向型的谈判人员，在谈判中思维缜密、不急躁、沉着冷静，但是往往过于保守，常在谈判中处于被动位置。对于内向型的谈判人员，或安排为陪谈，或安排其从事内务性工作，如对资料、信息进行处理和加工等。在谈判组织构成中，只有将这两种性格特征的人结合起来，才能形成一个性格协调的健全群体。

4. 分工明确

谈判的成功与参与谈判的人员有密切的关系。这就要求在谈判中，每个人都要有明确的分工，担任不同的角色，要有主角和配角、台前与台后、红脸与白脸、中心与外围。各成员要团结协作，职责分明，为了谈判的共同目标贡献自己的力量。当然，分工明确的同时要强调大家都在为一个共同的目标而努力合作，要服从谈判领导者的统一安排。这就犹如一场高水平的交响乐演出，之所以最终赢得观众雷鸣般的掌声，往往与各位演奏家精湛的技艺与默契的配合有关。

二、谈判团队人员组成

在商务谈判中，根据谈判工作的作用形式，谈判团队可以由以下人员组成。

1. 主谈人员

主谈人员是指谈判团队的领导人，包含首席代表，是谈判团队的核心，是代表本方利益的主要发言人。整个谈判主要是在双方主谈人员之间进行的，因此，主谈人员水平的高低直接关系到谈判的成败。他既要有企业家的敏锐眼光和决策能力，又要有宣传家的口才和思维逻辑，还要有外交家的风度和气质。在谈判中，主谈人员起着协调沟通和决定的作用，要有效地调动小组成员的积极性、创造性，发挥每个成员的能力与智慧。

谈判团队的主谈人员应掌握高度竞智谈判活动的特点及规律，具备优秀的谈判能力和素养。主谈人员应当精通商务和国际市场营销实务，富有谈判经验，具有娴熟的策略技能；知识广博，思维敏捷，表达能力强；善于随机应变，处事果断，能应付变幻莫测的环境，在极大的压力下仍能做出正确的决定；兼备领导才能，能指挥和协调所有成员的活动，最大限度地发挥群体效应，使谈判团队成为一个团结一心的坚强集体。

在谈判过程中，主谈人员要发挥核心作用，“言必信，行必果”，使对方认识到主谈人员言行的权威性，并要能设身处地考虑对方的行为环境、对方意见的真实含义，增强双方合作的信心。同时，主谈人员要能及时识破对方的假动作和“迷阵”，找准主攻点，推动全局的进展。

谈判团队的主谈人员应逐个向其他成员交代其负责的任务和所扮的角色，团队成员必须服从主谈人员的指挥。

主谈人员的主要任务是领导谈判团队的工作，其具体职责是：监督谈判程序，掌握谈判进程，听取专业人员的说明、建议，协调谈判团队的意见，决定谈判过程的重要事项，代表单位签约，汇报谈判工作。

2. 技术人员

谈判团队应根据谈判的需要配备有关专家，选择既专业对口又有实践经验和谈判本领的技术人员。他们的任务是向谈判团队领导提供令人信服的、与专业有关的建议，随时准备回答对方的问题，用他们的专业知识帮助谈判团队的领导做出正确决定。在谈判中，技术精湛的专业技术人员的见解和提议是十分关键的，无论有什么理由，都不应该轻视和忽略专家、技术人员的意见。在谈判中，专家、技术人员的作用是提供专门知识，在洽谈合同技术条款时，他们处于主谈的地位，其他时间则应该保持安静。谈判桌上的秩序是需要认真维护的，一般需由主谈人员控制谈判的进程。

技术人员是谈判团队的主要成员之一，其具体职责是阐明参加谈判的难度、意愿和条件，明确对方的意图、条件，找出双方的分歧或差距，与对方进行专业细节方面的磋商，修改草拟的谈判文件中的有关条款，向主谈人员提出解决专业问题的建议，为最后决策提供专业方面的论证。

3. 财务人员

财务人员也称为经济管理人员，业务熟练的财务人员是谈判团队中的重要人员。商务谈判涉及的财务问题相当复杂，应由熟悉财务成本、支付方式及金融知识，具有较强的财务核算能力的财务人员担任。

财务人员的具体职责是掌握该谈判总的财务情况，了解谈判对手在项目利益方面的预期指标，分析、计算谈判方案在修改中发生的收益变动，为主谈人员提供财务方面的建议，以及在正式签约前提供合同或协议的财务分析报表。

4. 法律人员

法律人员是一项重要谈判的必需成员，通常由特邀律师、企业法律顾问或熟悉有关法律规定的人员担任，以保证合同形式和内容的严密性、合法性，以及合同条款不损害己方合法权益。法律人员要熟悉各种经济法律和法规，在国际商务谈判中还要懂得国际商法和有关国家、地区的法律规定，并能够透彻掌握和解释合同、协议中各种条款的法律含义和要求。法律人员的主要作用是使本企业在各种经济贸易交往中得到法律保障，保证己方的谈判活动在法律许可的范围内进行，并在发生法律纠纷时能依法为己方利益进行辩护，能有力地维护自身的利益。

法律人员的主要职责为确认谈判对方经济组织的法人资格，监督谈判在法律许可范围内进行，检查法律文件的准确性和完整性。

5. 翻译人员

在国际商务谈判中，翻译人员是谈判中的核心人员。一个好的翻译，能洞察对方的心理和发言的实质，活跃谈判气氛，为主谈人员提供重要信息和建议，也可以为本方人员在谈判中出现的失误寻找改正的机会和借口。对外贸易谈判往往会涉及许多复杂而又微妙的问题，主谈人员或其他成员在发言的时候难免有失误的情况出现，高水平的翻译应能在翻译时巧妙地加以更正。有时当主谈人员意识到自己出现口误时，可以在与翻译默契的配合下找借口把口误的责任推到翻译身上，体面地下台阶。此外，通过翻译进行谈判，主谈人员可以避免过早暴露自己的外语水平，可以利用另一种语言复述的时间细心观察对方的反应，争取较多的思考时间，从而决定下一步的行动。

翻译人员的职责是：在谈判过程中要全神贯注，工作要热情，态度要诚恳，翻译内容要准确、忠实；对谈判人员的意见或谈话内容如觉得不妥，可提请考虑，但必须以主谈人的意见为最后意见，不能向外商表达翻译人员的个人意见；外商如有不正确的言论，应据实全部报告主谈人。如果外商单独向翻译提出问题或要求，在辨明其无恶意的情况下，可做一些解释；如属恶意，应表明自己的态度。

6. 记录人员

记录人员在谈判中也是不可缺少的，一份完整的谈判记录既是一份重要的资料，也是进一步谈判的依据。为了出色地完成谈判的记录工作，要求记录人员要有熟练的文字记录能力，并具有一定的专业基础知识。

记录人员的具体职责是准确、完整、及时地记录谈判内容，包括双方讨论过程中的问题、提出的条件、达成的协议，以及谈判人员的表情、用语、习惯等方面内容。

7. 幕后人员

幕后人员主要承担搜集和传递情报、分析和筛选重要信息、谈判会场组织和食宿交通事宜安排等准备工作。幕后人员不参加面对面的谈判，主要协助台前人员顺利高效地完成谈判，可以说是幕后英雄。

商务谈判需要配备一定的后备力量，以便于收集、分析资料。他们在必要时可直接参加谈判，也可以在谈判出现问题时替换台前谈判人员。幕后人员的作用很重要，尤其是在大型的谈判中，知识涉及面宽，相关资料的翻译、查阅、分析都需要人力和时间。准备得越充分，掌握的资料越多，谈判的成功概率就越大，失误的概率就越小。幕后人员犹如后方的“军工厂”，为前方制造“武器和弹药”，谈判成败有他们的功劳与责任，用好他们很重要。

①让幕后人员了解全局，增强其参与感。让幕后人员了解谈判总貌（而非细节）是必要的，他们有了更多的参与感，才会有更多的责任感。了解方式有：让其参加谈判桌下的情况通报会，让其负责人参加谈判等。

②收集资料要有针对性。不要随意让幕后人员搜集、整理资料，应根据谈判的实际需要，分轻重缓急提出资料需求单。时间紧、人手有限的情况下，应有重点地使用幕后人员的

力量。若还未完成甲项，又改为乙项，会使他们对所交任务的严肃性失去认识，随之会产生懈怠。

③给予积极的评价和鼓励。在幕后人员提供的资料被应用后，最好通报一下，使他们知道劳动取得了成果，从而更有干劲与责任心。在言谈之中，应注意重视幕后人员的作用，不宜过分地归功于台前人员。

谈判团队的组成人员并无一定限制，在力求精干的原则下，可以根据谈判项目的大小、工作的难易程度等情况来确定团队的规模。人数少的时候，可以一人身兼数职。人数多的时候，比如十几人至上百人时，可分成小组，如商务小组、技术小组、法律小组等，分别负责自己专业领域的谈判。

三、不同谈判类型的人员分工

不同的谈判内容要求谈判人员承担不同的具体任务，并且处于不同的谈判位置。具体以下面三种类型来加以介绍。

①技术条款谈判的分工。技术条款谈判应以技术人员为主谈人员，其他的商务、法律人员等处于辅助谈判的位置。技术主谈必须对合同技术条款的完整性、准确性负责。技术主谈在把主要的注意力和精力放在有关技术方面的条款谈判的同时，必须放眼全局，从全局的角度来考虑技术问题，并尽可能地为后面的商务条款和法律条款的谈判创造条件。为了支持技术主谈，商务和法律人员应尽可能为技术主谈提供有关技术以外的咨询意见，并在适当的时候回答对方有关商务和法律方面的问题，从不同角度支持技术主谈的观点和立场。另外，翻译人员要当好“润滑剂”。

②合同法律条款谈判的分工。在涉及合同中某些专业性法律条款的谈判时，应以法律人员作为主谈，其他人员为辅谈。一般来讲，合同中的任何一项条款都会具有法律意义，但某些法律条款的规定往往更重要一些，这就需要专门的法律人员与对方进行磋商，即以法律人员为主谈。此外，法律人员对谈判全过程中法律方面的内容都应给予高度重视，以便为法律条款谈判提供充分的依据。

③商务条款谈判的分工。商务条款谈判时要以商务谈判人员为主谈，技术人员、法律人员及其他人员处于辅助谈判地位。商务人员是整个商务谈判的组织者，但是，进行合同商务条款谈判时，仍然需要技术人员的密切配合，技术人员应从技术的角度给予商务人员以有力的支持。需要强调的是，在涉及谈判合同的商务条款时，有关商务条款的提出和磋商都应主要以商务人员为主，即商务主谈与辅谈的身份、地位一定不能搞乱，否则就会自乱阵脚。

四、谈判团队成员的配合

谈判团队成员在明确自己的职责、进入自己的角色的同时，还必须按照谈判的目标和具体的方案与他人彼此呼应，相互协调和配合，真正演好谈判这一出集体戏。所谓配合，就是指谈判中成员之间的语言及动作的互相协调、互相呼应。分工与配合是一个事物的两个方面，没有分工就没有良好的配合；没有有机的配合，分工也就失去了其目的性和存在的基础。

成功的谈判，有赖于谈判人员集体智慧的发挥。针对谈判人员的优化组合，其宗旨是以一种至高无上的集体主义精神完成谈判任务。当主谈人员要求谈判人员为实现谈判策略和目标充当某种特殊角色时，谈判人员要义不容辞地接受并有充分的信心和把握来完成。例如，当主谈人员因口误把信息透露出来，翻译人员应在翻译过程中恰当地加以纠正。或者事后主谈人员意识到自己的失误而有意把责任推卸给翻译时，翻译应忍气吞声地承认自己的“技术性错误”，起到保驾护航的作用。当主谈人员不便于反驳对方的观点，需要专家就某一专业问题充当“攻击手”时，专家理应挺身而出，舌战群雄，发挥集体智慧的力量。当对方处于困境，可能使谈判陷入僵局时，主谈人就要以“调和者”的角色缓和气氛，借替对方解围来劝说对方，给对方一个台阶下，使其妥协、让步。谈判人员之间的支持可以是口头上的附和，如“绝对正确”“没错，正是这样”等；也可以是姿态上的赞同，如眼睛注视正在发言的主谈人员、不住地点头等。谈判人员的这种附和、赞同对主谈人员是一种有力的支持，会大大增强主谈人员说话的分量和可信的程度。如果在主谈人员提出己方的意见和观点时，其他谈判人员或是眼睛望着天花板、或将脸扭向一旁、或在私下干自己的事，这不仅会影响己方主谈人员的自信心，也会减弱己方主谈人员讲话的力量。谈判团队成员之间的配合，不是一朝一夕能够协调起来的，而是需要长期的磨合。

五、商务谈判人员的管理

1. 组织好谈判团队

挑选好谈判团队的各类组成人员和专业人员，对主谈人或谈判组长给予足够的授权。

2. 调整好领导与谈判人员之间的关系

下级服从上级，上级尊重下级的意见，最重要的是明确各自的职责范围，明确各自权力的划分，建立共同的奋斗目标。在实际谈判中，领导对谈判人员要给予充分的信任、理解、谅解、协调和支持，下级也要及时向领导汇报情况。

3. 调整好谈判人员之间的关系

谈判人员相互之间应该默契、信任、尊重，达到有效合作的目的，以保持合作效率。其措施有以下几项。

①明确共同的责任和职权。

②明确谈判人员的分工。

③整个谈判团队共同制订谈判方案，集思广益。

④明确相互的利益。

⑤共同检查谈判进展的状况，相互支持。

⑥团队负责人充分尊重团队成员的意见，把团队建成一个团结、友爱、共同奋斗的团队。

4. 加强对单兵谈判人员的检查和教育

加强对单兵谈判人员的检查和教育主要从对人的检查、对客户的检查、对合同的审查、对谈判人员的教育等几个方面进行。

单兵谈判人员拥有最大的决策权，但也容易产生差错，如笔误、概念上的错误等。有时发现问题为时已晚，谈判人员就会隐瞒，怕对自己不利而不报告，所以加强检查很有必要。随着我国对外贸易的迅猛发展，国外投机商也有了可乘之机。有的外商无本经营，对所签订的合同没有履约能力；有的实际上是骗子，以卑劣的手法行贿，拉业务员下水。所以，对客户进行审查十分重要。对未经过资信调查的客户，不允许单兵谈判人员与之谈判和签约。虽然单兵谈判人员是单独谈判签约，但其合同应由第三人审查。一般来讲，由财务部门审查其价格条件，审查有无合同文本外有关价格的文件，如协议或者备忘录。有时单兵谈判人员只报合同，看似无漏洞，但当合同已经执行时，他可能又送来某个佣金或折扣的退回协议书或备忘录，要求退款给对方。储运部门应审查合同的运输条件是否符合现行实际运输条件。法律人员审查合同是否违反了相关法律规定。只有通过各方面审查后方可让其签约执行。如果单兵谈判人员签约前不报告，应予以批评；对失误者应认真检查，追究其应负的责任。在鼓励单兵谈判人员大胆工作的同时，应教育他们珍惜自己的信誉和声誉，建立汇报检查的观念，使单兵谈判人员养成自觉遵守纪律的习惯。若有反面典型，应向大家及时宣讲，达到处罚个别人、教育大多数的作用。

六、谈判团队的禁忌

1. 谈判团队的规模太大与太小

每次谈判都应根据谈判标的的重要程度、交易的复杂程度和交易对手的谈判人员规模来确定己方谈判人员的数量规模。组织行为学的研究成果表明，确保高效率工作的团队规模应是 5 人、7 人或 9 人，这对谈判团队的人员规模确定有重要的指导意义，应加以遵循。

2. 谈判负责人不理想

谈判负责人不理想，如才能低于对方领导人、不能使整个团队有效地开展工作等，是贸易谈判的一大禁忌。什么样的人是理想的谈判负责人呢？绝对地说，应符合本书前面所列出的各项条件。相对地说，上谈判桌的谈判负责人的才能必须与对方的谈判团队负责人的才能不相上下。如果我方领导人的才能低于对方，那么我方很快就会被对方压制而处于劣势和被动地位，从而不得不采取补救措施。

3. 谈判团队与幕后人员不能有效地合作

谈判团队与幕后人员应相互协助工作。谈判团队出发前需要与留在公司的幕后人员进行充分的讨论。谈判团队需要明确知道他们与公司以及他们相互间在谈判中的职责范围，需要与领导和幕后人员安排好联络工作。这样，虽然谈判团队远在公司之外甚至远在国外谈判，但也能及时得到公司的信息支持和帮助。

扩展阅读

思考题

1. 谈判团队的组建原则有哪些？
2. 谈判团队的评价指标有哪些方面？
3. 商务谈判人员应具备哪些素质和能力？
4. 商务谈判人员遴选应从哪些方面考虑？
5. 识别商务谈判人员的基本观点是什么？
6. 商务谈判应配备的人员主要有几种？
7. 如何对商务谈判人员进行管理？

案例分析

第五章

商务谈判礼仪

学习目标与重点

1. 礼仪的含义与作用；
2. 商务谈判应遵循的礼仪；
3. 商务谈判应遵循的礼节；
4. 主要国家商务谈判中的礼仪与禁忌。

案例导入

第一节　礼仪的概述

一、礼仪的含义与特征

（一）礼仪的含义

礼仪产生于原始宗教，是原始人类对大自然和神灵的崇拜形式。在当时的条件下，人们对自然界和自身的一些现象无法做出解释，就把它们看作是大自然的恩赐与惩罚，是神灵的意志，于是开始对自然及神灵产生敬畏，以求赐福和精神上的安慰，或免除灾祸。为了表示对这种崇拜的虔诚，人们创造出了各种方式和程序，随即形成一整套的仪式和行为规范，这就是礼仪的起点。

什么是礼仪？按照《现代汉语词典》的定义，礼仪是指礼节和仪式。礼节是表示尊重、祝颂、哀悼之类的各种惯用形式，如握手、鞠躬、献哈达等。仪式是指举行典礼、签约仪式等。可见，所谓礼仪，是指人们在社会交往中出于相互尊重而约定俗成的敬人、律己的行为准则。它既是文化、文明的外在表现形式，又是社会交往活动的重要内容，是人们在交往过程中应该遵循的重要的生活规范和道德规范。

对上述定义，《辞海》也有类似的界定，对“礼”的解释为“本谓敬甚”，引申为表示敬意的总称，如敬礼、礼貌。“仪”为礼节、仪式，如行仪如礼，含有法度、准则之义。《国语·周语下》：“所以宣布哲人之令德，示民轨仪也。”在现代社会中，“仪”还包含有仪表、仪态等内容。

由此可见，礼仪是人类社会活动的行为规范，是人们在社交活动中应该遵守的行为规则。礼仪内含礼貌、礼节，在多数情况下，人们把礼仪、礼貌、礼节视为一体，混乱使用。但严格意义上讲，这三者既有联系，又有区别。

礼貌是指人们在相互交往过程中表示敬重和友好的行为规范。它体现了时代的风格与道德水准，侧重于表现人的品质与素养。

礼节是指人们在交往过程中相互表示致意、问候、祝愿的惯用形式。礼节是礼貌的具体表现方式，它与礼貌之间的相互关系是：没有礼节，就无所谓礼貌；有了礼貌，就必然伴有具体的礼节。

礼仪是指在人们交往过程中，以约定俗成的程序来表现的敬人、律己的行为规则。礼貌是礼仪的基础，礼节是礼仪的基本组成部分，礼仪实际上是由一系列具体的礼貌、礼节组成的表现敬人、律己的过程。

虽然这三者有细微的区别，但三者之间的内在联系是主要的，基本构成要素是相同的，即礼仪、礼貌、礼节都是由主体、客体、媒体、环境四项基本要素构成。

礼仪（包括礼貌、礼节）的主体，是指礼仪活动的操作者和实施者。主体既可以是个人，也可以是组织，如企业或公司。

礼仪（包括礼貌、礼节）的客体，是指礼仪活动的受益者和指向者。客体既可以是人，也可以是物；既可以是物质的，也可以是精神的；既可以是具体的，也可以是抽象的；既可以是有形的，也可以是无形的。

礼仪（包括礼貌、礼节）的媒体，是指礼仪活动所依托的媒体，由人体礼仪媒介、物体媒介、事体媒介等构成。在具体操作礼仪时，这些不同的礼仪媒体常常交叉配合使用。

礼仪（包括礼貌、礼节）的环境，是指礼仪活动特定的时空条件，可以分为礼仪的自然环境与礼仪的社会环境。礼仪的环境往往决定着礼仪的实施，不仅实施何种礼节由其决定，而且具体的礼节实施方法也由其决定。

（二）礼仪的特征

礼仪是一种随着社会发展而约定俗成的交往规范，其核心是敬人、律己，主要特征表现在规范性、差异性、继承性、发展性。

1. 礼仪的规范性

礼仪的规范性是对人们在社会交往实践中形成的一定礼仪关系的概括和反映，是人们在长期反复的生活实践中形成并通过某种风俗、习惯和传统的方式固定下来，通过社会思想家、教育家集中概括出来，用于人们的社会交往中形成的行为准则。这种行为准则不断地支配或控制着人们的交往行为。如果遵循了这种规范，便是符合礼仪要求的；如果违反了这种规范，便是失礼。所以，规范性是礼仪的一个重要特征。比如，军人的军礼具有其严格的规范性。

2. 礼仪的差异性

礼仪作为一种行为准则或规范是约定俗成的，这是不同民族文化的共性。但是，由于不同民族礼仪是根植于本民族文化土壤之中的，因此每个民族的礼仪又表现出一定的差异性。俗话说，“百里不同风，千里不同俗”，也说明了礼仪的丰富多彩，其差异性表现在因时、因地的差别。由于礼仪是人类在交际活动中形成、发展和完善起来的，因此，不同时代的礼仪规范也不一样。同一时代，不同场合、不同对象的礼仪规范也有差别。比如握手礼，在不同的国家、不同的场合、不同的关系之间，握手的程度和意义也不一样。礼仪的差异性要求我们在社交活动中要熟悉掌握各种礼仪规范，合理运用不同的礼仪规范来展示自己的风采，使自己保持良好的形象。

3. 礼仪的继承性

礼仪是一个国家、民族传统文化的重要组成部分。每一个民族的礼仪文化都是在本民族固有的传统文化基础上，通过不断吸收其他民族礼仪文化而发展起来的。中国的礼仪文化从产生至今，经过了几千年的传承和发展，有些旧的封建礼教曾束缚了人们的思想和行为，已成为糟粕被遗弃。我们要对那些符合社会进步需要的，具有积极意义的传统礼仪，进行吸收和发展，并继承下来。

4. 礼仪的发展性

礼仪是一种社会历史发展的产物，并具有明显的时代特色。一方面，它是在人们的交际活动中形成、发展和完善起来的；另一方面，社会的发展，历史的进步，引起众多社交活动的新特点、新问题出现，又要求礼仪有所变化和进步，推陈出新，以适应新形势下的新要求。例如，使用名片的礼仪就是因为社会交往的日益频繁，为满足交往需要而产生的新事物和相应的礼仪规范。

二、礼仪的原则与作用

（一）礼仪的原则

作为一种约定俗成的行为规范，礼仪有其自身的规律性。在学习、运用礼仪时，人们要掌握一些具有普遍性、共同性、指导性的礼仪规律，这就是礼仪原则。礼仪的这些规律是指导如何处理人际关系的准则。掌握这些原则，将有助于我们更好地学习和运用礼仪。

1. 尊重原则

尊重原则是礼仪的核心部分。尊重他人是人际交往获得成功的重要保证。古人云：“敬人者，人恒敬之。”这说明了尊重他人的人，才能赢得他人的尊重。人与人之间只有互相尊重，才会产生和谐的人际关系。

尊重除了指尊重他人，还包括自尊。一个人只有尊重自己，注意自身的修养，保持自己的人格和尊严，才能得到他人的尊重。我们要把对交往对象的恭敬和尊重放在首位，切勿伤害对方的自尊心，不可伤害他人的尊严，更不可侮辱他人的人格。另外，要尊重老人、妇女和儿童，这是一种社会公德，也反映了一个国家的国民素质。

2. 遵守原则

在人际交往中，我们必须自觉、自愿地遵守礼仪规范，注意自己的言行举止。遵时守信是国际交往中最起码的礼节。参加各种活动应该遵守规定的时间，说话要算数，许下的承诺一定要兑现。在正式约定中务必严守不怠，这也是守信的原则。失约、不守信用是一种很不礼貌的行为。如果一方实在是因为某种特殊原因不能遵守言行，应及时诚恳地通知对方，说明情况并向对方致以歉意。

3. 自律原则

自律就是人要克己、严谨，是指在没有他人的情况下能自觉地按照礼仪规范约束自己的行为，这是礼仪的基础和出发点。待人接物最重要的就是要自我要求、自我约束、自我克制、表里如一，不能人前人后不一样，说一套做一套。古人云："己所不欲，勿施于人。"若是没有对自己的首先要求，只求律人，不求律己，不讲慎独与克己，遵守礼仪就无从谈起。人人从我做起，学礼、知礼、用礼，才能养成一种良好的语言、行为习惯。

4. 适度原则

适度是要求我们在应用礼仪时，要注意把握分寸，合乎规范，运用礼仪要恰到好处，既要掌握普遍规律，又要针对具体情况，认真得体。我们要因时、因地、因事，有礼仪方式和程度的区别，做得不到位或做过头，都不能正确地表达自己的敬人之意，反而成了没有礼貌的行为。例如，两位女士在拥挤的大门口偶遇，也不管人流出入，互相寒暄之后，又十分忘形地亲了亲对方的面颊，然后继续寒暄。拥抱礼是欧美各国熟人、朋友之间表示亲密感情的一种礼节，多用于同性别之间。但这两位女士此时此景的礼仪行为过度了，不仅挡了别人的路，还使其礼貌行为遭人反感。礼仪作为人际交往的规范，如何把握好尺度，只有靠人们平时的细心积累和总结。

（二）礼仪的作用

1. 有利于提高人们的自身修养

在人际交往中，礼仪是衡量一个人文明程度的准绳，它不仅反映一个人的交际能力，而且还反映着一个人的气质风度、道德修养和精神风貌。因此，从这个意义上讲，礼仪可以说就是教养。通过一个人对礼仪运用的程度，可以了解一个人教养的好坏、文明的程度和道德水平的高低。因此，学习和运用礼仪，有利于从仪表仪容、举止谈吐等方面更好地塑造个人形象，提高个人的修养。

2. 有利于规范人们的行为

礼仪最基本的功能就是规范人们的行为。在人际交往中，人们相互影响、相互作用、相互合作，如果不遵循一定的规范，就缺乏协作的基础。在众多的交往规范中，礼仪规范可以使人明白应该怎样做、不应该怎样做、哪些可以做、哪些不可以做，有利于确定自我形象、尊重他人、赢得友谊。

3. 有利于改善人际关系

在日常生活和工作中，礼仪能够调节人际关系，从一定意义上讲，礼仪是人际关系和谐发展的调节器。在现代生活中，人们的相互关系比较复杂，礼仪有利于使冲突各方保持冷静，缓和和避免不必要的矛盾与冲突。人们在交往时按礼仪规范去做，有利于加强人们之间互相尊重，从而建立起友好合作的关系。

古人云："世事洞明皆学问，人情练达即文章。"这句话其实就是在讲人际交往的重要性。运用礼仪，除了可以使个人在交际活动中充满自信、胸有成竹外，还能够帮助人们规范交际行为，更好地向他人表达自己的尊重、友好与敬意，增进彼此之间的了解与信任。如果人们都能够自觉、主动地遵守礼仪规范，按照礼仪规范约束自己，就能建立相互尊重、彼此信任的关系，更好地取得交际的成功，造就和谐、完美的人际关系。

4. 有利于提高整体形象

人是社会中的个体，个人的教养反映其素质，而素质又体现于生活中的每一个细节。一个人、一个集体、一个国家的礼仪水准如何，往往反映着这个人、这个集体、这个国家的文明程度和整体素质。随着社会发展，经济全球化使各行各业的竞争日趋激烈。企业能否在激烈的竞争中保持优势地位，不断地发展壮大，最重要的因素是如何树立和保持良好的企业形象。其中员工的素质是影响企业形象的主要因素，每一位员工的礼仪修养无疑会起着十分重要的作用。人们往往从某一个职工、某一件小事情上来衡量一个企业的可信度和管理水平。

第二节　商务谈判礼仪

一、商务礼仪概述

随着现代经济的发展和文明程度的提高，商务已成为世界上越来越重要的力量。商务活动与人们生活密切相关，商业之间的竞争也日益激烈。

从现代商务发展的历史和趋势来看，成功的商业组织在激烈的市场竞争中要想站稳脚跟以及求得迅速发展，重要因素之一就是善于运用商务礼仪，在社会公众中树立良好的企业形象，从而赢得较好的美誉度以便更好地发展。

（一）商务礼仪的含义和特征

商务礼仪是指商务人员在商务交往活动中，用以维护企业和个人形象，对交往对象表示尊重与友好的行为规范和准则。商务礼仪是一般礼仪在商务活动中的运用和体现，并且比一般的人际交往礼仪的内容更为丰富。与一般的人际交往礼仪相比，商务礼仪有着很强的规范性和可操作性。根据商务礼仪自身的特殊性，它具有以下基本特征。

1. 依附性

商务礼仪是在商务活动中产生的，并为商务工作服务的一种礼仪规范。离开了商务活动，商务礼仪就失去了其存在的基础和必要性。古代的商务活动形式较为简单，随着商品经济的不断发展，商务活动的竞争越来越激烈，对依附于商务活动的商务礼仪的要求也越来越高。

2. 服务性

从商务活动的主客观关系上看，商务工作者是主体，顾客是客体。离开了顾客，商务活动只能是纸上谈兵，所以商务工作者必须以顾客为中心开展商务服务工作，使顾客的需求在良好的商务服务中尽可能地得到满足。“顾客就是上帝”，服务于顾客，让顾客满意，这便是商务人员在文明礼貌、举止等服务礼仪方面的具体体现。

3. 差异性

商务活动是随着经济的发展而发展的，每一个时代的经济又受地域、政治、文化等多种因素的影响，因而形成了世界上不同国家、不同民族在商务礼仪上的诸多差别。也就是说，在不同的场合、面对不同的对象，对礼仪有不同的要求。因而，了解和掌握商务礼仪，针对不同的对象提供相应的服务，有利于商务交往。

（二）商务礼仪的作用

礼仪一直是我国传统文化的核心。古人云“礼义廉耻，国之四维”，正是将礼仪列为立国的精神要素之本。在商务活动中，遵守礼仪、应用礼仪有利于提高企业服务水平、服务质量，从而树立良好的形象，提高信誉。商务礼仪的作用主要体现在以下几个方面。

1. 有利于塑造个人形象

在商务活动中讲究礼仪，可以充分展示商务人员良好的教养与优雅的风度，可以更好地向客户表示尊重、友好和诚意。讲究礼仪、遵守礼仪规范也能帮助人们修身养性，完善自我，不断提高个人的道德修养。

2. 有助于树立企业形象

商务人员是企业的代表，他们的个人形象代表着企业形象，良好的企业形象可以给组织带来无穷的社会效益。因此，从企业的角度看，无论是领导还是员工，都应该有强烈的形象意识。企业可以通过规范周到的服务等方面来塑造企业整体形象，提高企业的信誉和竞争力。从社会的角度看，任何组织内的个人都应重视商务礼仪的学习，自觉掌握商务礼仪的常识，塑造良好的组织形象。

3. 促进商务活动的顺利进行

有交往才有交换，从事商务活动，必定会与他人打交道，商务礼仪可以使个人显得有教养、懂礼节，以取得对方的信任，可以避免不必要的误会，使双方沟通更顺畅，以增进理解，加深友谊，在良好的气氛中达成交易。商务礼仪在商务活动中产生，又反过来服务于商务活动，促进商务活动的发展。

（三）商务礼仪的原则

商务礼仪是一种道德修养，它属于道德规范中最基本的社会公德范畴。如礼貌待客、举止文明、诚实守信等，既是商务礼仪规范，又是基本的道德要求。商务礼仪必须遵守以下原则。

1. 尊重原则

在商务活动的过程中，商务人员对对方要真诚、礼貌。尊重是礼仪的感情基础，离开了尊重，礼仪只能是矫揉造作、虚情假意。

商务人员在商务活动中应特别注意尊重对方的意愿和人格尊严。不管发生什么情况，都要保持高姿态，友好的态度有助于赢得对方的尊重与好感。顾客是企业的衣食父母，不可轻视和冒犯顾客的利益。只有从内心真正尊重顾客，才能从语言和行动上对顾客待之以礼，把顾客视为“上帝”，并为之提供热情周到的服务。

2. 遵守原则

商务礼仪是人们在长期的商务实践中总结出来的礼仪规范，反映了人们的共同利益和要求。每个商务人员都应当自觉遵守。在商务交往中，必须严格认真地遵守自己的所有承诺，说话务必要算数，许诺一定要兑现，约会必须如约而至。如果违背了礼仪规范，就可能影响商务活动的顺利进行，给对方造成不好的印象，也会给自己带来不必要的损失。

3. 互利互让原则

商务活动是一种互利活动，活动双方往往既是竞争对手，又是合作伙伴。这就要求双方都应本着互利互让的原则处理一些商务纠纷和矛盾，相互尊重、各取所需、积极合作、平等互惠。离开了合作伙伴，商务活动就无法进行。因此，商务人员在商务活动中，必须争取利己利人的结果，不要将利益建立在有害于对手的基础上，既要讲竞争，又要讲合作，起到双赢的效果。

二、商务谈判的基本礼仪

商务礼仪是人们在商务活动中体现相互尊重的行为准则。从一定意义上说，礼仪是人际关系和谐发展的调节器。人们在交往时按礼仪规范去做，有助于加强人们之间的尊重感，从而建立友好合作的关系，缓和与避免不必要的矛盾和冲突。一般来说，人们受到尊重、礼遇、赞同和帮助，就会产生吸引心理，形成友谊；反之，就会产生敌对、抵触、反感，甚至憎恶的心理。

（一）商务谈判的迎送礼仪

迎送礼仪是商务谈判中最基本的礼仪。迎来送往是一种很常见的社会交往活动。在谈判中，对应邀前来参加谈判的人员，无论是官方人士、专业代表团，还是民间团体、友好人士，在他们抵达与离开时一般都要安排相应身份人员前往迎送。重要客商或初次到来的客商，要派专人迎接。一般的客商、常来的客商，不派专人迎接也不为失礼。

1. 确定迎送规格

迎送规格主要依据三方面的情况来确定，即前来谈判的人员的身份和目的，己方与被迎送者之间的关系，以及惯例。迎送规格一般应遵循对等或对应原则，即主要的迎送人员的身份和地位应与来者的身份相当或相应。若由于各种原因，主方主要人员不能参加迎送活动，使双方身份不能完全对等或对应，可以灵活变通，由职位相当人员或副职迎送。主方主要人员因故不出面，应从礼貌出发，向对方做出解释，以免误解。

只有当对方与己方关系特别密切，或者己方出于某种特殊需要时，方可破格接待。除此之外，均宜按常规接待。

2. 迎送前的准备

①掌握对方抵达和离开的时间。迎候接待工作人员应当准确了解对方所乘交通工具的航班号或车次，掌握对方的抵达时间，提前到达机场、车站或码头，以示对对方的尊重，绝不能让客人等候，以免因迟到而失礼。

同样，送别人员亦应事先了解对方离开的准确时间，提前到达来宾住宿的宾馆，陪同来宾一同前往机场、码头或车站，亦可直接前往机场、码头或车站恭候来宾，与来宾道别。

②排定乘车号和住房号。如果来宾人数较多，为了在接站时避免混乱，应事先排定乘车号和住房号，并打印表格。在来宾抵达后，将乘车表发至每一位来宾手中，使之明确自己所乘的车号。同时，也便于接待工作人员清点每辆车上的人数。住房表可随乘车号一同发放，也可以在前往下榻宾馆的途中发放。住房表可以使来宾清楚自己所住的房间，也便于来宾入住客房后相互之间联系。

③安排好迎送车辆。接待人员应根据来宾和迎送人员的人数，以及行李数量安排车辆。乘车座位安排应适当宽松，正常情况下，附加座位一般不安排坐人。如果来宾行李数量较多，应该安排专门的行李车。如果是车队行进，出发前应明确行车顺序，并通知有关人员，以免行进中发生错位。

3. 迎送礼仪中的有关事务

①献花。献花是常见的迎接客人时用来表达敬意的礼仪之一，在迎接特殊身份、特殊人士或尊贵的领导时均需要安排献花。献花时应注意两点：一是献花时机。一般是客人走下飞机（车、船）时，迎接的主要领导人与客人握手后，由女青年或儿童将鲜花献上，也可由女主人向女宾献花。二是花束选择。接待方选择花束时应该注意尊重对方的风俗习惯。献花时一定要用鲜花，并且所献花束应该整洁、鲜艳。迎接贵宾的鲜花以红色系和紫色系最受欢迎，以代表友谊、喜悦、欢迎、期待、惦念的含义为主。

②介绍。主客双方见面时，应互相介绍。按通常礼仪，应先把主人介绍给来宾，然后再把来宾介绍给主人，介绍顺序以职务的高低为先后。介绍人可由双方职务最高者或工作人员担任。如果主宾双方职务最高者本已认识，则最好由他们分别依次介绍各自人员。也

可以由双方的工作人员介绍。介绍形式一般以口头介绍为主，如果人数不多，也可采用互换名片的形式介绍。

③陪车。应请客人坐在主人的右侧。若有翻译人员，可坐在司机旁边。上车时，先请客人从右侧车门上车，主人再从左侧车门上车。

④提取、托运行李。如果来宾行李较多，应安排专门的工作人员，负责清点、运送行李并协助来宾办理行李的提取或托运手续。提取行李时如需等候，应让迎宾车队按时离开，留下有关人员及行李车装运行礼。送行时，如果来宾需交付托运的行李较多，有关人员应随行李车先行，提前办理好托运手续，以避免主宾及送行人员在候机（车、船）厅等候过久。

⑤与宾馆（饭店）的协调。来宾下榻在宾馆（饭店），生活安排是否周到、方便，与宾馆（饭店）的服务水平密切相关。来宾抵离宾馆（饭店）时，具体事务较多，更应做好有关事项的协调衔接。当得知来宾抵离日期时，接待工作人员应及时通知宾馆（饭店），以方便宾馆（饭店）组织迎送、安排客房、就餐和交接行李等事项。来宾入住登记或离开的手续，可在适当时间，由接待工作人员协助办理。

⑥为来宾留足休息时间。来宾一路舟车劳顿，需要休息，不宜马上工作，所以将来宾安排到房间住下后，简单地向来宾介绍一下日程安排，征询一下对方意见，接待人员就应该离开房间让客人休息。

（二）商务谈判的会见礼仪

会见是商务谈判过程中的一项重要活动。身份高的人会见身份低的人，或是主人会见客人，一般称为接见或召见。身份低的人会见身份高的人，或是客人会见主人，一般称为拜见或拜会。接见与拜会在我国统称为会见。接见或拜会后的回访称为回拜。会见就其内容来说，分为礼节性的、政治性的和事务性的三种，或者三种兼而有之。礼节性会见时间较短，话题比较广。政治性会见一般涉及双边关系等重大问题。事务性会见一般为外交交涉、业务商谈等。商务谈判涉及的会见属于业务商谈一类的事务性会见。在涉外商务谈判活动中，东道主还应根据来访者的身份和访谈目的，安排相应的部门负责人与之进行礼节性会见。

1. 会见前的准备工作

如果一方要求拜会另一方，应提前将自己的姓名、职务以及要求会见什么人、会见原因通知对方。接到要求的一方应尽早予以答复，无故拖延、置之不理是不妥当的，因故不能会见，应向对方做出解释。

如果接到要求的一方同意对方的请求，可主动将会见的时间、地点、自己一方的参加人员通知对方。提出要求的一方也应提供己方的出席人员名单。双方人员的人数和身份应大体相当。礼节性会见的时间以半个小时为宜。会见一般在会客室或办公室里进行，我国习惯安排在会客室。主人应在会见开始之前到达，以迎候客人。

2. 仪容仪表的礼仪

会见是商务谈判活动的初始阶段，谈判参加方的实质接触开始于会见。会见中谈判人员的着装打扮、言行举止会极大地影响谈判人员的相互交流与进一步沟通。

（1）男士的仪容仪表

从事商务活动的男士需要从以下几个方面注意自己的仪容仪表。

①发型发式。男士的发型发式应干净整洁，并且要经常修饰、修理。男士头发不应该过长，前部的头发不要遮住自己的眉毛，侧部的头发不要盖住自己的耳朵，不要留过厚和过长的鬓角，后部的头发不要长过西装衬衫领子的上边缘。

②面部修饰。男士在面部修饰的时候要注意两方面的问题：一是每天要修理胡须以保持面部的清洁；二是男士在商务活动中经常会接触到香烟、酒这样有刺激性气味的物品，所以要注意随时保持口气的清新。

③着装修饰。在正式的商务场合，男士的着装总的要求是穿西装，打领带，衬衫的搭配要适宜，杜绝穿夹克衫，也不允许西装与高领衫、T 恤衫或毛衣进行搭配。男士着装的具体要求包括以下几点。

第一，男士的西装一般以深色调为主，避免穿花色、格子或者颜色非常艳丽的西服。男士的西服一般分为单排扣和双排扣两种。在穿单排扣西服的时候，如果是两粒扣子的西服，只系上面的一粒，如果是三粒扣子的西服，只系上面的两粒。穿着双排扣西服的时候，应该系好所有的纽扣。

第二，衬衫的颜色和西服整体的颜色要协调，衬衫不宜过薄或过透。男士穿着浅色衬衫的时候在衬衫的里面不要套深色的内衣，也不要将里面的内衣露出领口。打领带的时候，衬衫上的所有纽扣，包括领口、袖口的纽扣，都应该系好。

第三，领带的颜色和衬衫、西服颜色应相互配合，整体颜色要协调，系领带的时候要注意长短的配合，领带的适宜长度应该是正好抵达腰带的上方，或者有 1～2 厘米的距离。

第四，皮鞋以及袜子的选择要适当。男士在商务着装的时候要搭配皮鞋，不允许穿运动鞋、凉鞋或者布鞋，皮鞋要保持光亮整洁。袜子的质地、透气性要良好，同时袜子的颜色必须保持和西装的整体颜色相协调。如果是穿深色的皮鞋，袜子的颜色也应该以深色为主，同时避免出现比较花的图案。

④必备物品。在与西装进行搭配的时候，男士要注意以下修饰物的搭配。

一是公司的徽标。需要佩戴公司的徽标时，佩戴位置应该是男士西装的左胸的上方。二是钢笔。从事商务活动要经常使用钢笔，钢笔正确的携带位置应该是男士西装内侧的口袋里，而不应该在男士西装的外侧口袋中。三是纸巾。男士在着装的时候，应该随身携带纸巾，或者是随身携带一块手绢，可以随时清洁自己面部的污垢，避免一些尴尬场面的出现。四是公文包。一般男士在选择公文包的时候，它的式样、大小应该和自己的整体着装保持一致。男士在穿西装的时候应该尽量避免在口袋中携带很多的物品使衣服显得臃肿，一般情况下男士的一些物品，像手机、笔记本、笔可以放在自己携带的公文包中。

（2）女士的仪容仪表

从事商务活动的女士的仪容仪表的标准分为发型发式、面部修饰、商务着装、丝袜及皮鞋的配合，以及携带的必备物品等。有些内容与男士着装标准相同，就不再一一介绍了。

女士在商务活动中，仪容仪表方面需要注意以下细节。

①发型发式。女士的发型发式应该美观、大方，需要特别注意的是，在选择发卡、发带的时候，样式应该庄重大方。

②面部修饰。女士在正式的商务场合，面部修饰应该以淡妆为主，不应该浓妆艳抹，也不应该不化妆。

③商务着装选择。女士在选择商务着装的时候总的要求是干净整洁。女士在着装的时候要严格区分职业套装、晚礼服以及休闲服。在穿正式的商务套装的时候，应该避免穿无领、无袖，或者是领口开得太低、太紧身的衣服。衣服的款式既要尽量合身，又便于活动。

④丝袜及皮鞋。女士在选择丝袜以及皮鞋的时候，需要注意的是丝袜的长度一定要高于裙子的下摆边缘，皮鞋应该尽量避免鞋跟过高、过细。

⑤必备物品。商务礼仪的目的是体现出对他人的尊重，女士在选择佩戴饰物的时候应该尽量避免过于奢华。其他必备物品的携带和男士的携带标准基本相同。

3. 会见时介绍的礼仪

介绍礼仪是谈判双方见面时相互认识的重要环节，是谈判交往的重要起点。因此商务谈判者要重视介绍礼仪。

（1）自我介绍礼仪

自我介绍是谈判双方在互不相识，又没有中间人的情况下采用的一种介绍方式。谈判者在自我介绍时要说明自己的姓名、身份、单位等，并表达出愿意和对方结识的意愿。介绍自己时要不卑不亢，面带微笑，陈述要简洁、清楚。

（2）他人介绍礼仪

国际商务谈判中，在很多情况下由谈判负责人充当介绍人，在介绍他人时要注意以下问题。

①为他人作介绍时，要将被介绍人的姓名、身份、单位（国家）等情况，简明扼要地做说明，更详细的内容应根据其意愿去介绍。

②正式介绍的国际惯例一般是：先将年轻的介绍给年长的；先将职务、身份较低的介绍给职务、身份较高的；先将男性介绍给女性；先将客人介绍给主人；先将未婚的介绍给已婚的；先将个人介绍给团体。

③当两位客人正在交谈时，切勿将其中一人介绍给第三者。这一规矩在国际商务谈判中很重要。

④对于远道而来的，又是首次洽谈的客人，介绍人应该准确无误地把客人介绍给主人。

⑤介绍双方认识时，应该避免刻意强调一方，否则会引起另一方的反感。

（3）被人介绍礼仪

被介绍时，除女士和年长者外，一般应起立面向对方。但在宴会桌上、谈判桌上可不必起立，被介绍者只要微笑点头，距离较近可以握手，较远者可举右手致意。

4. 会见握手的礼仪

握手是交际礼仪的一个重要部分。握手的力量、姿势与时间的长短往往能够表现出一方对另一方的态度，显露自己的个性，给人留下不同的印象。谈判者可通过握手了解对方的个性，从而赢得商务谈判的主动。

（1）握手的基本要求

行礼者握手时应距受礼者约一步远，两脚立正，脚并拢或脚尖展开站成八字步，上身稍微前倾，肘关节微曲抬起至腰部，目视对方伸出右手，四指并拢、拇指张开与对方相握或者微动一下即可，礼毕后松开。行礼者与受礼者间距要适度，不要太远或太近，否则都不雅观，尤其不可将对方的手拉进自己的身体区域。握手时，只可上下摆动，而不能左右摆动。

（2）握手的注意事项

①握手的次序取决于握手双方的年龄、地位、性别等因素。在商务谈判场合，通常握手的次序为：主人先伸手，客人随之；年长者先伸手，年轻者随之；职位高者先伸手，职位低者随之；女士先伸手，男士随之。

②握手时间通常以3～5秒为佳，尤其在第一次见面时。如果一方握住对方的手持续时间过长，会被对方认为热情过度，不懂礼貌。一般握一下即可，如果是熟人，时间可稍长一些。男女之间不管熟识与否，都不宜用力握手。男士可只握一下女士手指部分，女方若不出手，男士只能点头或鞠躬致意。

③女士可以戴手套，但男士必须摘下手套，不能戴手套握手。

④人比较多时，握手应该按照次序进行，不能交叉握手，应等待对方与他人握手后伸手。谈判中，既可站着握手，也可以坐着握手。

⑤在任何时候，拒绝对方主动握手都是失礼的。但当对方手上有水或不清洁时应谢绝握手，并说明理由。

⑥握手时要注意面部表情。面部表情是配合握手举止的一种辅助动作，对加深对方的情感和印象有重要的作用。握手时，行礼者应双目注视对方，要面带笑容真诚地与对方握手，不能用冷淡呆板的表情与对方握手。

5. 寒暄、问候与称呼的礼仪

（1）寒暄

寒暄是谈判双方进行顺利洽谈的前提。寒暄的基本原则是：积极认真，争取主动，迅速调动自己的情绪，表现出与之交往的愿望和真诚；善于选择话题，互致问候；注意场合，讲究方式。寒暄的主要方式有以下几种。

①问候式寒暄。谈判双方可以根据不同的环境、场合、对象进行问候。

②赞扬式寒暄。谈判者可以根据对方的容颜、精神状态、衣着和发式等进行适当的赞扬。

③言他式寒暄。这常见于陌生的谈判者之间，谈判者彼此难以找到话题，可以谈论天气、交通、体育赛事等，这样可以打破尴尬的局面，引出话题。

寒暄的禁忌主要有：心不在焉，一心二用；匆忙应对，词不达意；急于接触实质性问题；引出易于产生争议的议题；提出谈判双方忌讳的话题；有违对方特定的风俗习惯的内容。

（2）问候

在商务谈判中问候语言的运用既表示尊重、显示亲切，也充分表现出说话者良好的风度和教养。如果初次与客商见面，问候语言与寒暄语言没有区别。在商务谈判中经常使用的“您好”既可以用作问候，也可以用作寒暄。

（3）称呼

在国际商务谈判中，一般对男子称“先生”，对女子称“夫人”“女士”，这些称呼前均可以冠以姓名、职称、职务等。对英国人不能单独称“先生”，而应该称“××先生”。美国人较随便，容易亲近，很快就可直呼其名。对不了解婚姻情况的女子可称“女士”。在日本对妇女一般不称“女士”，而称“先生”。

称呼顺序的基本原则是先长后幼、先上后下、先疏后亲、先外后内，这样做比较礼貌、得体和周到。

三、商务谈判的洽谈礼仪

洽谈礼仪是指谈判者在实际会谈过程中应具备的礼仪。它对谈判过程的顺利进行有着十分重要的影响。

（一）谈判场地

1. 谈判地点

谈判地点的选择，一般由主谈判方决定，如果主谈方能征求客方的意见更好。比较科学的选择是以地理位置优越为主，并考虑交通方便、通风设施较好、周围环境幽静、安全防范工作较好的地点。

2. 会场布置

会场布置，首先需要安静，其次是通畅。窗帘颜色要合适，给人恬静、温暖的感觉。

3. 座次安排

①座次安排的要求。座次安排的基本讲究是以右为尊，右高左低。谈判者身份、地位高的坐右边，低的坐左边。业务洽谈（特别是双边洽谈）多使用长方形的桌子。通常宾主相对而坐，各占一边。谈判桌一端对着入口时，来宾对门而坐，东道主背门而坐。双方的主谈人员是洽谈中的主宾和主人，应居中相对而坐，其余人员按照职务高低分坐左右。排座原则仍是以右为尊，主谈人员右手第一人为第二位置，主谈人员左手第一人为第三位置，右手第二人为第四位置，左手第二人为第五位置，以此类推。记录员一般位于来宾的后侧，翻译位于主谈人员右侧。

②座次安排的注意事项。在国际商务谈判中，参与洽谈的人总数不能是13，东道主可以用增加临时陪座的方法避免这个数字。多边洽谈一般采用圆桌的形式，有时为了强调对贵宾的尊重，己方人员有不坐满的习惯，即坐2/3，但需视具体情形而定。

③由于座次排列属于重要的礼节，来不得半点的马虎。为了避免因出错而失礼或导致尴尬的场面，在座次安排妥当后，工作人员在每个位置前可安放一个姓名签，以便谈判者识别。

（二）洽谈礼仪

1. 洽谈

洽谈是商务谈判的中心活动。在谈判中，谈判者遵守洽谈礼仪有十分重要的意义。在商务谈判中，遵守了洽谈礼仪未必一定会使谈判成功，但违背了洽谈礼仪，必定会造成许多不必要的麻烦，甚至造成谈判破裂。因此，谈判者在商务谈判活动中必须遵守洽谈礼仪。

①尊重对方，谅解对方。在交谈活动中，谈判者只有尊重对方，理解对方，才能赢得与对方感情上的接近，从而获得对方的尊重和信任。因此，谈判人员在交谈之前，应当调查研究对方的心理状态，考虑和选择令对方容易接受的方法和态度；了解、分析对方讲话的语言习惯、文化程度、生活阅历等因素对谈判可能造成的种种影响，做好多手准备，有的放矢。谈判者千万不可信口开河、不分场合，更不可咄咄逼人、自诩师尊。当发现对方失言或有语病时，谈判者不要立即加以纠正，更不要当场表示惊讶。如果有必要做出某种表示，可以在事后根据双方关系的亲疏程度妥善处理。若对方固执己见，骄傲自负，又确有必要指出其不足时，谈判者应当婉转地告诉对方。谈判者交谈时还应当注意，一旦自己出现失言或失态时，应当立即向对方道歉，说声“对不起”“请原谅”，一定不要自我辩解。

②及时肯定对方。在谈判过程中，当双方的观点出现类似或基本一致的情况时，谈判人员应当迅速抓住时机，用赞誉之词积极地肯定这些共同点。如有可能，谈判者还要想办法及时补充、发展双方一致的论点，引导、鼓励对方畅所欲言，将交谈推向高潮。赞同、肯定的语言在交谈中常常会产生异乎寻常的作用。谈判者的赞美要态度诚恳，肯定要恰如其分，既不可言过其实，又不可词不达意。在对方赞同或肯定己方的意见和观点时，己方应以动作语言，如点头、微笑等进行反馈交流。这种有来有往的交流，易于使双方谈判人员感情融通，从而为达成一致的协议奠定良好的基础。

③态度和蔼，语言得体。谈判人员交谈时要充满自信，态度要和蔼，语言要得体，神情要自然。说话时手势不要过多过大，不要用手指指向别人，不要唾沫四溅。谈话距离要适当。交谈的内容一般不要涉及不愉快的事情；不要径直询问对方的履历、收入、家庭、财产、衣饰价格等个人生活问题；不要谈论女士的年龄、婚姻、体态等问题。对方不愿回答的问题就不要追问不止，不要讥讽他人，不要随便议论宗教，不要议论别国内政。争论问题要有节制，不可进行人身攻击。交谈词语要选择得体，能准确表达自己的意思。

④注意语速、语调和音量。谈判人员陈述意见时要尽量做到平稳中速。因为说话太快，对方难以集中注意力正确领会和把握你的实际意图，有时还会给对方留下敷衍了事的印象，认为不必要做出什么反应，导致双方交谈不畅。如果说话太慢、节奏不当、吞吞吐吐、欲言又止，容易被对方认为不可信任。在特定情况下，谈判人员可以通过改变语速来引起对方的注意，加强表达的效果。在交谈中要保持适当的音量，切忌出现失控，以免损害自己的礼仪形象。

2. 距离

人与人之间的空间距离与心理距离联系密切，空间距离的大小直接影响洽谈双方心理上的距离。一般情况下，人们在交谈时，无论坐或站，都要保持一定的距离，避免直接相对。在洽谈活动中，双方却是直接面对面，没有什么回旋的余地。这使空间距离在洽谈活动中变得更为敏感。谈判中，双方较合适的距离应在 1～1.5 米之间，这个距离也是谈判桌的常规宽度。距离太远，双方交谈不方便，难以相互接近，有谈不到一起的感觉。距离太近，声息相通，表现出人为地过分亲近，使人觉得不自在，难以进行良好的交流。距离的变化可以传递某种信息，反映交谈者的不同心态。双方距离无论远近，都是以中间线来划分势力范围的，中线两端为各自的身体空间，如一方超过中线，是极具攻击性和无礼的举动。

3. 表情

面部表情是内心情感的重要体现。人的表情十分丰富，有极强的感染力，通过面部各个器官的动作，展示出内心多样的情绪和心理变化。洽谈活动中，有人嘴唇紧闭、唇角下垂，眼睛睁大、紧盯对方，有时甚至从牙缝中挤出话来，这表明这个人是一个有攻击性的人，有一种不是你死就是我活的心态。有人满脸堆笑、目光不定、眉头不动，这反映了他的内心游移不定。有人面带微笑、脸露真诚、眉目平和安定，虽无咄咄逼人的气势，却反映出一种内在的力量，这种人可能是个有能力、难以对付的强手。

4. 目光

人的眼睛是最富表现力的，谈判人员必须正确地运用自己的眼神。一般来说，目光应看着对方脸部的上部三角部分，即以双眼为底线、前额为上顶角的部位为宜，这样既能把握洽谈的进行，又不致因无礼而导致对方不愉快。谈判者视线接触对方脸部的时间正常情况下应占全部谈话时间的 30%～60%。注视时间过长会显得失礼，注视时间太短则显得己方对其谈话兴趣不大，心不在焉。

目光注视对方的正规做法是散点柔视，这样既显真诚，又不致使对方感到不自在。对视的时机要把握正确，一般视交谈内容而定。当强调某一问题时，或当对方注视你并发出交流信号时可对视，其他情况下要视对方脸部为一个整体，不要将目光集中于对方的某一部位。目光要柔和，瞪与盯是非常规的目光，须慎用；斜视是无礼的举动，不应使用。

需要注意的是，由于文化、背景的不同，各国对目光的运用有较大差异，因此，在进行涉外商务谈判时要格外小心。欧美国家的人大多数倾向于在谈话时双方对视，认为这样方显坦诚相待和相互信赖。他们认为只有心怀鬼胎、居心不良者才害怕看别人的眼睛。也有例外的情况，如英国人一向以传统保守著称，他们在交谈时不喜欢打量对方，特别对两眼盯着对方很反感，认为这会使别人紧张难堪，是不礼貌的行为；而日本人交谈时一般看着对方的脖子。

5. 体态

体态是一种身体语言。洽谈中，一些不经意的动作，可能透露出有关谈判者内心动态的有用信息。人在某种环境下，可以通过自觉的意识，在语言、语气等方面展示强硬和雄辩，表现得信心十足，绝不后退。但因为内心不踏实，没有把握，便在下意识中借助一些动作来掩饰自己，平衡内心的紧张和冲突。比如频繁地擦汗、抚摸下颌，敲击桌面等都反映出人的紧张不安。有经验、训练有素的谈判人员能自我控制，能尽量避免下意识的动作，在任何情况下都能镇定自若、不慌不忙、稳如泰山。

另外，自觉的体态运用也能微妙地、不知不觉地影响对方的心理。例如，抱着胳膊表示警觉和戒备；摸鼻梁、扶眼镜，同时闭目休整，表示正在集中精力思考某个问题，准备做出重大决策，有时也表示进退两难的境况在内心引起的紧张；握拳或紧握双手是信心不足，自我鼓劲的反映。还有一些下意识的动作反映人的焦虑和不知所措。以上这些体态能增加一个人的潜在影响力，表现出一定的人情味，也能表现出一种礼仪和风度，在洽谈活动中是不可或缺的增效剂。

6. 手势

手势是另一种重要的身体语言，在洽谈过程中有助于表现人的情绪，更好地说明某个问题，从而增加语言的说服力和感染力。谈判者的手势要自然大方，恰到好处。有意做出某种手势，易给人以虚假做作的感觉。手势过多、过密，就会分散对方的注意力，甚至引起对方的厌烦心理。做手势时如果动作太大，或是手越过了双方距离中界线，会使对方感觉侵入了自己的身体空间，有故意挑衅之嫌。双手打开的幅度一般不要超过双肩的范围，否则会给人以手舞足蹈、轻浮，甚至轻狂不实在的印象。当然，手势也不可太拘谨，生硬怯懦，缩手缩脚，既显得缺乏应有的自信，也难以引起他人对你的信赖感。谈判者的手势要与说话的语速、音调以及声音大小密切配合，不能出现脱节的情况，做手势时应把握好手势的力度，给人以轻重合适、表达自然的感觉。

（三）签约礼仪

谈判过程的最后阶段是签约，签约也有一定的礼仪和规范需要遵循。

1. 签约的方式

签约表示谈判过程的完成，签约有三种方式。

①直接签约，即双方法人代表针对谈判达成的协议直接签订合同的方式，大部分交易都采用直接签约的方式。

②指定签约，即第三人在取得一方代表就某项交易的委托证明后，按照委托书的授权范围签订合同的方式。

③会议签约，即双方法人代表或法人委托人就某项在交易会洽谈并达成协议后签订合同的方式。有时主管部门征得所属企业的同意，也可在会议上代其签订协议。

2. 签约的仪式

签约仪式是谈判双方或多方就达成的交易签订协议的一种仪式，它往往比较正式、隆重，礼仪规范比较严格。

①签约的准备。在签约仪式前，应做好各种文本的准备工作，包括定稿、翻译、校对、印发、装订等；还应准备好签字笔、吸墨器等物品，指派助签人员，安排洽谈仪式程序和其他有关细节。参加签约仪式的一般是各方参与谈判的全体人员，有时还会邀请各方的高层人士出席仪式，以示正式和庄重。签约仪式的场所布置应有所考究，符合一定的礼仪规范。悬挂、摆放双方国旗时，右边挂客方国旗，左边挂本国的国旗。

②签约过程。签约仪式开始，各方参加人员应该按礼宾次序进入签约厅。主签人员入座后，各方人员按身份顺序排列入位。助签人员分别站立于本方签约人员的外后侧，协助翻揭文本，指明签字位置。此时，一般还要安排礼仪小姐或礼仪先生分别为主客方的主签人或全体人员呈上香槟酒，以便双方干杯、祝贺、道谢。最后，参与签约的人员一般还要在签约厅合影留念。

3. 签约厅的布置

可将会议室、洽谈室、会议厅临时用作签约厅。签约厅布置应该整洁庄重，将长方形签字桌（或会议桌）横放在签约厅内，台面摆设绿色台布，座椅应该根据签字方的情况来摆放。签署双边合同，双方应在正面对门的一边就座，除桌椅外，其他家具陈设可移除。

4. 签约的禁忌

签约是谈判的最后一个环节，如果把握不好，就可能使其前功尽弃。因此，谈判者要特别注意签约的禁忌。签约的禁忌有以下几个方面。

①协议不完整，存在矛盾、漏洞或有含糊之处。

②文本有错漏，翻译不准确，印刷、装订不好，正本数量不够。

③签约的助签人员没有做好准备，文具、物品准备不充分。

④双方参加签约仪式的人员，尤其是主签人不对等。

⑤签约仪式的场所布置不庄重，准备仓促，座次安排不规范，国旗倒置或悬挂不同比例的国旗。

⑥签约的顺序颠倒、程序错漏等。

（四）送别礼仪

送别人员应事先了解对方离开的时间，提前到达来宾住宿的宾馆，陪同来宾一同前往机场、码头或车站，也可以直接前往机场、码头或车站恭候来宾，与来宾道别。在来宾上飞机、轮船或火车之前，送行人员应按照一定的顺序同来宾一一握手道别。当飞机起飞、轮船或火车开动之后，送行人员应向来宾挥手道别。

四、商务谈判的宴请礼仪

在商务谈判中，为了融洽双方的关系和联络双方的感情，谈判双方经常会互相宴请。因此商务谈判人员必须了解有关宴请的礼仪。

（一）邀约及应约的礼仪

1. 邀约及其礼仪

在商务交往中，因为各种各样的实际需要，商务人员必须对一定的交往对象发出约请，邀请对方出席某项活动，或是前来我方做客。这类性质的活动称为邀约。

对邀请者而言，发出邀请，如同发出一种礼仪性很强的通知一样，不仅要力求合乎礼貌，取得被邀请者的良好回应，而且还必须使之符合双方的身份，以及双方的关系现状。一般情况下，邀约有正式与非正式之分。正式的邀约，既讲礼仪，又要设法使被邀请者备忘，因此它多采用书面的形式。非正式的邀约通常是以口头形式来表现的。相对而言，它要显得随便一些。正式的邀约，有请柬邀约、书信邀约、传真邀约、电报邀约、便条邀约等具体形式，它适用于正式的商务交往。非正式的邀约，有当面邀约、托人邀约，以及电话邀约等不同的形式，它多适用于商务人士非正式的接触。前者可统称为书面邀约，后者则可称为口头邀约。

在比较正规的商务往来中，必须以正式的邀约作为主要形式。在正式邀约的诸多形式之中，档次最高，也最为商务人员所常用的当属请柬邀约。凡精心安排、精心组织的大型活动与仪式，如宴会、舞会、纪念会、庆祝会、发布会、单位的开业仪式等，只有用请柬邀请嘉宾，才会被人视之为与其档次相称。

请柬又称请帖，一般由正文与封套两部分组成。请柬正文的用纸，大多比较考究，多用厚纸对折而成。以横式请柬为例，对折后的左面外侧多为封面，右面内侧则为正文的行文之处。封面通常用红色，并标有“请柬”二字。请柬内侧，可以同为红色，也可采用其他颜色，但民间忌讳用黄色与黑色。在请柬上亲笔书写正文时，应采用钢笔或毛笔，并选择黑色、蓝色的墨水。红色、绿色、紫色、黄色以及其他鲜艳的墨水，则不宜采用。

2. 应邀及其礼仪

应邀，接到宴会邀请（无论请柬还是邀请信），己方能否出席要尽早答复对方，以便主人安排。一般来说，对注有“R.S.V.P”（请答复）字样的，无论出席与否，均应迅速答复。注有“regrets only”（不能出席请回复）字样的，则在不能出席时才回复，同样也应及时回复。经口头约妥再发来的请柬，上面一般注有“to remind”（备忘）字样，只起到提醒作用，可不必答复。答复对方，可打电话或复以便函。

受邀方接受邀请之后，不要随意改变。万一遇到不得已的特殊情况不能出席，尤其是主宾，应尽早向主人解释、道歉，甚至亲自登门表示歉意。应邀出席一项活动之前，要核实邀请的主人、活动举办的时间和地点、是否邀请配偶，以及主人对服装的要求等。

3. 赴宴前的准备及其礼仪要求

商务人员赴宴中有许多值得注意的礼节。赴宴前，应注意仪表整洁，穿戴大方，最好稍作打扮，忌穿工作服、满脸倦容或一身灰尘。为此，进行一番洗礼化妆是很有必要的。男士要刮净胡须，如有时间还应理发。注意鞋子是否干净、光亮，袜子是否有臭味，以免尴尬。

赴宴人员要遵守约定的时间，既不要太早，显得急于进餐，也不能迟到。最好事先探询一下路线，依据请柬注明的时间，稍微提前一点到达会场。如果你与主人关系密切，则不妨早点到达，以帮助主人招待宾客，或做些准备工作。

当受邀者抵达宴请地点时，首先应跟主人问候致意。对其他客人，无论相识与否，都要笑脸相迎、点头致意，或握手寒暄、相互问好。对长辈老人，要主动让座问候。对小孩子则应多加关照。

（二）宴请的形式及礼仪

以宴请的形式款待宾客，是对外交往中的一项经常性的活动。这不是一般的吃喝，而是人际交往的一种重要形式。因此，礼仪在宴请中占据着十分重要的地位。目前，国际上宴请的方式主要有宴会、冷餐招待会、酒会、茶会和工作餐等几种。

1. 宴会

宴会是较为隆重的正餐，可分别在中午和晚上举行，其中以晚宴最为隆重。宴会分为三种。一是国宴，是为国家庆典或欢迎外国元首、政府首脑而举行的规格最高、最为隆重的宴会。宴会厅里要挂国旗，并由乐队演奏国歌和席间乐。二是正式宴会，除不挂国旗、不奏国歌和出席者不同外，其他方面均与国宴相似。它对于来宾与服务人员的服饰以及座次、餐具、酒水和菜肴的道数，均有一定的要求。三是便宴，即非正式宴会。便宴形式较为随便，可不排座次，不作正式讲话，规格不高，菜肴道数量也不多。

2. 冷餐会

冷餐会一般在招待人数较多时举行，规格有高有低，按主客的身份和招待的菜肴而定。冷餐会一般在较大场地举行，设餐台和酒台。参加者可坐可立，并可自由活动。菜肴以冷食为主，酒和菜均可自取，亦可请服务员端送。

3. 酒会

酒会是鸡尾酒会的简称。酒会通常以各种饮料为主招待客人，并备有少量小吃，可由服务员端送，也可将食品放在小桌和茶几上，由客人自取。酒会形式轻松随便，客人可自由活动和攀谈。酒会一般在中午或傍晚举行，时间较短。客人到场和退场的时间亦无严格要求。

4. 茶会

茶会是一种更为简便的招待方式，它一般在西方人早、午茶时间（上午 10 点、下午 4 点左右）举行，地点常设在客厅，主人请客人一边品茶或咖啡，一边交谈。

5. 工作餐

工作餐是现代生活中一种经常采用的非正式的宴请形式。按用餐时间分为工作早餐、工作午餐和工作晚餐，主客双方可利用进餐时间，边吃边谈。它的用餐多为快餐分食的形式，既简便、快速，又卫生。

（三）宴请中的礼仪

1. 桌次与座位的礼仪

在宴请中，桌次与座位是一个不可忽视的问题。按照习惯，桌次的高低依据离主桌位置远近而定，右高左低。桌次较多时，要摆桌次牌。宴会可用圆桌、方桌或长方桌。一桌以上的宴会，桌子之间的距离要适中，各个座位之间的距离要相等。团体宴请中，宴会桌排列一般以最前面的或居中的桌子为主桌。

宴会桌的具体摆放还应依宴会厅的地形条件而定。各类宴会桌摆放与座位安排都要整齐统一，给人以整体美感。

礼宾次序是安排座位的主要依据。我国习惯按客人本身的职务排列，以便谈话。如果夫人出席，通常把女方排在一起，即主宾坐在男主人右上方，其夫人坐在女主人右上方。两桌以上的宴会，其他各桌第一主人的位置一般与主桌上的主人位置相同，也可以面对主桌的位置为主位。

在具体安排座位时，还应该考虑其他因素，例如，双方关系紧张的尽量避免安排在一起，身份大体相同或同一专业的可安排在一起。

恰当地用桌次和座位的安排显示己方的地位，表示尊敬，将为宴请增添礼仪之邦的风采，并取得特定的效果。

2. 进餐前的礼仪

赴宴者进餐前应当自由地与其他客人交谈，不要静静地坐着。交谈面可以宽一些，不要只找老相识，要多交新朋友。应注意宴会是交际场合，不是专谈工作的地方，如果只谈工作，主人会感到不快。

3. 进餐时的礼仪

进餐时举止要文雅。服务员送上的第一道湿毛巾主要是用来擦手的（吃完饭后再用别的毛巾擦脸），有的人一上来就用第一道湿毛巾抹脸，甚至连脑袋也抹一遍，这是很不文雅的行为。喝汤不要嚼，不要发出声音，不要一面咀嚼食物一面说话。剔牙时，应用手遮口。咳嗽、吐痰应离开餐桌。喝茶或咖啡时，应将小茶匙放回茶碟上，千万不要用小匙来喝茶或咖啡。喝茶或咖啡时右手拿杯把，左手端小碟。祝酒一般由主人和主宾先碰杯，再由主人和其他人一一碰杯。如果人多，也可同时举杯示意，不一定要挨个碰杯。注意尽量不要交叉碰杯。在主人或主宾致辞、祝酒时，应暂停进餐，停止交谈，注意倾听，不要借此机会抽烟。饮酒应控制在自己酒量的 1/3 以内，以免饮酒过量，失言失态，影响整个宴会气氛。对外宾敬酒要适度，不要劝酒。

宴会进行中，不能当众解开纽扣，脱下衣服。如果主人请客人宽衣，男宾可脱下外衣挂在衣架或椅背上。宴会进行中，如果因不慎发生异常情况，如餐具掉落或酒杯碰翻等，应沉着应付。餐具掉落可请服务员再送一副；酒水打翻，溅到邻座身上，应表示歉意，协助擦干；如果对方是女士，则只要把餐巾或干净手帕递过去，请她自己擦干即可。作为主方宴请时，可用公用餐具让菜，不能用自己的餐具让菜。如果受邀参加宴请，对方是主人，自己不要主动让菜。

如果有事要早退，应事先向主人说明，到时再告别，悄悄离去，不必惊动其他客人，以免使整个宴会的气氛受影响。宴会结束后，应向主人致谢，称赞宴会组织得好、菜肴丰盛精美等。

此外，赴宴者还要注意以下事项。一般不要谈生意，因为宴会厅人声嘈杂，不是谈生意的场所。有些国家的客户认为在酒桌上谈生意是一种诱惑，属于拉拢行为，从而自讨无趣。谈话不要涉及他人的隐私，对政治、宗教问题的谈论也要慎重，要事先了解在座人员的倾向，以免无意中得罪人，影响业务活动。赴宴时，注意尊重主人的民族习惯。

五、参观与互赠礼品的礼仪

（一）参观的礼仪

主方应根据接待计划、来宾的特点和要求，有针对性地安排参观日程。对于来宾提出的合理要求，在条件允许的情况下要尽可能予以满足，确实无法满足的，应做好解释。

参观日程一经确定，应尽快通知参加接待的有关单位和部门，加以落实。无特殊情况，不应随便改变日程安排，如确需改变日程，也要妥善安排，尽可能保证整个活动的衔接。

接待外宾时，接待单位应事先准备相应语种的情况介绍。如果外宾所属国家地区所用语种不甚通用，或准备起来有一定难度，也可准备中英文对照的介绍。介绍材料力求简明扼要、实事求是，体现本单位特点，对谈判要有实际意义。

接待单位要对事先了解和掌握的来宾的情况、特点和要求，提出的问题和需要注意的问题进行充分考虑，以便有针对性地进行准备。

对来宾不宜用“光临指导”“检查工作”“汇报”“指示”等词语。陪同参观人员不宜过多，但应该有能够回答技术问题的人员；对可能涉及的技术问题，接待人员要事先有充分的准备，以免出现应答失误，或者耽搁时间。

引导来宾参观的人员要走在来宾前方，如果为了表示尊重而让来宾走在前面的话，反而会使对方感到不知如何是好。上下楼梯时，引导的人应该靠扶手走，而让来宾靠墙走。

涉外谈判时，为了对具有一定身份的外宾表示欢迎，应该在被参观企业或其他适当地方悬挂参观客人国家的国旗和我国国旗。在参观途中，如果碰巧到了午餐时间，不必特意从外面叫餐，也不必到外面的高级餐厅去接待，在企业或单位的内部餐厅用餐就可以了。招待过于豪华，有时会使外宾产生不良的印象。

应当注意，在接待来宾的过程中，要内外有别，注意保密。保密的产品，不要引导来宾参观，没有把握的事情不要轻易表态，更不要随意允诺送给来宾产品、资料等。

（二）馈赠礼品的礼仪

馈赠礼品是商务活动中的一项重要内容。在商务谈判中，礼品是谈判的润滑剂，有助于加强双方的交往，增进双方的感情，巩固彼此的交易关系。

1. 礼品的选择

谈判人员在相互交往中馈赠礼品，一般除表示友好，进一步增进友谊和今后不断联络感情的愿望外，更主要的是表示对本次合作成功的祝贺，和对再次合作能够顺利进行所作的促进。因此，针对不同对象选择不同礼品，再选择适当时机馈赠，成为了一门敏感性、寓意性都很强的艺术。在赠送礼物时，需要考虑礼品的价值、类型、包装、方式等方面，礼物的价值应视洽谈内容及具体情况而定。一般而言，西方社会较为重视礼物的意义和情感价值，而不是值多少钱，即“礼轻情意重”。礼物是传递友谊和交流感情的一道桥梁，因而选择时要注重它的纪念价值、实用性和民族特点，无需太贵重，只要对方喜欢并接受就达到了送礼的目的。有时礼物过于贵重，会使人觉得赠送者别有用心。

2. 选择礼品要考虑礼品的接受程度

馈赠礼品，谈判者要注意对方的习俗和文化修养。由于谈判人员所属国家、地区间有较大差异，文化背景各不相同，爱好和要求必然存在差别。例如，在阿拉伯国家，不能以酒作为馈赠礼品，不能给当事者的妻子送礼品；在英国，人们普遍讨厌印有送礼人单位或公司标记的礼品；在法国，只有在办丧事时才使用菊花，所以，除去丧事场合外，一定不能送菊花；日本人不喜欢狐狸图案的礼品；中国人忌讳送梨与送钟等，这些都是由不同的习俗和文化造成的。因此，送礼时一定要考虑周全，避免适得其反。

3. 注意礼品的意义

礼品是感情的载体，正确地选择礼品，对谈判的成功往往有意想不到的效果。任何礼品都表示送礼人的特别心意，或酬谢、或请求、或联络感情等。所以，谈判者选择的礼品应体现自己的心意，并使受礼者觉得你的礼物非同寻常，倍感珍贵。据了解，外国友人喜欢的我国礼品包括景泰蓝制品、玉佩、绣品、国画、书法、瓷器、紫砂茶具、竹制工艺品、汉字纸扇等。

（三）送礼时机的选择

赠送礼品还要注意时机和场合。一般情况下，各国都有初交不送礼的习惯。此外，英国人多在晚餐或看完戏之后乘兴赠送；法国人喜欢第二次见面时赠送礼品；我国以在离别前赠送纪念品较为自然。如果为了引起对方惊喜之情，也可于飞机即将起飞或火车即将开动之时赠送礼品，这一般适用于特别熟悉的朋友之间送礼。

赠送礼品的时间要兼顾两点。一是具体时机，赠送礼品的最佳时机是节假日、节庆日等。二是具体赠礼时间。一般而言，作为客人拜访他人时，最好在双方见面之初向对方送上礼品，即“见面礼”。作为主人接待来访者时，则应该在客人离去的前夜或者举行告别宴会上，把礼品赠与对方。在国际商务活动中赠送礼品的具体时间是一个需要特别注意的问题。例如，应避免在商业交易正在进行中赠送礼物。与日本人做生意，则要等对方先送礼物，己方方可回礼，如果己方赠礼在前，会使日本人觉得丢面子；而与阿拉伯国家的人员交往中，一般要在见过几次面后，赠送小礼物才为妥当。

由于各国文化的差异，送礼成了一种复杂的礼仪。如果运用得当，送礼能巩固双方的业务关系；运用不当则会有碍业务联系。选择适当的礼品、赠送礼品的时机，以及让受礼人做出适当的反应等，都是谈判人员送礼时要注意的问题。

（四）赠送礼品的地点

考虑礼品的赠送地点时要注意公私有别。一般而言，公务交往中所赠送的礼品应该在公务场合赠送。在谈判之余，商务活动之外或私人交往中赠送的礼品，则应在私人场所赠送。

（五）赠送的方式

赠送礼品，须注意包装。包装是礼物的外套，不可马虎、草率，否则会影响送礼的效果。包装盒的颜色也要考虑受礼人的习惯和禁忌。另外，赠送礼品时要附上赠送者写的卡片，在卡片上可注明礼品的含义、具体用途及其特殊之处。这样可以更加突出礼品的意义和赠礼人的用心与善意。但是，在欧洲把名片放在礼物中是失礼的行为，如果需要加放名片，则要放入精致的信封中，与礼物一并交与受礼人。

赠送礼品，要讲究数量。例如，我国一向以双数为吉祥，而在日本却以奇数表示吉利，西方国家通常忌讳“13”这个数字。因此送水果或其他数量较多的礼物时都应注意这一点。

应当特别注意的是，礼品往往是有一定的暗示作用的，送礼者必须小心谨慎地选择，不要因赠送礼品造成误解。例如，我国一般忌讳送梨或钟，因为梨与“离”同音，钟与“终”同音，“送离”与“送终”都是不吉利的字眼。男性对一般关系的女子，不可送贴身内衣、腰带和化妆品，更不宜送项链、戒指等物品，否则，极易引起误解。又如，亚、非、拉、中东地区的客商相对注重礼物的货币价值，在赠送礼品时就不可忽视所赠礼物的实际价值，以免被认为小气、吝啬，从而达不到赠送礼物的目的。

（六）接受礼品的礼仪

所谓礼尚往来，除馈赠礼品外，商务人员也会遇到受礼问题。对于他人赠送的礼品是否能接受要心中有数，因为如果你接受了一件礼物，就容易失去对某些事物的控制。商务人员在涉外商务洽谈中接受礼物须符合国家和企业的有关规定、纪律。当不能接受礼物时，应向对方说明情况并致谢。符合规定的礼物，除中、日两国外一定要当面打开，并表示欣赏，真诚接受和道谢。受礼后还有还礼的问题。还礼可以是实物，一般为对方礼物价值的一半，并在适当的时候提及，表示“不忘”和再次感谢对方。

第三节　商务谈判中的礼节

礼节是人和人交往的礼仪规矩。礼节是礼貌的具体体现，是人们在日常生活中，特别是交际场合，互相问候、致意、祝愿、慰问以及给予必要的协助与照料的惯用形式。

一、商务谈判礼节的基本原则

礼节是商务谈判活动中不可缺少的重要内容。礼节不周或不讲礼节，会让对方感到冷遇，甚至产生敌意，从而使商务谈判无法顺利进行。

（一）遵守时间，不得失约

参加谈判或其他商务活动的人员应按约定时间到达指定地点。过早到达，会使主人因没准备好而感到难堪；迟到，则是失礼，使主人长久等候，担心牵挂。因特殊原因迟到，应向主人表示歉意。如果因故不能赴约，要有礼貌地尽早通知主人，并以适当方式表示歉意。

（二）尊重老人、妇女

很多国家的社交场合，上下楼梯或车船、飞机，进出电梯，均应让老人和妇女先行。

对同行的老人和妇女，男士应为其提拎较重的物品。进出大门，男士应帮助老人和妇女开门、关门。同桌用餐，两旁若坐着老人和妇女，男士应主动照料，帮助他们入座就餐等。

（三）尊重各国、各民族的风俗习惯

不同的国家、民族，由于不同的历史、文化、宗教等原因，各有特殊的宗教信仰、风俗习惯和礼节，应该受到理解和尊重。例如，天主教徒忌讳“13”这个数字，尤其是“13日，星期五”，遇上这个日子不举行宴请；印度、印度尼西亚、马里、阿拉伯国家等，不用左手与他人接触或用左手传递东西；使用筷子的国家，用餐时不可用一双筷子来回传递食物，也不能把筷子插在饭碗中间；保加利亚、尼泊尔等一些国家，摇头表示同意，点头表示不同意。谈判人员如果不了解或不尊重其他国家、民族的风俗习惯，不仅失礼，严重的还会影响双边关系，阻碍谈判达成协议，因此必须高度重视这一问题。

（四）举止得体

在谈判活动或其他活动中，谈判人员应做到坐有坐姿，行有行态，落落大方，端庄稳重，诚恳谦恭。站立时，应两腿自然分开，约相距一肩宽，双手相握放在两腿间，或两手背放身后，挺胸、抬头，目光平视对方，面带微笑，对所负谈判任务充满信心、兴趣和进取精神。坐时，应将双手放在桌上，挺腰近台，目光平视对方，面含微笑，神情专注，从容不迫，缓急适度。如果是陪同宾客走入房间，应先请客人坐到各自的座位上，然后，自己轻步入席。如果谈判者因故迟到，应当疾步入门，眼睛搜寻主宾，边走边伸手给主宾致意，以表歉意。

在谈判时，谈判者的态度要诚恳、谦恭、热情。当对方在谈判中摆出虚假、傲慢、冷漠的态度时，己方不应持同样错误的态度。谈判者要分析原因，对症下药，应不卑不亢，婉转指出对方的失礼，奉劝其应以维护谈判的融洽气氛为主，不要因失礼而危及谈判的成功。

在公共场所，应保持安静，不喧哗。在听演讲、看演出等场合，要保持肃静，不要交头接耳、窃窃私语，或者表现出不耐烦的情绪。

另外，一般不要询问对方有关隐私方面的任何问题，这与商务谈判无关，谈判者不要意图通过此举拉近与对方的距离。

二、商务谈判会面礼节

（一）问候

问候就是问好的意思。最简单的话语有“早上好”“下午好”“晚安”或“您好”等。见面打招呼是人们最简便的礼节。中国、俄罗斯、德国的语言中有“你”和“您”之分，后者表示尊敬。问候别人应面带微笑，态度和蔼。

（二）介绍

谈判双方的认识首先是通过介绍来实现的。在比较正式的谈判场合中，通常有两种介

绍方式：一种是自我介绍，另一种是由第三者做作介绍。介绍他人时要有礼貌地以手示意，而不要用手指点人，要讲清姓名、身份和单位。在商务谈判中，一般由双方主谈人员或主要负责人互相介绍各自的组成人员。在双方主谈人员或负责人互不相识或不太了解时，一般请中间人介绍双方团队的人员情况。

介绍的顺序是，先把年轻的介绍给年长的，先把职位、身份降低的介绍给职位、身份较高的，先把男性介绍给女性。在人多的场合，主谈人员应逐一认识所有的谈判人员。在商务谈判中，谈判双方无论谁是主方，都应接见客方所有人员。另外，对于远道而至的面谈客人，介绍人应准确无误地把客人介绍给主人。如果作为客人未被介绍人发现，最好能礼貌而巧妙地找别人来向主人引见。被介绍人要面带微笑，点头示意友好。

（三）握手

谈判双方人员见面和离别时一般都应握手以示友好。握手的动作虽然平常简单，但通过这一动作，能起到增加双方亲近感的作用。谈判人员握手要注意以下几个方面。

①握手的主动与被动。一般情况下，谈判人员应主动和对方握手表示友好、感谢和尊重。在别人前来拜访时，主人应先伸出手去握客人的手，以表示欢迎和感谢。主、客双方在由别人介绍或引见时，一般是主方、身份较高或年龄较长的人先伸手，以此表示对客人、身份较低或年龄较小的尊重。在异性谈判人员之间，男性一般不宜主动向女方伸手。多人同时握手应注意不能交叉，应待别人握毕后再伸手。

②握手时间的长短。谈判双方握手的时间以 3～5 秒为宜，握手时间过长或过短均不合适。

③握手的力度与握手者的距离。握手时，一般应走到对方的面前，不能漫不经心地从侧面与对方握手。握手者的身体不宜靠得太近，但也不宜离得太远。握手力量要适度，过轻过重都不好。男性与女性握手，往往只握一下女性的手指即可。

④握手的面部表情与身体弯度。握手者的面部表情是配合握手行为的一种辅助动作，通常可以起到加深感情和印象的作用。双方握手时必须注视对方，切忌目光左顾右盼，应身体微躬、面带笑容。

⑤其他。女士与人握手时应先脱去右手手套，但有地位者可以不必；男士则必须脱去手套才能握手。不要用左手与他人握手，尤其对方是阿拉伯人或印度人时。除非患有眼疾或眼部有缺陷者，握手时不允许戴墨镜。握手时，另外一只手不要插在衣袋里，或一直拿着东西不放下。握手时不要只递对方一截冷冰冰的手指尖。在任何情况下，都不要拒绝与他人握手。

（四）致意

当谈判双方或多方之间相距较远时，谈判人员一般可举右手打招呼并点头致意。与相识者侧身而过时应说声“你好”，与相识者在同一场合多次会面时，点头致意即可。与一面之交或不相识的人在谈判场合会面时，均可点头或微笑致意。如果遇到身份高的熟人，一般不要径直去问候，而应在对方应酬活动告一段落后，再前去问候致意。

三、交谈中的礼节

交往活动离不开交谈，商务谈判的过程无疑也是交谈的过程。在商务谈判中，交谈并非只限于谈判桌前，交谈的话题也并非只限于和谈判内容相关的问题。谈判人员在交谈中要注意下面一些礼节事宜。

①表情要自然，态度要和气、可亲，表达得体。谈话距离要适当，不要离对方太近或太远，不要有多余的肢体接触，不要唾沫星子四溅。

②手势要适当。手势可以反映谈判者的情绪，可以表达大、小、强、弱、难、易、分、合、数量、赞扬、批评、肯定、否定等意思。手势要文明，幅度要合适，不要动作过大，更不要用手指指人或拿着笔、尺子等物品指人。

③参加别人的谈话时要先打招呼。别人在个别谈话时，不要凑近旁听；若有事需要与某人交谈，要等其谈完再说；有人主动与自己谈话时，应乐于交谈；第三人参与交谈时，应以握手、点头或微笑表示欢迎；发现有人欲和自己交谈时可主动向前询问；谈话中有急事需要处理或需要离开时，应先向对方打招呼，表示歉意。

④交谈现场超过三个人时，应不时地与在场的所有人交谈，不要只和一个人讲话，而不理会其他人。所谈问题不宜让别人知道时，则应另外选择场合或时机。

⑤自己讲话时要给别人发表意见的机会，别人讲话时也应寻找机会适时地发表自己的看法。对方发言时，不应左顾右盼、心不在焉，不要做看手表、伸懒腰、玩东西等表现不耐烦的动作，要善于聆听对方的谈话，不要轻易打断别人的发言。

⑥内容要恰当，一般不要涉及疾病、死亡等不愉快的内容，不谈荒诞离奇、耸人听闻、黄色淫秽等内容。

⑦不询问女性的年龄、婚姻状况等方面的问题；不直接询问对方的履历、工资收入、家庭财产、衣饰价格等私生活方面的问题；对方不愿回答的问题不要寻根问底；对方反感的问题应立即表达歉意并转移话题。不对某人评头论足，不讥讽别人；不随便谈论宗教问题。

⑧男士一般不参与女士圈的讨论，也不要与女士无休止地交谈而引人反感侧目；与女士交谈要谦让、谨慎，不随便开玩笑，争论问题要有节制。

⑨要使用礼貌用语，如“您好”“请”“谢谢”“对不起”“打搅了”“再见”等，并针对对方的国别、民族、风俗习惯等，恰当使用礼貌语言。

⑩在社交场合，一般不过多纠缠，不高声辩论，不恶语伤人、出言不逊。即便有争吵，也不要斥责、讥讽、辱骂对方，最后应握手道别。

四、参加宴请的礼节

（一）应邀

谈判人员接到口头或书面邀请后，无论能否出席都要尽早答复对方，以便对方妥善安排。

接受邀请后，不要随意改动，万一非改不可，尤其是主宾，应尽早向邀请方解释、道歉，甚至登门说明致歉。

应邀后，还要核实邀请方是谁，时间、地点是否有误，邀请人数，对服饰有无要求等。

（二）掌握出席时间

谈判人员出席宴请，抵达时间的早晚、逗留时间的长短，在一定程度上反映了对主人的尊重，迟到、早退、逗留时间过短被视为失礼或有意冷落。身份高者可略晚到达，一般人员宜略早到达。主宾退席后，其他客人再陆续告辞。抵达宴请的时间，各地通行的做法是准时，有的地方是晚 1～2 分钟到，我国是提前 2～3 分钟到，都视为正常。赴宴人员确定有事需提前退席，应向主方说明后悄悄地离去，也可事前打好招呼，到时自行离去。

（三）入座

客人应听从邀请方安排，了解自己的桌次和座位，不要随意乱坐。

（四）进餐

①身体与餐桌之间要保持适当的距离，太远不易取得食物，太近则易使手肘过度弯曲而影响邻座。理想的坐姿是身体挺而不僵，仪态自然，既不呆板，也不轻浮。

②主人摊开使用餐巾后，客人才能将它摊开置于膝盖上。餐巾的主要作用是防止油污、汤水滴到衣服上，其次是用来轻擦嘴边油污。但不可用它擦脸、擦汗或除去口中之食物，也不可用它擦拭餐具。用餐完毕或用餐后离桌时，应将餐巾放于座前桌上左边，不可胡乱扭成一团。

③采用中餐宴请外国客人时，既要摆碗筷，也要摆刀叉，以中餐西吃为宜。吃西餐时，右手持刀，左手持叉，按刀叉顺序由外往里取用。每道菜吃完后，将刀叉并拢平放于盘内，以示吃完，或者摆成八字或交叉型，刀口向内。

④送到面前的食物多少都要用一点，特别合口的食物请勿一次用得过多，不合口的食物也不要流露出厌恶的表情。

⑤吃西餐中的肉类时，要边切边吃，切一次吃一口。吃鸡、龙虾等食物时，经主人示意，可以用手撕开吃。吃面条之类的食物时，可用叉、筷卷起一口之量食之，不要吸食发声。喝汤时，忌用口吹，或“嘶嘶”出声。

⑥进餐时应尽量避免打喷嚏，无法抑制时用手帕掩口，并避免对人打喷嚏。嘴内有食物时，切勿说话。

（五）饮酒

宴席上少不了要饮酒，受邀人员要提前了解主方祝酒的习惯。在主人和主宾致辞、祝酒时，应暂停进餐，停止交谈，注意倾听，不得借此抽烟。主人或主宾到各桌敬酒，应起立举杯。碰杯时，主人和主宾先碰，人多可同时举杯示意，不一定碰杯。祝酒时，注意不要交叉碰杯。碰杯时，要目视对方致意。

人们在宴会上相互敬酒表示友好，可以活跃气氛。但切忌饮酒过量，应控制在本人酒量的1/3，以免失言、失态。不要劝酒，更不要灌酒。在选用酒类时，以选用地方特色酒为宜。选用葡萄酒要谨慎，葡萄酒种类多，外国人常以此衡量宴会规格。

（六）宽衣

社交场合，无论天气如何炎热，不能当众解开纽扣，脱下衣服。在小型便宴上，如主人请客人宽衣，男宾可脱下外衣搭在椅背上。

（七）饮茶、喝咖啡

西式饮茶、喝咖啡时，需用小茶匙搅拌。正确的饮法是：搅拌后，把小茶匙放回小碟内，左手端着小碟，右手拿着杯子饮用，不要用小茶匙把茶或咖啡送入口中。

（八）水盂

在西式宴席上，在上鸡、龙虾、水果时，有时会递上一个小水盂（铜盆、瓷碗或水晶玻璃缸），水上漂有玫瑰花瓣或柠檬片，这是供洗手用的。洗手时，两手轮流沾湿指头，轻轻地洗，然后用餐巾或小毛巾擦干，千万不要饮用。

（九）纪念物品

除了主人准备送给来宾的纪念物品外，各种招待用品，包括糖果、水果、香烟等，都不要拿走。有时，外宾会请同席者在菜单上签名，然后作为纪念品带走。

（十）饮食习惯

招待员上茶和饮料时，不要抢着去取，待送至面前时再拿。周围的人未拿到第一份时，自己不要着急于去取第二份。参加自助餐会时不要围在菜桌旁，取完即离开，以便让别人取用。

面包一般应掰成小块送入口中，不要用手整个拿着咬。很多欧洲国家的面条是一道菜，不要在面上浇汁吃，主人可能会误会你嫌他做得不好吃。欧美国家多以鸡胸肉为贵，如照中国人习惯以鸡腿敬客人，反为失礼。主人通常会劝客人再添点菜，你若有胃口再添不算失礼，主人反会引以为荣。欧美人吃荷包蛋，先戳破未烧透的蛋黄，然后切成小块吃，盘里剩下的蛋黄，用小块面包蘸着吃。

五、出席文体活动的礼节

在紧张的谈判之余，也会安排一些文体活动，谈判人员要慎重考虑是否应邀。应邀后参加活动时应按规定入座；在观看节目时要肃静，不要谈话，不要大声咳嗽或打哈欠；即席翻译要小声，最多大略译几句；谈判人员在观看前应先了解一下节目内容，自己欣赏；场内禁止吸烟，不吃零食。一般不要对节目表示不满或失望，节目演完，应报以掌声。另外，谈判人员出席观看文艺演出要注意着装服饰。

六、进入他人的办公室和住所的礼节

进入他人的办公室或住所时，首先要事先约定，并按时抵达；如无人迎接，应先按门铃或敲门，经主人允许后方得入内，按铃时间不要过长；因事情紧急，临时去他人住处，应尽量避免在深夜打扰。在万不得已的情况下到访，要先致歉，并说明原因，以取得谅解；谈话时间不宜过长。

不要站在门口谈话。如果主人未请你进屋谈，则可退到门外，在室外谈话。进入室内，如果谈话时间短，则不必坐下，说完也不要逗留；如果谈话时间较长，则要在主人邀请之后方可入座。

拜访时间一般安排在上午 10 时或下午 4 时比较合适。

未经主人邀请或同意，不得要求参观主人的卧室或庭院，在主人陪同参观时，即使是熟人，也不要触动除书籍和花草之外的物品。

对主人的家庭成员都应问候。家中如有猫、狗等小动物，不要表示害怕、讨厌，更不要去踢它、轰它。

离别时，不论结果如何，都应表示感谢，这不仅是礼貌，而且能为今后见面打下良好的基础。

七、日常卫生

（一）注意个人卫生

谈判人员应适时理发、经常梳理、保持清洁，胡须要刮净，指甲要修剪，鼻毛应剪短，要保持外貌整洁美观。内衣、外衣保持整洁，特别是衣领袖口要干净。皮鞋要上油擦亮，布鞋要刷洗干净。

不要当着他人的面擤鼻涕、掏鼻孔、搓泥垢、挖眼屎、打哈欠、修指甲、剔牙齿、挖耳朵等。咳嗽、打喷嚏时，应用手帕捂住口鼻，面向侧方，避免对着他人，避免发出大声音。

在参加活动前，不吃葱、蒜、韭菜等易产生刺激性气味的食品，必要时可含一点茶叶或使用口气清新剂，以消除刺激性气味。

有病的人员不要参加活动。例如感冒，在我国不算什么大病，但西欧、北美人士对感冒“很讨厌”。脸部、手、臂等外露皮肤有病的人也应避免参加活动，以免引起别人反感。有口臭的人应注意漱口除味。

（二）保持环境卫生

要保持地毯、地板的清洁。抽烟要使用烟灰缸。个人的不洁物品，应丢入垃圾筒或放入自己的手帕或口袋中，不要随意乱丢。吐痰入盂，或吐在纸巾、手帕中装入衣袋。雨、雪天应把雨具放在门外或前厅。

（三）陈设布置应保持整洁

谈判室、客厅要通风，不要有异味。沙发套、窗帘等要保持清洁，灯、衣架、玻璃要擦拭干净，地板、地毯要定期清扫，痰盂应放在背静的地方。

八、服饰

俗话说："人靠衣裳，马靠鞍。"服饰不仅可以美化我们的仪表，衬托我们的气质，而且还能反映出我们的教养与文化。在现代生活的各个方面，人与人之间、民族之间、国家之间的交往日益频繁，衣着打扮在交往中的作用也日益明显和重要。作为商务谈判者，必须熟悉着装的基本礼节。

社交场合的服装大体分为两类：正式、隆重、严肃的场合应穿深色礼服，一般场合可穿便服。目前，大多数国家在穿着方面均趋于简化，隆重场合穿着深色质料的西装就可以了。极少数国家规定，妇女在隆重场合禁止穿长裤和超短裙。我国没有礼服和便服之分。一般情况下，男子的礼服为上下同色同质的毛料西装，系领带，配黑皮鞋。女士根据不同季节和活动性质，可穿西式套装、民族服装、中式上装配长裙、旗袍、连衣裙等。

穿长袖衬衫要将前后摆塞在裤内，袖口不要卷起。穿短袖衫下摆不要塞在裤内。任何情况下不能穿短裤参加商务谈判活动。

九、称呼

知礼的第一要素是正确、清楚地道出每个人的姓名和头衔，谈判人员如果不清楚，可向有关人员了解。由于各国、各民族语言不同，风俗习惯各异，社会制度不一，因此在称呼上差别很大，如果搞错了称呼，不仅会使对方不高兴，引起反感，而且会危及谈判的成功。

在商务活动中，对男子一般称"先生"，但是在英国，不能单独称"先生"，而应称"×先生"。对女士，一般称夫人、女士、小姐，不了解其婚姻情况的女子可称女士，但是在日本，对妇女一般不称女士，而称"先生"。

十、舞会

在现代交际中，商务谈判人员应邀请参加舞会的机会越来越多。这里的舞会是指规模较大并有专人提供服务的社交活动。舞会是一种较好的交际手段。常见的交谊舞，如传统的华尔兹、探戈、快步舞，现代的迪斯科、牛仔舞，具有民族特色的伦巴、桑巴、恰恰舞等，都是从国外传入我国的。因此，参加舞会要遵循西方礼节的要求。

（一）舞会前的准备工作

在西方，参加舞会必须正式着装。男士通常为黑色西服，女士为长裙。在我国，虽然没有特殊的服饰规定，但着装必须整齐。女性可以化妆，佩戴首饰。有专家根据舞会灯光的设计，建议舞会服饰最好选用绿、橙、黄、深红色调及中性色调，不宜采用紫罗兰、钢蓝或浅红色调。在饮食方面，参加舞会前忌食带刺激性气味的食物，如酒、葱、蒜等。如果已食，舞会前应清洁口腔，并含一点茶叶或口香糖消除异味。如果患有传染病，即使被邀请，也不应该出席舞会这种公共场合，以免把疾病传给他人。

（二）来宾向主人通报

由于参加舞会的人较多，主人不可能认识全部参加舞会的人。这时，客人应主动向主人通报自己的姓名和身份。单身女宾或男宾应向主人通报自己的全名，而不能自称某小姐或某先生；夫妇应一起通报；未婚伴侣、恋人或自带舞伴的来宾应一起通报，但应先报女方的全名，再报男方的。主人没有在门口迎候，或客人迟到时，客人到达会场后应及时找机会向主人打招呼。

（三）邀舞

舞会中通常由男士邀舞，彬彬有礼的邀舞会让每位女士都十分乐意接受。男士在邀女士共舞时，应先问她是否愿意跳这支曲子。在舞会中，男士可以邀请任何女性跳舞，但不能整个晚上只与一位女性跳舞。带女伴的男士要记得在第一支和最后一支舞时邀请自己的女伴共舞。在邀请有男士或长辈陪同的女士跳舞时，应先征得陪同男士或长辈的同意，并在跳完舞后把女士送回原处，向其陪伴者点头致意。在舞会中，男士至少应邀请女主人跳一次舞。如果女主人有女伴、女儿在场，在礼貌上应一一邀舞。

（四）应邀

以礼貌的邀舞开始，还必须辅以礼貌的应邀才能达成一次愉快的共舞。女士在受到男士邀舞时，如果愿意，应先说“谢谢”，也可以微笑起身走向舞池。当女士不想接受男士的邀舞时，可以选择一些委婉而礼貌的话加以推辞，如“对不起，我现在不想跳”或“抱歉，我不喜欢这支曲子”等，以免伤了邀舞男士的体面和自尊。在刚拒绝了一位男士后，马上接受另一位男士的邀请是十分失礼的，除非你们事先有约定。

（五）愉快地共舞

在跳舞时，男女应保持适当的距离。男士不要把女士搂得太紧，或长时间盯着对方的脸看，也不能低着头看自己的脚。正确的做法是目光越过对方的肩向后看。

男士个高腿长，在跳舞过程中要注意照顾女伴，舞步不要太大，以免女伴跟不上。一曲结束，男士和女士应互相道谢，然后，男士应将女士送回原处。

（六）道别

舞会结束后或中途退场时，客人应向主人辞行。辞行时，应向主人表示舞会举办得很成功，自己或同伴很愉快，以示感谢。除了向主人辞行外，还应向在舞会上结识的新朋友或以前认识的老朋友道别。

第四节　主要国家商务谈判的礼仪与禁忌

由于世界各国有着不同的文化背景和民族差异，因而礼节和习俗也有着很大的区别。

在商务交往中必须了解各国的礼仪及禁忌，才能便于我们更好地开展各种商务活动。

一、美国人的谈判礼仪与禁忌

与美国商人在一起时没必要多次握手与客套，他们大多性格外向，直爽热情。即使昨天还是与你未见过面的陌生人，今天一见面就会立刻显露出仿佛是交往多年的老朋友般的亲热，直呼名字，甚至当天就可以做成一笔大生意。美国商人见面与离别时，会面带微笑地与在场的人握手。彼此问候较随便，大多数场合下可直呼其名。对年长者和地位高的美国商人，在正式场合下，宜使用“先生”“夫人”等称呼。对于婚姻状况不明的女性，不要冒失地称其为夫人。在比较熟识的女士之间或男女之间会以亲吻或拥抱表示问候。美国商人习惯保持一定的身体间距，交谈时，彼此站立间距约 0.9 米，每隔 2～3 秒有视线接触，以表达兴趣、诚挚和真实的感觉。他们的时间观念很强，约会要事先预约，赴会要准时，但商贸谈判有时也会比预定时间推迟 10～15 分钟。美国商人喜欢谈论有关商业、旅行方面的内容及当今潮流和世界大事，喜欢谈政治，但不乐意听到他人对美国的批评。因此，面对他们最好多听少讲。在美国，多数人随身携带名片。但是，他们的名片通常是在认为有必要再联系时才交换，因此，美国商人在接受别人的名片时往往并不回赠。不管是否有人在场，都不要与女士谈论有关她个人的问题，如婚姻状况等。如果她自己说了，也只能简单回应几句。

一般性的款待通常在饭店进行，小费通常不包括在账单里，一般是消费额的 15%。进餐时，宾主可以谈论生意。餐巾一般放在膝上，左手放在腿上，他们认为把肘部放在餐桌上是不文雅的举动。

在美国人口中，30%信奉基督教，20%信奉天主教。美国的宗教节日主要有圣诞节、复活节和感恩节。在美国，每逢节日、生日、婚礼时都有送礼的习惯。前往美国人家做客，最好带上一点中国特产作为礼物，如茶叶、剪纸等。男子不要随便送美国女士香水、衣物和化妆品，易引起误解和麻烦。美国人忌讳与穿着睡衣的人见面，这是严重失礼的。美国人在饮食上的禁忌较少，不吃蒜及酸辣味的东西，忌食各种动物内脏。美国人最忌讳数字 13、星期五，忌讳谈私人性质的问题，如年龄、婚姻和个人收入等。美国人送礼在法律上有详细的规定，不提倡人际间交往送厚礼。美国人忌讳用蝙蝠作图案的商品和包装，认为蝙蝠是西欧凶神的象征。美国人喜爱白色，此外还有蓝色和黄色。由于黑色在美国主要用于丧葬活动，因此美国人对黑色比较忌讳。

二、加拿大人的谈判礼仪与禁忌

加拿大人主要是欧洲移民的后裔，以英国、法国血统者为多。加拿大人大部分信仰天主教和基督教。

加拿大虽和美国相邻，但在礼仪上与美国存在着很多差别。在加拿大，人们见面或分手时要行握手礼，相互亲吻对方的脸颊也是常见的礼节。除密友之外，一般不宜直接称呼小名。对母语是法语的加拿大籍谈判者，要使用印有英、法两种文字的名片。约会要事先预约并准时到达。款待一般在饭店或俱乐部进行，就餐时要穿着得体，男士着西服、系领带，女士则穿裙子。

加拿大商人比美国商人显得更有耐心和温和，他们的时间观念很强，所以要严格遵守合同的最后期限。与加拿大商人谈判要注重礼节，情绪上要克制，不要操之过急。

在加拿大，人们忌讳白色的百合花，认为它会给人们带来死亡的气氛。加拿大人也忌讳数字 13 和星期五。

三、英国人谈判的礼仪与禁忌

英国人绝大多数信奉基督教，只有部分北爱尔兰地区居民信奉天主教。

英国人以传统、保守著称于世。英国商人比较严肃、庄重，不苟言笑，特别讲究礼仪和绅士风度。在与英国商人进行社交活动时，男士要穿深色的西服，女士则穿着西式套裙或连衣裙。英国人相信“外表决定一切”，因此，尽量避免感情外露，他们庄重、含蓄、自谦而富有幽默感。不要把英国人笼统称呼为“英国人”，应该具体地称呼其为苏格兰人、英格兰人或爱尔兰人。

英国人见面或告别时会与男士握手；面对女士，只有等她们先伸出手时才会握手。与英国人交谈时，应注视着对方的面部，并不时与之交换眼神，要注意使用敬语，不要问对方私事。英国人在非工作时间一般不进行公事活动，若在就餐时谈及公事会令人反感。英国人时间观念极强，赴约应十分准时。不要随意拜访英国人家，若受到对方的邀请，则应欣然而往，但切不可早到，否则是失礼的行为。在谈判中，英国人说话办事都喜欢讲传统、重程序，但也能随机应变，能攻善守。

在英国，赠送礼品是普遍的交往礼节。所送礼品最好标有公司名称，以免留下贿赂对方之嫌。如果被邀请做私人访问，则应赠送鲜花或巧克力等合适的小礼品。在任何场合都要明显表示出对长者的礼貌。

菊花在任何欧洲国家都只用于万圣节和葬礼，一般不宜送人。白色的百合花在英国象征死亡，也不宜送人。英国人忌讳数字 13，送鲜花时，宜送单数，而忌送双数和 13 枝。英国人还忌讳交谈时两膝张得过宽和跷二郎腿，站着说话时也不可把手插在口袋里，同时不可以在大庭广众前耳语以及拍打肩膀。英国人最忌讳打喷嚏，他们一向将流感视为一种大病。英国人十分回避“厕所”这个词，一般都使用其他暗示的词语。

四、德国人的商务谈判礼仪与禁忌

在德国，有一半的居民信奉基督教，另有约 46%的人信奉天主教。

德国人重视礼节，社交场合中，握手随处可见，会见与告别时行握手礼应有力。与德国人约会要事先预约，务必准时到场。德国谈判者的个人关系是很严肃的，因此不要和他们称兄道弟，最好称呼“先生”“夫人”和“小姐”。他们极重视自己的头衔，会面时每次称呼其头衔，他们必然格外高兴。谈判者穿戴不可太随便，有可能的话，在所有场合都应穿西装。交谈时，不要将双手插入口袋，也不要随便吐痰，德国人认为这些是不礼貌的举止。如果德国人坚持要做东道主，可以愉快地接受邀请。应邀去私人住宅用晚餐或参加宴会，应携带鲜花等礼物。德国人性格刚强、自信心强，他们强调交往中的个人才能。在他们看来，生意场上的成功凭个人本事，公司只不过提供了个人施展才华的舞台而已。德国人与人交往之初，常常显得拘谨和含蓄，他们需要时间熟悉对方。

谈判者穿着要整洁，举止要得体，处事要克制，不要主动提出没有依据的观点。在谈判时切忌迟到，如果在商务谈判中迟到，那么德国商人对谈判者的不信任感就会溢于言表。德国人在称呼对方时，对博士学位获得者或教授，会在其姓氏之前添加“博士”“教授”等称谓。因此，知道谈判对手的准确职衔很重要，在会谈中应重视以职衔相称。

德国人谈判时语气一般比较严肃，不会用开玩笑的方式打破沉默。他们希望人际之间保持距离，直到谈判有结果为止。年轻的德国人则随和一些；比较小型的会议气氛会轻松一些。

德国人素来享有讲究效率的良好声誉。他们工作作风果断，厌恶谈判对手支支吾吾、模棱两可和拖拉推诿，忌讳在谈判中与他们闲聊。

德国人讲究节约，反对浪费，他们把浪费看成是“罪恶”。他们忌讳四人交叉握手，忌讳蔷薇、百合，认为核桃是不祥之物。德国人也忌讳数字13，忌送刀、剪和餐叉等，因为这些物品有断交之嫌。除宗教禁忌外，德国人对颜色禁忌较多，忌讳的颜色包括茶色、黑色、红色、深蓝色。

五、法国人的商务谈判礼仪与禁忌

法国人大多数信奉天主教，少数信奉基督教和伊斯兰教。法国人民族自豪感很强，天性浪漫好动，喜欢交际。

法国人在商务交往中对形式很重视，约会要事先预约，赴约必须准时到场。与法国人见面时要握手，告辞时也要握手。女士一般不主动向男士伸手，下级不要主动向上级伸手。熟悉的朋友可直呼其名，对年长者和地位高的人士要称呼他们的姓，一般人则称呼“先生”“夫人”“小姐”等，且不必接姓氏。

严禁过多地谈论个人私事，因为法国人不喜欢谈论个人及家庭的隐私。交谈话题可涉及法国的艺术、建筑、食品和历史等。

商业款待多数在饭店举行，只有关系十分密切的朋友才会邀请到家中做客。在餐桌上，除非东道主提及，一般避免讨论业务。法国人讲究饮食礼节，就餐时要保持双手（不是双肘）放在桌上，一定要赞赏精美的菜肴。法国饭店往往价格昂贵，要避免点菜单上最昂贵的菜肴，商业午餐一般有十几道菜，要避免饮食过量。吸烟要征得同场人许可，避免在公共场合吸烟。当谈判结束后设宴时，双方谈判代表团负责人通常要互相敬酒，共祝双方能够保持长期的良好合作关系。一方受到款待后，应在次日打电话或写便条表示谢意。

法国人初次见面一般不送礼，第二次见面时则必须送礼物，否则会被认为失礼。法国人视鲜艳色彩为高贵，视马为勇敢的象征，视孔雀为恶鸟，忌核桃。在法国忌用仙鹤图案。菊花、杜鹃花在法国一般在葬礼上使用，其他场合一般不能使用。法国人认为黄色和红色是不吉祥的颜色，认为黄色的花象征不忠诚；忌黑桃图案，认为不吉利；忌墨绿色。法国人最忌讳初次见面询问对方年龄，尤其是女性。法国人也忌讳数字 13。

六、俄罗斯人的商务谈判礼仪与禁忌

俄罗斯是个多民族国家，主要信奉东正教。

俄罗斯人性格开朗豪放，重礼好客，其礼仪兼有东西方的特点。俄罗斯人重视文化教育，整体文化素质较高，喜欢艺术品和艺术欣赏。俄罗斯人见面时一般行握手礼，朋友之间则亲吻脸颊和拥抱。在社交场合，处处尊重女性。俄罗斯商人做生意比较谨慎，在谈判桌上，他们擅长讨价还价，很有耐心，从不吝惜时间。

与俄罗斯人交往时应该主动问候。与我国一样，在称呼上“您”和“你”有不同的界限。“您”用来称呼长辈、上级和熟识的人，以示尊重。“你”则是用来称呼自己的家人、熟人、朋友、平辈、晚辈和儿童，表示亲切、友好和随便。

到俄罗斯人家里做客，可以送鲜花、酒、艺术品和书籍等。如果送花，要送单数而不能送双数，在俄罗斯人看来，双数是不吉利的。俄罗斯人忌讳别人送钱，认为送钱是对人格的侮辱。俄罗斯人喜欢红色，忌讳黑色，忌讳数字 13，忌讳黄色的礼品和手套，忌讳用左手握手和传递东西。在公共场合不能抠鼻孔、伸懒腰、大声咳嗽。初次见面时，不要过问他们的生活细节，尤其忌讳问女士的年龄。

七、日本人的商务谈判礼仪与禁忌

日本人带有典型的东方风格，一般比较慎重、耐心而有韧性，自信心、事业心和进取心都比较突出。他们重视礼节和礼貌。与日本商界人士打交道，要注意服饰、言谈、举止的风度。与日本人初次见面，互相鞠躬，互递名片，一般不握手。没有名片就自我介绍姓名、工作单位和职务。如果是老朋友或者是比较熟悉的就主动握手和拥抱。他们常用的寒暄语有“您好”“您早”“再见”“请休息”“晚安”“对不起”“拜托了”“请多关照”“失陪了”等。日本人鞠躬很有讲究，第一次见面时行问候礼是 30°，分手离开时行告别礼是 45°。日本人盛行送礼，既讲究送礼，也讲究还礼。不过日本人送礼、还礼一般都是通过运输公司的服务员送上门的，送礼与受礼的人互不见面。日本人特别讲究给客人敬茶。敬茶时，要敬温茶，而且以八分满为最恭敬。日本人很重视人的身份地位，在商务谈判活动中，每个人对身份地位都有明确的认识，非常清楚自己所处的位置、该行使的职权，知道如何谈话办事才是正确和恰当的。日本人有很强的时间观念，对迟到者较为反感。不要以为跟你接触的日本人闭上眼睛就是打瞌睡，这时对方可能正努力聆听你所说的话。在商业性宴会上，日本人有急事会不辞而别，因为他们认为正式告别会打扰宴会的正常进行，是不礼貌的行为。

日本人很少在家款待客人，如被邀请到家里做客，那是一种礼遇。受邀者要准时赴约，并携带蛋糕或糖果作为礼物。日本人的卧室及厨房是家庭的隐私，除非主人主动邀请，不可窥视，否则是很失礼的。对日本人送的礼不应立即接受，要再三表示感谢，等他执意要求后才接受。日本人在交谈中不喜欢指手画脚，谈话时最好不要涉及第二次世界大战的事情。与日本人做生意，最好不要选在 2 月和 8 月，在日本，这两个月是商业淡季。日本不流行家宴，商业宴会也难得让妇女参加，商界人士没有携带夫人出席宴会的习惯。商界的宴会普遍是在大宾馆举行的鸡尾酒会。日本人没有相互敬烟的习惯。与日本人一起喝酒，不宜劝导开怀畅饮。日本人接待客人不是在办公室，而是在会议室、接待室。他们不会轻易让人进入机要部门。日本人有“当天事当天毕”的习惯，时间观念强，生活节奏快。

日本人喜欢奇数，在商务谈判时要照顾他们的感情，尽可能不用偶数。由于日语发音中“4”和“死”相似，“9”与“苦”相近，因此日本人忌讳这两个数字。日本人很忌讳别人打听他们的工资收入。日本的年轻女性忌讳别人询问她的姓名、年龄以及是否结婚等。送花给日本人时，忌送白花（象征死亡），也不能把玫瑰和盆栽植物送给病人。菊花是日本皇室专用的花卉，民间一般不能赠送。日本人爱好淡雅的颜色，但讨厌绿色，认为绿色不祥，也不喜欢紫色和黑白相间。在日本用手抓自己的头发是愤怒和不满的表示。在日本寄信时，邮票不能倒贴，倒贴邮票表示绝交。

1. 什么是礼仪？礼仪有哪些特征？
2. 礼仪应遵循哪些原则？具有哪些作用？
3. 什么是商务礼仪？具有哪些特征？
4. 商务谈判礼仪包括哪些方面？
5. 什么是礼节？商务谈判礼节包括哪些方面？
6. 简述主要国家的交往习俗与禁忌，并进行比较。

第六章

商务谈判准备

学习目标与重点

1. 商务谈判团队准备；
2. 商务谈判的信息准备；
3. 制定商务谈判方案；
4. 商务谈判模拟。

第一节　商务谈判的团队准备

一、谈判团队的结构和规模

（一）谈判团队的结构

1. 谈判团队的人员构成原则

（1）知识具有互补性

知识互补包含两层意思：一是谈判人员各自具备自己专长的知识，都是处理不同问题的专家，能在知识方面互相补充，形成整体优势；二是谈判人员理论知识与工作实践经验互补。谈判团队中既要有高学历的青年学者，也要有身经百战、具有丰富实践经验的谈判老手。高学历专家可以发挥理论知识和专业技术特长，有实践经验的人可以发挥见多识广、成熟老练的优势，这样知识与经验互补，才能提高谈判团队的整体战斗力。

（2）性格具有互补性

谈判人员的性格应互补协调，只有将不同性格的优势发挥出来，互相弥补不足，才能发挥出团队整体的最大优势。性格活泼开朗的人，善于表达、反应敏捷、处事果断。但是他们性情可能比较急躁，看问题也可能不够深刻，甚至会疏忽大意。性格稳重沉静的人，办事认真细致，说话比较谨慎，原则性强，看问题比较深刻，善于观察和思考，理性思维比较明显。但是他们不够热情，不善于表达，反应相对比较迟钝，出了问题不够果断，灵活性较差。如果这两种性格的人组合在一起，分别担任不同的角色，就可以发挥出各自的性格特长，优势互补，协调合作。

（3）分工明确

谈判团队中的每一个人都要有明确的分工，担任不同的角色。每个谈判人员都有自己特殊的任务，不能越位工作，角色混淆。遇到争论，不能七嘴八舌地发言，该谁讲就谁讲，要有主角和配角之分，要有中心和外围之分，要有台上台下之分。谈判团队要分工明确、纪律严明。分工明确的同时要注意，大家都要为一个共同的目标而通力合作，协同作战。

2. 谈判团队的人员构成

要使谈判团队高效率地工作，一方面，参加谈判的人员都应具有良好的专业知识，并且能够迅速有效地解决出现的各种问题；另一方面，参加谈判的人员必须关系融洽，能求同存异。这就是一个如何搭班子的问题。谈判团队的人员应专家齐备，否则将影响谈判的质量。谈判团队应由以下人员构成。

①商务人员。商务人员由熟悉商业贸易、市场行情、价格形势的贸易专家担任。商务人员要负责合同价格条件的谈判，帮助谈判方整理出合同文本，负责经济贸易方面的对外联络工作。

②技术人员。技术人员由熟悉生产技术、产品标准和科学发展动态的工程师担任。技术人员在谈判中负责对有关生产技术、产品性能、质量标准、产品验收、技术服务等问题的谈判，也可为商务谈判中的价格决策做技术顾问。

③财务人员。财务人员由熟悉财务会计业务和金融知识，具有较强的财务核算能力的人员担任，其主要职责是对谈判中的价格核算、支付条件、支付方式、结算货币等财务相关问题把关。

④法律人员。法律人员由精通经济贸易各种法律条款，以及法律执行事宜的专职律师、法律顾问或本企业熟悉法律的人员担任，其职责是做好合同条款的合法性、完整性、严谨性的把关，也负责涉及法律方面的谈判。

⑤翻译人员。翻译人员由精通外语、熟悉业务的专职或兼职翻译担任，主要负责口头文字翻译工作，沟通双方意图，配合谈判运用语言策略。在涉外商务谈判中，翻译人员的翻译水平将直接影响谈判双方的有效沟通和磋商。

除了以上几类人员之外，还可以配备一些其他辅助人员，但是人员数量要适当，要与谈判规模、谈判内容相适应，尽量避免不必要的人员设置。

（二）谈判团队的规模

从实践经验来看，因为商务谈判涉及内容较多，所以大多数较为重要的谈判的团队均由多人组成。谈判团队应由多少人组成较为合适。国内外谈判专家普遍认为，一个谈判团队的理想规模以四人左右为宜。

①谈判团队的工作效率最高。一个团队能够高效率工作的前提是内部必须进行严密的分工和协作，而且要保持信息交流的畅通。如果人数过多，成员之间的交流和沟通就容易发生障碍，需耗费更多的精力统一意见，从而降低工作效率。从大多数谈判情况看，四人左右的团队工作效率是较高的。

②是最佳的管理幅度和跨度。管理学研究表明，一个领导能够有效地管理下属的人数是有限的，即存在管理幅度。管理幅度的宽窄与管理工作的性质和内容有关。在一般性的管理工作中，管理幅度以 4～7 人为宜。对于商务谈判这种紧张、复杂、多变的工作，既需要谈判人员充分发挥个人独创性和独立应付事件的能力，又需要内部协调统一、一致对外，故其领导者的有效管理幅度在四人左右才是最佳的。超过这个幅度，内部的协调和控制就会发生困难。

③能满足一般谈判所需的知识范围。多数商务谈判涉及的业务知识领域大致是下列四个方面。第一，商务方面，如确定价格、交货风险等。第二，技术方面，如确定质量、规格、程序和工艺等。第三，法律方面，如起草合同文本、解释合同中各项条款的法律等。第四，金融方面，如确定支付方式、信用保证、证券与资金担保等。参加谈判的人员主要是这四个方面的人员，如果每个人是某一方面的专家，恰好是四人。

④便于团队成员调换。参加谈判的人员不是一成不变的，随着谈判不断深入，所需专业人员也有所不同。例如在谈判的摸底阶段，生产和技术方面的专家作用大些；而在谈判的签约阶段，法律方面的专家则起关键性作用。这样，随着谈判的进行，小组成员需要随时调换。因此，谈判团队保持四人的规模是比较合理的。

上述谈判团队四人的规模，只是对一般情况而言，并且只是一种经验之谈。有些大型的谈判，领导和各部门负责人都可能参加，再加上工作人员，如秘书等，队伍可能达 20 人。在这种情况下，可以进行合理的分工，由四人组成正式谈判团队，与对方展开磋商，其余人员只在谈判桌外提供建议和服务。

二、确定谈判团队负责人和团队成员

（一）谈判团队负责人应具备的条件

谈判团队负责人应当根据谈判的具体内容、参与谈判人员的数量和级别，从企业内部有关部门挑选，可以是某一部门的主管，也可以是企业最高领导。谈判团队负责人不一定是己方主谈人员，但他是直接领导和管理谈判队伍的人。谈判团队负责人应具备以下条件。

①较全面的知识。谈判团队负责人本身除应具有较高的思想政治素质和业务素质之外，还必须掌握整个谈判涉及的多方面知识。只有这样才能针对谈判中出现的问题提出正确的

见解，制定正确的策略，使谈判朝着正确的方向发展。

②果断的决策能力。当谈判遇到机遇或是遇到阻碍时，负责人应能够敏锐地利用机遇或解决问题，做出果断的判断和正确的决策。

③较强的管理能力。谈判团队负责人必须要具备授权能力、用人能力、协调能力、激励能力、总结能力，使谈判团队成为具备高度凝聚力和战斗力的团队。

④一定的权威地位。谈判团队负责人要具备权威性，有较大的权力，如决策权、用人权、否定权、签字权等，要有丰富的管理经验和领导威信，能胜任对谈判团队的管理。谈判团队负责人一般由高层管理人员或某方面的专家担任，最好与对方谈判团队负责人具有相对应的地位。

（二）谈判团队负责人的职责

①负责挑选谈判人员，组建谈判团队，并就谈判过程中的人员变动与上层领导取得协调。

②负责管理谈判团队，保证谈判团队成员的心理和精神处于最佳状态，处理好成员间的人际关系，增强团队凝聚力，使成员团结一致，共同努力，实现谈判目标。

③负责组织制定和执行谈判方案，确定谈判各阶段目标和战略策略，并根据谈判过程中的实际情况灵活调整。

④负责已方谈判策略的实施，对具体的让步时间、幅度，谈判节奏的掌握，决策的时机和方案做出决策安排。

⑤负责落实交易磋商的记录工作。

⑥负责向上级或有关的利益各方汇报谈判进展情况，获得上级的指示，贯彻执行上级的决策方案，圆满完成谈判使命。

（三）确定谈判团队成员

由于人的素质的差别,决定了不同的人组成的谈判团队工作效率和谈判结果大不相同。为此，必须精心挑选谈判团队成员，保证其高质量。

①谈判团队成员的选择应根据谈判内容和重要性而定。每一项谈判都有特定的内容，重要程度也各异。因此，在选择谈判团队成员时，一方面要充分考虑谈判内容涉及的业务知识面，使谈判团队的知识结构满足谈判内容的需要；另一方面，如果谈判对企业至关重要，谈判团队的负责人应由企业决策层有经验的谈判高手担任。

②谈判团队成员的选择应考虑谈判的连续性。如果某些成员已与对方打过交道，并且双方关系处理良好，则这项谈判还应选派这些人员参加。由此，可以增加对方的了解和赢得对方的信任，大大缩短双方的距离和谈判的时间。

③谈判团队成员在素质上要形成团队优势。谈判团队成员的组合，在性格、气质、能力及知识方面应优势互补，形成团队整体优势。

④谈判团队成员之间应形成一体化气氛。要想谈判成功，在组成高质量的谈判团队的基础上，最重要的工作就是团队成员通力合作，关系融洽，形成合力。否则，内耗必将导

致谈判的失败。因此，选择谈判团队成员应避免曾经或正在闹矛盾或有冲突的人员在一个团队中。

第二节　商务谈判的信息准备

一、商务谈判信息的概念和作用

（一）商务谈判信息的概念

商务谈判信息是指反映与商务谈判相联系的各种情况及特征的有关资料。商务谈判的信息资料同其他领域的信息资料相比较，有其自身特点。首先，商务谈判的信息资料无论是来源还是构成都比较复杂和广泛，在有些信息资料的取得和识别上具有相当难度。其次，商务谈判的信息资料是在特定的谈判范围内及特定的当事人中流动，谈判者对谈判信息资料的敏感程度，是其在谈判中获取胜利的关键。最后，商务谈判的信息资料涉及己方和谈判对手的资金、信用、经营状况、成交价格等，具有极强的保密性。

（二）商务谈判信息的作用

不同的谈判信息对谈判活动的影响是不同的，有的起着直接作用，有的起着间接作用。谈判信息资料在商务谈判中的作用主要表现在以下四个方面。

①谈判的信息资料是制定谈判方案和战略的依据。谈判战略是为了实现谈判的战略目标而预先制定的一套纲领性的总体设想。谈判战略正确与否，在很大程度上决定着谈判的得失成败。一个好的谈判战略方案应当战略目标正确可行、适应性强、灵敏度高，这就必须有大量可靠的信息资料作为依据。“知己知彼，百战不殆”。在商务谈判中，谁在谈判信息资料上拥有优势，掌握对方的真正需要和他们的谈判利益界限，谁就有可能制定正确的谈判战略，在谈判中掌握主动权。

②谈判的信息资料是控制谈判过程的手段。谈判者要对谈判过程做到有效控制，必须先掌握“谈判的最终结果是什么，对手需要的究竟是什么”这一谈判信息，依据谈判战略和谈判目标的要求确定谈判的正确策略。为了使谈判过程始终指向谈判目标，使谈判能够按照己方的步骤进行，必须有谈判信息资料作为保证。

③谈判的信息资料是谈判双方相互沟通的中介。在商务谈判活动中，尽管各种谈判的内容和方式不相同，但有一点是共同的，即都是一个相互沟通和磋商的过程。沟通就是通过交流谈判信息资料以确立双方共同的经济利益和相互关系。没有谈判信息资料作为沟通中介，谈判就无法排除许多不确定的因素，就无法进一步磋商，也就无法调整和平衡双方的利益。因此，掌握一定的谈判信息资料，就能够从中发现机会与风险，捕捉达成协议的支撑点，使谈判活动从无序到有序，促使双方达成协议。

④谈判的信息资料是商务谈判成败的决定性因素。对于每一场商务谈判，其主体、标的、议题都可能不一样，受影响和制约的因素也不一样，但都包含着三个影响谈判的决定

性变数：权力、时间、信息。就一项商务谈判而言，不仅仅是价格高低和结算方式的问题，还涉及利益的变化、利率的变动、资金供求情况等，对这些信息的了解和掌握与否直接影响谈判的结果。信息资料始终是商务谈判成败的关键因素之一。

二、商务谈判信息准备的主要内容

（一）己方信息资料

收集己方信息资料重点在于评估自己的实力，主要收集内容如下。

①经济实力相关信息。己方经济实力包括当前形势及环境状况，己方产品性能、规格、主要用途和质量，己方的财务状况、销售情况、采购状况、设备状况、广告策略、服务项目等。己方经济实力相关的可以从己方经济组织的计划、经营、财务、履约等方面进行。掌握己方经济实力相关的信息，在商务谈判中有针对性地发挥己方拥有的优势，有备无患，当对方在谈判中提出有关问题时便能做到心中有数、从容应对。

②谈判策略与目标。己方的谈判策略与目标包括此项谈判己方的最大让步限度、最高的目标、实现目标的最佳方案和预备方案、商务谈判的策略和准备使用的战术措施等。

③谈判人员的心理准备。商务谈判人员必须做好充分的心理准备。一是要有遇到强硬对手的心理准备；二是要有进行“马拉松”式谈判的心理准备，在设计谈判方案时应尽量把困难考虑得多一些，把谈判过程考虑得复杂一些，把谈判时间考虑得长一些；三是做好谈判破裂的心理准备，以便应付各种突然的变化，事先准备应对各种变化的预备方案。

④谈判的有关资料。谈判团队要在谈判前对谈判的资料进行充分的搜集、整理和分析，谈判时必须携带谈判中可能需要的各种资料，包括产品的价格表、产品目录、产品样本等。

（二）对方信息资料

兵法云：“用师之本，在知敌情。未知敌情，则军不可举。”对手信息资料是商务谈判中最有价值的信息，主要收集内容如下。

①对方的经济实力和资信。对方的经济实力和资信包括对方的财务状况、流动资金状况、盈亏状况以及经营管理状况，产品的生产、销售、售后服务状况，合同的履约情况、收付款期限和方式，对方的市场目标和竞争方式等。掌握了对方的经济实力与资信情况，才能确定交易的可能规模，判定是否需要与对方建立长期的商务关系。

②对方真正的需求。对方真正的需求包括此次谈判的真正目的，通过谈判想要达到的目的，可能接受的最高、最低交易条件等。当然，对方的需求可能有许多方面，所以还要分析对方需求的差异性。掌握对方真正需求的信息，己方才能有针对性地采取各种策略，有针对性地围绕对方的需求和交易条件进行协商，促使交易成功。

③对方参加谈判人员的权限。如果对方参加谈判的是主要决策人物，说明对方很重视此次谈判。如果对方参加谈判的人员地位较低，己方就应了解对方是否得到授权以及在多大程度上能够独立做出决定等。在商务谈判中要切记，同没有任何决定权的人谈判等于浪费时间，而且可能会泄露己方的商业信息。

④对方谈判的诚意。判断对方谈判的诚意需要了解对方是否将我方视为唯一的谈判对手，对方对我方的评价和信任程度等。掌握这些信息可以使己方更好地设计商务谈判方案，争取主动。

⑤对方谈判的最后期限。谈判期限的压力常常迫使谈判者不得不采取快速行动，甚至立即做出决定。掌握这些信息，可以利用对方的压力促使对方接受有利于己方的条件，所以实战中我们强调一般不能事前泄露谈判的期限。

⑥对方谈判的风格。谈判的风格是谈判人员在多次商务谈判中反复表现出来的一贯风格，包括个人的性格脾气、品德、价值取向、经验和情绪等。了解对手的谈判风格可以使己方更好地采取相应的对策，争取有利地位。

（三）市场信息资料

市场信息资料是商务谈判可行性研究的重要内容。市场情况瞬息万变、构成复杂、竞争激烈。谈判人员对此必须进行多角度、全方位、及时的了解和研究。与谈判有关的市场信息资料主要有以下几类。

①市场分布信息，包括有关商品购销的市场分布、地理位置、运输条件、市场的配套设施和相关的政策法规等。

②市场需求信息，包括有关商品的市场容量、消费者的数量及构成、消费的需求特点、需求的波动情况、商品的需求趋势、用户的要求等。

③市场供给信息，包括商品的市场状况、可供市场销售的商品量、商品的库存情况、运输能力及变化、商品的进出口情况、替代品的情况等。

④市场销售信息，包括有关商品的市场销售量、市场份额、销售价格、商品的生命周期、经销途径、促销措施与效果等。

⑤市场竞争信息，包括竞争对手的数量、竞争产品的质量和成本、竞争对手的市场占有率和营销策略、竞争对手的销售渠道和采购途径等。

（四）竞争者信息资料

竞争者是商务谈判中各方力量对比中的重要因素，有时竞争者会对商务谈判产生决定性的影响。竞争者信息的主要内容有两类。

①现有竞争者信息。现有竞争者信息包括现有竞争对手的产品信息，如产品的数量、品种、性能、包装等；现有竞争对手的价格信息，如价格策略、让价的措施、付款方式；现有竞争对手的销售途径信息，如有关销售网点、储运能力；现有竞争对手的信用信息，如企业的成长史、履约、资信等级；现有竞争对手的促销措施，如人员推销、广告宣传、营业推广、公共关系等。现有竞争者信息的分析，可以让己方清楚地知道双方的优势和劣势对比，并制定出相应的竞争策略。

②未来竞争者信息。未来竞争者信息是指未来可能出现的竞争者，包括可能出现的竞争对手、替代产品等，还包括本行业的市场特点和将来的发展趋势。分析未来竞争者的信息，有利于己方明白将来面临的机遇和挑战。掌握这些信息，有利于正确认识己方在竞争中所处的地位，把握谈判的主动权。

（五）相关信息资料

在商务谈判中，不同的社会背景对具体的谈判项目的成立、对谈判进程和谈判的结果会起到相当重要的影响。因此，谈判人员在谈判准备阶段必须认真搜集分析以下信息资料。

①政治状况。政治状况关系到谈判项目是否成立和谈判协议的履行结果。因此，谈判人员必须了解对方国家的政治制度和政府的政策倾向、政治体制、政策稳定性，以及非政府机构对政策的影响程度。特别是要了解对方国家和地区的政局稳定性，判断政治风险的大小。政治风险一般来源于：政府首脑机构的更替、政治体制的改变、社会动荡和战争爆发、政府经济政策的变化、国家关系的发展变化等。

②宗教信仰。宗教是社会文化的重要组成部分。当前，宗教问题无不渗透到世界各地社会的各个角落。宗教信仰影响着人们的生活方式、价值观念及消费行为，也影响着人们的商业交往。宗教的有关问题，如宗教的信仰和行为准则、宗教活动方式、宗教的禁忌等，都会对商务活动产生直接的影响，所以商务谈判人员必须了解。

③法律制度。法律制度和政治制度一样，都是商务谈判的无形控制力。企业在国际商务往来中，不可避免地会遇到各种各样的法律问题，只有清楚地了解其法律制度，才能减少商业风险。商务谈判中，谈判人员应主要了解该国的法律制度是什么，在现实生活中法律的执行程度如何，该国法院受理案件的时间长短，该国在执行国外的仲裁决议或法院的判决时需要什么程序，该国是否有完全脱离谈判对手的可靠的律师等问题。

④社会习俗。社会习俗是指不同的国家及地区由于文化背景、宗教信仰等方面的不同而形成的独特、典型的行为方式及行为标准。社会习俗会对商务谈判产生一定的影响和约束力。谈判者必须了解和尊重对方国家和地区的社会风俗习惯。比如，在衣着、称呼、日常行为等方面，什么是合乎社会规范的标准；是否只能在谈判桌上谈业务；饮食等方面都有什么特点；送礼及礼物的选择有什么特殊的习俗；妇女的地位如何；对待名誉、批评的态度等。

⑤商业习惯。商业习惯是指在特定的地域、行业、群体范围内因一般当事人反复实践而被广为知悉的经常性做法。商业习惯不同会使商贸谈判在语言使用、礼貌和效率，以及接触报价、谈判重点等方面存在极大的差异。商业习惯在国际贸易谈判中显得更为重要，因为几乎每一个国家和地区的做法都有自己的特色，而且差别很大。如果谈判人员不切实了解对手的商业习惯可能会误入陷阱，或使谈判破裂。

⑥财政金融。财政金融方面主要是了解我国和对方国家及地区的财税政策，主要包括外汇储备及获取外汇的主要产品、外债情况、货币的自由兑换程度、国际支付方面的信誉、外汇付款的环节、征免税收的条件、适用的税法、银行利率的调整等。

⑦基础设施。基础设施方面主要是了解对方所在地的人力、物力和配套设施情况。例如，是否有足够的、必要的熟练工人和有经验的专业技术人员，能否保证水、电以及能源的供应，公路、铁路、航空等运输能力如何，土地使用费是否便宜，有没有资金雄厚、实力相当的承包商，建筑材料、设备是否合乎要求等。

⑧气候因素。气候因素对商务谈判也会产生多方面影响。例如，对手所在地雨季的长短、冬季的冰雪霜冻情况、夏季的高温情况，以及台风、风沙、地势等情况，这些气候状

况因素对商务谈判标的物的物流环节会产生巨大的影响。

⑨科技信息。谈判人员要在谈判前搜集谈判标的物在专利转让或应用方面的资料，搜集该产品开发前景和开发费用方面的资料，搜集该产品与其他产品在性能、质地、标准、规格等方面的资料，搜集有关对该产品的品质或性能进行鉴定的重要数据、指标及其各种鉴定方法和鉴定机构等信息。

（六）有关货单、样品资料

这类资料主要包括货单、样品，双方交换的函电抄本、附件，谈判用的价格目录表、商品目录、说明书等。货单必须做到具体、正确，每个谈判人员对此必须心中有数。谈判样品必须准备齐全，特别应注意样品必须与今后交货商品相符。

三、谈判信息资料的搜集与整理

（一）信息资料搜集的方法和途径

1. 检索调研法

检索调研法是根据现有的资料和数据进行调查、分类、比较、研究的一种信息资料准备方法。公开信息的载体形式很多，主要有文献资料、统计报表、报纸杂志、书籍年鉴、图表画册、广播电视、报告、广告、用户来信、商品目录、企业情况简介、报价单、说明书等。谈判人员应把这些资料收集整理起来，进行分析研究，获得所需要的有关谈判的情报信息。这种办法投资小、效率高、简便易行，信息一般真实可靠。

2. 专题询问法

专题询问法是指以某一项命题向被调查者征询意见搜集资料的一种信息准备方法。专题询问法的方式运用灵活，如通过企业的往来银行获得谈判对手的财务状况、经营情况、设备的技术水平、企业管理水平、工人的劳动技能等信息。通过那些曾经和对方有过交往的人员进行了解，也可以通过与谈判对手有业务往来的企业进行了解，还可以通过函电的方式直接与对方内部知情人联系等，重点了解谈判对手的经营特点、谈判的各种习惯以及有关人员等方面的情况。

3. 直接观察法

直接观察法是指调查者亲自到现场收集事物情景动态信息的一种信息资料准备方法。这种方法可以通过参观对方的生产经营场地，明了对方实情；安排非正式的初步洽谈，通过各种预备性的接触创造机会，当面了解对方的态度，观察对方的意图；购买对方的产品进行研究，以确定其生产成本；搜集分析对方关于设计、生产、计划、销售等资料，可以发现一些在静态时不易发觉的新信息。

4. 建立情报站

情报站多用于收集关于某种情况的消息和报告，多是带有机密性质的地方参考资料。在收集谈判信息情报的过程中，谈判方不要守株待兔，坐等情报上门，而应积极主动，通过设立情报网，建立驻外办事处，在目标市场设立情报站等办法，及时、有效地收集第一手信息资料，使谈判信息资料持续不断、真实可靠。

5. 委托购买

在经济发达的国家，人们可以通过信息咨询服务系统快捷地查询、调查、收集有关谈判的信息。信息提供者可以是企业，也可以由社会的专门机构提供。目前，我国企业收集处理信息的系统比较落后，社会专门提供信息咨询服务的中介机构也很有限。在涉外谈判中，可以委托或雇佣国外咨询机构为己方提供所需要的情况及购买信息资料，这是十分有益和必要的，将为谈判决策提供重要的依据。

6. 电子媒体收集

电子媒体是指电话、电脑、广播、电视等媒体。电子媒体收集信息的作用越来越重要，通过电子媒体收集信息有许多优点：传播速度快，可以及时获取最新信息；传播范围广，可以毫不费力地收集到各个国家的重要信息；表现力生动，电脑、电视媒体可以提供声音、图像、文件，提供真实的现场情景，尤其是电脑储存的信息相当丰富。

7. 使用商业间谍

在商务谈判中使用商业间谍是一种极富诱惑性的手段，虽然人们对此讳莫如深，但在现实经济生活中却是实际存在的。谈判学专家卡洛斯认为，“没有其他收益比这个（指商业间谍——编者）更快……而大部分的买方和卖方，特别是大公司里的人，都生活在一个不太可靠的世界里，他们常常忽略被刺探的可能性，也可能是因为他们从来也没有想过要去刺探别人。”我们相信商业间谍正在与日俱增，因为赌注是如此之高，成本是如此之低，而收益又是如此之快。所以这是一种不可避免的趋势。

商业间谍的一些做法是合法的，尽管其中不少在道义上有问题。谈判人员在必要的情况下可以打这种擦边球，以获得对方充足的情报。至于违法的手段，则不宜采用，以免引起争端。

（二）谈判信息资料的整理和筛选

对搜集来的谈判信息资料，要为我所用，还必须经过信息的整理和筛选，一般分为下面几个阶段。

①筛选阶段，就是检查资料的适用性，这是一个去粗取精的过程。

②审查阶段，就是识别资料的真实性、合理性，这是一个去伪存真的过程。

③分类阶段，就是按一定的标签对资料进行分门别类，使之条理化。

④评价阶段，就是对资料做比较、分析、判断，得出结论，为谈判活动提供参考。

四、信息资料的传递与保密

（一）信息资料的传递

商务谈判信息资料的传递是指谈判人员同己方企业的联系。在异地谈判情况下，为了保持联系，进行有效的调节控制，上下级间应有信息资料的传递。例如，有国外的谈判小组因为需要听取有关专家意见或请示总部决策，就有必要同国内取得联系，而国内的管理部门因为需要及时了解国外谈判进程，必须同在国外的谈判小组联系。为此，谈判方内部应事先规定好联络方式和制度，并明确联络程序、责任人，以便迅速顺利地汇报谈判情况，请示下一步行动，避免推诿以致丢失商机。

（二）信息资料的保密

谈判各方对谈判所涉及内容、文件及各自有关重要观点等资料应做好保密工作。如果不严格保密，将造成不应有的损失。例如，国外企业在重要的生意谈判中，有时不惜花重金聘请商业间谍去摸清对方的情况。因此，谈判方应加强谈判信息资料的保密工作。谈判信息资料保密的一般措施如下。

①不要给对方造成窃密机会，如文件调阅、保管、复印、打字等。

②不要随便托人代发电报、电信等。

③不要随意乱放文件。

④不要在公共场所，如餐厅、机舱、车厢、过道等地方谈论有关谈判业务的内容。

⑤不要过分信任临时代理人或服务人员。

⑥最后的底牌只能让关键人物知道。

⑦在谈判达成协议前，不应对外公布。

⑧必要时使用暗语。

第三节　商务谈判方案的制定

一、商务谈判方案的概念与制定要求

（一）商务谈判方案的概念

商务谈判方案是人们在进行谈判之前，预先拟定的谈判目标、谈判议程、谈判策略和实现目标的步骤。它是指导谈判人员行动的纲领，是保证谈判顺利进行的必要条件，在整个谈判过程中起着非常重要的作用。

（二）商务谈判方案制定的要求

由于商务谈判的内容、规模、重要程度不同，所以商务谈判方案会有所差别。方案可多可少，要视具体情况而定。尽管方案不同，但其要求都是一样的。一个好的商务谈判方案要求做到以下几点。

（1）简明扼要

简明扼要就是要尽量使谈判人员很容易记住方案的主要内容与基本原则，使他们能根据方案的要求与对方周旋。

（2）明确具体

虽然谈判方案要求简明扼要，但必须与谈判的具体内容相结合，以谈判具体内容为基础，否则，会使谈判方案显得空洞和含糊。因此，谈判方案的制定也要求明确具体。

（3）富有弹性

谈判过程中各种情况都有可能发生，要使谈判人员在复杂多变的形势中取得比较理想的结果，就必须使谈判方案具有一定的弹性。谈判人员在不违背根本原则的前提下，根据情况的变化，在权限允许的范围内灵活处理有关问题，取得较为有利的谈判结果。谈判方案的弹性表现在：谈判目标有几个可供选择，策略方案根据实际情况可选择其中某一种方案，指标有上下浮动的余地。如果实际情况变动较大，原计划不适合，可以实施第二套备选方案。

二、制定商务谈判方案

（一）确定商务谈判的主题

商务谈判主题是指谈判要解决的主要问题，而谈判目标则是谈判主题的具体化，整个谈判活动都是围绕主题向目标进行的。比如，一次谈判的主题可以是“以最优惠的条件引进某项技术”，而谈判目标则是要争取到什么样的条件。因此在谈判计划中，谈判目标需要根据谈判主题具体制定。没有目标的谈判可能会造成己方让步太大而无回旋的余地、谈判者内部意见不统一等。要注意的是，对于谈判目标要严格保密，除参加谈判的己方人员外，决不能透露给其他人。

（二）确定商务谈判目标

在谈判的主题确定以后，接下来的工作就是对主题具体化，即制定出谈判目标。商务谈判目标是指经过谈判在各项交易条件上应达到的结果和标准。商务谈判的目标主要是以满意的条件达成一笔交易，确定正确的目标是保证谈判成功的基础。谈判的目标可以分为以下三个层次。

（1）最高期望目标

最高期望目标是指谈判者希望通过谈判达成的理想目标，也是一方想要获得的最高利益。一般来说，这个目标的实现有一定的难度，因为谈判双方所涉及的利益是有限度的，没有谁会把自己的利益全部让给别人。更何况谈判本身就其实质来说，是一种互惠互利的行为，过分追求高利益，不仅会导致谈判破裂，还会影响己方的实际利益。这并不是说，谈判的理想目标是空中楼阁，没有任何意义。任何谈判总是要从理想目标谈起，把理想目标作为谈判开始的议题，并据此确定谈判的基调，这实际上是一种策略，其目的是使其他目标得以实现。

（2）可接受目标

可接受目标是指通过谈判能够得到满足的比较现实的目标。可接受目标应当根据己方的主客观条件，考虑各种影响性因素，经过科学的分析判断与合理的论证确定。可接受目标能够在多大程度上实现，通常与谈判的策略紧密相关，也与双方的实力和使用的技巧有关。

（3）最低限度目标

最低限度目标是指在谈判中必须保证要达到的目标，即谈判结果低于这个界限时，己方的基本利益就无法得到满足。显然，当对方提出的条件低于这个界限时，己方就已经没有让步的余地了，谈判此时就失去了意义，需要重新考虑谈判的基础。

最低限度目标与最高期望目标之间有着必然的联系。在商务谈判中，表面上一方开始要价高，提出理想目标，实际上作为策略，其目的往往是要确保实现最低限度目标或者可接受目标。这样做的实际效果是能够赢得较理想的现实目标，至少可以确保最低限度目标。

（三）制定商务谈判的基本策略

谈判的基本策略是指谈判者为了达到和实现己方的谈判目标的基本途径和方法。基本策略的确定是建立在对谈判双方实力及其影响因素细致而认真的研究分析基础上的。基本策略确定步骤如下。

①要确定对方在本次谈判中的目标，包括一级目标、二级目标和三级目标。对方最想得到的是什么？对方可以做出让步的是什么？什么是对方实现目标最有利的支持因素？什么是对方实现目标最不利的因素？了解上述方面的问题是非常重要的。谈判者只有正确地判断出对方的谈判目标，才能有针对性地提出己方的谈判目标，并在谈判中很好地把握谈判的“度”，即利益界限。如果知道了对方最想得到的东西是什么，我方就可以让对方在得到满足的同时，以付出更多的东西、做出更大的让步为代价。如果能够掌握对方实现目标的最有利的支持因素和不利因素，那么，我方在谈判中就可以避其有利之处而攻其不利方面，争取到最好的效果。

②要确定在我方争取最需要的东西的时候，将会遇到对方哪些方面的阻碍，对方会提出什么样的交换条件。

③要确定对策，即己方是否接受对方的交换条件。如果接受，在多大程度上接受；如果不接受，又怎样清除上述障碍。

④使己方在谈判中对对方可能提出的问题和要求有所准备。

（四）商务谈判的议程

谈判议程是指有关谈判事项的程序安排，是对有关谈判的议题和工作计划的预先编制。在谈判的准备阶段，己方应率先拟定谈判议程，并争取对方的同意。在谈判实践中，议程一般以东道主为先，经协商确定，或双方共同商议确定。谈判者应尽量争取谈判议程的拟定，这样对己方来讲是很有利的。谈判议程本身是一种策略，拟定有一定的技巧。谈判议程包括通则议程和细则议程，通则议程由谈判双方共同使用，细则议程供己方使用。谈判议程主要包括以下几个方面。

1. 时间安排

时间安排，即确定在什么时间举行谈判、谈判多长时间、各个阶段的时间如何分配、议题出现的时间顺序等。谈判时间的安排是议程中的重要环节，如果时间安排得很仓促，准备不充分，匆忙上阵，心浮气躁，就很难沉着冷静地在谈判中实施各种策略；如果时间安排得过长，不仅会耗费大量的时间和精力，而且随着时间的推延，各种环境因素都会发生变化，还可能会错过一些重要的机遇。

2. 谈判议题

所谓谈判议题，就是谈判双方提出和讨论的各种问题。确定谈判议题首先须明确己方要提出哪些问题、要讨论哪些问题，并对所有问题进行全盘比较和分析：哪些问题是主要议题，要列入重点讨论范围；哪些问题是非重点问题；哪些问题可以忽略；各问题之间是什么关系，在逻辑上有什么联系。还要预测对方会提出什么问题，哪些问题是己方必须认真对待、全力以赴去解决的；哪些问题可以根据情况做出让步；哪些问题可以不予考虑。

3. 拟定通则议程和细则议程

①通则议程。通则议程是谈判双方共同遵守使用的日程安排，一般要经过双方协商同意后方能正式生效。在通则议程中，通常应确定以下内容：谈判总体时间及分段时间安排；双方谈判讨论的中心议题，问题讨论的顺序；谈判中人员的安排；谈判地点及招待事宜。

②细则议程。细则议程是己方谈判的策略的具体安排，只供己方人员使用，具有保密性。细则议程内容一般包括以下几个方面：谈判中统一口径，如发言的观点、文件资料的说明等；对谈判过程中可能出现的各种情况的对策安排；己方发言的策略，如何时提出问题、提什么问题、向何人提问、谁来提出问题、谁来补充、谁来回答对方问题、谁来反驳对方提问、什么情况下要求暂时停止谈判等；谈判人员更换的预先安排；己方谈判时间的策略安排、谈判期限。

4. 己方拟定谈判议程时应注意的问题

①谈判的议程安排要依据己方的具体情况，扬长避短，也就是在谈判的程序安排上，保证己方的优势能得到充分的发挥。

②议程的安排和布局要为己方出其不意地运用策略埋下伏笔。一个谈判老手是绝不会放过利用拟定谈判议程的机会来运筹谋略。

③谈判议程内容要能够体现己方谈判的总体方案，统筹兼顾，引导或控制谈判的速度，以及己方让步的限度和步骤等。

④在议程的安排上，不要过分伤害对方的自尊和利益，以免导致谈判过早破裂。

⑤不要将己方的谈判目标，特别是最终谈判目标通过议程和盘托出，使己方处于不利地位。

当然，议程由己方安排也有短处：己方准备的议程往往透露了某些意图，对方通过分析可能提早猜到，并在谈判前拟定对策，使己方处于不利地位。对方如果不在谈判前对议程提出异议而掩盖其真实意图，或者在谈判中提出修改某些议程，容易导致己方被动甚至谈判破裂。

5. 对方拟定谈判议程时己方应注意的问题

①未经详细考虑后果之前，不要轻易接受对方提出的议程。

②在安排问题之前，要给己方充分的思考时间。

③详细研究对方所提出的议程，以便发现是否有什么问题被对方故意摒弃在议程之外，或者作为用来拟定对策的参考。

④千万不要显出己方的要求是可以妥协的，应尽早表示己方的决定。

⑤对议程不满意，要有勇气去修改，绝不要被对方编排的议程束缚手脚。

⑥要注意利用对方议程中可能暴露的谈判意图，后发制人。

谈判是一项技术性很强的工作。为了使谈判在损害他人利益的基础上达成对己方更为有利的协议，谈判者应能随时卓有成效地运用谈判技巧，但又不为他人觉察。一个好的谈判议程，应该能够驾驭谈判，这就好像双方作战一样，使之成为己方纵马驰骋的缰绳。

当然，议程只是一个事前计划，并不是一个合同。如果任何一方在谈判开始之后对它的形式不满意，那么就必须有勇气去修改，否则双方都负担不起因为忽视议程而导致的损失。

（五）规定商务谈判期限

商务谈判是有成本的，包括货币成本、精力成本和时间成本等。商务谈判人员在谈判过程必须讲究效率，不能无休止地谈下去，这样的谈判对企业来讲是不划算的。因此，必须明确规定商务谈判的期限，尤其是谈判的最后期限一定要加以确定。

（六）起草商务谈判方案

商务谈判方案是关于谈判的总体规划及具体安排。由于谈判的不确定性和复杂性，谈判方案不可能面面俱到，同时，谈判在一定程度上是有保密要求的，因此，好的谈判方案应满足以下基本要求。

①在起草过程中，要围绕本次谈判目标，深入思考谈判的核心，制定好对策。

②注意通则议程与细则议程的区别。为了确保谈判顺利，谈判方案的通则部分很多时候需要谈判的各方共同制定，这本身就是一个谈判过程。议程的安排往往与谈判目的和结果有一定的相关性，对一方有利的安排很可能不会被轻易察觉。

③谈判方案不要求将全部内容都写出来，但要写出主要内容。

关于××的谈判方案

谈判的主题

主方：××

客方：××

一、谈判时间

××年××月××日

二、谈判地点

××

三、谈判团队人员组成

首席代表：（决策人）

主谈人员：（包括技术主谈人、商务主谈人等）

其他人员：（包括法律顾问、翻译人员、记录人员、文书资料保管人员）

四、谈判目标

（一）主要目标

（二）次要目标

（三）最低目标

五、基本情况分析

（一）谈判双方的背景

1. 我方公司分析

2. 客方公司分析

（二）谈判的项目

（依照主题和目的对谈判进行内容细分，形成多个项目）

（三）谈判形势分析

1. 我方优势分析

2. 我方劣势分析

3. 我方人员分析

4. 客方优势分析

5. 客方劣势分析

6. 客方人员分析

（四）谈判的形式

六、谈判的方法及策略

（一）开局阶段的策略

（二）磋商阶段的策略

（三）成交阶段的策略

（要根据谈判的进程及时调整方案）

七、谈判效果及风险预测

（一）谈判效果预测

（二）谈判风险预测

（主要说明出现意外情况时的处置方法、策略，合同如何约定）

八、谈判费用预算

九、谈判议程

（一）双方进场

（二）介绍会议安排和与会人员

（三）进行正式谈判
（四）达成协议
（五）签订协议
（六）祝贺谈判成功

十、附属计划

（一）谈判日程表
（二）接待计划
（三）会务保障计划
（四）保密要求
（五）谈判终结的判定和处理

三、确定商务谈判的时间与场所

（一）商务谈判时间选择

时间选择即确定谈判在什么时间举行、时间的长短，如果谈判需要分阶段还要确定分为几个阶段、每个阶段所花费的时间等。

谈判时间的安排是议程中的重要环节。在谈判准备过程中，有无时间限制，对参加谈判的人员造成的心理影响是不同的。如果谈判有严格的时间限制，即要求谈判必须在某一段时间内完成，就会给谈判人员造成很大的心理压力，那么谈判各方就要针对紧张的谈判时间限制来安排谈判人员、选择谈判策略。

1. 谈判议程中的时间策略

①合理安排好己方各谈判人员发言的顺序和时间。尤其是己方关键人物的重要问题的提出，应选择最佳的时机，使己方掌握主动权。当然，也要给对方人员足够的时间表达意向和提出问题。

②对于谈判中双方容易达成一致的议题，应尽量在较短的时间里达成协议，以避免浪费时间和进行无谓的争辩。

③对于主要的议题或争执较大的焦点问题，最好安排在总谈判时间的3/5之前提出来，这样双方可以充分协商、交换意见，有利于问题的解决。

④在时间的安排上，要留有余地，以防意外情况发生。当然，机动时间不可太多，否则会使谈判节奏过于缓慢，显得没有效率。

⑤在适当的时间安排一些文艺活动，以活跃气氛。文艺活动既可以活跃双方气氛、消除疲劳，又可以增进友谊、加深了解、发展关系。但应注意，文艺活动安排得不宜太多，内容不要重复，不能使文艺活动成为疲劳对方、实现己方谈判目标或达到其他目的的手段。

2. 在确定谈判时间时应注意的问题

①谈判准备的充分程度。俗话说，“不打无准备之仗。”如果没有做好充分准备，不宜匆匆忙忙地开始谈判。

②谈判人员的身体和情绪状况。谈判人员的身体、精神状态对谈判的影响很大。谈判者要注意自己的生理时钟和身体状况，要尽量避免在身心处于低潮和身体不佳时进行谈判。

③市场的紧迫程度。市场是瞬息万变的，如果所谈项目是季节性产品或是时令产品，应抓紧时间谈判，不允许“稳坐钓鱼台”式的长时间谈判。

④谈判议题的需要。谈判的议题有不同的类型，对于多项议题的大型谈判，所需时间相对长，谈判方应对谈判中的一切可能出现的问题做好准备。对于单向议题的小型谈判，如果准备得充分，应速战速决，力争在较短时间内达成协议。

⑤考虑谈判对手的情况。谈判是双方的洽谈，对于对手的情况也应充分考虑，只有这样双方才能合作愉快，达成双方满意的协议。

（二）商务谈判场所的选择

谈判总是要在某一个具体的地点展开，商务谈判地点的选择往往涉及一个谈判的环境心理因素的问题，它对于谈判效果具有一定的影响，谈判者应当很好地加以利用。不同地点对于谈判者来说均有其优点和缺点，这就要求谈判者根据不同的谈判内容具体问题具体分析，正确地加以选择，充分发挥谈判地点的优势，促进谈判取得圆满成功。

1. 在己方地点谈判

谈判的地点最好选择在己方所在地，因为人类与其他动物一样，是一种具有“领域感”的高级动物，谈判者的才能的发挥、能量的释放与自己所处的环境密切相关。在己方地点谈判的优势表现在：谈判者在自己领地谈判，地点熟悉，具有安全感，心理态势较好，信心十足；谈判者不需要耗费精力去适应新的地理环境、社会环境和人文环境，可以把精力集中地用于谈判；谈判者可以利用种种便利条件，控制谈判气氛，促使谈判向有利于自己的方向发展；可以利用现场展示的方法向对方说明己方的产品水平和服务质量；在谈判中，“台上”人员与“台下”人员的沟通联系比较方便，可以随时向高层领导和有关专家请示、请教，获取所需要的资料和指示；利用东道主的身份，可以通过安排谈判之余的各种活动来掌握谈判进程，从文化习惯上、心理上对对方产生潜移默化的影响，处理各类谈判事务比较主动；谈判人员免除旅途疲劳，可以以饱满的精神和充沛的体力去参加谈判，并可以节省去外地谈判的差旅费用和旅途时间，降低谈判支出，提高经济效益。

在己方地点谈判的不利因素表现在：在己方公司所在地谈判，不易与公司工作彻底脱钩，经常会有公司事务分散谈判人员的注意力；离高层领导近，联系方便，谈判者会产生依赖心理，一些问题不能自主决断，而频繁地请示领导也会造成失误和被动；己方作为东道主要负责安排谈判会场以及谈判中的各项事宜，要负责对客方人员的接待工作，安排宴请、游览等活动，所以己方负担比较重。

商务谈判活动最好争取安排在己方的地点进行，犹如体育比赛一样，在主场获胜的可能性更大。有经验的谈判者都会设法把对方请到本方所在地，热情款待，使己方得到更多的利益。

2. 在对方地点谈判

谈判地点在对方时，对己方的不利因素表现在：与公司本部的距离遥远，某些信息的传递、资料的获取比较困难，某些重要问题也不易及时与上级领导磋商；谈判人员对当地环境、气候、风俗、饮食等方面会出现不适应，再加上旅途劳累、不适应时差等因素，会使谈判人员身体状况受到不利影响；己方在谈判场所的安排、谈判日程的安排等方面处于被动地位。己方要防止对方过多安排娱乐活动而消磨谈判人员的精力和时间。谈判者到对方地点去谈判必须做好充分的准备，比如摸清领导的意图和要求，明确谈判目标，准备充足的信息资料，组织好谈判班子等。

3. 在双方所在地交叉轮流谈判

有些多轮大型谈判可在双方所在地交叉进行，选择这种在双方所在地轮流谈判的好处是，对双方来说至少在形式上是公平的，可以各自考察对方的实际情况。各自都能担当东道主和客人的角色，对增进双方相互了解、融洽感情是有好处的。

它的缺点是谈判时间长、费用大、精力耗费大。如果不是大型的谈判或是必须采用这种方法的谈判，一般应少用。

4. 在第三地谈判

在第三地谈判对双方的有利因素表现在：对双方来讲是平等的，不存在偏向，双方均无东道主优势，也无作客他乡的劣势，策略运用的条件相当，可以缓和双方的紧张关系，促成双方寻找共同点和利益均衡点。

对双方的不利因素表现在：双方首先要为谈判地点的确定而谈判，而且地点的确定要使双方都满意也不是一件容易的事，在这方面要花费不少时间和精力。

第三地谈判通常被相互关系不融洽、信任程度不高，尤其是被过去敌对、仇视、关系紧张的双方所选用，该方式可以有效地维护双方的尊严、脸面，防止下不了台。

四、商务谈判场景的选择与布置

对于选择当面磋商形式的商务谈判而言，谈判地点的场景布置是非常重要的。因为，借助于谈判地点的场景布置，可以巧妙地创造出一种为整个谈判服务的特定的谈判空间环境和氛围。谈判场景布置是谈判准备工作的内容之一。

（一）谈判场景布置的目的

当谈判双方经过协调，选择其中一方所在地为谈判地点时，按照惯例，所在地一方，即谈判的东道主，应负责谈判地点的场景布置以及准备与谈判相关的各种物品。此时，作为谈判的东道主，如果能巧妙地运用“地利”之便，使空间环境因素真正发挥其作用，则可以有效地促进谈判走向成功。东道主对空间因素的利用，体现在对谈判地点和谈判场景的精心选择与巧妙安排上。东道主通过这种精心的选择与安排，创造出一种有利于达成协议和取得谈判成功的气氛，这一点受到中外诸多谈判专家的重视，并且这方面也有很多成功的例证。

谈判场景布置的目的是为了创造出一种有利于达成协议和取得谈判成功的环境和气氛。因此，创造谈判和谐氛围必须适宜，要综合各方面因素周密考虑，不可脱离具体情况妄加渲染，否则，矫枉过正，过犹不及，反而起不到好效果。

（二）商务谈判场景布置

（1）色彩选择

色彩选择，即选择、确定谈判场景的总体色调，这是开始谈判场景布置时首先要进行的。一般而言，谈判场景的总体色调应以暗色、暖色为主。这是因为，明亮的色调容易使人情绪过于活跃，在谈判中使双方产生急躁情绪。暖色容易使双方建立信任感。所以，谈判场景的总体色调一般采用暗红色、褐色、暗黑色或赭石色。但是，总体色调也不能过于暗淡，否则会给人以压抑的感觉。

如果谈判场景的总体色调过于暗淡，可以引入一些亮色进行调整，如绿色、浅灰色、浅红色、蓝色、银白色等。具体方法有：①用鲜花均匀点缀在会场内。这种方法最好，不仅可以起到调节色调的作用，而且还会给人一种生气勃勃的感觉，在一定程度上有利于打破僵局。②使用白色或银白色的茶具。③利用灯光进行调节。这种方法的使用范围有限。因为，当灯光过于明亮时，容易使人眼睛疲劳，不利于谈判的进行。

（2）谈判座次安排

在当面磋商形式的谈判中，谈判座次安排也是影响谈判空间环境的重要因素之一。谈判座次安排将形成谈判双方空间上的界区，谈判双方一旦在各自的位置上坐定，谈判的气氛就随之形成了，座次安排代表了许多用言语难以表达的意义，其细微之处，有可能会对谈判者的心理产生明显的影响，同时，也会对整个谈判氛围产生微妙的影响。因此，谈判座次安排是谈判场景布置中必须慎重考虑的内容。

一般而言，商务谈判中座次安排有三种方式：正式会谈式、自由会谈式和介于二者之间的半正式会谈式。

①正式会谈式。这种方式的谈判座次安排通常选用长方形谈判桌，谈判双方各占一边，双方对等。这种谈判方式比较适用于具有较强竞争性和对抗性的大型谈判，是国际商务谈判中最为常用的座次安排方式。采用这种方式，通常谈判的首席代表居中而坐，己方的其他成员分坐在首席代表的两边，双方的首席代表应该坐在平等而相对的座位上。

②自由会谈式。自由会谈式通常不采用谈判桌，双方谈判人员团团坐定，围成一个圆圈，谈判双方不必分开就座，而可以交叉就座，双方职务相近或担负职能相同的人员可以相邻就座。这种方式可以营造一种和谐气氛，方便双方沟通彼此的思想、情感。但是，由于这种谈判座位安排方式过于自由，所以，跨国大型公司之间的首次谈判，一般不宜采用。

③半正式会谈式。半正式会谈式通常也不采用谈判桌，但其座位安排方式与自由会谈式不同，其便接近于正式会谈式。这种方式通常只适用于谈判人数较少（通常每方人员在4人以下），谈判双方较为熟悉的谈判。半正式会谈式与自由会谈式一样，可以营造和谐氛围，使双方的距离感变小。但是，由于谈判双方相对而坐，所以，这种方式又比自由会谈判式显得更为正式。

当然，究竟选择哪一种方式最为适宜，没有任何定式可循，谈判的组织者应当根据谈判的性质、谈判的规模，以及谈判参与者的具体情况灵活把握，不必墨守成规。

五、食宿安排

（一）食宿安排的要点

谈判是一种艰苦复杂，耗费体力、精力的交际活动，因此饮食、住宿安排也是会谈准备工作的内容之一。东道主对来访人员的食宿安排应细致、方便、舒适，但不一定要豪华、阔气，按照国内或当地的标准条件招待即可。许多外国商人，特别是发达国家的客商十分讲究时间、效率，反倒不喜欢烦琐冗长的招待仪式。但是，适当组织客人参观游览、参加文体娱乐活动也是十分有益的，不仅可以调节客人的旅行生活，也是增进双方私下接触、融洽双方关系的一种有益形式，有助于谈判的进行。

（二）安排住宿需要注意的问题

住宿地点除了要尽量考虑环境上的宁静、舒适、卫生，以及交通和通信上的便利外，还要考虑宾馆的建筑风格和内部装修的文化品位，以及服务设施和服务质量与客人的水准相适应，在地位上相一致，和本次谈判业务的重要性相吻合。住宿地点和餐饮地点的距离应较近、便捷。如果必要，己方要开设服务房间，配有专人随时解决客人所遇到的生活问题。

（三）安排饮食需要注意的事项

谈判组织者应根据客人的地位、本次谈判的重要程度等条件确定饮食档次，认真了解对方人员在饮食方面的特殊要求。例如，由于宗教和民族习惯引起的饮食禁忌，因个人的饮食习惯产生的禁忌，因身体状况对饮食存在的特殊要求，因生病正在用药产生的忌口等。酒和饮料的安排要根据实际需要决定。

第四节　商务谈判模拟

一、模拟谈判的概念与作用

（一）模拟谈判的概念

模拟谈判是指正式谈判前的彩排，即将谈判小组成员一分为二，一部分人扮演谈判对手，并以对手的立场、观点和作风来与作为己方的另一部分谈判人员交锋，预演谈判的过程。谈判者预先进行“扮演角色”不仅是一次、两次，而是多次。利用不同的人扮演对手这个角色，提出各种他所能到的问题，让这些问题来难为己方，在为难之中做好一切准备工作。

德国人非常重视谈判前的彩排。不论是大企业，还是小企业，也不论是大型复杂的谈判，还是小型简单的谈判，德国人总是以一种不可辩驳的权威面目出现，常常能牢牢地控制谈判桌上的主动权，这在很大程度上要归功于他们对模拟谈判的重视。对于德国商人而言，事先演练是谈判的一个必经程序。他们对谈判可能出现的任何细节都要做周密的准备，对对方可能要提出的任何难题，都要事先做出安排，拟定应对方案。这样，正式的谈判就很容易被纳入德国商人事先设计好的轨道，为谈判的胜利奠定基础。

（二）模拟谈判的作用

①模拟谈判能使谈判人员获得一次临场的操练与实践，经过操练达到磨合队伍、锻炼和提高本方协同作战能力的目的。

②在模拟谈判中，通过相互扮演角色会暴露本方的弱点和一些可能被忽略的问题，以便及时找到出现失误的环节及原因，使谈判的准备工作更具有针对性。

③在找到问题的基础上，及时修改和完善原定的方案，使其更具实用性和有效性。

④通过模拟谈判，使谈判人员在相互扮演中找到自己所充当角色的比较真实的感觉，可以训练和提高谈判人员的应变能力，为临场发挥做好心理准备。

总之，模拟谈判是一种无须担心失败的尝试，通过模拟谈判可以启发和开阔谈判人员的视野，有可能将预演中的弱点变为真实谈判中的强点。通过总结不但可以完善本方的谈判方案，还可以在无敌意心态的条件下，站在对方的角度进行一番思考，从而丰富本方在消除双方分歧方面的建设性思路，有助于寻到解决双方难题的途径。

二、模拟谈判的任务与方法

（一）模拟谈判的任务

①检验己方谈判的各项准备工作是否到位，谈判各项安排是否妥当，谈判的计划方案是否合理。

②寻找己方被忽略的环节，发现己方的优势和劣势，从而提出如何加强和发挥优势、弥补或掩盖劣势的策略。

③准备各种应变对策。在模拟谈判中，谈判者须对各种可能发生的变化进行预测，并在此基础上制定各种相应的对策。

④在以上工作的基础上，制定出谈判小组合作的最佳组合及其策略等。

另外，模拟谈判还有一些具体的问题需要确定，例如确定暗号。商务谈判是协同作战，需要参与谈判的成员之间密切的配合，随时进行必要的信息交流。但是，在谈判中，有些话很难当着谈判对手的面直接用语言进行交流，因此，谈判成员之间有必要事先商定一些暗号，既达到相互提示的目的，又不让谈判对手知道。

（二）模拟谈判的方法

1. 全景模拟法

全景模拟法，是指在想象谈判全过程的前提下，企业有关人员扮成不同的角色所进行的实战性的排练，它是最复杂、耗资最大但也是最有成效的模拟谈判方法。这种方法一般适用于大型的、复杂的、关系到企业重大利益的谈判。

在采用全景模拟法时，谈判人员应注意以下两点。

①合理地想象谈判全过程。有效的想象要求谈判人员按照假设的谈判顺序展开充分的想象，不只是想象事情发生的结果，更重要的是事物发展的全过程，想象在谈判中双方可能发生的一切情形。依照想象的情况和条件，演习双方交锋时可能出现的一切情境，如谈判的气氛、对方可能提出的问题、我方的答复、双方的策略和技巧等问题。合理的想象有助于谈判人员准备更充分、更准确，这是全景模拟法的基础。

②尽可能地扮演谈判中所有会出现的人物。这有两层含义：一方面是指对谈判中可能会出现的人物都有所考虑，要指派合适的人员对这些人物的行为和作用加以模仿；另一方面是指主谈人员（或其他在谈判中准备起重要作用的人员）应扮演一下谈判中的每一个角色，包括己方及己方的顾问、对手及对手的顾问。这种对人物行为、决策、思考方法的模仿，能使我方对谈判中可能会遇到的问题、人物有所预见。同时，处在别人的地位上进行思考，有助于我方制定出更加完善的策略。正如美国著名企业家维克多·金姆所说的那样："任何成功的谈判，从一开始就必须站在对方的立场和角度上看问题。"而且，通过对不同人物的扮演，可以帮助谈判者选择自己所充当的谈判角色，一旦发现自己不适合扮演在谈判方案中规定的角色时，可及时加以更换，以避免因角色的不适应而引起的谈判风险。

2. 讨论会模拟法

讨论会模拟法类似于头脑风暴法，它分为两步。第一步，企业组织参加谈判的人员和一些其他相关人员召开讨论会，请他们根据自己的经验，对企业在本次谈判中谋求的利益、对方的基本目标、对方可能采取的策略、我方的对策等问题畅所欲言。不管这些观点、见解如何标新立异，都不会有人指责，有关人员只是忠实地记录，再把会议情况上报领导，作为决策的参考。第二步，请人针对谈判中各种可能发生的情况、对方可能提出的问题等提出疑问，由谈判组成员逐一加以解释答。

讨论会模拟法特别欢迎反对意见，这些意见有助于己方重新审核拟定的方案，从多种角度和多重标准来评价谈判方案的科学性和可行性，不断完善准备的方案，提高成功的概率。

3. 例表模拟法

例表模拟法是最简单的模拟方法，一般适用于小型的、常规性的谈判，其具体操作过程是这样的：通过对应表格的形式，在表格的一方列出我方经济、科技、人员、策略等方面的优缺点和对方的目标及策略；另一方则相应地罗列出我方针对这些问题在谈判中所应采取的措施。这种模拟方法最大的缺陷在于它实际上还是谈判人员的一种主观产物，它只是尽可能地搜寻问题并列出对策，至于这些问题是否真的会在谈判中发生，这些对策是否能起到预期的作用，由于没有通过实践的检验，因此，不能百分之百地讲这些对策是完全可行的。但是，对于一般的商务谈判，只要能达到八九成的胜算就可以了。

三、模拟谈判时应注意的问题

模拟谈判的效果如何，直接关系到企业在谈判中的实际表现，要想使模拟谈判真正发挥作用，就必须注意以下问题。

1. 科学地做出假设

模拟谈判实际就是提出各种假设情况，然后针对这些假设，制定出一系列对策，采取一定措施的过程。因而，假设是模拟谈判的前提，又是模拟谈判的基础，它的作用是根本性的。

模拟谈判假设包含的内容可以分为三类。

①对客观环境的假设，其所包含的内容最多、范围最大，涉及人们日常生活中的环境、空间和时间，主要目的是估计主客观环境与本次谈判的联系和影响的程度。

②对自身的假设，其包括对自身心理素质准备状况的评估、对自身谈判能力的预测、对企业经济实力的考评和对谈判策略的评价等多项内容。对自身的假设，可以使我方人员正确认识自己在谈判中的地位和作用，发现差距，弥补不足，在实战中就可以扬长避短，发挥优势。

③对对方的假设，其主要是预估对方的谈判水平、对手可能会采用的策略，以及面对我方的策略对手如何反应等关键性问题。

为了确保假设的科学性，首先，应该让具有丰富谈判经验的人提出假设，相对而言，这些人的假设准确度较高，在实际谈判中发生的概率更大。其次，假设的情况必须以事实为基础，所依据的事实越多、越全面，假设的精度也越高。假设切忌纯粹凭想象的主观臆造。最后，我们应该认识到，再高明的模拟谈判也不是全部假设到正式谈判中都会出现，而且这种假设归根结底只是一种推测，带有或然性。若是把或然奉为必然去指导行动，那就是冒险。有的谈判老手就是能抓住对手的“假设的必然性”，出其不意地变换套路，从而实现了己方的预期目标。

2. 对参加模拟谈判人员的选择

参加模拟谈判的人员，应该是具有专门知识、经验和看法的人，而不是只有职务、地位或只会随声附和、举手赞成的老好人。一般而言，模拟谈判需要下列三种人员。

①知识型人员。这里所指的知识是指理论与实践相对完美结合的知识。这种人员能够运用所掌握的知识触类旁通、举一反三，把握模拟谈判的方方面面，使其具有理论依据的现实基础。同时，他们能从科学性的角度去研究谈判中的问题。

②预见型人员。这种人员对于模拟谈判是很重要的。他们能够根据事物的变化发展规律，加上自己的业务经验，准确地推断出事物发展的方向，对谈判中出现的问题较敏感，往往能对谈判的进程提出独到的见解。

③求实型人员。这种人员有着强烈的脚踏实地的工作作风，考虑问题客观、周密，不凭主观印象代替客观事实，一切以事实为出发点。他们对模拟谈判中的各种假设条件都小心求证，力求准确。

3. 参加模拟谈判的人员应有较强的角色扮演能力

模拟谈判要求我方人员根据不同的情况扮演不同的人物，并从所扮演的人物心理出发，尽可能地模仿出他在某一特定场合下的所思所想、所作所为。

心理学研究表明，谈判者作为生活在特定的社会与文化环境中的人，由于周围环境对他的复杂影响和其自身从历史的经验和过去的认识感受中获得的教训，导致了他必然对周围环境做出独特的反应，并形成自己的个性。谈判者一旦要扮演另外一个社会角色，往往会产生内心的冲突。根据这一情况，一方面企业在安排模拟谈判角色时要根据我方人员的性格特征有针对地让其扮演类似的对方人员；另一方面，则要求我方人员应善于克服在扮演特定谈判角色（特别是这一角色与自己差距很大）时所产生的心理障碍，要善于揣摩对方的行为模式，尽量从对方的角度思考问题，做出决定。

4. 模拟谈判结束后要及时进行总结

模拟谈判的目的是总结经验，发现问题，弥补不足，完善方案。所以，在模拟谈判告一段落后，必须及时、认真地回顾在谈判中我方人员的表现，如对对手策略的反应机敏程度、团队协调配合程度等一系列问题，以便为真正的谈判奠定良好的基础。

思考题

1. 商务谈判小组人员构成原则是什么？
2. 谈判小组负责人应具备什么条件？负有什么职责？
3. 商务谈判信息准备包括哪几个方面的内容？
4. 商务谈判方案制定有什么具体要求？
5. 商务谈判方案制定有哪些内容？
6. 如何进行模拟谈判？

案例分析

第七章 商务谈判过程

学习目标与重点

1. 商务谈判开局；
2. 商务谈判报价；
3. 商务谈判磋商；
4. 商务谈判终结。

案例导入

第一节　商务谈判开局

一、商务谈判开局的重要性

俗话说，好的开端是成功的一半。开局是指参加商务谈判的双方人员进入具体内容谈判之前，营造谈判气氛、表明谈判意图、选择谈判方法、掌握谈判策略以及确定谈判议题和议程的阶段，它是双方谈判人员刚开始接触的阶段。

开局阶段一般只占整个谈判过程很少的一段时间，有时可能只有短短的几分钟，但这几分钟时间却起着非常重要的作用。双方第一次面对面谈判，彼此不了解，通过开局可以探测对方的虚实，了解对方对成交买卖的期望值，试探对手的底细以及了解对手的谈判经验、技巧、谈判作风等相关信息。

开局是谈判的起点，对整个谈判过程起着相当重要的引导和制约作用。通过双方的态度、诚意、情绪、行为等所营造的开局气氛，可以为影响、控制谈判进程奠定基础。开局的好坏直接影响整个谈判的过程，它不仅决定着双方在谈判中的力量对比以及双方在谈判中采取的态度和方式，也关系到双方对谈判的控制权和主动权，进而决定着谈判结果。

二、商务谈判开局气氛的建立

良好的谈判气氛对于商务谈判的成功起着非常重要的作用，它会对谈判人员的心理、情绪、谈判力等方面造成一定的影响，甚至会影响整个谈判过程。因此谈判人员要善于利用灵活的技巧来影响谈判的气氛。正确的谈判气氛应该是诚挚、轻松、合作的，这样谈判才有望获得理想的结果。

（一）商务谈判开局气氛的作用

谈判开局气氛是由所有参与谈判人员的情绪、态度与行为共同创造的，是由谈判各方通过各自所表现的态度、作风而建立起来的洽谈环境。通过谈判气氛可以传达合作信息，显示谈判人员的文化修养和谈判诚意，确定谈判基调，建立各方谈判关系，为后续谈判打基础。

在商务谈判中，任何一种谈判气氛都将对谈判起到推动或拖延、有利或不利的作用。良好的谈判气氛，能减少对方的防范情绪，减少阻碍，有利于沟通、协商，有利于协调双方的思想和行动，有利于谈判的顺利进行。

谈判开局气氛对整个谈判过程起着相当重要的影响，它决定着双方在谈判中采取的态度和方式，决定着双方在谈判中的力量对比，决定着双方对谈判局面的控制，进而决定着谈判的结果。可以说，如果一方控制了谈判的开局气氛，那么，在某种程度上就等于控制了谈判对手。

在商务谈判中，如果一开始形成了良好的气氛，双方就容易沟通，便于协商。所有谈判者都愿意在一个良好的气氛中进行谈判。如果谈判一开始双方就怒气冲天，见面时拒绝握手，甚至拒绝坐在一张谈判桌上，那么整个谈判无疑会蒙上一层阴影。

（二）商务谈判开局的气氛类型

在商务谈判中，因谈判的性质、地位、形式、地点的不同，而有其独特的谈判气氛。一般情况下，有以下几种谈判开局的气氛。

1. 礼貌、尊重的气氛

谈判双方是本着合作和共赢的目的坐到一起谈判的，双方人员的地位是平等的。因此，谈判人员应该在谈判的开局阶段努力营造出一种尊重对方、彬彬有礼的气氛。对于参加谈判的工作人员来说，最基本的要求之一就是，每个人要注意自己的仪容仪表。衣着打扮一定要大方得体，无论是表情、动作还是说话语气都应该表现出尊重、礼貌，在谈判中切忌表现出蔑视对方、指责对方等不文明的行为。无论谈判双方成员的身份地位相差多大，都应该在谈判中努力创建文明礼貌、相互尊重的和谐氛围。

2. 自然、轻松的气氛

谈判的开局初期一般被称为“破冰”时期。这个时候，谈判双方会各自表明自己的谈判立场和观点，所以经常会因为意见不一致而发生冲突和僵局。如果谈判一开局气氛就非常紧张、僵硬，就很有可能使谈判陷入艰难的地步；而且也很容易给谈判人员造成情绪激动、对立，甚至不可调和的矛盾。所以，谈判人员在开局阶段一定要积极营造出一种平和、自然、轻松的气氛，而不要一上来就咄咄逼人、气势汹汹。比如说，谈判者可以先随意谈一些题外的轻松话题，松弛一下紧绷的神经，不要过早地与对方发生争论；语气要自然平和，表情要轻松亲切，尽量谈论中性话题，不要过早刺激对方。

3. 友好、合作的气氛

谈判双方如果在开局阶段就使对方产生一种“有缘相知”的感觉，将会非常有利于谈判友好轻松地进行下去。要知道，谈判双方很有可能是未来的合作伙伴，而不是互相敌对的敌人。在友好合作的气氛中，谈判对手自然愿意与之合作。反之，若是以激烈、偏激的态度来面对谈判对手，恐怕只会使谈判偏离成功的轨道。激烈和冲突解决不了实际问题，而心平气和的态度，以及善意的微笑、真诚的握手、热烈的掌声、信任的目光等则是谈判成功、愉快合作的催化剂。

4. 积极进取的气氛

谈判不是剑拔弩张的战场，但它也不是随意的社交沙龙，谈判者都是肩负着一定的重要使命而来的，他们需要完成重要的谈判任务和目标。因此，谈判人员应树立积极进取的态度，努力为谈判成功而不断付出。这就要求谈判者除了在谈判之前做足充分的准备工作外，还要在谈判过程中时刻保持昂扬向上的情绪和心态，调动所有力量来实现己方的谈判目标，为我方赢取长远的利益和发展机会。

总之，谈判人员建立和谐融洽、友好合作的开局氛围是非常必要的，也是非常重要的。优秀的谈判人员会在不断努力的过程中，维护良好的谈判氛围，寻求互惠互利的合作结果。

（三）影响商务谈判气氛的因素

1. 谈判双方的关系

商务谈判利益主体之间的关系，特别是以往的合作关系，是影响谈判开局气氛的一个非常重要的因素。如果彼此过去有业务往来，且关系很好，那么开局气氛应该是热烈而友好的；如果彼此过去有业务往来，但是关系一般，或者彼此过去没有业务往来，那么在开局时应该努力营造一个和谐友好的气氛；如果过去有过业务往来，但是对方给己方留下的印象不佳，应使开局气氛认真严肃，以表达对过去合作的不满意，或者是力求创造积极友好的气氛，以消除这种不良印象带来的影响。

此外，如果参加谈判的人员之间有着比较好的个人关系或相互印象，开局的气氛一般也会是热烈积极的；相反，如果彼此关系比较差，甚至印象恶劣，那么开局的气氛会紧张压抑。

2. 谈判双方的实力对比

谈判双方的实力对比也是影响谈判开局气氛的一个重要因素。如果谈判双方实力相当，就应在开局阶段营造友好和谐的谈判气氛，以消除双方的戒备和敌对情绪。如果谈判双方实力明显有差距，为了消除由此产生的不平衡感，双方同样应该营造较为轻松的气氛。当然，实力较强的一方也可以刻意营造紧张的气氛来向较弱的一方施加压力，而实力较弱的一方同样可以通过营造紧张的气氛来向对方表示己方的信心和决心。

3. 谈判环境的影响

谈判环境是指对商务谈判目标、进程和结果等各方面产生影响的内外部因素。环境也会对开局气氛产生一定的影响。比如，在国际商务谈判中，谈判双方主体所在的国家或地区之间的政治、经济关系都会影响谈判的气氛，较为紧张的大环境会带来比较紧张的谈判气氛；反之亦然。另外，商务谈判所处的经济、市场、金融等环境是否宽松，也会对开局气氛的形成产生微妙的影响。

4. 谈判目标和策略的需要

如果商务谈判中有一方具有特殊的谈判目标或者策略，可能需要在谈判一开始就创造出一种特殊的开局气氛，向谈判对手施加某种压力或者影响，以赢得谈判的主动权或者达到己方的目标。比如，如果谈判一方需要尽快完成谈判，在最短的时间里与对方达成满意的协议，那么，在开局的时候，一方面可以努力营造出积极友好的谈判气氛，以拉近彼此的距离；另一方面也可以适当地营造出略为紧张的气氛，以加快谈判的节奏，缩短谈判时间。

（四）谈判开局气氛的营造方法

在商务谈判中，谈判气氛不是一成不变的，谈判人员可以根据需要来营造有助于己方的谈判气氛。营造谈判气氛的方法很多，下面介绍几种较常用的方法。

1. 感情攻击法

感情攻击法又称为感情共鸣法，是指通过某一听说事件来引发普遍存在于人们心中的感情因素，即以情感诱发作为营造气氛的手段，并使这种感情迸发出来。感情攻击法可以从相反的两个方向攻击，一是攻击积极的情感，二是攻击消极的情感，两者的作用方向相反，其结果也是相反的。

攻击积极的情感可以激发对方产生积极的情感，使谈判开局充满热情洋溢的气氛，即高调的谈判气氛。在这种谈判气氛中，谈判对手对谈判前景的看法倾向于乐观，往往对有利的方面关注多，对不利的方面关注少，能很快达成协议并签订合同。

攻击消极情感是诱发对方产生消极情感，即不信、敌意、怀疑、攻击、诱使、压迫、愤怒等隐藏的感情，营造一种低沉、严肃的气氛使之笼罩在谈判开始阶段。这种消极情感可能导致谈判者将谈判情景定义为竞争，以削弱谈判者准确判断形势的能力，降低双方的可信度，导致双方的距离拉大，甚至可能导致双方的冲突升级。更严重的，可能导致双方相互报复、阻挠合作性结果的达成。

2. 赞美法

赞美法是指通过赞美对方来削弱对方的心理防线，从而唤起对方的谈判热情，调动对方的情绪，营造高调的气氛。被赞美的人会有一种被理解的感受，使自尊心得到满足，于是就很容易向赞美自己的人敞开心扉，愿意与其进行积极交流。谈判者在赞美的时候要注意称赞的方式，这样才能起到加深双方良好印象、深化关系的目的。不恰当的赞美只能引起对方的反感，或者使其对赞美者品质和个性产生质疑。

谈判者赞美的时候需要注意以下几点：要真诚而又热情，简单、白话、流利顺畅、不做作，适度、恰到好处、不要太夸张，要因人而异，要善于把握机会，要积极回应等。

3. 幽默法

幽默法是指用幽默的方式来消除谈判对手的戒备心理，缓和紧张的谈判气氛，淡化双方的对立情绪，缩短双方的心理距离，促成友好和谐的气氛，使其积极参与到谈判中来，从而营造高调的谈判开局气氛。幽默是引发喜悦和快乐的源泉，幽默会给人以从容不迫的气度，更是成熟、机智的象征，它反映了商务谈判人员的机敏与聪颖。在商务谈判中，运用幽默法开局会获得意想不到的结果。

谈判者采用幽默法开局要注意选择恰当的时机与适当的方式，要做到收放有度，要注意场合和幽默的对象。例如，美国前总统有一次在国会开会前，为了试试麦克风，张口便说："先生们请注意，五分钟之后，我将宣布对苏联进行轰炸。"此语一出，顿时全场哗然。里根在错误的场合和时间开了一个极为荒唐的玩笑。为此，苏联政府提出了强烈抗议，令美苏局面尴尬。

得体的幽默能取悦人心，使紧张的谈判气氛瞬间变化，营造出宽松和谐的气氛，使人轻松愉快，有利于谈判的顺利进行。

4. 问题挑逗法

问题挑逗法是指提出一些尖锐问题诱使对方与己方争议，通过争议使对方逐渐进入谈判角色。这种方法类似于激将法，但是与激将法不同的是，在商务谈判时提出的问题要引起对方与己方进行争议，通过争议激起对方的谈判热情，使双方不知不觉地进入谈判角色。

需要注意的是，问题挑逗法只在对方谈判热情不高的情况下使用，其目的是激发对方的谈判热情，使谈判顺利进行，有利于达成协议，而不是争辩，与对方针锋相对。因此，谈判者运用问题挑逗法要谨慎，要注意火候的把握，要选择好退路。

5. 沉默法

沉默法是指在开局过程中，己方不主动与对方寒暄，只是适时迎合对方，也不主动寻找话题，仅仅是在礼仪需要前提下回应对方，不主动表现出热情的态度。这种开局方式会让对方猜测己方的意图和目的，引起对方疑虑，当然也会扰乱对方的想法。沉默法开局适合在己方处于谈判主动地位和优势地位的时候使用，可以暗示对方并不是最重要的交易对象或者即使合作不成也不会对己方构成影响。但是这种沉默有个前提，那就是必须符合商务礼仪和职业道德规范，不可以借此贬低或羞辱对方，否则将起到相反的效果。

采用沉默法要注意以下几点。一是要有恰当的沉默理由。人们通常采用理由有：假装对某种技术问题不理解，假装不理解对方对某个问题的陈述，假装对对方的某个礼仪失误表示十分不满意。二是要有耐心。用耐心的沉默让对手感到不自在，只有耐心等待才可能使对方失去冷静，形成心理上的压力。三是要沉默有度，适时进行反击，迫使对方让步。

6. 疲劳战术法

疲劳战术法是指设法使对方对某一个问题或某几个问题进行反复陈述，从生理和心理上疲劳对手，降低对手的热情，从而达到控制对手并迫使其让步的目的。一般来讲，人在疲劳的状态下，思维的敏捷程度下降，容易出现错误；热情降低，工作情绪不高，比较容易屈从于别人的看法。

采用疲劳战术法应注意以下两点：一是多准备一些问题，而且问题要合理，每个问题都能起到疲劳对手的作用；二是认真听对手的每一句话，抓住错误并记录下来，作为迫使对方让步的砝码。

7. 指责法

指责法是指对对方的某项错误或礼仪失误进行严厉的指责，使其感到内疚，从而达到营造低调气氛，迫使对手让步的目的。

三、商务谈判意图的陈述

谈判意图的陈述是指谈判各方在开局阶段就本次谈判的内容陈述各自的观点、立场及建议。它的任务是让双方能把本次谈判所要谈及的内容全部表达出来，使彼此了解对方对本次谈判内容所持有的立场与观点，并在此基础上就一些原则性分歧发表建设性意见或建议。

（一）商务谈判开局陈述的内容

谈判开局陈述的内容是指谈判双方在开局阶段各自表明的观点、立场、计划和建议，主要包括以下几方面。

①己方对问题的基本立场和理解。

②己方的利益，即己方希望通过谈判取得的利益，特别是根本的、首要的利益。

③己方对于谈判的期望，以及对方的期望。

④己方的谈判诚意，即己方愿意为达成协议而付出的努力。

⑤需要在谈判开局向对方说明的其他问题。

（二）商务谈判开局陈述的方式

谈判开局陈述的方式有书面表达、书面与口头表达相结合、口头表达三种方式。

①书面表达，即通过书面文字完整地表明本方意图。此方式通常说明本方的意图是明确的、终局的、不容讨价还价的，对方除了接受或拒绝之外没有回旋余地。形成这种表达方式是国家宏观政策、法律、法规等因素的约束而必须遵守的结果。例如，国家公共设施的工程招标文件，有关工程的质量、材料、结构、完工期限等都不容磋商。

②书面表达与口头表达相结合。这种方式有利于己方对文字表述中一些重要的问题做更详细的说明，也有利于帮助对方对条文中一些难懂的问题做更清楚的解释。由于这种表明己方意图的方式仍然侧重于书面，因此它比较适用于双方争夺的利益不大的情况。

③口头表达方式。口头表达方式是指在开局阶段没有任何书面文件，只在口头表明己

方谈判意图，以便双方进一步磋商、接触，逐步摸清对方意图，再做出相应允诺。此方式给谈判双方提供了更大的协商空间，谈判者可以利用语气、语调中的情感因素来影响对方。需要注意的是，采用此方式要尽量避免在表情、动作、神态等方面暴露己方的机密，同时要避免因语气、语言使用不当而引起误会。

（三）商务谈判开局陈述的原则

谈判各方在做开局陈述时要遵循以下几个原则。

①只陈述己方的谈判立场。

②将陈述的重点放在己方的谈判利益上。

③陈述时要简明扼要，只做原则性的陈述。

④陈述的内容均是己方独立确定的，不要受对方陈述内容的影响。

（四）对对方开局陈述的反应

①用心听。听的时候要精力集中，不要把精力浪费在寻找对策上。

②弄清对方开局陈述的内容。如果对对方陈述的内容有不清楚的地方要及时向对方提问。

③找出对方开局陈述的关键问题。

四、商务谈判开局策略

商务谈判开局策略是谈判者谋求谈判开局有利形势和实现对谈判开局的控制而采取的行动方式或手段，其目的是为实施谈判策略打下基础。商务谈判开局策略一般包括以下几个方面。

1. 协商式开局

协商式开局是指在谈判开始时以协商、肯定的语言进行陈述，使对方对己方产生好感，争取创造出一种双方对谈判理解和相互尊重的气氛，给人一种有商量的感觉，即谈判双方以相互商量、商谈的口吻，在友好、愉快的气氛中展开谈判工作。

一般情况下，协商式开局策略比较适用于谈判双方实力比较接近，双方过去没有商务往来的经历，是第一次接触，都希望有一个好的开端。需要注意的是，谈判人员要多用外交礼节性语言，谈论的话题应该是中性话题，以一种平等、友好、合作的态度来对待谈判对手。这样才能保证谈判在一种愉快、融洽的气氛中进行下去。比如，谈判人员以协商的口吻和对方谈论己方的意见，对于对方的意见也持尊重和认可的态度，这样双方就比较容易达成共识，也就利于顺利打开谈判局面。

2. 进攻式开局

进攻式开局是指谈判人员在谈判一开始就通过一些语言或行为来表达己方强硬的姿态，起到先声夺人的效果，从而获得谈判对手必要的尊重。这样的开局方式可以为己方制造出一定的心理优势，使谈判利于己方。

进攻式的开局策略并不适合所有的谈判活动，谈判人员应该根据具体情况来具体对待。比如，谈判者发现谈判对手居高临下、气势逼人，有不尊重己方的表现，在这种情况下，如果任其发展下去，那么己方就会处于被动地位，不利于己方谈判。此时，谈判人员可以采取以攻为守的策略，不要被对方的气势所压倒，而是应该努力维护己方的利益，捍卫己方的尊严。

需要注意的是，进攻式开局并不是要求谈判人员以咄咄逼人的气势来对待谈判对手，而是在平等的基础之上，以自信和礼貌的态度来争取己方的利益和尊严。进攻式开局应以适度为宜，以免造成气氛紧张、发生僵局。

3. 坦诚式开局

坦诚式开局策略是指谈判人员以开诚布公的方式向谈判对手陈述己方的观点或想法，为谈判打开良好的局面。一般说来，坦诚式开局策略比较适合于有长期业务合作关系的双方，而且双方关系很好，互相比较了解。在双方已经建立了愉快的合作关系的基础之上，双方相互间比较熟悉和了解，不需要太多的客套和寒暄，这样的开局策略可以减少很多外交辞令，节省谈判时间。另外，谈判人员直接坦率地向对方提出己方的观点和要求，反而更容易使对方对己方产生信任感。

4. 慎重式开局

慎重式开局策略是指谈判人员以严谨、凝重的语言进行陈述。这种开局策略可以展现己方对谈判的高度重视，并且能够促使对方放弃某些不适当的意图，以更加顺利地实现己方的谈判目的。慎重式开局策略通常适用于有过商务往来的谈判双方，但是对方曾有过不太令人满意的表现。在这种情况下，谈判人员应该用严谨、慎重的态度来对待谈判，以引起对方对某些问题的重视。

5. 保留式开局

保留式开局策略是谈判者在谈判起初，对谈判对手所提出的关键性问题不做明确彻底的回答，而是在一定程度上有所保留。这样，在接下来的谈判过程中，谈判者比较易于掌握主动权和控制权。需要注意的是，谈判人员要把握好保留的程度，以免给对方造成不诚恳或故弄玄虚的印象。

五、确定商务谈判议程

谈判的议程包括谈判的议题和程序。谈判议题是指谈判所要涉及的问题。任何涉及谈判双方利益并需要协商的内容都可以成为谈判的议题。一般地说，技术水平、产品质量、价格、支付方式、售后服务等是谈判的主要议题。其中，价格问题是绝大多数商务谈判的核心议题。谈判程序是指谈判议题在时间上的安排，主要涉及两个问题：一是议题的先后顺序，二是每个议题讨论所需的时间。

简单的、非正式的谈判一般不会先涉及议题或程序的讨论，而是直接就谈判的实质性内容进行磋商。复杂的、正式的谈判才会先谈及谈判的议题和程序。谈判议程的设计和谋划是十分有技巧的，对谈判的最后结果有时会产生关键性的影响。以合作双赢为主要特征的谈判（企业并购、商品买卖等），其议题和程序可以由双方协商确定，也可以由一方先拟定，征得另一方同意后确定；以对抗单赢为主要特征的谈判（损害赔偿、拆迁补偿等），其议题和程序很难协商确定，谈判者应根据最有利于己方、最不利于对方的方式来谋划安排谈判的议题和程序。

第二节　商务谈判报价

一、报价的概念与形式

（一）报价的概念

商务谈判的报价，并不仅仅指产品在价格方面的要价，而是指双方各自提出的各种设想和解决问题的方案，提出寻求实现双方共同利益的最佳途径，并且在陈述的基础上提出各自的交易条件。报价是谈判参与方各自利益需求的具体体现。

报价泛指谈判一方向对方提出的所有要求，包括商品的质量、数量、包装、价格、运输、保险、支付方式、商检、索赔、仲裁等。

（二）报价的形式

1. 书面报价

书面报价是指谈判一方事先提供较详尽的文字材料、数据和图表等，将己方愿意承担的义务以书面形式表达清楚。由于书面报价约束感强，又称限制报价或约束报价。

由于书面报价能使对方有时间针对报价做充分准备，所以这类谈判更为紧凑，为谈判节省了时间，但是限制了报价方在谈判中的让步和变化。这种报价方式对实力强大、有竞争力、属于垄断的企业有利。

2. 口头报价

口头报价是指谈判双方在谈判过程中把各自的报价，即所有的交易条件口头表达出来。其优点是具有很大的灵活性，谈判者可以根据谈判进程调整、变更谈判报价，先磋商，后承担义务。由于谈判者可以察言观色、见机行事，因此口头报价相对于书面报价而言约束感更小。

二、报价的原则与方式

（一）报价的原则

1. 报价的首要原则

对卖方而言，开盘价必须是最高的；对买方而言，开盘价必须是最低的。这是报价的首要原则。对此可以从以下几个方面进行分析。

①作为卖方来说，最初的报价，即开盘价，实际上为谈判的最终结果确定了一个最高限度。因为在买方看来，卖方报出的开盘价无疑表明了他们追求的最高目标，买方将以此为基准，要求卖方不断做出让步。在一般情况下，买方不可能接受卖方更高的要价，买方最终的成交价肯定在开盘价以下。

②开盘价的高低会影响对方对己方的评价，从而影响对方的期望水平。比如卖方产品价格的高低，不仅反映产品的质量水平，还与市场竞争地位及销售前景等直接相关。买方会由此对卖方形成一个整体印象，并据此来调整或确定己方的期望值。一般来说，开盘价越高，对方对我方的评价越高，其期望水平可能就越低。

③开盘价越高，让步的余地就越大。在谈判过程中，双方都必须做出一定的让步。如果己方在一开始就能为以后的让步预留足够的回旋余地，在面对可能出现的意外情况或对方提出的各种要求时，就可以做出更为积极有效的反应。

④开盘价高，最终成交价的水平就会比较高，或者说，最初的报价越高，最终所能得到的往往就越多。因为要价越高，就越有可能与对方在较高的价格水平上进行谈判。

2. 报价必须合乎情理

开盘价必须是最高的，但不意味着可以漫天要价、毫无道理、毫无控制。恰恰相反，报价必须合情合理，应该控制在合理的界限内。如果报价过高，又讲不出道理，对方必然会认为己方缺乏谈判的诚意，可能会立即中止谈判；也可能针锋相对地提出一个令己方根本无法认可的报价水平；或者对己方报价中不合理的成分一一提出质疑，迫使己方不得不很快做出让步。在这种情况下，即使己方将交易条件降至比较合理的水平，但这一合理的条件在对方看来仍然可能是极不合理的。可见，开盘价脱离现实，就是自找麻烦。

3. 报价应该坚定、明确、清楚

谈判者首先必须对己方报价的合理性抱有充分的自信，然后才可能得到对方的认可。谈判者在提出本方的报价时应该坚定而果断，在言谈举止上表现出任何的犹豫和迟疑，都有可能引起对方的怀疑，并增强对方进攻的信心。报价还应该非常明确、清楚，谈判者报价时所运用的概念的内涵、外延要准确无误，言辞应恰如其分，不能含混模糊，以免对方产生误解。为确保报价的明确、清楚，可以预先备好印刷成文的报价单。如果是口头报价，也可适当地辅以某些书面手段，帮助对方正确理解己方的报价内容。

4. 不对报价作主动的解释、说明

谈判人员对己方的报价一般不应该附带任何解释或说明。如果对方提出问题，谈判者也只宜作简明的答复。在对方提出问题之前，如果己方主动地进行解释，不仅无助于增加己方报价的可信度，反而会让对方意识到己方最关心的问题是什么，这无异于主动泄密。有时候，过多的说明或辩解，还容易使对方从中发现己方的破绽和弱点，让对方寻找到新的进攻点和突破口。

5. 报价最好不要报整数

在我们看来，很多时候整数似乎是一个很好看、很干脆的数字，非整数则被看做“零零散散的”或“拖泥带水的”。然而，在商务谈判中，如果谈判一方报出的是一个整数价，

那么就意味着你是存心让对方来砍价。心理学研究表明，当谈判一方提出一个有零头的价格时，让人听起来好像是比较精确、可信、坚定的，谈判的余地也相对而言比较小，从而使对方不会还价还得太狠。因此，“99.9>100”是有可能的。

（二）报价的方式

所谓的报价方式，就是指报价的方法及其形式，包括交易条件的构成、提出条件的程序及核心内容的处理等。简单地说，报价方式解决的就是如何比较的问题。下面主要介绍几种报价的方法。

1. 除法报价法

除法报价法是以商品价格为被除数，以商品的数量或使用时间等为除数，计算出一个诱人的价格的方式。这种方法实际上是一种价格分解术，是将总报价分解成若干个小的单位，然后报出。目的是使买主对本来不低的价格产生一种便宜、低廉的感觉，使其在心理上容易接受。

例如，保险公司的业务员为了动员客户购买其保险产品，经常使用这种方法，告诉客户每天投资 2 元钱，遇到事故可获得 5 万元的赔偿金。这种说法，用的就是除法报价法。如果说每年交保险费 730 元的话，效果就差得多了，因为人们觉得 730 元是个不小的数目。而用除法报价法说成每天交 2 元，人们听起来在心理上就容易接受得多。

2. 加法报价法

加法报价法就是把价格分解成若干层次逐渐提出，使用若干次的报价，最后加起来仍等于当初想一次性报出的高价的方式。这种报价方法适用于出售的商品具有系列组合性和配套性。买方一旦购买其中一件，为了配套自然会购买剩下的其余配套的商品。尤其是关键的配套产品，有的厂家往往把最后配套的关键产品报高价出售。

3. 低价报价法

低价报价法是指谈判人员公开报出一个合情合理的价格，对方也比较容易接受这样的价格的方式。但是这种报价一般不允许谈判对手再还价。

这种报价方式的优点是：有利于保持谈判者的声誉，节省谈判时间和费用。缺点是：己方不让步容易引起对方的抗拒心理，低价报价相对获得利润少。

4. 诱导报价法

诱导报价法是指谈判的一方有意将价格设定成一个限定的范围报出，在不经意中试探对方的底线的方法。例如，一个优秀的推销员，见到顾客时很少直接逼问：“你想出什么价？”相反，他会不动声色地说：“我知道您是行家，经验丰富，根本不会出 100 元的价钱，但你也不可能以 70 元的价钱买到。”这些话似乎是顺口说出来，实际上却是报价，只言片语就把价格限制在 70～100 元的范围之内。这种报价方法，既报高限，又报低限，“抓两头，议中间”，传达出这样的信息：讨价还价是允许的，但必须在某个范围之内。

5. 西欧式报价法

西欧式报价法是先提出留有较大余地的价格，然后根据谈判双方的实力对比和该项交易的外部竞争状况，通过给予各种优惠，如数量折扣、价格折扣、佣金和支付条件方面的优惠（延长支付期限、提供优惠信贷等），逐步接近买方的条件，建立起共同的立场，最终达到成交的目的。谈判者应用这种方法的前提是稳住买方，只要能够稳住买方，往往会有一个不错的结果。

6. 日本式报价法

日本式报价法是将最低价格列在价格表中，以求以低价唤起买方的兴趣的报价方式。由于这种低价格一般是以对卖方最有利的结算条件为前提的，并且在这种低价格交易条件下，各个方面都很难全部满足买方需求。如果买主要求改变有关条件，则卖主就会相应提高价格。因此，买卖双方最后成交的价格，往往高于价格表中的价格。

这种报价方式可以排斥竞争对手而将买方吸引过来，在与其他卖主竞争中取得优势和胜利。当其他卖主败下阵纷纷走掉时，买主原有的买方市场的优势就不复存在了。原来是一个买主对多个卖主，谈判优势显然在买主手中；而当其他卖主不存在下，情况就变成了一个买主对一个卖主。当双方坐下来详细谈判时，买主要想达到一定的需求、改变有关条件时，就只能任由卖主一点一点地逐步把价格抬高才能实现。

三、影响报价的因素

在商务谈判中，谈判者报价前应当了解影响价格的具体因素。

1. 市场行情

市场行情是指谈判标的物在市场上的一般价格及波动范围。市场行情是市场供求关系状况的反映，是价格磋商的主要依据。如果谈判的开盘价偏离市场行情太远，谈判成功的可能性就很小。这也说明，谈判者必须掌握市场信息，了解市场的供求状况及趋势，了解商品的价格水平和走向。只有这样，才能取得价格谈判的主动权。

2. 利益需求

由于谈判者的利益需求不同，他们对价格的理解也就各不相同。例如日常生活中，一件款式新颖的时装，即使价格较高，年轻人也可以接受；而老年人可能偏重于考虑面料质地，并据此评判价格。商务谈判中，如果某公司需要从国外一厂商进口一批货物，由于利益需求不同，谈判结果可能有三种：一是国外厂商追求的是盈利的最大化，某公司追求的是填补国内空白，谈判结果可能是高价；二是国外厂商追求的是打入我国市场，某公司追求的是盈利的最大化，谈判结果可能是低价；三是双方都追求盈利的最大化，谈判结果可能是妥协后的折中价，或者谈判失败。

3. 交货期要求

商务谈判中，如果一方迫切需要某种原材料、设备、技术，即出现“等米下锅”的情况，则可能比较忽略价格的高低。但是，谈判的一方只注重价格的高低，而不考虑交货期，也可能吃亏。例如，某远洋运输公司向外商购买一条旧船，外商开价 1000 万美元，该公司要求降到 800 万美元。谈判结果，外商同意了 800 万美元的价格，但提出推迟交船 3 个月。该公司认为价格合适，便答应了对方的要求。哪知外商又利用这 3 个月跑了运输，营运收入 360 万美元，大大超过了卖船少获的 200 万美元。显然，该远洋运输公司并没有在这场谈判中赢得价格优势。

4. 产品的复杂程度

产品结构、性能越复杂，制造技术和工艺要求越高和越精细，成本、价值及价格就会越高，对该产品核计成本和估算价值就较困难；同时，如果该产品可以参照的同类产品较少，价格标准的伸缩性就会较大。

5. 附带条件和服务

谈判标的物的附带条件和服务，如质量保证、安装调试、免费维修、供应配件等，能为客户带来安全感和许多实际利益，往往具有相当的吸引力。人们往往愿意“多花钱，买放心”“多花钱，买便利”，因此，这些附带条件和服务能降低标的物价格水平在人们心目中的地位和缓冲价格谈判阻力。从现代产品的观念来看，许多附带条件和服务也是产品的组成部分，交易者对此自然重视。

6. 产品和企业信誉

产品和企业的良好信誉，是宝贵的无形资产，对价格有重要影响。人们对优质名牌产品的价格，或对信誉卓越的企业的报价，往往有信任感。因此，人们宁肯出高价买品牌，也要与重合同、守信誉的企业打交道。

7. 交易性质

大宗交易或一揽子交易，比那些小笔生意或单一买卖，更能减少价格在谈判中的阻力。在大宗交易中，上万元的价格差额可能算不了什么；而在小笔生意中，蝇头小利也会斤斤计较。在一揽子交易中，货物质量不等，价格高低不同，交易者往往忽略价格核算的精确性或不便提出异议。

8. 销售时机

旺季畅销，淡季滞销。畅销，供不应求，则价格上调；滞销，供过于求，为减少积压和加速资金周转，只能降价促销。

9. 支付方式

商务谈判中，贷款的支付方式是现金结算，还是使用支票、信用卡结算，或以产品抵偿；是一次性付款，还是分期付款或延期付款等，都对价格有重要影响。谈判中，谈判者如能提出易于被对方接受的支付方式，将会使己方在报价上占据优势。

四、报价的策略

商务谈判的报价是不可逾越的阶段，只有在报价的基础上，双方才能进行讨价还价。报价之所以重要，就是因为报价对讨价还价乃至整个谈判结果会产生实质性影响。基于这一点，谈判人员研究报价的策略十分重要。

1. 报价时机策略

在谈判中，报价时机是一个策略性很强的问题。时机选择不当，会产生不利于己方的后果。一般来讲，谈判中，谈判人员应让对方充分了解产品的价值和其能够带给对方的利益，当对方充分了解产品、激起兴趣时，价格问题就显得不那么突出了。实践证明，提出报价的最佳时机，一般是在对方询问价格时。这说明对方已对商品产生了兴趣，因为如果对方没有产生兴趣往往不会询问价格。此时报价往往水到渠成，比较合适。

如果在谈判开始的时候对方就询问价格，这时己方最好的策略应当是听而不闻。谈判者应当先谈该商品或项目的功能、作用，能为对方带来什么样的好处和利益，待对方对此商品或项目产生兴趣，交易欲望被调动起来时再报价比较合适。当然，对方坚持即时报价，己方也不能故意拖延，否则，就会使对方感到不尊重甚至反感。谈判者应善于采取建设性的态度，把价格同对方可获得的好处和利益联系起来一起介绍，效果较好。

2. 报价起点策略

价格谈判的报价起点策略的要点是：作为卖方，报价起点要高，即“开最高的价”；作为买方，报价起点要低，即“出最低的价”。商务谈判中，这种“开价要高，出价要低”的报价起点策略是合乎常理的。从对策论的角度看，谈判双方在提出各自的利益要求时，一般含有策略性的虚报部分。这种做法已成为商务谈判中的惯例。同时，从心理学的角度看，谈判者都有一种要求得到比他们预期得到更多的心理倾向。实践证明，若卖方开价较高，则双方往往能在较高的价位成交；若买方出价较低，则双方可能在较低的价位成交。

3. 报价差别策略

由于购买数量、付款方式、交货期限、交货地点、客户性质等方面的不同，同一商品的购销价格可以不同。这种价格差别，体现了商品交易中的市场需求导向，谈判者在报价策略中应重视运用。例如，对老客户或大批量购买的客户，为巩固良好的客户关系或建立起稳定的交易联系，可适当实行价格折扣；对新客户，有时为开拓新市场，也可适当给予折扣；对某些需求弹性较小的商品，可适当实行高价格策略。

4. 价格分割策略

价格分割是一种心理策略。卖方报价时，采用这种技巧，能制造买方心理上的价格便宜感。价格分割包括两种形式。

①用较小的单位报价。例如，茶叶 200 元/千克报成 10 元/50 克，大米 1000 元/吨报成 1 元/千克。巴黎地铁公司的广告是：“每天只需付 30 法郎，就有 200 万旅客能看到你的广告。”用小单位报价比大单位报价会使人产生便宜的感觉，更容易让人接受。

②用较小商品的价格进行比较。例如，“每天少抽一支烟，每天就可订一份××报纸。”“使用这种电冰箱平均每天 0.5 元电费，0.5 元只够吃 1 根最便宜的冰棍。”“一袋去污粉能把 1600 个碟子洗得干干净净。”用小商品的价格去类比大商品的价格会给人以亲近感，拉近与消费者之间的距离。

5. 运用心理定价策略

人们在心理上一般认为 9.9 元比 10 元便宜，而且认为零头价格精确度高，给人以信任感，容易使人产生便宜的感觉。这种在十进位以下的而在心理上被人们认为较低的价格称为心理价格。因此，市场营销中有奇数定价这一策略。例如，标价 79 元，而不标 80 元；标价 19.9 元，而不标 20 元。这 1 分钱、1 角钱或者 1 元钱之差，能给人“更便宜”的感觉。心理价格策略在国内外都已被广泛采用。

6. 中途变价策略

中途变价策略是指谈判者在报价的中途改变原来的报价趋势，从而争取谈判成功的报价方法。所谓改变原来的报价趋势是说，买方在一路上涨的报价过程中突然报出一个下降的价格，或者卖方在一路下降的报价过程中突然报出一个上升的价格，从而改变了原来的报价趋势，促使对方考虑接受己方的价格。

第三节　商务谈判磋商

一、讨价

（一）讨价的含义

讨价是指一方报价之后，另一方认为其报价离己方的期望目标太远，而要求报价一方重新报价或改善报价的行为。讨价可以是实质性的，也可以是策略性的。为了继续谈判，本着尊重、说理的原则，谈判者要动之以情、晓之以理，表明己方的合理要求，改变对方的期望值，要求对方重新报价或改善报价，为己方还价做好准备。

（二）讨价的方式

1. 全面讨价

全面讨价是指卖方报价并进行价格解释后，如果买方据此认为卖方报价很不合理且离自己的期望值太远时，则可要求卖方从整体上重新报价。一般来说，买方即使对卖方的报价不是全盘否定，首次讨价也可以要求卖方全面重新报价。同时要注意，对于整体重新报价，买方应要求卖方按细目重新报价，不能只是总的降百分之多少或总价降多少，而是要把调价反映在具体项目上。例如，“贵方已听到了我们的意见，若不能重新报出具体有成交诚意的价格，我们的交易是难以成功的。”“请就我方刚才提出的意见，报出贵方改善的价格。”

2. 针对性讨价

针对性讨价是指买方有针对性地从交易条款中选择某些条款，要求卖方重新报价。这些被选择的条款可以是一项，也可以是若干项；可以是几项同时，也可以是逐条逐项。例如，买方针对某酒店的中央空调设备的制冷效果不好等，提出该设备折价空间要加大等，并针对该设备提出“改善设备要求”。

讨价的两种方式是可以不断重复、连续进行的。讨价次数的多少，应根据己方心中保留价格与对方价格改善的情况而定，每一次讨价都争取能得到对方的一些让步。

（三）讨价的态度

谈判双方在报价时，往往是卖方喊价高，买方出价低，这是谈判心理或策略要求留有讨价还价的余地。谈判者对于对方的重新报价或改善报价，应保持平和信赖的态度，不要被“盲目杀价”“漫天要价”吓晕，应仔细倾听，诱导发言；试探虚实，发现纰漏。这些都取决于讨价者的素质与经验。

1. 仔细倾听诱导发言

谈判者认真仔细地倾听对方的报价，是尊重对方的一种表现。这样做能够鼓励对方多发言，能从健谈的报价者那里得到有用的资料，捕捉还价的理由；也能从内向的报价者那里引出其心中的秘密，掌握对方期望值。要倾听对方的副手或经验不足的新手发言，倾听会使这些人感觉“地位上升”，自我感觉良好，己方谈判者可继续刺激，增强其兴奋度，满足其虚荣心，使这部分人员畅所欲言，从中获取更重要的信息。

2. 试探虚实，发现纰漏

试探虚实是指谈判者在不打断对方说话时，顺着对方话题发问，提出种种假设条件，要求对方回答，并捕捉对方回答中对己方有利的信息，以便抓住机会，搜集还价的资料。试探虚实，既能表达己方合作的诚意，进一步鼓励、诱导对方打开话匣，保持平和信赖的气氛，又有利于掌握对方意图，更好地伺机还价。假设条件应围绕着交易价格而展开，常见用语有“假如”“如果”等。例如，“假如我购买的数量较多呢？”“如果订货数量加倍或减半呢？”“是否批量作价？”这些提问，都是买方投出去的“石头”，试探对方心中的价格秘密，对方这时候就会不知不觉地为买方的还价指点迷津。“假如降低价格，你会多买多少？”“如果我们送货上门，你会出什么价？”这些问题又是卖方在试探买方，是卖方在捕捉对方信息，试探虚实。

（四）讨价的基本方法

讨价是己方针对对方的不适宜或不合理报价而提出来的，其基本方法如下。

1. 举证法，亦称引经据典法

为了增加讨价的力度，使对方难以抗拒，谈判者以事实为依据，要求对方改善报价。这种事实可以是市场的行情、竞争者的价格、对方的成本、过去的交易惯例、产品的质量与性能、研究成果、公认的结论等，总之是有说服力的证据。证据要求客观实在，起码是对方难以反驳或难以查证的（如竞争者的状况、己方过去的交往记录等），而不是凭空杜撰的证据或对方一揭就穿的证据。

2. 求疵法

讨价是针对对方报价条款的缺漏、差错、失误进行的。有经验的谈判者，会以严格的标准要求对方，对其报价的条款以敏锐挑剔的目光寻找疵点，并引经据典、列举旁证来降低对方的期望值，要求对方重新报价或改善报价。

3. 假设法

谈判者以假设更优惠条件的语气来向对方讨价，例如以更大数量的购买、更优惠的付款条件、更长期的合作等作为优惠条件。这种方法往往可以摸清对方可以承受的大致底价。假设不一定会真正履行，但因其是假设，所以留有余地。

4. 多次法

讨价是冲着对方策略性虚拟价格的水分、虚头来的，它是卖方向买方要求加价，买方要求卖方降价的一种表示。不论是加价还是降价都不是一步到位的，都需要分步实施。即使对方的理由并不都合乎逻辑，只要每一次的讨价都会得到改善，只要对己方有利，都应表示欢迎。

二、还价

（一）还价的含义

还价是指买方讨价之后，对卖方返回的交易条件给出己方交易条件的行为。即卖方在听了买方的价格评论后，为推进谈判，卖方在调价后强烈要求买方说出希望成交的价格。买方应以还价来表示尊重对方，即买方以数字或文字描述回答卖方的要求。

（二）还价的准备

经过讨价之后，买方也必须要还价，这就要做好还价前的准备工作。

首先，谈判者要弄清楚对方几次报价的情况及其真正意图，要询问对方报价的根据，即在各项交易条件下有多大的商量余地。然后，根据手中的比价材料对报价进行分析，将双方的意图和要求逐一进行比较，弄清楚双方的分歧所在，估计出对方的谈判重点在哪里，以便做好应对的准备。如果通过对照发现双方所开条件和要求差距太大，就可以拒绝对方的报价，要求对方重新报价或变动其他交易条件。

总之，还价是买方公开回应价格。若还价还得不够妥当，不仅会使己方在后续的谈判中让步的余地变小，而且会使对方将尊重的态度误认为是侮辱。还价还得好，则谈判性强，对双方都有利；还价还得不好，则会因对方过于吃紧而使谈判变得紧张甚至破裂。

（三）还价的方式

1. 按分析比价还价

按分析比价还价是指己方不了解所谈产品本身的价值，而以相近的同类产品的价格或竞争者产品的价格作为参考进行还价。这种还价的关键是选择的用作对比的产品是否具有可比性，只有己方比价合理才能使对方信服。

2. 按分析成本还价

按分析成本还价是指己方能计算出所谈产品的成本，然后以此为基础再加上一定百分比的利润作为依据进行还价。这种还价的关键是己方所计算成本的准确性，成本计算得越准确，谈判还价的说服力越强。

3. 单向还价

单向还价是买方以所报价格的最小项目还价，即指对主要设备或商品逐项、逐个进行还价，如对技术费、培训费、技术咨询费、工程设计费、包装费、运输费等逐项还价；对成套设备，按主机、辅机、备件等不同的项目还价。

4. 分组还价

分组还价是指把谈判对象划分成若干项目，并按每个项目报价中所含水分的多少分成几个档次，然后逐一还价。对价格高的在还价时可以多压一点，对买方认为水分比较低的分组还价时可以少压一点，对不同档次的商品或项目区别对待、分类处理。

5. 总体还价

总体还价又叫一揽子还价，是指买方将成交货物或设备的价格集中起来还一个总价。

从价格谈判的过程来看，一般第一阶段采用总体还价，因为正面交锋刚刚拉开，买方总喜欢从宏观的角度笼统压价；第二阶段使用分别还价；第三阶段进行针对性还价。对于不便采用全面还价的，第一步可以按照交易内容的具体项目分别还价，第二步再按照各项价格虚假成分分别还价，第三步进行针对性还价。

需要注意的是，究竟采取哪一种还价方式，谈判者应根据具体的情况而定，绝不能不加分析、生搬硬套。

（四）还价起点的确定

在还价时，另一个需要决定的重要因素是还价的起点，也就是买方第一次提出的希望成交的条件。还价起点的确定，从原则上讲要低，但是又不能太低，要接近谈判的成交目标。因为讨价还价的基本原则之一便是还价要尽可能低。如果还价高了，会使己方必须在还价之上成交，从而损害了己方的利益。如果还价过低，又会引起对方的不满，认为己方无谈判诚意，从而影响谈判的顺利进行。所以，还价的起点不宜过高也不宜过低，要接近己方所期望的成交目标。

从量上讲，谈判起点的确定有三个参照因素。一是根据对方报价中的“含水量”确定，即“含水量”高的部分，还价的起点应低一点；“含水量”低的部分，还价的起点可以相应高一点。二是根据对方报价与己方期望的成交目标价格的差距来确定，如果差距较大，还价的起点应低一点；如果差距较小，还价起点可以高一点。三是根据己方准备还价的次数来确定。在每次还价的幅度约定俗成或基本确定的情况下，如果准备还价的次数较多，还价起点可以低一点；如果准备还价的次数较少，还价起点则应高一点。同时，谈判者还应考虑分析卖方在买方价格评价和讨论后，其价格改善的情况。

（五）还价前的筹划

还价策略的精髓在于后发制人，要想发挥后发制人的威力，谈判者就必须在还价前针对对方的报价做出周密的筹划。

1. 认真推算

谈判者应根据对方对己方讨价所做出的反应和己方所掌握的市场行情及商品比价资料，对报价内容进行全面分析，推算出对方所报价格中“水分”的大小，并尽力揣摩对方的真实意图，从中找出对方报价虚头最大、我方反驳论据最充分的部分作为突破口。同时找出报价中相对薄弱的环节，作为己方还价的筹码。

2. 通盘考虑

根据所掌握的信息对整个交易做出通盘考虑，估量对方及己方的期望值和保留价格，制定出己方还价方案中的最高目标、中间目标和最低目标。谈判者应把所有的问题都列出来，分清主次、先后和轻重缓急，设计出相应的对策，以保证在还价时己方的设想、目标可以得以贯彻执行。

3. 多案选择

谈判者应根据己方的目标设计出几种不同的备选方案，例如，方案中哪些条款不能让步？哪些条款可以灵活掌握、灵活的幅度有多大？这样便于保持己方在谈判立场上的灵活性，使谈判的斗争与合作充满各种可能性，使谈判协议更易于达成。

还价的目的不是仅仅提供与对方报价的差异，而应着眼于如何使对方承认这些差异，并愿意向双方互利的协议靠拢。保持谈判立场的灵活性正是讨价还价过程，即价格磋商过程得以进行的基础。

三、讨价还价的策略

商务谈判的讨价还价阶段是谈判的实质性磋商阶段，是谈判的核心环节，也是最困难、谈判人员最紧张的阶段。磋商的过程及其结果直接关系到谈判双方所获利益的大小，决定着双方各自需要的满足程度。因而，选择恰当的策略来规划这一阶段的谈判行为，无疑有着特别重要的意义。

磋商既是双方求同存异、合作、谅解、让步的过程，也是双方斗智斗勇，在谈判智力、体力和耐力等方面较量的过程。谈判策略和技巧在各阶段的主要作用体现在如下方面。

（一）讨价还价阶段的前期策略

1. 虚设疑阵

虚设疑阵策略是指谈判者通过不露痕迹地向对方提供虚假信息或大量无用信息而使对方上当，从而取得有利的谈判条件。例如，故意在走廊上遗失经过刻意加工的备忘录、便条或文件，或者故意把它们丢在容易被对方发现的纸篓里，在休息期间把笔记本放在无人的谈判桌上，在无意中让对方发现其他竞争对手的有关资料等。

使用虚设疑阵策略可以通过给对方提供虚假信息或无用信息来干扰对方的判断，促使其做出有利于己方的决策，增强己方的优势。此策略一般是在对方谈判代表缺乏谈判经验、容易轻信他言、不掌握市场行情或急于想了解本方的观点、立场的情形下使用。

在使用虚设疑阵策略时，谈判者必须进行精心设计，不能露出破绽。在向对方提供资料时必须是间接的，因为人们一般会认为，间接得到的信息要比直接得到的资料更可信。用间接提供的假情报更容易使对方接受。

不到万不得已的情况，一般不宜采用这种策略，因为它有损于己方的诚意。一旦在谈判中被对方识破，会影响谈判气氛甚至导致谈判失败，事后被发现了也会使己方失信于人。

虚设疑阵的应对方法是，不能轻信对方不应出现的失误，对己方轻易得来的材料持怀疑态度。作为防御，谈判者必须了解这种策略。因为目前谈判桌前仍有不诚实者和故意欺诈者，谈判者应从心理上予以重视，在措施上予以反击。

2. 投石问路

投石问路是指谈判者利用一些对对方具有吸引力或突发性的话题同对方交谈，或通过所谓的谣言、密信，或有意泄密等手段，借此琢磨和探测对方的态度和反应，抓住有利时机达成交易的一种谈判策略。可供“投石问路”的方式有：如果我方与贵方签订为期一年的合同，价格能优惠多少？如果我方对原产品做如此改动，价格上有何变化？如果我方买下贵方的全部存货，报价又是多少？如果我方有意购买贵方其他系列的产品，价格上能否再优惠些？如果货物运输由我方解决，价格多少？等等。一般来说，任何一块“石头”都能使讨价者进一步了解对方，而且对方难以拒绝。

谈判者使用该策略可以进一步了解对方的商业习惯和动机，了解对方的要求和意向，以及可能成交的最低价格。通过这种探问的方式，试探对方的价格情况，从而使己方在讨价还价中做到心中有数。

此策略一般是在市场价格行情不稳定、无把握，或是对对方不大了解的情形下使用。谈判者实施时要注意：提问要多，且要做到虚虚实实，煞有其事，要让对方难于摸清你的真实意图，但不要使双方陷入“捉迷藏”，进而使问题复杂化。

3. 抛砖引玉

“抛砖引玉”的意思是以粗浅的说法引出深奥的道理，抛出自己的见解，从而引发深刻精到的高明之见，作为谈判的谋略，就是采用巧妙的方法诱使对方说明或暴露自己的真实意图。具体而言，就是一方主动地摊出各种问题，但不提解决的办法，让谈判对手主动地去解决。例如，在对方询问价格时，本方先不报价，而是举一两个近期达成的案例，给出其成交价，进行价格暗示，反过来提请对方出价。这种策略一方面可达到尊重对手的目的，使对手感到自己是谈判的主角和中心；另一方面，己方又可以摸到对方的底细，从而争取到谈判的主动权。

值得注意的是，如果举例真实可信，可以为己方带来额外收益，强化己方在谈判中的有利地位。若提供的成交案例经不起推敲，则己方就有欺诈之嫌，从而使己方处于不利的谈判地位。所以，所举案例的成交价要有利于己方，成交案例与本交易要具有可比性，且需要提供证明材料。

4. 吹毛求疵

吹毛求疵的策略就是故意挑毛病，在商务谈判中被广泛使用。买方通常会利用吹毛求疵的战术来和卖方讨价还价。比如，寻找产品的疵点、功能缺陷，或是外观设计、色彩搭配、包装等方面的缺陷，提出一大堆问题和要求。这些问题有的是真实的，有的却只是虚张声势。买方之所以这么做，主要目的是使卖方产生疑虑、压抑、无望等心态，对自己的产品失去信心，大幅度降低卖方的期望值，然后在实际谈判中使其逐步给予己方优惠或让步。

该策略使用的关键点在于谈判者向对方提出要求时，不能过于苛刻，漫无边际；要有针对性，恰如其分，要把握分寸，不能与通行做法和惯例相距太远；否则，对方会觉得我方缺乏诚意，以致中断谈判。此外，提出的问题一定是对方掌握较少的信息与资料的某些方面，或尽量是双方难以用客观标准检验、证明的某些方面。问题应确实存在，不是无中生有；否则，对方很容易识破己方的策略，采取应对的措施。

5. 价格诱惑

价格诱惑是指卖方利用买方担心市场价格上涨的心理，诱使对方迅速签订购买协议的策略。例如，在购买设备谈判中，卖方提出在年底之前，价格随市场行情大约将上涨5%，如果对方购买这批设备，在年底前签协议，就可以以目前的价格享受优惠，合同执行可按年底算。如果此时市场价格确实浮动较大，那么这一建议就很有吸引力。买方就有可能乘价格未变之机，匆忙与对方签约。这种做法看起来似乎是照顾了买方的利益，实际上并非如此，买方甚至会因此吃大亏。

由此可见，价格诱惑的实质，就是利用买方担心市场价格上涨的心理，把其注意力吸引到价格问题上来，使其忽略对其他重要合同条款的讨价还价，进而在这些方面争得让步与优惠。对于买方来讲，尽管避免了可能由涨价带来的损失，但可能会在其他方面付出更高的价格，牺牲更重要的实际利益。

6. 目标分解

讨价还价是最为复杂的谈判环节之一。是否善于讨价还价，反映了一个谈判者的综合能力与素质。谈判者不要把讨价还价局限在要求对方降价或我方降价的问题上。例如，一些技术交易项目或大型谈判项目涉及许多方面，技术构成也比较复杂，包括专利权、专有技术、人员培训、技术资料、图纸交换等方面。因此，在对方报价时，价格“水分”较大。如果笼统在价格上要求对方做出机械性的让步，既盲目，效果也不理想。比较好的做法是，把对方报价的目标分解，从中寻找哪些技术是我方需要的、价格应是多少，哪些是不需要的，哪一部分价格“水分”较大，这样对讨价还价就有利得多。

（二）讨价还价阶段的中期策略

1. 步步为营

步步为营策略是指谈判者在谈判过程中步步设防，试探着前进，不断地巩固阵地，不动声色地推行己方的方案并让人难以察觉。己方的每一个微小让步都要让对方付出相当的代价，在一切条件上都要坚持己方的观点，己方做出了一点让步就缠住对方不放，要求对方也做出对等的让步，以消耗对方的锐气，坚守己方的阵地。

运用此策略可以减少本方的让步，不做无谓的牺牲，以己方微小的代价换得对方较大的让步。此策略如果运用不当，会加大谈判的艰难程度，严重时会导致谈判的搁浅。此策略一般在谈判时间充裕、谈判议题较小，或是各项议题的谈判均比较艰难的情形下使用。

谈判者使用该策略应小心谨慎，力戒急躁和冒进，每次让步之前应该想好它对对方可能造成的影响及对方可能会有的反应。使用该策略要做到言行一致，有理有据，使对方觉得情有可原。还价要狠，退让要小而缓，要使对方感到己方的每一次让步都是做出了重大牺牲。一般情况下，己方做出一次让步后，需坚持要对方也做出一次对等（或是较大）的让步，然后本方才有可能做出新一轮的让步。

2. 疲劳轰炸

疲劳轰炸策略是指谈判者通过疲劳战术来干扰对方的注意力，瓦解其意志，并抓住有利时机达成协议。尤其对于“马拉松式”的谈判，本来在会场气氛、精力等方面就已经存在自然障碍了，再加上疲劳策略的运用，人为地拖延谈判时间，把对方的休息和娱乐时间也安排得满满的，看起来隆重礼遇，实际上也许只是一种圈套。这时，影响谈判结局的决定性因素是谈判人员的精力，而不是高明的谈判技巧。

谈判者运用该策略，可以应对对手所提出的各种盛气凌人的问题，通过采取回避、巧妙周旋的办法，暗中摸清对方的情况，寻找其弱点，逐渐消磨对手的锐气。同时，己方的谈判地位也从不利和被动的局面中扭转过来。到了对手精疲力竭、头昏脑涨之时，己方则可反守为攻，抱着以理服人的态度，摆出本方的观点，力促对方做出让步。

在商务谈判中，如果一方的谈判者表现出居高临下、先声夺人的姿态，那么，另一方即可以采用疲劳战术。实行疲劳策略，要求己方事先有足够的思想准备和人力准备。运用此策略最忌讳的就是以硬碰硬，以防激起对方的对立情绪，使谈判破裂。更为重要的是，谈判者要知道这种策略的存在，并提防别人使用。

3. 以林遮木

以林遮木亦称见林不见树，又叫浑水摸鱼，是指谈判者在谈判中故意搅乱正常的谈判秩序，将许多问题一股脑儿地摊在桌面上，使人疲于应付，难以做出正确选择，进而达到使对方慌乱的目的。

例如，将所有需要计算费用的议题捆在一起磋商，并抛给对方一大堆难于考证且计算复杂的资料作为证明己方要价合理的依据；或在议题已经大部分谈妥，还剩一些次要的议题时，趁对方体力与精力不支或被胜利冲昏头脑时，提出继续谈判的要求，并在后面的谈判中，立场坚定地提出本方高的要价。

运用该策略可以转移对方的视线，困扰对方思维，消耗对方的体力与精力，最终实现乱中取胜、蚕食对方利益、积小胜为大胜和“顺手牵羊”的目的，从而增加己方的整体利益。此策略一般是在双方谈判实力相差悬殊，己方谈判实力处于弱势的情形下使用。谈判者运用该策略时应注意：提出的问题要让人感到真实可信；将所有谈判议题进行捆包，实施整体谈判；所提供的证据应该有利于支持本方的观点；认真观察对手，选择最佳运用时机。

4. 软硬兼施

软硬兼施策略又称“黑脸白脸”策略、“好人坏人”策略、“先苦后甜”策略。

在商务谈判中运用此策略的通常做法是，初始阶段先由唱黑脸的人出场。他傲慢无理，苛刻无比，强硬僵化，立场坚定，毫不妥协，让对手产生极大的反感。当谈判进入僵持状态时，唱白脸的人出场。他表现出体谅对方的难处，以合情合理的态度，照顾对方的某些要求，放弃自己一方的某些苛刻条件和要求，做出一定的让步，扮演一个“白脸”的角色。实际上，他做出这些让步之后，所剩下的那些条件和要求，恰恰是原来设计好的必须全力争取达到的目标。

该策略是通过“先兵后礼”的举措来感化或压迫对方转变立场，从而打破僵局，促成交易。软硬兼施策略往往在对手缺乏经验，或对手很需要与己方达成协议的情境下使用。谈判者实施此策略时要注意：扮演“坏人”的，既要表现得“凶”，又要保持良好的形象，既态度强硬又处处讲理，绝不蛮横。扮演“好人”的应是主谈人，他一方面要善于把握谈判的条件；另一方面也要把握好出场的火候，软不能使本方的利益受损，软中要有硬。

5. 车轮战术

车轮战术策略又称为“走马换将”策略，是指在谈判桌上的一方遇到关键性问题或与对方有无法解决的分歧时，谈判者借口自己不能决定或其他理由，转由他人再进行谈判。这里的“他人”或者是上级、领导，或者是同伴、合伙人、委托人。不断更换本方的谈判代表，有助于形成一种人数、气势、伦理的强势，通过有意延长谈判时间消耗对方精力，促使其做出更大让步。

此策略的核心是更换谈判主体。通过更换谈判主体，可以侦探对手的虚实，耗费对手的精力，削弱对手的议价能力，给对手造成巨大的心理压力。同时，有助于形成一种人数、气势、伦理的强势，为己方留下充分的回旋余地，从而掌握谈判的主动权。作为谈判的对方，需要重复地陈述情况、阐明观点，面对新更换的谈判对手需要重新开始谈判。这样会付出加倍的精力、体力和投资，时间一长，难免出现漏洞和差错。

在商务谈判中，如果对方实力强，己方实力弱，且己方对市场行情不太了解，或对所购买商品性能不够熟悉，即可以采用这种车轮战术。实施该策略时应注意：选择同一攻击目标，以便所有参与人员协同作战，目标一致；选择参与人员，使人员与目标相匹配，更有利于谈判；编排谈判用词，以便每个参与者恰当投入，说辞准确；明确每个参与者投入的时机，人多必须有序，谈判才能不会乱。

6. 虚张声势

商务谈判中的虚张声势策略是指谈判者故意造声势，用来吓唬或迷惑对方，松懈其斗志，削弱其战斗准备，以渗透或压倒之势，达到取胜的目的。

在谈判中经常看到卖方喊价较高，并佐以宣扬其产品如何先进、实用，价格如何合理等，以此激起买方购买该产品的欲望和试探买方的真实出价；买方则运用杀价，再三挑剔产品的缺陷，以及强调产品的市场竞争激烈的状况等，以便达到使卖方把喊价自动降低的目的，这些措施都是虚张声势策略。

这个策略主要适用于交易双方相互不甚了解与信任，或者对方对产品的性能和竞争力不甚了解的场合。不过有些谈判者往往不喜欢这种策略，他们认为用虚假换取谈判地位有违背社会公德。故此，谈判者在采用该策略时应注意说话分寸、时机和艺术，切忌夸大其词和说话不留余地。

7. 欲擒故纵

欲擒故纵策略是指对于志在必得的交易谈判，故意做出满不在乎的样子，将己方的急切心情掩盖起来，从而压制对手开价的胃口，确保己方在预想条件下成交的做法。

具体的做法是，谈判者务必使自己保持不冷不热，不紧不慢的状态。比如，在日程安排上，附和对方。在对方态度强硬时，让其表演，不慌不忙，不回应对方，让对方摸不着头脑，制造心理紧张。本策略“纵”是手段，“擒”是目的，通过积极、有序的“纵”，激起对方迫切成交的欲望而减其谈判的筹码，达到“擒”的目的。

谈判者运用这种策略应该注意以下几点。一是要给对方以希望。谈判中表现出若即若离，但每一次“离”都应有适当的借口，既不让对方轻易得到，也不让对方轻易放弃。当对方再一次得到机会时，就会倍加珍惜。二是言语要注意分寸。讲话要掌握火候，“纵”时的用语应尊重对方，避免在情感上伤害对方，否则会转移谈判焦点，使“纵”失控。三是要给对方以诱饵。既要使对方确实能从谈判中得到实惠，这种实惠足以把对方重新拉回谈判桌上，又不至于让对手一“纵”即逝，使己方彻底失去机会。

8. 休会

休会策略是指谈判人员为控制、调节谈判进程，缓和谈判气氛，打破谈判僵局而经常采用的一种基本策略。有时候，当谈判进行到一定阶段或遇到某种障碍时，谈判双方或其中一方会提出休会，以使谈判人员恢复体力和调整对策，推动谈判的顺利进行。

从表面上看，休会是满足人们生理上的要求，恢复体力和精力，但实际上，休会的作用远远超出了这一层面，它已成为谈判人员调节、控制谈判过程，缓和谈判气氛、融洽双方关系的一种策略技巧。

①谈判出现僵局，双方情绪都比较激动、紧张，会谈难以继续进行。这时，双方可借休会时机冷静下来，仔细考虑争议的问题，也可以召集各自谈判小组成员集思广益，商量具体的解决办法。当双方再按预定的时间、地点坐在一起时，会对原来的观点提出修正的看法。这时，僵局就会比较容易被打破。

②人们的精力往往呈周期性变化，经过较长时间的谈判后，谈判人员会精神涣散、工作效率低下，这时最好提议休会，休息一下，养精蓄锐，以利再战。

③谈判中难免出现新的或意外的情况和问题，使谈判局势无法控制，这时可建议休会，以便谈判人员研究新情况，调整谈判对策。

④在谈判双方进行激烈交锋时，往往会出现各持己见、互不相让的局面，使谈判陷入僵局。这时休会，能让双方冷静下来，客观地分析形势，及时地调整策略。等重新开始谈判时，会谈气氛就会焕然一新，谈判就可能顺利进行，进而打破僵局。

⑤有时，谈判进展缓慢、效率很低、拖拖拉拉，谈判一方对此不满。这时，可以提出休会，经过短暂休整后，重新谈判，可改善谈判气氛。

⑥当谈判进行到某一阶段的尾声时，双方可借休会之机分析研究这一阶段所取得的成果，展望下一阶段谈判的发展趋势，谋划下一阶段进程，提出新的对策。

谈判者运用该策略时应注意：要把握好时机，讲清休会时间；要委婉讲清己方需要，并让对方明白无误地知道；提出休会建议后，不要再提出其他新问题来谈，应把眼前的问题先解决好再说。

（三）讨价还价阶段的后期策略

1. 最后通牒

在谈判双方争执不下，对方不愿做出让步接受我方交易条件时，为了迫使对方让步，我方可以向对方发出最后通牒。其通常做法是，给谈判规定最后的期限，如果对方在这个期限内不接受我方的交易条件，我方就宣布退出谈判。

最后通牒在多数情况下是一个非常有效的策略。在谈判中，人们对时间是非常敏感的。特别是在谈判的最后关头，双方经过长时间紧张激烈的讨价还价，在许多内容上已经达成一致或接近一致，只是在最后的某一两个问题上相持不下。如果这时其中一方给谈判规定了最后期限，另一方就必须考虑自己是否准备放弃这次盈利的机会，牺牲前面已投入的巨大谈判成本，权衡做出让步牺牲的利益与放弃整个交易牺牲的利益谁轻谁重，以及坚持不做让步的后果。如果谈判对手没有足够的勇气和谈判经验的话，那么，在最后通牒面前常常选择的道路是退却，会做出让步以求成交。

该策略往往在谈判后期的关键时刻被谈判者所采用。当谈判处于僵局，或对手迟迟不下决心成交时，可以采用此策略来加速谈判进程。这一策略有时能够收到较好的效果，有助于加速谈判进程，促使对手早下决心。但谈判者在采用这一策略时也有可能会引起对方的敌意，所以在采用该策略时要尽量设法降低对方的敌意。

运用该策略时应注意以下几点。

①谈判者知道己方处于一个强有力的地位，特别是该笔交易对对手来讲，要比对本方更为重要。这一点是运用这一策略的基础和必备条件。

②谈判的最后阶段或最后关键时刻才使用“最后通牒”。对方经过旷日持久的谈判，花费大量人力、物力、财力和时间，一旦拒绝我方的要求，这些成本将付之东流。这样，对方会因无法负担失去这笔交易所造成的损失而达成协议。

③谈判者言语上要委婉，既要达到目的，又不至于锋芒毕露。

④谈判者应拿出一些令人信服的证据（诸如国家的政策、与其他客户交易的实例或者国际惯例、国际市场行情的现状及趋势，以及国际技术方面的信息等），让事实说话。

⑤给予对方思考、讨论或者请示的时间等，这样有可能使对方的敌意减轻，从而自愿

地降低其条件或者不太情愿地接受己方的条件。

⑥“最后通牒”的提出必须非常坚定、明确、毫不含糊，不让对方存有任何幻想。同时，我方也要做好对方真的不让步而退出谈判的思想准备，不至于到时惊慌失措。

⑦使用这一策略有可能使谈判破裂或者陷入更严重的僵局，所以要视情况而定，除非有较大把握或者万不得已，千万不可滥用和多用该策略。

2. 场外交易

场外交易策略是指谈判双方将最后遗留的个别问题和分歧意见放下，离开谈判桌，由东道主一方安排一些旅游、酒宴、娱乐项目，以缓解谈判气氛，再争取达成协议的做法。

在谈判后期，如果谈判双方仍然把个别分歧问题摆到谈判桌上来商讨，往往难以达成协议。一是经过长时间的谈判，已经令人很烦闷，影响谈判人员的情绪，相应地还会影响谈判协商的结果。二是谈判桌上紧张、激烈、对立的气氛及情绪易迫使谈判人员自然地去争取对方让步。即使是正常的、应该的，但在最后的一个环节上的让步，让步方会认为丢了面子，可能会被对方视为战败方。三是即使某一方的主谈人员或领导人头脑尚清醒、冷静，认为做出适当的让步以求尽快达成协议是符合本方利益的，但因同伴态度坚决、情绪激昂而难以当场做出让步的决定，此时运用场外交易策略是最为恰当的。

场外轻松、友好、融洽的气氛和情绪很容易缓和双方剑拔弩张的局面。谈判人员轻松自在地谈论自己感兴趣的话题，交流私人感情，有助于化解谈判桌上激烈交锋带来的种种不快。这时巧妙地将话题引回到谈判桌上遗留的问题上来，双方往往会很大程度地相互做出让步而达成协议。

当谈判即将进入成交阶段，双方已经在绝大多数的议题上取得一致意见，仅在某一两个问题上存在分歧、相持不下而影响成交时，谈判者可考虑采取场外交易策略。

谈判者运用该策略时一定要注意谈判对手的不同习惯。例如，有的国家的商人忌讳在酒席上谈生意，必须事先弄清楚，以防弄巧成拙。

3. 以退为进

以退为进策略是指以退让的姿态作为进取的阶梯。退是一种表象，由于己方在形式上采取了退让，能够使对方在心理上得到满足，不仅思想上放松戒备，而且作为回报，对方也会满足己方的某些要求，而这些要求正是己方的真实目的。这一策略的高明之处在于，谈判者能纵观全局，通盘考虑，不计一时之得失，退一步是为了进两步。在谈判中，老练的谈判高手经常使用这一策略。它需要谈判者具有远见卓识和高人一筹的独到见解。

4. 权力有限

在商务谈判中，受到限制的权力才是真正有力量的权力。有限权力策略正是谈判者巧妙地利用权力有限与对方进行讨价还价的一种策略。它是指当双方人员就某些问题进行协商，一方要求对方做出某些让步时，另一方可以向对方宣称，在这个问题上授权有限，他无权向对方做出这样的让步，或无法更改既定的事实。

实力较弱的一方的谈判者常常带有许多限制去进行谈判，这在一定程度上比大权独揽的谈判者处于更有利的地位。因为，谈判人员的权力受到了限制，可以促使其立场更加坚定，可以优雅地向对方说：“不，这不是我个人的问题，我不能在超越权力范围的事情上让步。”同理，一个买主如果无权灵活接受卖方条件，则也是个极难商议的对手。

运用该策略的最大好处在于既维护了本方利益，又不伤对方面子。此外，利用限制，谈判者借与高层决策人联系请示之机，能更好地商讨处理问题的办法。利用此策略，还可以迫使对方向己方让步，在权力有效的条件下与己方进行洽谈。

此策略一般是在对方要求条件过高或己方需要对方在后期做出更大让步的情形下使用。谈判者运用该策略时应注意以下几点。

①权力有限作为一种策略，只是一种对抗对手的盾牌。“盾牌”的提出要严密，让人难辨真伪。

②运用这一策略时，如果要撤销“盾牌”也并不困难，可以说已请示领导获得同意便行了。

③采用有限权力策略要慎重，不要使对方感到你没有决策权，不具备谈判的能力。

④不要让对方失去与你谈判的诚意和兴趣，否则就无法达成有效协议了。

5. 坐收渔利

坐收渔利策略是指买主把所有可能的卖主请来，同他们讨论成交的条件，利用卖方之间的竞争，各个击破，为自己创造有利的条件。该策略取自“鹬蚌相争，渔翁得利”，比喻双方争执，让第三者得利。该策略成功的基础是制造竞争，卖者的竞争越激烈，买者的利益就越大。

运用此策略的通常做法是，买方邀请多家卖方参加投标，利用其间的竞争取胜；或者同时邀请几家主要的卖方与其谈判，买方把与一家谈判的条件作为与另一家谈判要价的筹码，通过让其进行背靠背的竞争，促其竞相降低条件；还有一种做法是邀请多家卖方参加集体谈判，买方当着所有卖主的面以压低的条件与其中一位卖主谈判，以迫使该卖主接受新的条件。因为卖主在竞争的压力下，如果不答应新的条件，会怕生意被别人争去，便不得不屈从于买方的意愿。

6. 折中调和

在商务谈判中，经过长时间的拉锯式谈判，谈判双方还存在一定分歧和差距时，为了解决分歧和差距，谈判双方你让我一步、我让你一步，以平摊分歧的分量，共同向对方靠拢，缩小谈判差距，最终达成协议，这种方法称为折中调和策略。例如，买卖双方的价格条款相差 80 元，最后各自让 40 元成交，这就是价格折中。

由于该策略的主体特征是相互妥协且更多地强调“对半”让步，因此只有在谈判的最后阶段，对方价格“水分”很少的情况下，才可以使用。

四、让步

谈判本身是一个讨价还价的过程，也是一个理智的取舍过程。如果没有“舍”，也不可能“取”。一个高明的谈判者应该知道在什么时候抓住利益，在什么时候放弃利益。什么都想要，可能什么都得不到。只有有得有失，才可能使谈判达成协议。让步是达成协议不得不采取的措施。正因为如此，让步的技巧、策略才显得十分重要。

（一）让步的含义及其意义

1. 让步的含义

所谓让步，是指谈判双方向对方妥协，退让己方的理想目标，降低己方的利益要求，向双方期望目标靠拢的谈判过程。在商务谈判中，谈判双方都是需要做出让步的，这是谈判双方为达成协议所必须承担的义务，也是商务谈判工作中颇费心思的棘手工作。因此，如何让步就大有学问了。有经验的谈判人员往往会以很少的让步来换取对方较大的让步，并且会使对方心满意足、愉快地接受。相反，没有经验的谈判者即使做出较大的让步，仍不能达到应有的效果，甚至前功尽弃。

2. 让步的意义

在商务谈判中，谈判双方在讨价还价阶段，会根据各自的利益和对共同利益的理解，各抒己见，竭力使谈判朝着有利于自己的方向发展。若双方互不相让、争议不下，便会出现僵局，而让步就是为了避免谈判出现僵局的好办法。让步是为了谈判成功，达成交易。僵局的避免，可以使谈判者回到谈判桌前继续谈判，可以使争论不休的问题得以解决。这样，双方通过让步，逐渐向对方的要求靠近，最后形成双方认可的期望目标，交易就达成了。让步本身就是一种策略，它体现了谈判者用主动满足对方需要的方式来换取己方需要得到满足的精神实质。如何把让步作为谈判中的一种基本技巧和手段加以运用，这是让步策略的基本意义。

（二）让步的基本原则

让步涉及谈判双方的切身利益，因此不可随意让步。让步可能取得正面效果，即通过适当的让步赢得谈判的成功；也可能取得负面效果，即一方做出了某种牺牲，却为对方创造了更为有利的条件。让步的基本规则是以小换大。为了达到这一目的，谈判者要事先充分准备，例如，在哪些问题上与对方讨价还价、在哪些方面可以做出让步、让步的幅度有多少等。

1. 让步要三思而行

在未完全了解对方的所有要求以前，己方不要轻易作任何让步。盲目让步会影响双方的实力对比，让对方占有某种优势，对方甚至会得寸进尺。让步要让在刀口上，每次让步要让得恰到好处，才能使己方以较小的让步获得对方较大的满意。

2. 让步要分轻重缓急

让步是一种有分寸的行为，不可“眉毛胡子一把抓”。谈判人员为了争取主动，保留余地，不要在原则的问题、重大问题上让步，应选择在次要利益上让步，注意不要首先在对方尚未迫切要求的事项上让步。

3. 让步要选择恰当的时机

让步的时机会影响谈判的结果。己方如果让步过早，会使对方以为是顺带得到的小让步，这将会使对方得寸进尺。如果让步太晚，除非让步的价值非常大，否则将失去应有的作用。一般而言，主要的让步应在成交期之前，以便成交，而次要的、象征性的让步可以放在最后时刻，作为最后的“甜头”。

4. 让步要有利于创造和谐的谈判气氛

在维护己方利益的前提下，用让步来保证谈判中平等互利、和颜悦色的谈判气氛，对谈判协议的达成具有现实意义。在己方认为重要的问题上力求使对方先让步，而在较为次要的问题上，根据情况需要，己方可以考虑先让步。

5. 己方的让步意图不要表现得太清楚

己方的每个让步都应该有所图，都要指向可能达成的协议，可是又不能让对方看出己方的目标所在，要善于掩饰己方让步的真实原因。暴露己方的真实让步意图无疑会给以后的谈判带来利益损失和不必要的麻烦。

6. 不要作交换式的让步

让步并不需要双方互相配合，以大换小、以旧换新、以小问题换大问题的做法是不可取的。己方不要承诺作同等幅度的让步，一报还一报的互相让步也是不可取的。如果对方提出这种要求，可以以己方无法负担作为借口。

7. 不要让对方轻易得到好处，没有得到某个交换条件，己方永远不要轻易让步

不要免费让步，或是未经重大讨论就让步。谈判中双方“交换”的实现。一方在让步后应等待和争取对方让步，在对方让步前，绝对不要再让步。谈判者不要不敢说“不”，大多数人都不敢说“不”，只要你重复说，对方就会相信你说的是真的，要坚持立场。人们往往不珍惜轻易得到的东西，必须让对方懂得，己方每次做出的让步都是重大的让步。即使做出的让步对己方损失不大，是微小的让步，也要使对方觉得让步来之不易，从而珍惜得到的让步。

8. 如果做出的让步欠周密，要及早收回，不要犹豫

谈判者不要不好意思收回已经做出的让步，最后的握手成交才是谈判的结束。但要尽可能避免失误而收回让步，让步从法律的角度看是允许的，但从信誉的角度看则对己方不利。值得注意的是，谈判方收回让步时一定要坦诚，及时收回，不可拖延，以免造成更大的失误。

9. 要严格控制让步的次数、频率和幅度

一般认为，让步次数不宜过多，过多不仅意味着利益损失大，而且影响己方的信誉、诚意和效率；频率也不可过快，过快容易鼓舞对方的斗志和士气；幅度更不可过大，过大可能会使对方感到己方报价的“虚头”大，会使对方的进攻欲望更强，程度更猛烈。让步应做到步步为营。

10. 让步的目标必须反复明确

谈判中的让步不是目的，而是实现目的的手段。任何偏离目标的让步都是一种浪费。

让步要定量化，每次让步后，都要明确己方让步到何种程度、是否获得了预想的效果。

11. 不要执着于某个问题的让步

在谈判中，整个合同比某个具体问题更重要。谈判者要明白，各个问题上的让步都要视整个合同是否令人满意为前提，让步要有利于谈判的总体战略。

12. 在接受对方让步时要心安理得

在接受对方让步时，不要一接受对方让步就不好意思，就有义务感、负债感，马上考虑是否做出什么让步给予回报；否则己方争取得到的让步就失去了意义。

（三）让步的方式

让步的具体方式多种多样，在实际运用时，谈判者要根据对方的反应灵活掌握，切忌一成不变地固守一种模式。让步是一个十分谨慎的问题，每一个让步都能给对方某种好处；相应地，每个让步都可能损失己方的某种利益。因此，让步之前一定要慎重。

谈判者选择让步方式，首先要明确让步的方式与幅度应具有不可预测性，以免对手根据你所显示的类型向你施加压力。在具体的让步过程中要牢记，第一步不要过大，让步应分几个阶段进行，不要一次就让到底线，让步幅度应逐渐减少，逐步降低对手的期望值。

假设卖方在原来报价的基础上，总体让步数额为 80 元，分四次让出，比较典型的 8 种卖方让步方式如表 7-1 所示。

表 7-1　让步次数及让步幅度列表

让步方式	预定让步（元）	第一次让步（元）	第二次让步（元）	第三次让步（元）	第四次让步（元）
1	80	0	0	0	80
2	80	20	20	20	20
3	80	10	17	24	29
4	80	29	24	17	10
5	80	35	26	15	4
6	80	60	15	0	5
7	80	50	30	–10	10
8	80	80	0	0	0

1. 冒险型让步方式（0、0、0、80）

该方式在让步的最后阶段一次性让出全部可让利益。该方式让对方感觉一直没有妥协的希望，因而被称为坚定的让步方式。如果买方是一个意志比较弱的人，当卖方采用此方式时，买方可能早就放弃讨价还价了，因而得不到利益。如果买方是一个意志坚强、坚持不懈、不达目的不罢休的人，那么买方只要不断迫使卖方让步，即可达到目的，获得利益。在运用这种方式时，买卖双方往往都要冒着形成僵局的危险和可能。

2. 等额型让步方式（20、20、20、20）

这是一种以相等的幅度逐轮让步的方式。这种方式的特点是使买方每次的要求和努力都能够得到满意的结果，但也会因此刺激买方坚持不懈的努力，以取得卖方的继续让步。卖方一旦停止让步，就很难说服买方，并有可能造成谈判的中止或破裂。

3. 诱发型让步方式（10、17、24、29）

这是一种递增的让步方式，也是一种不明智的让步行为。这种让步方式往往会造成卖方的重大损失。因为它导致买方的期望值越来越大，并会认为卖方软弱可欺，从而助长买方的谈判气势。但这种让步方式能够向对方传递合作、有利可图的信息，所以，当谈判竞争性很强时，由谈判高手来使用还是有可能获得好处的。

4. 妥协型让步方式（29、24、17、10）

这种让步方式的特点在于，一方面表现出卖方的立场越来越强硬；另一方面又会使买方感到卖方仍留有余地，从而始终抱有继续讨价还价的希望。

5. 强势递减型让步方式（35、26、15、4）

这是一种开始先作出一次大的退让，然后让步幅度逐轮急剧减少的方式。这种让步方式的特点是，它既向买方显示出卖方的谈判诚意和妥协意愿，又巧妙地暗示出卖方已做出了巨大的牺牲和尽了最大的努力，进一步的退让近乎不可能。

6. 不定式让步方式（60、15、0、5）

这是一种开始让步幅度极大，接下来则坚守立场、毫不退让，最后一轮又作出小小的让步的方式。这种让步方式，充分表明了卖方的成交愿望，也表明进一步的讨价还价是徒劳的。开始的巨大让步会大幅度地提高买方的期望，虽然之后卖方态度转为骤硬会很快消除这一期望，可是买方很高的期望一旦化为泡影往往又会难以承受，从而影响谈判的顺利进行。另外，开始就做出巨大让步，可能会使卖方丧失在较高价位成交的机会。

7. 反弹式让步方式（50、30、–10、10）

这是一种开始做出大的让步，接下来又做出让步，之后安排小小的回升，最后又被迫作出一点让步的方式。这是一种较为奇特和巧妙的让步技法，往往能操纵买方心理。它既可表明卖方的交易诚意和让步已达到极限，又可通过“一升一降”使买方得到一种心理上的满足。

8. 危险型让步方式（80、0、0、0）

这是一种开始便把自己所能做出的全部让步和盘托出的方式。首先，这种让步方式，不仅会在谈判初期大大提高买方的期望值，而且也没有给卖方留出丝毫的余地，而后几轮完全拒绝让步，既缺乏灵活性，又容易使谈判陷入僵局。此外，开始即做出全部让步，也会使卖方可能损失不该损失的利益。

从表 7-1 所示的 8 种让步方式可以看出：不同的让步方式，传递着不同的信息，对对方形成不同的心理作用，也对谈判进程和结果具有不同的影响。在实际的价格谈判中，较为普遍采用的让步方式是第四种和第五种。这两种让步方式对让步的一方来说是步步为营，使买方的期望值逐步降低，较适应一般人的心理，因此比较容易使对方接受。第六种和第七种让步方式，其采用需要谈判者有较高的技巧和冒险精神。如果运用得好，可以少做让步，迅速达成交易；如果运用得不好，则会使己方做更多的让步，或是造成谈判的僵局。

（四）迫使对方让步的策略

对谈判人员来讲，谈判中的利益可以分为三种：一是可以放弃的利益，二是应该维护的利益，三是必须坚持的利益。对于第二种和第三种利益，特别是第三种利益，在谈判中不是可能轻易获得的，往往需要经过激烈的讨价还价才能迫使对方做出让步。下面介绍几种谈判让步策略，可以帮助己方在这个问题上获得成功。

1. 温和式策略

①戴高帽。戴高帽是以切合实际、有时甚至是不切实际的好话颂扬对方，使对方产生一种友善甚至是受到恩宠的好感，进而放松思想警戒，软化对方的谈判立场，从而使己方目标得以实现的做法。例如，抓住对方主谈人员的年龄特征，对年老者，则讲老当益壮、久经沙场；对年轻者，则讲年轻有为、反应灵活、精明强干、前途无量。又如当对方迟迟不肯答应己方要求时，己方不妨恭维对方几句："您一向是爽快人，办事利索、干脆，又够朋友，我知道您是不会为难我们的。"这些话或许有不切题之处，但作为言者的目的是感化对方，促使对方让步。

但是要注意，恭维应该恰到好处、不露声色，如果过了头，成了一种赤裸裸的拍马屁行为，不但起不到正面作用，反而会让对方觉得恶心，效果适得其反。

②磨时间。磨时间是以时间做论战工具，即在一段时间里持续表示同一观点，等对方改变。谈判者可反复说理，态度要和气，不讲话也能突出无奈，在无可奈何的表情中等待谈判时间流逝，以此达到促使对方让步的目的。这一招，对异地或异国谈判的人压力很大。

③恻隐术。心理学认为，人们总是同情和怜悯弱者的，不愿落井下石。恻隐术，即己方通过装扮可怜相、为难状，唤起对方同情心，从而达到迫使对方让步的做法。在谈判实力悬殊的情况下，脆弱的一方可以显示无助与谦卑的姿态满足对方"君临天下"、当"救世主"的感觉，对方无形之中就会对脆弱的一方手下留情。

但是，恻隐术的运用要注意尊重对方人格，在用语扮相上不宜太过分。特别是当谈判者作为政府或国有企业代表时，除了人格之外，还有国格之分寸，在此种情形下，就绝不能采用这种恻隐术。此外，使用恻隐术还应看谈判对象，要知道，毫无同情心的谈判对手，非但不吃软招，反而会讥笑这种行为。

④发抱怨。发抱怨，即谈判人员在商务谈判中数落抱怨。这是谈判中经常出现的现象。抱怨可以分为两大类：一类是真正的不满，另一类则是隐藏性的拒绝。前者是正常意见，后者是谈判一方由于种种原因，包括借口拖延、蓄意反对、杀价、试探等原因而产生的，其目的很明显，即促使对方让步。

2. 强硬式策略

①情绪爆发法。人们总是希望在一个和平、没有紧张对立的环境中工作和生活。当人们突然面临激烈的冲突时，在冲突的巨大压力下往往会惊慌失措，不知该如何是好。在大多数情况下，人们会选择退却，以逃避冲突和压力。人们的上述特点常常在谈判中被利用，

从而产生了情绪爆发策略，作为逼迫对方让步的手段。

在谈判过程中，情绪爆发有两种：一种是情不自禁的爆发，另一种是有目的的爆发。前者一般是因为在谈判过程中，一方的态度和行为引起了另一方的反感，或者一方提出的谈判条件过于苛刻，是一种自然的、真实的情绪发作。后者则是谈判人员为了达到谈判目的而有意识地进行的情绪发作。准确地说，这是情绪表演，是一种谈判的策略。我们这里说的情绪爆发是指后者。要相信世界上真有高明的表演者！

在谈判过程中，当双方在某一个问题上相持不下，或者对方的态度、行为欠妥，或者要求不太合理时，我方可以抓住这一时机，突然之间情绪爆发，大发脾气，严厉斥责对方无理，有意制造僵局。情绪爆发的烈度应该视当时的谈判环境和气氛而定。但不管怎样，烈度应该保持在较高水平上，甚至拂袖而去，这样才能震撼对方，产生足够的威慑作用和影响。在一般情况下，如果对方不是谈判经验丰富的行家，在这种突然而来的激烈冲突和巨大压力下往往会手足无措，动摇自己的信心和立场，甚至怀疑和检讨自己是否做得太过分，而重新调整和确定自己的谈判方针和目标，做出某些让步。

在运用情绪爆发策略迫使对方让步时，谈判者必须把握住时机和态度。无由而发会被对方一眼看穿；烈度过小，起不到震撼、威慑对方的作用；烈度过大，会让对方感到小题大做，失去真实感，或者使谈判陷入破裂而无法修复。

当对方利用情绪爆发来向己方进攻时，己方最好的应付办法如下。一是泰然处之，冷静处理。尽量避免与对方进行情绪上的争执。同时，把话题尽量地引回到实际问题上，一方面要表示充分了解对方的观点，另一方面要耐心解释不能接受其要求的理由。二是宣布暂时休会，给对方冷静平息的时间，让其平息下来，然后再指出对方行为的无礼，重新进行实质性问题的谈判。

②激将法。在谈判过程中，事态的发展往往取决于主谈人员。因此，双方常常围绕主谈人员或其重要助手进行激烈的争辩，以实现己方的目的。以话语刺激对方的主谈人员或其重要助手，使其感到仍坚持自己的观点和立场会直接损害自己的形象、自尊心、荣誉，从而动摇或改变其所持的态度和条件。这种做法称之为激将法。

这种激将法类似“将军”，不吃也得吃，躲是躲不过去的。激将的武器大多为能力大小、权力高低、信誉好坏等与自尊心直接相关的话。

谈判者使用此计时需要注意：第一，要善于运用话题，而不是态度，既要让所说的话切中对方心理和个性，又要切合所追求的谈判目标；第二，发言应掌握分寸，不应过分牵扯说话人本身，以防激怒对方并迁怒于己。

③竞争法。再没有什么武器比制造和利用竞争来迫使对方做出让步更奏效的了。谈判一方在存在竞争对手的时候，其谈判实力就会大为削弱，处于劣势。对于大多数卖主而言，他们总是存在或多或少的同行，出售着同类的产品，为达成交易不断地、激烈地竞争，都担心竞争对手超过自己，即使知道自己比对手强也是一样。此时，如果谈判对手聪明地让他注意到竞争者的存在，就可以较容易地令其让步。有的时候，对方实际上并不存在竞争对手，但谈判者仍可巧妙地制造假象来迷惑对方，借此向对方施加压力。

（五）阻止对方进攻的策略

商务谈判中让步是必需的，没有适当的让步，谈判就无法进行下去。但是，任何让步都不是无限的，因为这会直接损害己方的利益，所以必须设法阻止对方的进攻。

1. 防范式策略

①先苦后甜。先苦后甜是一种先用苛刻的虚假条件使对方产生疑虑、压抑、无望等心态，以大幅度降低其期望值，然后在实际谈判中逐步给予优惠或让步，使对方满意地签订合同，己方从中获取较大利益的策略。这种谈判策略来源于实际生活中的常见现象。

②先斩后奏。先斩后奏策略亦称“人质”策略。这在谈判活动中可以解释为“先成交，后谈判”，即实力弱的一方往往通过一些巧妙的办法使交易先成为事实，然后再在举行的谈判中迫使对方让步。

先斩后奏策略的实质是让对方先付出代价，并以这些代价为“人质”，扭转己方实力弱的局面，让对方通过衡量已付出的代价和中止成交所受损失的程度，被动接受既成交易的事实。

当对手运用此策略时，己方需注意，要尽量避免“人质”落入他人之手，让对方没有“先斩”的保证。己方可采取“以其人之道，还治其人之身”的做法，尽可能掌握对方相应的“人质”，一旦对方使用此计，则可针锋相对。

③后发制人。后发制人策略就是在交锋的前半部分时间里，任凭对方施展各种先声夺人的占先技巧，己方仅是专注地听和敷衍应对，集中精力去寻找对方的破绽与弱点。然后在交锋的后期，集中力量对对方的破绽与弱点展开大举反攻，用防守反击的战术去获取决定性的胜利。谈判者运用这种策略可以取得后发优势，但若不能找到对方的明显破绽与弱点，或是反击不得力，己方就将处于完全的被动局面。此策略一般是在对方攻势强盛，或己方处于弱势的情形下使用。

运用这种策略时，注意要少说多听，倾听可以使谈判者了解对方的看法，感受对方的情绪，听出对方的言外之意，从而使自己听得更明白，也能使对方说得更详细、更准确。在对方讲话时，尽量不要构思己方的答辩，要从对方的立场去了解对方所说的东西，了解他们的看法、需求和顾虑，然后从正面的角度叙述对方的观点，表示出己方了解或理解对方。否则，就很难令对方接受己方的观点或解释。当然，了解或理解并非等于同意。不要急着说出己方的观点，最好能先让对方说出其观点，然后再有目的地发表己方的意见。这样不但有针对性，而且更有可能让对方折服。谈判者要将重点牢记在心，以便在争论时能有的放矢，增强辩解的说服力。

2. 阻挡式策略

①资料不足。在商务谈判过程中，当对方要求就某一问题做进一步解释，或要求己方让步时，己方可以用抱歉的口气告诉对方：“实在对不起，有关这方面的谈判资料我方手头暂时没有（或者没有齐备，或者这属于本公司的商业秘密或专利品资料，概不透露），因此暂时不能做出答复。”这就是利用资料限制因素阻止对方进攻的常用策略。对方在听过这番话后，自然会暂时放下该问题，因而阻止了对方咄咄逼人的进攻。

其他方面的限制包括自然环境、人力资源、生产技术要求、时间等因素都可用来阻止对方的进攻。

这些限制对己方是大有帮助的。有些能使己方有充分的时间去考虑，能使己方更坚定自己的立场，甚至迫使对方不得不让步。有些则能使己方有机会想出更好的解决办法，或者更有能力和对方周旋。最重要的是能够考验对方的决心，在顾全己方面子的同时能够使对方体面地做出让步。

②不开先例。不开先例策略是指谈判者在谈判中以没有先例为由来拒绝对方的过高要求。在谈判中，拒绝是谈判人员不愿采用，但有时又不得不用的方式。因此，人们都十分重视研究掌握拒绝的技巧，最主要的是怎样回绝对方而又不伤面子，不伤感情。

不开先例就是一个两全其美的好办法。在谈判中，当谈判一方提出一些过高要求时，另一方可以说："本公司从无此先例，如果此例一开，无法向上级和以往的交易伙伴交代。"或者说："对别的用户就没有信用、也不公平了，以后就难办了。"以此类话语回绝对方的要求。

该策略是谈判者保护己方利益，阻止对方进攻的一道坚实的屏障。当然，既然不开先例是一种策略，该策略应在对方提出要求过高，本方在既不想伤对方感情又必须回绝对方要求的情况下使用。采用这一策略时，谈判者必须要对所提的交易条件反复衡量，说明不开先例的事实与理由，表述时态度要诚恳，并可伴之施用苦肉计。

③最后价格。谈判中常有"这是最后的价格，我们再也不能让步了"这种话，如果对方相信这一点，就不会要求己方继续让步，这笔生意就能成交；如果对方不相信，也可能双方继续讨价还价，也可能就牺牲了这笔交易。

要使最后价格策略产生较好的效果，提出的时间和方式很重要。如果双方处在剑拔弩张、各不相让，甚至是十分气愤的对峙状况下，提出最后报价，无异于向对方发出最后通牒，这很可能会被对方认为是一种威胁。为了自卫反击，对方会干脆拒绝己方的最后报价。比较好的时机是，当双方就价格问题不能达成一致时，如果报价一方看出对方有明显的达成协议的倾向，这时提出最后价格比较合适。这让对方产生一种感觉：在这个问题上双方已耗费了较多的时间，我方在原有出价的基础上最后一次报价，这是我方所能承受的最大限度了。在提出最后报价时，尽量让对方感到这是己方所能接受的最合适的价格了，而且报价的口气一定要委婉诚恳，对方才能较容易接受。

3. 对攻式策略

①针锋相对。谈判中往往遇见一些难缠的人，类似"铁公鸡"一毛不拔，他们报价很高，然后在很长的时间内拒不让步。如果己方按捺不住，做出让步，他们就会设法迫使你接着做出一次又一次的让步。

②以一换一。在对方就某个问题要求己方让步时，己方可以把这个问题与另一个有关问题联系起来，要求对方在另一个问题上让步，即以让步易让步。例如，对方要求己方降低价格，己方就可以要求对方增加订购数量、延长己方交货期、改变支付方式、以非现金结算等。这样做，或是双方都让步，或是都不让步，从而阻止了对方的进攻。假如对方提

出的要求损害了己方的根本利益，或者他们的要求在己方看来根本是无理的。己方也可以提出一个对方根本无法答应或者荒谬的要求回敬他们，让对方明白对于他们的进攻，己方是有所准备的，没有丝毫的让步余地。面对己方同样激烈的反攻，对方很快会偃旗息鼓，进而放弃他们的要求。

③开诚布公，又称为“亮底牌”策略。这种让步策略一般在己方处于劣势或双方关系较为友好时使用。在谈判中，处于劣势的一方虽然实力较弱，但并不等于无所作为、任人宰割，他们也可以采用各种手段积极进攻，扭转局面。在采用开诚布公让步策略时，应当充分表现出己方的积极坦率，以诚动人，用一开始就做出最大让步的方式感动对方，促使对方也做出积极反应，拿出相应的诚意。在双方有过多次合作或者是关系比较友好的谈判中，双方更应以诚相待，维护友谊。所以，在这种情况下，当一方做了一次性让步、袒露真诚后，对方一般不会无动于衷，也会做出积极的反应。

谈判人员在使用这种让步策略时应语气坚定，态度诚恳，表述明确，显示出坦率。通过语言表述使对方知道己方已做最大程度的让步，而且只能让步一次，由于不留后手，所以已到极限。

（六）影响让步方式选择的因素

在实际商务谈判过程中，让步是客观存在的，也是不可避免的。从某种意义上讲，让步是谈判成功的保障，没有让步就没有成功的谈判。

谈判是一个讨价还价的过程。不同的让步方式传递不同的信息，选择让步方式时，主要取决于以下因素。

1. 己方所处的谈判地位

通常，在货物买卖的谈判中，买方最好是采用缓慢而有节奏的让步方式；而卖方则适宜选择先急后缓的让步方式。此外，作为谈判提议的一方，往往是迫切要求谈判和局的一方，因此应先做出较大的让步才能吸引对方；相反，作为谈判提议的接受一方，在谈判让步的初始阶段，适宜选择少作让步，以强化己方的议价能力，维护己方的心理优势。

2. 谈判对手的谈判经验

如果谈判对手缺乏谈判经验或对谈判内容不熟悉，己方适合采用等额型、虚实型、诚恳型让步方式；如果谈判对手谈判经验丰富或对谈判内容极为熟悉，己方适合选用技术型、冒险型、坚定型让步方式。

3. 准备采取的谈判方针和策略

如果己方拟采用“互惠互利”的谈判方针，适合选用以和为贵的虚实型、诚恳型和反弹型让步方式；如果己方拟采用“以己方利益为主”的谈判方针，适合选用追求本方利益最大化的坚定型、冒险型、妥协型、不定式让步方式。

4. 期望让步后对方给己方的反应

如果己方期望让步后，对方会给以积极的响应，适合选用危险型、反弹式让步方式；

如果己方只是想试探对方，适合于选用冒险型、诱发型、强势递减型让步方式。

第四节　商务谈判终结

一、谈判结束的契机

商务谈判在什么时间结束、怎样结束、采用什么方式结束，是取得成功商务谈判的关键环节。所以谈判者在谈判中要把握结束的契机，否则任何策略与技巧都没有意义。

（一）从商务谈判时间判定

选择恰当的时机结束谈判，对于谈判的成功有着重要的意义。形象一点来说，汽车的运行有一个临界点，超过临界点就会失去控制和具有破坏力。谈判也一样，谈判者对谈判目标不应贪得无厌，应该明确何时达到临界点，此时应该立刻停止谈判。倘若不能适时地停止谈判，那么所有的谈判技巧都不能起到任何帮助。

1. 双方约定的谈判时间

在谈判之初，双方一起确定整个谈判所需要的时间，谈判进程完全按照约定的时间安排，当谈判已接近规定的时间时，自然进入谈判终结阶段。按约定时间终结谈判会使双方有紧迫感，促使双方提高工作效率，避免长时间地纠缠一些问题而争论不休。如果在约定的时间内不能达成协议，一般也应该遵守约定时间将谈判告一段落，或者另约时间继续谈判，或者宣布谈判破裂。

2. 单方限定的谈判时间

由谈判一方限定谈判时间，按限定时间终结谈判。在谈判中占优势的一方，或是出于对己方利益的考虑，需要在一定时间内结束谈判；或是还有其他选择的合作者，因此请求或告知对方，希望在限定的时间内结束谈判。单方限定时间无疑会给被限定方施加某种压力，被限定方可以随从，也可以不随从，关键要看交易条件是否符合自己的谈判目标。

3. 形势突变的谈判时间

本来双方已经约好谈判时间，但是在谈判进行过程中环境形势发生突然变化，如市场行情突变、外汇行情大起大落、公司内部发生重大事件等，或者谈判者突然改变原有计划，比如要求中止谈判、提前结束谈判等。由于谈判的外部环境是在不断发展变化的，所以谈判进程不可能不受到这些变化的影响。

（二）从对方的最终意图来判定

最终谈判意图的表达，在谈判中非常重要。到了这个阶段，谈判者应该知道怎样去做，也应辨别出对方用来表达最终意图的语言和行为。判断对方是否有结束洽谈的意图是不难的，通过察言观色，谈判者根据对方的说话方式和面部表情的变化，便可做出正确的判断。如果对方在谈判中出现下面任何一种情况，那就表明他已产生了成交的意图。

①对方寻问交货的时间。

②对方打听新旧产品及有关产品的比价问题。

③对质量和加工提出具体要求，不管对方的意见是从正面提出来的还是从反面提出来的。

④对方要求把价格说得确切一些。

⑤对方要求把某些销售条件记录在册。

⑥对方请教产品保养的问题。

⑦对方要求将保盘的有效期延续几天，以便有时间重新考虑，最后做出决定。

⑧对方要求实地试用产品。

⑨对方提出了某些反对意见。

在很多情况下，虽然对方有了成交的意图，但他仍然会提出一些反对意见。这些反对意见是一种信号，说明双方很快将达成交易。对方可能提出的反对意见有下列几种："真有很多人购买这种型号的产品吗？""我必须马上做出决定吗？可否再给一点时间？""如果你是我的话……""你们能够确保产品的质量吗？"

只要有相应的心理学知识，掌握了谈判者的心理活动规律，通过系统观察对方在洽谈结尾的言谈举止，就能洞察对方的意图。要想完满地使谈判结束，辨认对方的信号是一个重要的先决条件。而后，巧妙地向对方提出一些问题，使其肯定的购买欲望可以转化为购买的决定。尽管谈判的结束不都是以成交而告终，但老练的谈判者能知道，对方拒绝的并不是整个方案，而只是交易中的某个细节而已。

（三）从谈判策略来判定

谈判过程中有多种多样的策略，如果谈判策略实施后决定谈判必然进入终结，那么这种策略就叫终结策略。终结策略对谈判终结有特殊的导向作用和影响力，它表现出一种最终的冲击力，具有终结的信号作用。

1. 最后立场策略

谈判经过多次磋商之后仍无结果，己方阐明己方最后的立场，讲清只能让步到某种条件。如果对方不接受，谈判即宣布破裂；如果对方接受该条件，那么谈判成交。这种最后立场策略可以作为谈判终结的判定。

最后立场策略是一方在谈判中以破裂相威胁，以施压于对方。

2. 折中进退策略

折中进退策略是指将双方条件差距之和取中间条件作为双方共同进退或妥协方向的策略。例如，谈判双方经过多次磋商互有让步，但还存在残余问题，而谈判时间已消耗殆尽。为了尽快达成一致、实现合作，己方提出一个比较简单易行的方案，即双方都以同样的幅度妥协退让。如果对方接受此建议，即判定谈判终结。

折中进退策略虽然不够科学，但是在双方很难说服对方、各自坚持己方条件的情况下，是寻求尽快解决分歧的一种方法。其目的就是化解双方矛盾差距，比较公平地让双方分别承担相同的义务，避免在残余问题上过多地耗费时间和精力。

3. 一揽子交易策略

一揽子交易策略又称为总体条件交换策略，是指双方临近预定谈判结束时间或阶段时，以各自的条件作为整体，一揽子地进行交换以求达成协议。当双方谈判内容涉及许多项目，在每一个项目上已经进行了多次磋商和讨价还价后，双方可以将全部条件通盘考虑，作“一揽子交易”。例如，涉及多个内容的成套项目交易谈判、多种技术服务谈判、多种货物买卖谈判等，双方可以统筹全局，总体一次性进行条件交换。这种策略从总体上展开一场全局性磋商，使谈判进入终结阶段。

（四）从谈判涉及的交易条件来判定

1. 考察交易条件中的分歧数量

从数量上看，如果谈判双方已达成一致的交易条件占据绝大多数，剩下的分歧数量仅占极小部分，就可以判定谈判进入终结阶段；从质量上看，如果交易条件中最关键、最重要的问题都已经达成一致，仅余留一些非实质性的无关大局的分歧点，就可以判定谈判进入终结阶段。

2. 考察谈判对手交易条件是否进入己方成交线

成交线是指己方可以接受的最低交易条件，是达成协议的下限。如果对方认同的交易条件已经进入己方成交线范围之内，谈判自然进入终结阶段。虽然己方还可能争取到更好的一些交易条件，但是已经看到了可以接受的成果。

3. 考察双方在交易条件上的一致性

谈判双方在交易条件上全部或基本达成一致，并且个别问题如何做技术处理也达成共识，可以判定终结的到来。第一，双方在交易条件上达成一致，不仅指价格，还包括对其他相关的问题所持的观点、态度、做法、原则都有了共识。第二，个别问题的技术处理也应使双方认可。因为个别问题的技术处理如果不恰当、不严格、有缺陷、有分歧，就会使谈判者在协议达成后提出异议，使谈判“重燃战火”，甚至使达成的协议被推翻，使前面的劳动成果付之东流。因此，在交易条件基本达成一致的基础上，个别问题的技术处理也达成一致意见，才能判定谈判终结到来。

二、商务谈判结束的方式

一般而言，商务谈判结束的方式有三种：成交、中止、破裂。

（一）成交

成交，即谈判双方达成协议，交易得到实现。成交的前提是双方对交易条件经过多次磋商达成共识，对全部或绝大部分问题没有实质上的分歧。成交方式是双方签订具有高度约束力和可操作性的协议书，为双方的商务交易活动提供操作原则和方式。由于商务谈判内容、形式、地点的不同，因此成交的具体做法是有区别的。

（二）中止

中止是谈判双方因为某种原因未能达成全部或部分成交协议，由双方约定或单方要求暂时终结谈判的方式。如果是整个谈判进入最后阶段，在解决最后分歧时发生中止，就是终局性中止，并且作为一种谈判结束的方式被采用。中止可分为有约期中止与无约期中止。

1. 有约期中止

有约期中止是指谈判双方在中止谈判时对恢复谈判的时间予以约定的中止方式。例如双方认为成交价格超过了原规定计划或让步幅度超过了预定的权限，或者尚需等上级部门的批准，使谈判难以达成协议，而双方均有成交的意愿和可能，于是经过协商，一致同意中止谈判。这种中止是一种积极姿态的中止，它的目的是促使双方创造条件，以最后达成协议。

2. 无约期中止

无约期中止是指谈判双方在中止谈判时对恢复谈判的时间无具体约定的中止方式。无约期中止的典型是冷冻政策。在谈判中，由于交易条件差距太大，或者由于特殊困难存在，而双方有成交的需要而不愿使谈判破裂，适合采用冷冻政策暂时中止谈判。此外，如果双方对造成谈判中止的原因无法控制，也会采取无约期中止的做法。例如，遇到涉及国家政策突然变化、经济形势发生重大变化等超越谈判者意志的重大事件时，谈判双方难以约定具体恢复谈判的时间，只能表述为"一旦形势许可""一旦政策允许"，然后择机恢复谈判。这种中止，双方均出于无奈，对谈判最终达成协议造成一定的干扰和拖延，是被动式中止方式。

（三）破裂

破裂是指双方经过最后的努力仍然不能达成共识并签订协议，交易不成，或友好而别，或愤怒而去，从而结束谈判。谈判破裂的前提是双方经过多次努力之后，没有任何磋商的余地，至少在谈判范围内的交易已无任何希望，谈判再进行下去已无任何意义。谈判破裂依据双方的态度可分为友好破裂结束谈判和对立破裂结束谈判两种。

1. 友好破裂结束谈判

友好破裂结束谈判是指双方互相体谅对方面临的困难，讲明难以逾越的实际障碍而友好地结束谈判的做法。在友好破裂方式中，双方没有过分的敌意态度，只是各自坚持己方的交易条件和利益，在多次努力之后最终仍然达不成协议。双方态度始终是友好的，能充分理解对方的立场和原则，能理智地承认双方在客观利益上的分歧，对谈判破裂抱着遗憾的态度。谈判破裂并没有使双方关系破裂，反而通过充分的了解和沟通，产生了进一步合作的愿望，为今后双方再度合作留下可能的机会。我们应该提倡这种友好的破裂方式。

2. 对立破裂结束谈判

对立破裂结束谈判是指双方或单方在对立的情绪中，愤然结束未达成任何协议的谈判。造成对立破裂的原因有很多，例如，一方对对方的态度强烈不满，情绪激愤；谈判一方在对待对方时不注意交易利益实质性内容，有较多责怪对方的语言、态度和行为；一方以高压方式强迫对手接受己方条件，一旦对方拒绝，便不容商量断然破裂；双方条件差距太大，互相指责对方没有诚意，难以沟通和理解，造成破裂。不论何种原因，双方在对立情绪中造成谈判破裂毕竟不是好事，这种破裂不仅没有达成任何协议，而且使双方关系恶化，今后很难再次合作。所以，在破裂不可避免的情况下，一方面要尽力使双方情绪冷静下来，不要使用过激的语言，尽量使双方能以友好的态度结束谈判，至少不要使双方关系恶化。另一方面要摆事实讲道理，不要攻击对方，要以理服人、以情感人、以礼待人，这样才能体现出谈判者良好的修养和风度。

三、商务谈判结果

商务谈判结果可以从两个方面看：一是双方是否达成交易，二是经过谈判双方关系发生何种变化。这两个方面是密切相关的，将两个方面的结果联系起来分析，可以得出以下六种谈判结果。

1. 达成交易并改善关系

这是最理想的一种结果。双方谈判目标顺利完成，并且实现交易。双方关系在原有基础上得到改善，促使今后能进一步合作。既实现了眼前利益，又为双方长远利益发展奠定了良好基础。要想实现这种结果，双方首先要抱着真诚合作的态度进行谈判，谈判中双方都能为对方着想并做出一定的让步。

2. 达成交易但关系没有变化

这也是不错的谈判结果。双方谈判的结果是达成交易，但是双方关系并没有改善也没有恶化。双方力求此次交易能实现各自利益，既没有刻意去追求建立长期合作关系，也没有太大的矛盾造成不良后果。双方平等相待，互有让步，实现交易成功。

3. 达成交易但关系恶化

虽然达成交易，但是双方都付出了一定的代价，双方关系遭到一定程度的破坏或是产生阴影。这种结果从眼前利益来看是不错的，但是对今后长期合作是不利的，或者说是牺牲双方关系换取交易成果。这是一种短期行为，是“一锤子买卖”，对双方长远发展没有好处，但为了眼前的切实利益而孤注一掷也可能是无奈之举。

4. 没有成交但改善了关系

俗话说：“买卖不成仁义在。”虽然谈判没有达成协议，但是双方的关系得到了极大的改善。这种结果为双方下次的成功合作奠定了良好的基础。

5. 没有成交，关系也没有变化

这是一次毫无结果的谈判，双方既没有达成交易，也没有改善或恶化双方关系。这种近乎平淡无味的谈判，没有取得任何成果，也没有造成任何不良后果。双方都彬彬有礼地坚持己方的交易条件，没有作出有效的让步，也没有激烈的相互攻击，在今后的合作中也有可能进一步发展双方关系。

6. 没有成交且关系恶化

这是最差的结果，谈判双方在对立的情绪中宣布谈判破裂。双方既没有达成交易，又使原有关系遭到破坏；既没有实现眼前的实际利益，又对长远合作关系造成了不良的影响。这种结果是谈判者不愿意看到的，所以应该避免这种结果出现。当然，在某种特殊情况下，出于对己方利益的保护和尊严的维护，必须坚持己方条件不退让，并且反击对方的高压政策和不合理要求。虽然使双方关系恶化，也是一种迫不得已的做法。

四、结束谈判的技术准备

商务谈判结束的技术准备主要有：梳理各类问题是否得到了解决、安排成交事宜、核准全部的交易条件、做好会谈记录等，这是一项重要而细致的工作。

（一）对交易条件的最后检查

在谈判者认为最后即将达成交易的会谈开始之前，有必要对一些重要的问题进行一次检查。

①明确还有哪些问题没有得到解决。

②对期望成交的每项交易条件进行最后的确定，同时，明确己方对各种交易条件准备让步的限度。

③决定采取何种结束谈判的战术。

④着手安排交易记录事宜。

这种检查的时间与形式取决于谈判的规模。既可能被安排在谈判结束前的休息时间里进行，也可能安排一个正式的会议，并由本单位的某个领导主持。这样的回顾或检查会议往往被安排在本方与对方最后一轮谈判之前。

不管这种检查的形式怎样，这个阶段正是谈判者必须做出最后决定的时刻，并且面临着是否达成交易的最后抉择。因此，进行最后的回顾和检查，应当以协议对谈判方的总体价值为根据，对那些本方没有同意而未解决的问题予以重新考虑，以权衡是做出相应让步还是失去这笔交易。在这个时候，务必防止一时的狭隘利益占优势，但这并不是提倡让步，因为让步与否的决定直接关系到交易目标能否实现。

（二）确保交易条款的准确

在商务谈判中，困难之一就是谈判双方要保证对所谈的内容有一致的理解。名词术语的不同、语言的不同等都可能引起误会。所以，最重要的是在交易达成时，双方对彼此同意的条款应有一致的认识，保证协议名副其实。下面所列各项是最容易产生问题的地方，谈判者应当特别注意。

1. 价格方面的问题

①价格是否已经确定，缔约者是否能收回人工和材料价格上涨后的成本？

②价格是否包括各种税款或其他法定的费用？

③在履行合同期间，如果行情发生了变化，那么成交的产品价格是否也随之变化？

④在对外交易中是否考虑了汇率的变化？

⑤对于合同价格并不包括的项目是否已经明确？

2. 合同履行方面的问题

①对“履行”是否有明确的解释，它是否包括对方对产品的试用（测试）？

②合同的履行能否分阶段进行，是否已作了明确规定？

3. 规格方面的问题

①如果有国家标准或某些国际标准可以参考，是否已明确哪些问题运用哪些标准，而这些标准又与合同的哪部分有关系？

②对于在工厂或现场的材料与设备的测试以及它们的公差限度和测试方法，是否作了明确的规定？

4. 存储及运输等问题

①谁来负责到现场交货，谁来负责卸货和仓储？

②一些永久性或临时性的工作由谁来负责安排与处理？

5. 索赔的处理

①处理的范围如何？

②处理是否排除未来的法律诉讼？

上述这些问题，适用于各种谈判。对于这些问题及其他有关问题，谈判双方应彻底检查一遍，以保证双方真正能够理解一致。也许会有人反对，因为这有可能给任何一方提供一个改变原来允诺的机会，可能导致重新协商已经谈妥了的某些问题。但是，在谈判双方对某些问题的标准理解不一致的情况下所签订的合同，会给双方带来极大的风险。因此，它的重要性远胜于前者。

（三）谈判的记录

根据谈判的性质，有许多记录谈判的方法。但根本的要点是在双方离去之前使用书面记录，并由双方草签。几种常用的记录方法如下。

①通读谈判记录或条款以表明双方在各时点均一致同意。通常当谈判涉及商业条款及规格时须使用这一方法。

②每日的谈判记录，由一方在当晚整理就绪，并在第二天作为议事日程的第一个项目宣读，需由双方通过。只有这个记录通过后才继续进行谈判。这项工作虽然颇费力气，但对于较长时间的谈判来说是可取的。

③如果只须进行两三天的谈判，则由一方整理谈判记录后，在谈判结束前宣读通过。在未经双方同意并以书面记录在案的情况下，会谈不应草草收场。事实上，在谈判过程中所发生的事，如果没有记载则极容易引起争论。记录人员很容易犯的错误是往往会记下他

所认为的事情，而不会记下实际发生的事情。

五、促成结束谈判达成交易的条件

（一）使对方必须完成对己方产品及产品的价值的了解

一名出色的谈判者应该让对方充分了解己方产品的一些重要信息，比如该产品的优点、特性、产地、生产背景等。一旦对方不了解己方产品，就很可能拒绝在合同上签字，当然这也说明有些必要工作谈判者没做好。

（二）使对方信赖自己和自己所代表的公司

在商务谈判过程中，谈判双方彼此的印象对谈判结果有很大的影响。作为一名出色的谈判者，要想尽办法让对方信任自己和自己所代表的公司。因为没有这种信任，不管产品多么吸引人，也不管你的口头功夫有多么高，也很难取得满意的谈判效果。所以说，产品的声誉、企业的声誉和谈判者的声誉都要力求卓越，它们是促成商务谈判成功结束的三个基础条件。

（三）准确把握时机

“机不可失，时不再来”的古训，在谈判中并不完全正确。谈判者对待这句古训要有理性的认识。这种训导经常会使谈判人员处在过分紧张的状态中，害怕失去成交的机会，以致冒昧行事。所以，在商务谈判过程中，谈判者要时刻保持清醒的头脑，审时度势，在恰当的时机果断出手，促成交易。

（四）掌握促成交易的各种因素

谈判者要掌握这些因素，就必须要很好地回答下述问题：对方是谁在掌握着决策的大权？对方拒绝成交的真正原因是什么？还有没有改变对方决定的可能性？是哪些因素促使对方做出成交决定？对方将会做出什么决定？对方为什么要做出这样的决定？

（五）为圆满结束做出精心安排

对于一次谈判任务，谈判者要通盘考虑，应该知道上一步怎样了，下一步怎样走。一旦对方提出不同看法，谈判者应该清楚要怎样处理。一般来说，谈判的最后阶段很可能是问题成堆的阶段，问题解决得不好，就不会使谈判圆满结束。所以说，谈判者对谈判工作要认真考虑，精心安排。

六、结束谈判的有效方法

谈判人员在谈判的过程中要了解谈判结束的方法，这样有助于谈判者选定最适当的方法达成最佳的成果。

（一）比较结束法

1. 有利的比较结束法

这种结束法的典型语言有："这种型号的产品××大厂商已经订货了。""我发现最先进的厂家刚开始时总是购买 3 部，我也将登记订购 3 部。""像你们这样的大公司在市场中呼风唤雨，对于这项能够提高贵公司地位的产品，你们怎么能放过呢？"

2. 不利的比较结束法

这是根据对方的不幸遭遇而设法成交的方法。使用这种方法时，谈判者往往要列举出一些令人遗憾的事情，例如，对方拖延谈判，时断时续，旷日持久，因此招致了损失和成本的增加。这种成交方式多用于保险业或能改善对方目前状况的交易。它的典型用语有："你们推迟一天，就有被竞争者抢先的危险，像××公司的遭遇一样。""你们知道，××公司的市场地位一直很稳固，但自从那家新工厂购买了自动生产设备后，他们公司就失去了原有的市场地位，成了新工厂的手下败将。我诚恳地劝你们不要再迟疑，要像这家新工厂一样当一个行业的领导者，而不要像××公司一样最后成了失败者。"谈判到了最后的阶段，做这样的比较会是非常有分量的。

（二）优待结束法

1. 让利促使双方签约

在对方对大部分交易条件不太满意，而价格又较高的情况下，谈判人员可以考虑对方压价的要求，让利给对方，如采用回扣、减价以及附赠品等方法。有的时候，为了使对方尽早付款或大批量订货，也可以通过让利而使谈判圆满结束。常见的说法有，"你们若能把履约的时间提前两个月，我们将优待你们或降低价款。""你们所订的数量实在太少，这个合同似乎都不值得一签，如果你们能再多订出一倍的量，我们还可以减价 10%，这可是难得的优惠条件。"

2. 试用促使对方签约

谈判者可以提议对方订购一笔少量廉价的样品，或者给对方样品无偿试用，这是一种十分简单的谈判结束法。有些谈判最后没有成功，其原因可能就是没有使用这一方法。当谈判者没有别的办法使买卖成交时，这一方法就是一种最后的努力。把产品留给对方试用，其成交率可能是出人意料的。国外的一家办公室设备生产商，曾允许谈判人员把机器留给顾客使用 5～10 天，其结果是谈判的成功率大为提高，每试用 5 台机器就可售出 3 台。谈判人员说："这完全是个组织方式问题，在试用期间，我们还可以帮助对方维修他原有的机器设备。这样，对方不得不在试用期内签下订货合同。"利用这种成交方法的最大问题是，只要公司允许提供试用，谈判人员就可能放弃其他的努力，使其日渐懒惰。

（三）利益结束法

1. 突出利益损失，促使对方做出决定

这种方法强调对方如果不尽早购入他们所需的产品，就会错过目前这一时期的所有利益。谈判者采取这种方法旨在消除对方的迟疑。典型用语有："你们在犹豫或等待期间，将会失掉产品所带给生产的一切保证利益。""你知道，将来你们会随时需要这种产品，你现在就买，并享受过渡时期中那些利益，不是很好吗？"或者说："当你们在等待时，其他厂家将比你们提前采用这种新技术，千万不要失去你们现在的优势。现在犹豫不决，就等于放弃了你们目前的利益和长远的利益。"

2. 强调产品的好处，促使对方做出决定

高度概括有利于成交的一切因素，是圆满结束洽谈的一种有效方法。在谈判时，谈判者要把所有的有利因素醒目地写在双方都可以看到的地方。由于在谈判过程中，双方随时都可以看见这些条件，因此会收到较好的直观效果。谈判者也可以把产品的优缺点、有利和不利的因素，全部都写下来。这样，对方就可以清楚地认识到你的产品会给他带来哪些利益。任何形式的重复都有着强烈的启发作用，对方可能在你强调第四遍的时候才注意某个观点的重要。到了最后阶段，谈判者如果提出了一些新的要点，谈判就可能陷入反复的状态。这些要点会引起对方重新考虑，因而推迟决定。

3. 满足对方的特殊要求，促使对方做出决定

在谈判中，对方可能用提出希望或者提出反对意见的方式来表达他们的特殊要求。在这种情况下，如果可以改动某些条件，使之更能满足对方的特殊要求，那么谈判者就应该做某些适当的变动。这样，对方就会更加关注本方的产品，增加购买的可能性。

（四）渐进结束法

1. 分阶段决定

为了便于对方做出决定，谈判双方应把讨论的问题分为几个部分，然后一个阶段解决一部分问题。到了最后阶段，解决了最后一部分问题，谈判也就结束了。例如："昨天我们已经谈妥了……今天我们讨论……下一次我们将研究……"这种方法使谈判极富戏剧性。

2. 四步骤程序法

这种方法首先是由瑞士的一位谈判人员总结出来的。第一，尽量总结和强调对方和我看法的一致点。第二，引导对方同意我方的观点，从而达到双方看法一致。第三，把所有尚待解决的问题和有争议的问题搁置一边，暂不讨论。第四，与对方一起商定怎样讨论，共同商量怎样阐明一些重大问题。如果对方有不同的看法，可在最后讨论。这套办法有利于尽快结束谈判。

3. 促使双方在重大原则问题上做出决定

在高级别谈判中，最好把重要的原则问题与细小的枝节问题区别开来。一些辅助事项以及确切的说明和精确的计算等，应当由谈判小组成员进行讨论，主谈判人员则洽谈那些简短、实际、集中的原则问题。如果整个商务谈判的内容较为复杂，谈判者最好分成两步走。

4. 力争让对方做出部分决定

在促使对方做出最后决定以前，谈判者应有步骤地向对方提出一些问题，让对方就交易的各个组成部分逐个做出回答，或就一些特殊要求、特殊条件等做出决定。这种方法对于部件多、结构复杂的工业品贸易谈判来说比较合适。

（五）趁热打铁结束法

如果谈判双方能够利用第一次高潮达到成交，那是最理想不过的，谈判双方都可以节省很多的时间。实际上，在第一次谈判高潮时，双方做出决定的可能性最大，双方洽谈的要点也最清楚。虽然是第一次高潮，但所经历的时间往往很长。为什么会出现这种情况呢？一般来说，谈判人员极怕遭到对方的拒绝，所以往往不敢诱导对方做出最终决定，而只是希望在业务洽谈继续进行时，对方会突然打断己方的谈话，愉快地表示接受订货。如果对方不声不响，无所表示，谈判者就会不知所措，以为时机还不成熟，因此就直接或间接地把本来经过努力可以成交的机会给错过了。有经验的谈判者声称：“我们不能总是把成交机会留给明天。”因此，谈判者必须善于察言观色，抓住可以成交的瞬间机会，趁热打铁，从而及早结束谈判。

七、起草和签订书面协议

当谈判双方就交易的主要条款达成一致意见后，一般都要起草协议，签订书面合同，明确各自的权利和义务。这涉及合同文本由哪一方起草的问题。一般来讲，文本由谁起草，谁就掌握主动。因此，在商务谈判中我方应重视合同文本的起草，尽量争取起草合同文本，如果做不到这一点，也要与对方共同起草合同文本。合同的内容是合同当事人之间的权利和义务，具体体现在合同的条款上。为了保证合同的履行，双方当事人必须严格审查合同的条款，如当事人的名称或姓名和住所、标的、数量和质量、价款或酬金、履行期限、地点和方式、违反责任和解决争议的方法等条款，根据法律规定的或协议性质必须具备的条款，以及当事人要求必须规定的条款。总之，务必使协议条款订得具体、确切、详尽。签订合同的双方都必须具有签约资格，对涉外合同应要求当事人提供有关的法律文件，证明其合法资格，避免上当受骗。对于比较重要的谈判，特别是国际商务谈判，当双方达成协议后，应尽量争取在我方所在地举行合同的缔约或签字仪式。因为签约地点往往决定采取该国法律解决合同中的纠纷问题。根据国际法的一般原则，如果合同中对出现的纠纷采取哪国法律未做具体规定，一旦发生争执，法院或仲裁庭就可以根据合同缔结地国家的法律做出判决或仲裁。

扩展阅读

思考题

1. 如何营造和谐的谈判开局气氛？
2. 商务谈判开局具有哪些策略？
3. 什么是报价？报价应坚持哪些原则？
4. 影响报价的因素有哪些？有哪些报价策略？
5. 什么是讨价？讨价的程序有哪些？
6. 简述还价的方式。
7. 简述讨价还价各阶段的策略及其运用。
8. 什么是让步？让步的原则与方式各有哪些？
9. 影响让步方式选择的因素有哪些？
10. 怎样把握结束谈判的时机？
11. 成功结束谈判需要具备哪些条件？
12. 谈判结束的有效方法具体有哪些？

案例分析

商务谈判签约

学习目标与重点

1. 合同的概念与法律原则；
2. 合同的订立与成立；
3. 合同的变更、转让与解除；
4. 商务谈判合同的签订与履行。

案例导入

第一节　合同的概述

一、合同的内涵

（一）合同的概念与特征

1. 合同的概念

我国法律界认为，合同又称契约，其概念有广义和狭义之分。广义的合同是指两方面或几方面在办理某事时，为了确定各自的权利和义务而订立的共同遵守的协议。狭义的合同是指民事主体之间设立、履行、变更、终止债权债务关系的协议。从我国的合同制度来看，我国的合同是指狭义的合同。

《中华人民共和国民法典》（以下简称《民法典》）第四百六十四条规定："合同是民事主体之间设立、变更、终止民事法律关系的协议。"

2. 合同的主要法律特征

（1）合同是一种民事法律行为

当事人订立合同的目的是为了设立、履行、变更、终止民事权利义务关系，而合同的效力又取决于其必须具备民事法律行为的成立要件和生效要件。因此，合同属于一种民事法律行为。

（2）合同是双方和多方意思表示一致的民事法律行为

合同是协议，首先必须有两个或两个以上当事人的意思表示，否则无所谓合同；其次，两个或两个以上的意思表示必须在内容上一致，即有所谓合意，否则也不能成立合同；最后，两个或两个以上并且内容一致的意思表示应是彼此关联的，即有一个要约，其余的是对要约的承诺。

（3）合同是在当事人平等基础上缔结的协议

当事人之间法律地位平等，自主自愿，这是合同关系同建立在领导与被领导、命令与服从基础上的行政关系的根本区别。

（4）合同具有法律效力

合同依法订立，就具有法律约束力。任何一方均必须按照合同的约定全部履行自己的义务，否则就构成违约行为，必须依法承担民事责任。同时，任何一方非经对方同意，不得随意解除、变更合同。

（二）合同的形式

合同的形式是指合同当事人之间确立、变更或终止相互权利义务关系的方式。我国《民法典》第四百六十九条规定："当事人订立合同，可以采用书面形式、口头形式或者其他形式。"

1. 书面形式

书面形式是指当事人以合同书、信件、电报、电传、传真等各种有形介质表现所载内容的形式订立合同。

书面形式有利于交易的安全，重要的合同应该采用书面形式。一般来说，书面形式又可分为以下几种情况。

由当事人双方依法就合同的主要条款协商一致并达成书面协议，并由双方当事人的法定代表人或其授权的人签字盖章。

格式合同是当事人为了重复使用而预先拟定，并在订立合同时与对方协商条款。

以电子邮件等方式也能够有形地表现所载内容，是可以随时调取查用的数据电文，也视为书面形式。

2. 口头形式

口头形式是指当事人只用口头语言表示订立合同，而不用文字表达协议内容的合同形式。

口头形式的优点是方便快捷；缺点是发生合同纠纷时难以取证，不易分清责任。口头形式适用于能即时清结的合同关系。

（三）合同的法律原则

1. 自由原则

自由原则是合同的最重要的基本原则，它是指参加民事活动的当事人在法律允许的范围内享有完全的自由，按照自己的自由意愿决定缔结合同关系，为自己设定权利或向他人承担义务，任何机关、组织和个人不得非法干预。

2. 公平和诚信原则

所谓公平原则，是指合同当事人应本着公平的观念确定各方的权利和义务。它要求合同约定的给付与对待给付基本等值，风险合理分配，一般情况下不允许一方主要享受权利，另一方主要承担义务，更不允许一方只享受权利不承担义务。诚信原则的实质是，当出现立法当时未预见的新情况、新问题时，法院可依诚信原则行使公平裁量权，直接调整当事人之间的权利义务关系。

公平原则和诚信原则共同的本质是社会道德的法律化，都强调各方利益的均衡。不同点主要在于它们的侧重点不同，公平原则侧重于合同内容的确定，而诚信原则侧重于合同的履行。当然，在合同确定后也要讲诚信，合同履行中也要讲公平。同时，公平原则为诚信原则树立了判断基准。

3. 公序良俗原则

公序良俗是公共秩序和善良风俗的合称。公序良俗原则是指合同的内容和目的不得违反公共秩序或善良风俗。公共秩序和善良风俗相当于我国法律用语中的“社会公共利益”和“社会公德”。社会公共利益是指全国人民的共同利益，包括当前利益和长远利益，社会公共利益包括了国家利益。社会公德主要是指符合社会主义精神文明要求的社会公共道德。

4. 鼓励交易、促使合同履行的原则

鼓励交易和促使合同履行除体现在尊重当事人意愿自治、合同形式一般不做硬性要求等外，还体现在订立合同后发现有些问题没有约定，或规定得不够明确，或合同存在某些瑕疵，不是简单地使之无效，而是尽量进行补救，不要因此影响合同的效力与履行。对于行为能力、代理权、代表权有瑕疵的合同，可以通过催告或追认来进行弥补。

二、法人

《民法典》第五十七条规定：“法人是具有民事权利能力和民事行为能力，依法独立享有民事权利和承担民事义务的组织。”《民法典》第五十八条规定：“法人应当具有下列条件：法人应当依法成立。法人应当有自己的名称、组织结构、住所、财产或者经费。法人成立的具体条件和程序，依照法律、行政法规的规定。”《民法典》第六十条规定：“法人以其全部财产独立承担民事责任。”因此，一切“挂名组织”都不能成为法人。具有独立支配的财产或者独立预算，是作为法人的社会组织能够独立参与经济活动的物质基础。全民所有制企业法人，以国家授予它经营管理的财产承担民事责任；集体所有制企业法人，以企业所有的财产承担民事责任；中外合资企业法人、中外合作经营企业法人和外商独资企业法人，以其企业所有的财产承担民事责任（法律另有规定的除外）。凡是没有独立支配的财产或独立预算的社会组织，如各机关的科室、工厂的车间、村民承包小组等，都不是法人。一切未经法人或法人委托（必须有合法委托书）所签订的合同都不受法律保护。法人必须依法享有民事权利和责任，否则将依法追究法律责任或民事责任。

三、合同成立的条件与法律约束力

1. 合同成立的条件

①当事人必须具有订立合同的能力。

②当事人之间必须达成协议，这种协议是通过要约与承诺达成的。

③当事人的意思表示必须真实、明确、具体。

④合同的标的和内容必须合法。

⑤合同必须有对价金合法的约言。

⑥合同须符合法律规定的形式要求。

2. 有效合同的法律约束力

①合同一旦依法成立即受国家强制力的保障，当事人各方必须恪守，认真履行，任何一方不得擅自修改或终止合同。

②如果遇到特殊情况需要变更或解除合同，必须按照法律规定的条件和程序，经过当事人各方协商达成新的协议。

③任何一方不履行或不按约定履行自己的合同义务，或者未经协商即擅自修改或终止合同，给对方实现其合同权利造成或使之遭受其他损害时，受害的一方可以申请仲裁机关或人民法院给予保护，强制对方履行合同义务或赔偿所受损失。

④仲裁机关或人民法院在受理合同纠纷案件后，应以合同条款作为调解、裁决或判决的依据。

四、合同的类型

（一）依据合同当事人双方权利、义务的分担方式的不同划分

依据合同当事人双方权利、义务的分担方式的不同，合同可以分为单务合同与双务合同。

1. 单务合同

单务合同又被称为一方负担合同，是指当事人仅与一方负担给付义务而另一方不负有相对义务的合同。

2. 双务合同

双务合同是指双方当事人互负具有对待给付义务的合同。

3. 单务合同与双务合同的区别

双务合同与单务合同的区分关键在于，合同当事人是否互负对待给付义务。所谓对待给付义务，并非指双方的给付在客观上具有相同的价值，而是指应当做出的给付相互有依存关系。

（二）依据当事人取得权益是否须付相应代价为标准划分

依据当事人取得权益是否须付相应代价为标准，合同可以分为有偿合同和无偿合同。

1. 有偿合同

有偿合同是指当事人一方享有合同规定的权益，须向对方当事人偿付相应代价的合同。

2. 无偿合同

无偿合同是指当事人一方享有合同规定的权益，不必向对方当事人偿付相应代价的合同。

3. 有偿合同与无偿合同的区别

（1）注意义务轻重不同。一般来说，有偿合同中债务人的注意义务较无偿合同中债务人为重。

（2）对主体的要求不同。有偿合同的当事人必须具有完全民事行为能力，限制民事行为能力人订立的与其年龄、智力、精神健康状况不相适应的有偿合同必须经过法定代理人的同意或追认。然而，限制民事行为能力人可以独立订立纯获利益的无偿合同。

（3）债权人撤销权的构成要件不同。在债权人撤销权制度中，债权人撤销权的构成要件因债务人的行为为无偿行为还是有偿行为而有所区别。在无偿行为场合，只要该无偿行为损害到债权人的债权，无须要求第三人主观具有恶意，即得由债权人行使债权人撤销权。然而，在债务人与第三人进行有偿转让行为时，只有在第三人明知该无偿行为损害债权人的债权时，才得撤销。

（4）能否构成善意取得不同。在第三人为善意的情况下，如果无权处分人有偿地将标的物转让给第三人，可以发生善意取得；反之，如果无权处分人无偿地将标的物转让给第三人，原则上不发生善意取得，所有权人可以要求受让人或第三人返还标的物，即当事人的注意义务要求不同。

（三）依据合同是否以交付标的物为成立要件作为标准划分

依据合同是否以交付标的物为成立要件作为标准，合同可以分为诺成合同与实践合同。

1. 诺成合同

诺成合同是指当事人意思表示一致即告成立的合同。诺成合同是现代合同的常态，因为随着社会的发展，若坚持在双方当事人达成合意之外还须以物之交付作为合同的成立要件，将大大有损于交易效率。

2. 实践合同

实践合同又称要物合同，是指除当事人意思表示一致外，还须经实际交付标的物才能成立或者生效的合同。常见的实践合同有动产质押合同、定金合同、借用合同（使用借贷合同）、自然人间的借款合同、保管合同等。

3. 诺成合同与实践合同的主要区别

①合同的成立要件不同，诺成合同仅须双方当事人的合意即可成立；实践合同在双方

当事人的合意之外，还须交付标的物或完成其他现实给付方可成立。②不交付标的物的责任不同。在诺成合同中，交付标的物或完成其他现实给付是当事人的给付义务，违反该义务需要承担违约责任；在实践合同中，交付标的物或完成其他现实给付是当事人的先合同义务，违反该义务不产生违约责任，但是有可能产生缔约过失责任。

（四）依据合同的成立或生效是否需要采用特定的形式或程序为标准划分

依据合同的成立或生效是否需要采用特定的形式或程序为标准，合同可分为要式合同与不要式合同。

1. 要式合同

要式合同是指必须采用法定或者约定形式或程序才能成立或生效的合同。

根据现有法律的规定，常见的法定要式合同包括一般形式与特别形式。一般形式通常指书面形式，书面形式仅需行为人亲笔签名，无须亲笔书写相关文件，存在伪造签名的风险，属法律效力最弱的法定形式。特别形式有审批、登记、公证等。

常见的法定要式合同包括：①一般书面合同，如保证合同、定金合同、融资租赁合同、建设工程合同、技术开发合同、技术转让合同等；②须登记的合同，如专利申请权合同、专利权转让合同、注册商标转让合同；③经批准的合同，如中外合资经营企业、中外合作经营合同；④须公证的合同，如商务谈判中的有些合同。

2. 不要式合同

不要式合同是指其成立不需要特定的形式和程序的合同。对于不要式合同而言，合同究竟采取何种形式完全取决于当事人的自由意思，可以采取口头形式，也可以采取书面形式或其他形式。

3. 要式合同与不要式合同的区别

法律规定某些合同为要式合同，有其特殊的立法目的和制度价值。因此，不要式合同为合同的常态，要式合同为例外。要式合同与不要式合同的主要区别是：一般来说，要式合同不采取法律规定或多数人约定的特定形式，合同因缺乏形式要件不能生效；而不要式合同，当事人可采用任何形式，合同形式不影响合同的成立及效力。

（五）依据法律是否设有规范并赋予特定名称为标准进行划分

依据法律是否设有规范并赋予特定名称为标准，合同可分为有名合同与无名合同。

1. 有名合同

有名合同又称典型合同，是指法律设有规范，并赋予一定名称的合同。

2. 无名合同

无名合同又称非典型合同，是指法律尚未规定其定型化内容和名称，可由当事人任意创设的合同。实践中的无名合同很多，如信息咨询合同、消费租赁合同等均属学理上的无名合同。

3. 有名合同与无名合同的区别

处理有名合同和无名合同纠纷所适用的规则不同。对于有名合同，可以直接适用该有名合同的相关法律规定。对于无名合同的法律适用，较为复杂。实践中一些无名合同的内容不符合任何有名合同的要件，其法律适用应当综合考虑合同的约定、诚实信用原则，并酌情考虑交易惯例加以确定。

（六）依据时间因素是否对合同给付义务的内容及范围发生影响划分

依据时间因素是否对合同给付义务的内容及范围发生影响，合同可分为一时的合同与继续性合同。

1. 一时的合同

一时的合同又称为非继续性合同，是指合同的内容因一次给付即可实现。此处所谓“一次给付”既包括一次履行完毕，也包括分期给付。这是因为分期给付合同的总给付自始确定，时间因素对给付的内容和范围并无影响，分期履行并未改变其一时的合同的性质。

2. 继续性合同

继续性合同是指合同的内容并非一次给付可以完结，而是继续地实现。时间因素在继续性合同的履行上居于重要的地位，总给付的内容取决于应给付时间的长度。换言之，随着履行时间的推移，在当事人之间不断地产生新的权利义务，继续性合同的本质特征就是时间因素对合同内容的影响。

3. 一时的合同和继续性合同的区别

（1）合同履行的效力不同。一时的合同债务一经履行，合同关系即归于消灭。继续性合同在合同存续期内，履行持续进行，合同关系并不经一次履行而消灭。

（2）合同解除的效力不同。与一时的合同相比，继续性合同的持续时间更长，双方依赖程度较高，因此继续性合同的解除事由与解除效力均与一时的合同存在差异。一般认为，一时的合同解除后，解除的效力可以溯及既往，当事人之间可以回复原状、互相返还；继续性合同解除后，解除的效力通常不溯及既往，合同关系自解除之时向将来归于消灭，已经履行的部分无须回复原状，也不互相返还。

（七）依据合同是否实质性地涉及第三人为标准划分

依据合同是否实质性涉及第三人为标准，合同可分为束己合同与涉他合同。

1. 束己合同

束己合同又称为订约人自己订立的合同，是指当事人订立合同是为自己设定权利义务，使自己直接取得和享有某种利益、承受某种负担的合同。根据私法自治的理念，绝大多数合同均为束己合同。束己合同严格遵守合同相对性原则，合同当事人以外的第三人不得享有合同权利，也不得负担合同义务。

2. 涉他合同

涉他合同又称为第三人利益订立的合同，是指当事人双方约定使债务人向第三方履行义务，第三人由此取得直接请求债务人履行义务的权利。例如，受益人为第三人的保险合同即为典型的涉他合同。

3. 束己合同与涉他合同的区别

（1）缔约目的不同。束己合同的缔约目的是为合同当事人设立权利义务；涉他合同的缔约目的是为合同当事人以外的第三人设立权利。

（2）合同履行不同。束己合同的债务人应当向另一方债权人履行义务，债务人违约的，也应向另一方承担违约责任。涉他合同的债务人应当向当事人以外的第三人履行义务，然而，由于第三人不是合同当事人，所以债务人违约的，仍应当向合同债权人承担违约责任。值得注意的是，狭义上的涉他合同应当与"由第三人代为履行合同"严格区分。

第二节　合同的订立与成立

一、合同的订立与成立

合同的订立，是指两个或两个以上的当事人为意思表示、达成合意以成立合同的动态过程。合同成立，是指经过合同订立的过程，当事人分别做出意思表示，并就合同的主要条款达成合意的静态时间点。换句话说，当法律对合同的形式未作强制性要求时，成立合同旨在当事人之间形成一种抽象的法律关系。合同成立的程式有很多：依据要约与承诺方式成立合同、依据意思实现成立合同、依据要约交错成立合同等。其中，要约与承诺方式是合同成立的一般程式。

合同的成立要件包括合同成立的一般要件与合同成立的特别要件。合同成立的一般要件包括：①当事人，合同是典型的双方或多方法律行为，因此合同成立必须存在两个或两个以上的双方当事人；②对合同主要条款达成合意，缔结合同的当事人必须就缔结合同以及合同的主要条款达成合意。合同成立的特别要件是指因合同的性质不同，一些合同的成立除须具备合同成立的一般要件之外，还必须具备合同成立的特别要件。最典型的如实践合同中的标的物的交付等。

二、要约与承诺

（一）要约

1. 要约的概念与构成条件

所谓要约，是指一方当事人以缔结合同为目的，向对方当事人所作的意思表示。发出要约的当事人为要约人，受领要约的当事人为受要约人。

构成要约的意思表示应当具备下列条件。

（1）要约必须是特定人所为的意思表示

所谓特定人，即外界能够客观确定的人，可以是自然人、法人，既可以是本人，也可以是本人的代理人。只有要约人特定，相对人才能对要约进行承诺进而订立合同。另外，要约人应当具有相应的缔约能力。

（2）要约必须具有明确的订立合同的意图

要约人发出要约的目的在于订立合同，因此这种订立合同的意图必须由要约人在其发出的要约中明确表达出来。所谓订立合同的意图，也称缔约意图，一般通过要约人使用的语言、文字等，采用客观标准综合判断。如果能认定要约人仅是准备订立合同而非决定订立合同，则不构成要约。所谓客观标准，是指若要约人的言辞或行为能够让一个通情达理的人相信他有受拘束的旨意，即使他实际上没有这种意旨，他仍应受拘束。

（3）要约应当向希望与之缔约合同的相对人发出

要约的目的是引起受要约人的承诺，要约只有向要约人希望与之缔结合同的受要约人发出，才能达到这一目的，因此必须向相对人发出。此处的相对人，既可以是特定人，也可以是不特定人。向特定人发出，表明要约人对具有承诺资格的相对人的选择，而向不特定的相对人发出是出于要约人广泛选择交易伙伴的需要。如商品标价陈列、自动贩卖机上的设置都是典型的向不特定人发出的要约。

（4）要约的内容必须具体确定

要约的内容必须具体确定，是指一旦要约被对方接受，即成立合同，产生具体的合同义务。所谓"具体"，是指要约的内容必须具备足以使合同成立的主要条款，或最低限度的内容。所谓"确定"，一方面是指要约的内容必须非常明确，不能有歧义或模糊不清；另一方面指要约在内容上必须是最终的、无保留的。

2. *要约的法律效力*

（1）要约的生效时间

要约的生效时间，即要约从何时开始生效，既关系到要约何时对要约人产生拘束力，也关系到承诺期限的计算问题。依据《民法典》第一百三十七条的规定，要约的生效时间分为两种情形。一是以对话方式做出的要约。所谓对话方式，是指采用当面对话、打电话等方式。以对话方式做出的要约，相对人知道其内容时生效。二是以非对话方式做出的要约。所谓非对话方式，是指要约人与受要约人空间相隔，采用书信、传真等方式。因此，要约的发出至要约的到达须经历一定时间，要约须到达受要约人的控制范围方能生效。在公众要约的场合下，如果符合要约规定的商业广告是采用报纸刊登、电视广播、网页展示或通过商店的商品标价展示等方式做出的，则应当依表意人的意思而定。若当事人意思不明的，应当依据《民法典》第一百三十九条"以公告方式做出的意思表示，公告发布时生效"的相关规定认定。

（2）要约效力的存续时间

要约效力的存续时间也称承诺期限。要约生效之后即对要约人产生拘束力，同时也使受要约人对要约产生了承诺的权利。要约存续期间的确定，在实践中应当区分以下两种情形。①定有要约存续期限的要约。如果要约人在要约中指明了要约的存续期限，则要约生效后仅在存续期间内发生效力，相对人应当在要约的存续期限内做出承诺。②未定承诺期限的要约。在以对话方式做出要约的场合和非对话方式做出要约的场合，《民法典》第四百八十一条第一款对其作了区别的规定："要约以对话方式做出的，应当即时做出承诺，但当事人另有约定的除外；要约以非对话方式做出的场合，承诺应当在合理期限内到达。"所谓"即时"，即立即做出承诺，是指依据交易习惯，受要约人尽其客观上可能的迅速。所谓"合理期限"的确定，通常需要参酌交易习惯、要约内容复杂程度、要约人的期待、要约的生效时间、受要约人考虑的必要时间，以及承诺到达要约人的必要时间等。

3. 要约的撤回与撤销

（1）要约的撤回

要约的撤回是指要约人于要约生效前取消要约，使要约不发生法律效力的行为。要约人撤回要约的通知应当在要约到达受要约人前或者与要约同时到达受要约人。

要约发出后，要约人由于市场行情变化等原因对要约所涉事项另有打算，所以欲撤回要约，终止要约的拘束力，这种情形极为常见。由于要约撤回的前提是要约尚未生效，即要约尚未到达受要约人，要约人撤回要约并不会损害受要约人的利益。《民法典》第一百四十一条规定："行为人可以撤回意思表示。撤回意思表示的通知应当在意思表示到达相对人前或者与意思表示同时到达相对人。"撤回要约的意思表示必须在要约生效之前做出，即撤回的通知必须先于或者与要约同时到达受要约人。如果撤回要约的通知晚于要约到达受要约人，虽然依照要约撤回的规则不得发生撤回的效力，但是，受要约人基于诚信原则，应当将此情形及时通知要约人。

（2）要约的撤销

要约的撤销是指在要约发生法律效力之后，要约人欲使要约丧失法律效力的意思表示。

由于要约具有形式拘束力，且要约的撤销有可能损害受要约人的利益，因此要约人撤销要约应有限制。《民法典》第四百七十六条规定："要约可以撤销，但是有下列情形之一的除外：（一）要约人以确定承诺期限或者其他形式明示要约不可撤销；（二）受要约人有理由认为要约是不可撤销的，并已经为履行合同做了合理准备工作。"

4. 要约的失效

要约的失效是指要约失去拘束力，即要约人不再受要约的拘束，相对人无须对之承诺而成立合同。

根据《民法典》第四百七十七条的规定，有下列情形之一的，要约失效。

①要约被拒绝；

②要约被依法撤销；

③承诺期限届满，受要约人未作出承诺；

④受要约人对要约的内容做出实质性变更。

（二）承诺

1. 承诺的概念和条件

《民法典》第四百七十九条规定："承诺是受要约人同意要约的意思表示。"可以说，承诺是对要约的接受，是指受要约人向要约人作出的同意并按要约成立合同的意思表示。承诺与要约结合，方能构成合同。

构成承诺的意思表示，须具备以下条件。

（1）承诺须由受要约人做出

这是因为要约赋予承诺人以承诺的权利，这种权利使要约人负有义务。承诺可由受要约人本人做出，也可由其代理人做出，除受要约人以外的第三人做出的意思表示均不得作为承诺。

（2）承诺须向要约人做出

受要约人承诺的目的在于与要约人订立合同，因此，承诺的意思表示只有向要约人做出才有意义。非向要约人做出的意思表示不可能达到缔约目的，不能构成承诺。

（3）承诺的内容必须和要约的实质性内容保持一致

承诺是受要约人按照要约的内容与要约人订立合同的意思表示。因此，承诺人做出的承诺，不得附带任何条件，只能是对要约毫无保留地表示完全接受。如果承诺人变更了要约的内容，附有添加、限制或其他更改的承诺，即为拒绝该要约而构成反要约。

（4）承诺必须在要约的有效期限内做出

要约一般都规定了承诺期限，承诺人必须在合理期限内做出承诺。如果承诺没有在规定期限做出，则该承诺无效。

（5）承诺的传递必须符合要约的要求

2. *承诺方式*

承诺方式是指承诺人以何种方式将承诺的意思传达给要约人。承诺方式分为明示和默示两种。

（1）明示的承诺

明示的承诺，也称为明示通知的方式做出的承诺。这种通知的方式既可以是口头方式，也可以是书面方式，只要是能够告知要约人的意思表示的传达方式均可。一般来说，在对话的要约场合，承诺原则上也应以对话方式做出；在非对话式的要约场合，受要约人可以选择合适的承诺方式，无须采取与要约相同的方式。

《民法典》第四百六十九条规定：“当事人订立合同，可以采用书面形式、口头形式或者其他形式。书面形式是合同书、信件、电报、电传、传真等可以有形地表现所载内容的形式。以电子数据交换、电子邮件等方式能够有形地表现所载内容，并可以随时调取查用的数据电文，视为书面形式。”

（2）默示的承诺

默示的承诺，也称以行为的方式通知而做出的承诺，是指受要约人虽未以明示的方式做出承诺，但却实施了在客观上可以推断其做出承诺的意思表示的通知。

《民法典》第一百四十条规定：“行为人可以明示或者默示做出意思表示。沉默只有在有法律规定、当事人约定或者符合当事人之间的交易习惯时，才可以视为意思表示。”“交易习惯”一般是指在一个固定的交易关系当中或者在特定的交易圈子中的通行做法。

3. 承诺的生效与撤回

（1）承诺的生效时间

承诺生效，合同成立。《民法典》第四百八十三条规定："承诺生效时合同成立，但是法律另有规定或者当事人另有约定的除外。"第四百八十四条规定："以通知方式做出的承诺，生效的时间适用本法第一百三十七条的规定。"承诺不需要通知的，根据交易习惯或者要约的要求做出承诺的行为时生效。承诺的生效，因对话方式承诺与非对话方式承诺而有所区别。另外，承诺还可以做出承诺的行为生效。

①对话方式承诺的生效时间。以对话方式做出的承诺被要约人了解时生效。例如，甲给乙打电话提出要约，要求乙最迟第二天答复，乙第二天回电话，表示同意甲的一切条件（承诺），甲收听后，承诺生效。如果乙回电话时，刚接通，其手机就断电了，甲不知乙说什么，第三天乙又打电话表示承诺，甲以过期为由表示反对，则承诺不能生效。

②非对话方式承诺的生效时间。非对话方式承诺的生效时间有三种情况。第一，以非对话方式做出的承诺到达要约人时生效。例如，6 月 1 日，甲公司给乙公司用特快专递发寄了一份要约，要求乙公司在当月 20 日之前答复，乙当月 19 日将承诺信件以特快专递寄回，当月 20 日甲公司的收发室签收。甲公司的法定代表人 21 日看到承诺信，表示反对，理由是承诺晚了一天，但是本案承诺生效，因为承诺在 20 日已经到达。第二，以非对话方式做出的、采用数据电文形式的承诺，要约人指定特定系统接收数据电文的，该数据电文进入该特定系统时生效；未指定特定系统的，要约人知道或者应当知道该数据电文进入其系统时生效。当事人另有约定的除外。第三，做出承诺的行为时生效。做出承诺的行为，是以意思实现方式成立合同。做出承诺的行为，必须该行为已经完成，如果是准备行为，就不能认为以意思实现方式成立合同。

（2）承诺的撤回

承诺的撤回是指受要约人发出承诺后，到达要约人之前，取消承诺的行为。《民法典》第一百四十一条规定："行为人可以撤回意思表示。撤回意思表示的通知应当在意思表示到达相对人前或者与意思表示同时到达相对人。"承诺可以撤回，但不能撤销。也就是说，承诺尚未生效时，可以取消。承诺于到达要约人时生效，如果承诺已经生效，则不能取消，即不能撤销。因为承诺生效，合同成立，如果允许撤销承诺，等于赋予承诺人任意撕毁合同的权利，要约人的利益和交易安全就均得不到保护。

三、合同的主要条款

合同是当事人关于债权债务关系的合意，合同条款是当事人达成合意的具体内容，是合同内容的具体化和类型化。《民法典》第四百七十条规定：合同的内容由当事人约定，一般包括下列条款。

（1）当事人的名称或者姓名和住所

当事人的名称或者姓名和住所是每个合同必须具备的条款。

当事人是合同的主体，合同中如果不写明当事人，谁与谁做交易都搞不清楚，就无法确定权利的享受和义务的承担，发生纠纷也难以解决，特别是在合同涉及多方当事人的时候更是如此。

合同中不仅要把应当规定的当事人都写到合同里，而且还要把各方当事人名称或者姓名和住所都书写准确、清楚。

（2）标的

标的是指双方当事人订立经济合同所要达到的特定经济目的，或者说，是双方当事人为实现一定的经济目的而确立的权利和义务所共同指向的对象。它可以是某种事物或货币，如购销合同的标的是某种产品，借款合同的标的是某种货币；也可以是某项工程或劳务，如建设工程承包合同的标的是某项勘察、设计、建筑、安装工程；还可以是某项智力成果，如科技协作合同的标的是某项科研成果。没有标的或标的不明确的合同，双方当事人的权利、义务就不能落实，经济合同也就无法履行。所以，签约双方必须首先对合同标的达成一致协议，并在合同中明确、具体地加以规定，如产品的名称、牌号或商标、品种、型号、规格、等级、花色、产地、是否为成套产品等。国家严禁生产、经营的物品，如毒品、武器等不能作为标的。

（3）数量

经济合同的产品数量是衡量标的的尺度。签订合同必须有准确的数量规定，不管标的是物或劳务还是工作成果，都必须以相应的计量方法做出标的数量的规定。根据经济合同法规定：产品数量由供需双方协商签约。产品数量的计量方法，按国家的规定执行，没有国家规定的按供需双方商定的方法执行。

合同数量规定要准确、可靠，计量单位要明确、规范，不能用含糊不清的计算概念，如重量、长度一律用公制。对某些产品，必要时还应在合同中写明交货数量的正负尾差、合理磅差和交货途中的自然减（增）量规定及计算方法；对机电设备，必要时还应在合同中明确规定随主机的辅机、附件、配套产品、易耗备品、配件和安装修理工具等；如为成套供应的产品，应明确成套供应范围并提供成套供应清单。

（4）质量

质量是检验标的的内在素质和外观形态优势的标志，包括名称、品种、规格、型号、质量指标等。《民法典》第五百一十一条第一款规定："质量要求不明确的，按照强制性国家标准履行；没有强制性国家标准的，按照推荐性国家标准履行；没有推荐性国家标准的，按照行业标准履行；没有国家标准、行业标准的，按照通常标准或者符合合同目的的特定标准履行。"

（5）价款或者报酬

价款是指取得合同标的的一方当事人向对方用货币支付的价金，如经济合同中的货款、租赁合同中的租金等。报酬则是指合同的一方当事人对提供劳务合作完成一定工作量的另一方当事人给付的酬金，如雇佣合同中的佣金、运输合同中的运费等。对于价款或酬金，《民法典》第五百一十一条第二款规定："价款或者报酬不明确的，按照订立合同时履行地的市场价格履行；依法应当执行政府定价或者政府指导价的，依照规定履行。"

（6）履行期限、地点和方式

合同的履行期限是指合同当事人实现权利和履行义务的时间界限，即合同规定的当事人履行自己的义务（如交付标的物、价款或者报酬，履行劳务、完成工作）的时间界限。

例如，经济合同中卖方的履行期限是指交货日期，买方的履行期限是交款日期。运输合同中承运人的履行期限是指从起运地运输到目的地卸载的时间。

履行期限直接关系到合同义务完成的时限，涉及当事人的经济利益，也是确定是否违约的依据之一。履行期限条款应当尽量明确、具体，或者明确规定计算期限的方法。《民法典》第五百一十一条第四款规定："履行期限不明确的，债务人可以随时履行，债权人也可以随时请求履行，但是应当给对方必要的准备时间。"

合同履行的地点和方式

①履行地点。履行地点是指当事人履行合同义务和对方当事人接受履行的地点。合同履行地点就是执行合同的地点。如果是购销合同，合同履行地点就是交货的地点；如果是建设或安装合同，合同履行地点就是施工的地点。买卖合同中，买方提货的，在提货地履行；卖方送货的，在买方收货地履行；运输合同中，从起运地运输到目的地为履行地点。履行地点有时是确定运费由谁负担、风险由谁承担以及所有权是否转移、适合转移的依据。因此，履行地点在合同中应当明确、具体。《民法典》第五百一十一条第三款规定："履行地点不明确，给付货币的，在接受货币一方所在地履行；交付不动产的，在不动产所在地履行；其他标的，在履行义务一方所在地履行。"

②履行方式。履行方式是指当事人履行合同义务的具体做法，如标的物的交付方法，工作成果的完成方法，运输方法，价款或酬金的支付方法等。履行方式由法律、合同约定或合同性质来确定，不同性质、内容的合同有不同的履行方式。履行可以是一次性的，也可以是一定时期的，还可以是分期、分批的。例如，有的合同是以提供某种商品或劳务的方式履行，有的合同以交付所完成的一定工作成果来履行。经济合同需用货币履行义务时，除法律另有规定的以外，必须用人民币计算和支付；除国家允许使用现金履行义务的以外，必须通过银行转账结算。此外，经济合同在规定履行方式时，可以规定一次性履行或部分履行；合同中规定一次性履行或没有对此专门规定的，都应一次性完成合同规定的义务，在未征得对方同意时不得擅自改变一次履行方式。

（7）违约责任

违约责任是指当事人一方或者双方违反合同规定，不履行或者不能完全履行合同的义务应承担的法律责任。违约责任对当事人的利益关系重大，应在合同中明确规定，以利于促使当事人自觉履行合同，解决合同纠纷，保护当事人的合法权益。在法律规定的范围内，可以在合同中约定定金、违约金、赔偿金，以及赔偿金的计算方法等。

（8）解决争议的方法

解决争议的方法是指合同发生争议后解决的方法和途径。解决争议的途径主要有四种：双方通过协商和解，由第三人进行调解，通过仲裁解决，通过诉讼解决。

四、经济合同管理

经济合同管理，在我国是指具有合同管理职能的国家机关，对于合同的订立和履行进行监督检查，以及在发生纠纷时进行调解、仲裁等活动的总称。《民法典》第五百三十四条规定："对当事人利用合同实施危害国家利益、社会公共利益行为的，市场监督管理和其他有关行政主管部门依照法律、行政法规的规定负责监督处理。”从目前情况看，经济合同的监督检查有三种：行政监督、银行监督、司法监督。

1. 行政监督

国家行政管理机关（各级市场监督管理局和合同双方的业务主管部门）根据行政程序和相关法律法规，审查合同的内容，监督合同的履行，就叫作合同的行政监督。它或是对合同事先进行审查；或是监督谈判双方订立合同是否符合法律规定；或是督促双方全面履行经济合同所规定的义务；或是对是否有违约行为进行监督。

此外，市场监督管理机关等业务主管部门对合同进行签证，即对经济合同的合法性、真实性和可行性进行审查和确认，也是一种行政监督措施。目前，我国对签证采取自愿原则，谈判一方要求对经济合同进行签证的，可以进行签证，不要求的也不勉强，完全自愿。但是，某些经济合同按规定必须签证才能生效。

2. 银行监督

银行对经济合同的监督检查主要通过以下途径和方式。

①通过信贷管理监督；

②通过结算管理监督；

③银行协助“违法合同处理决定书”的执行。

3. 司法监督

司法监督是指司法机关对合同的公证或对违法合同的处理。合同的公证，就是国家公证机关根据谈判一方的申请，依照法定程序证明合同的真实性和合法性，赋予它法律上的证据和效力。

合同公证不同于签证，它是一种法律监督，是用法律办法管理经济的一种手段。经过公证证明的经济合同，如一方违约并未按时缴付应缴违约金时，另一方可以要求公证机关做出准许强制执行的证明，向有管辖权的基层人民法院申请执行而不经诉讼程序。公证也是本着自愿原则。此外，管理机关和人民法院有对无效合同的确认权。无效合同确认的依据是：因当事人不合格而无效；因意思表示不真实而无效，例如代理人与对方恶意通谋而订立的经济合同就是无效的；因合同内容违法而无效，如不公平的经济就是合同无效的。

五、无效合同

无效合同是指合同因严重欠缺生效要件，而使得当事人预设的法律后果不能发生。值得注意的是，无效合同绝不意味着该合同对当事人不发生任何法律效力，而仅是不发生当事人意欲追求的效力。无效合同可分为全部无效合同和部分无效合同，部分无效合同中无效条款不影响有效条款的效力。无效合同有以下类型。

1. 一方以欺诈、胁迫的手段订立合同且损害国家利益的合同

《民法典》第一百四十四条规定：“无民事行为能力人实施的民事法律行为无效。无民事行为能力人不能独立实施任何民事法律行为，必须由其法定代理人实施，其独立缔结的

合同一律无效。”这是因为无民事行为能力人不能够判断自己行为的性质及法律效果，为了保护无民事行为能力人的利益，立法便规定无民事行为能力人缔结的合同无效。

2. 恶意串通的合同

恶意串通的合同是指合同当事人串通在一起，共同订立某种合同，造成国家、集体或者第三人利益损害的合同。所谓“串通”是指暗中勾结，使彼此言行互相配合。串通双方不仅具有意思联络，而且明知自身的行为将损害国家、集体或者第三人的利益。所谓“恶意”，旨在强调串通双方的主观恶性。《民法典》第一百五十四条规定：“行为人与相对人恶意串通，损害他人合法权益的民事法律行为无效。”恶意串通包括两个因素：一是当事人之间要恶意串通的行为，即故意的意思联络；二是行为人对第三人利益的欺诈性损害。

3. 虚假的合同

虚假的合同是指行为人与相对人通过虚假意思表示订立的合同，如为逃避债务而虚假赠予财产的合同。《民法典》第一百四十六条规定：“行为人与相对人以虚假的意思表示实施的民事法律行为无效。”虚假合同并非是当事人的真实意思表示，违背了诚实信用原则，且这类合同可能规避了法律的规定，从而违反了某种法律秩序。如果不将此类合同认定为无效，极不利于交易安全和交易秩序的保护。应当说明的是，虚假的合同与恶意串通的合同存在区别：恶意串通的合同强调当事人之间的“串通”，且以损害第三人的利益为目的；而虚假的合同强调当事人意思表示的虚假，不以损害第三人利益为目的，亦无须证明当事人之间有通谋的存在。

4. 违背公序良俗的合同

公序良俗是指民事主体的行为应遵守公共秩序，符合善良风俗，不得违反国家的公共秩序与社会一般道德。公共秩序是指国家社会的存在及其发展所必需的一般秩序；善良风俗是指国家社会的存在及其发展所必需的一般道德。《民法典》第一百五十三条规定：“违背公序良俗的民事法律行为无效。”

5. 违反法律、行政法规的强制性规定的合同

强制性规定，又称为强制性规范，是任意性规范的对称。对强制性规范，当事人必须遵守，如果违反，一般导致合同无效。对任意性规范，当事人可以合意排除适用。《民法典》第一百五十三条第一款规定：“违反法律、行政法规的强制性规定的民事法律行为无效。”

第三节　合同的变更、转让、解除、终止及纠纷处理

一、合同的变更

合同变更有广义和狭义之分。广义的合同变更，包括合同内容变更和合同主体变更两种情形。合同内容变更，是指合同主体保持不变而改变合同的具体内容。合同主体变更（合同转让），是指在不改变合同内容的情况下变动合同的债权人或债务人。狭义上的合同变更，仅指合同内容的变更。本书所涉合同变更均为狭义上的合同变更。

（一）合同变更须具备以下条件

1. 原已存在有效的合同关系

合同的变更即变更合同的内容，改变原有合同的权利义务关系。因此，合同的变更须以原已存在有效的合同关系为前提。原合同无效或被撤销的，无合同变更的适用余地。

2. 合同内容已发生变化

所谓合同内容的变化，主要包括如下几种情形。

①合同标的物的变更，如标的物的数量、品质变更。至于标的物的种类变更，学理上称为合同的更改。

②合同价金、报酬等的变更，如当事人通过约定变更报酬数额等。

③合同履行期限、履行地点、履行方式等的变更，如当事人通过约定延长履行期限等。

④违约责任的变更，如将原合同约定的违约金责任取消等。

⑤解决争议的方法的变更，如将原合同约定的解决争议的方法由法院诉讼方式变更为仲裁机构裁决方式等。

3. 合同的变更须依据法律的规定或当事人的约定

当事人合意变更合同的，应当达成变更合同的协议。此种变更协议应当符合我国合同法规定的合同成立及生效的要件。如果当事人的协议约定不明，依照《民法典》第五百四十四条的规定："当事人对合同变更的内容约定不明确的，推定为未变更。"

4. 须遵守法律要求的形式

根据《民法典》的相关规定，当事人变更合同的协议为不要式合同，即除法律、行政法规规定采用书面形式的以外，当事人有权决定采用何种形式的合同。

（二）合同变更会发生以下法律效果

1. 合同变更对合同权利义务的影响

合同变更对合同权利义务的影响有两方面：如果合同部分变更的，仅就合同变更部分发生债权债务关系改变，原合同未变更部分仍保持原有的状态；合同变更仅对未履行部分发生法律效力，对已履行部分没有溯及力，当事人不得主张对已履行完毕的债权债务关系按变更后的内容重新履行。

2. 合同的变更不影响当事人请求损害赔偿的权利

合同变更后，一方当事人因违约给对方造成损害的，除法律规定或当事人约定可以免除违约责任的以外，违约方不得以合同已变更为由不承担违约责任。

二、合同的转让

（一）合同转让的概念

合同依法成立后，订立合同的一方经另一方同意，可以将合同的权利、义务部分或全部转让给第三人，具体地说，就是协议中一方当事人由于某种原因退出原来的经济法律关系，在征得协议当事人同意并在不变更协议内容、条款的情况下，可将原协议规定的权利、义务转让给第三者。有些特殊协议的转让还必须经过有关部门的同意。如涉及国家指令性计划的产品转让协议，除了要事先征得原当事人的同意，还要取得下达计划的业务主管部门的同意，否则，转让无效。此外，协议的转让还必须符合法律要求，不得违背国家的有关法律法规、政策，不得侵犯国家的公共利益，在转让前还要审查第三者权利能力和行为能力及经营范围。

（二）合同转让的法律特征

1. 转让前的合同内容与转让后的合同内容是一致的

合同转让只是改变履行合同权利和义务的主体，并不改变原合同的权利和义务，转让后的权利人或义务人所享有的权利或义务仍是原合同约定的。因此，转让合同并不引起合同内容的变更，其内容应与原合同内容一致。

2. 合同转让后形成新的合同关系人

合同转让只是改变了原合同权利义务的履行主体，其直接结果是原合同关系的当事人之间的权利义务消失，取而代之的是转让后的新的权利义务关系人。自转让成立起，第三人代替原合同关系的一方或加入原合同成为原合同的权利义务主体，形成新的合同关系人。

3. 合同转让改变了债权债务关系

合同转让会涉及原合同当事人之间的债权债务和转让人与受让人之间的债权债务关系。尽管合同转让是在转让人与受让人之间完成，但是合同转让必然涉及原合同当事人的利益，所以合同义务的转让应征得债权人的同意，合同权利的转让应通知原合同债务人。合同转让后，因转让合同纠纷提起的诉讼，债权人、债务人、出让人可列为第三人参与诉讼活动。

（三）合同转让的要件

1. 必须有合法有效的合同关系存在

合同的转让是以合同的有效存在为基本前提的。在合同不存在、无效或者已经被解除等情况下所发生的转让行为是无效的。当然，对于可撤销的合同在特殊情况下是可以转让的。例如，可撤销合同在被撤销前，如果撤销权利人为让与人，即表明其已经放弃撤销权，此时合同的转让应当有效。

2. 必须在让与人与受让人之间达成协议

合同的转让必须由让与人与受让人达成合意才能完成，该协议应当符合民事法律行为的有效要件，否则，该转让行为属无效或可撤销的行为。

3. 必须符合法律规定的程序且不违背社会公共利益

由于合同转让涉及原合同当事人的利益，因而法律要求在转让合同时，应当取得原合同债权人的同意或及时通知债务人；如果不符合法律规定的这些要求，合同转让是无效的。对于法律规定应由国家批准的合同，转让合同应经原批准机关批准，否则转让行为也是无效的。另外，如果违反社会公共利益，也应当被宣布无效，有过错的当事人应当承担相应的法律责任。

（四）合同转让的类型

1. 根据合同转让的范围不同划分

①合同的全部转让，是指当事人一方将其合同权利、合同义务或者合同权利义务全部转让给第三人。

②合同部分转让，是指当事人一方将其合同权利、合同义务或者合同的权利义务部分转让给第三人。

2. 根据合同转让的内容不同划分

①合同权利的转让，又称合同债权让与，是指当事人一方将其合同权利全部或者部分转让给第三人。

②合同义务的转让，又称合同债务承担，是指当事人一方将其合同义务全部或者部分转移给第三人。

③合同权利义务的一并转让，又称合同权利义务的概括转让，是指当事人一方将其合同权利义务一并全部转让给第三人。

（五）合同转让的程序

对以批准、登记为生效条件的合同而言，合同转让的程序为：通知以及办理批准、登记手续。在转让权利时，即主体发生变更时，也必须办理相应手续转让才能生效。

三、合同解除

（一）合同解除的概念

合同解除是指合同有效成立后，基于当事人的合意，或者法定及约定的解除条件发生时，以一方当事人的意思，提前终止合同。合同解除的制度价值在于，在合同生效之后，当出现合同的履行不可能或者不必要的情形时，如果让合同继续发生法律效力，有可能会损害当事人的利益，并且会造成社会资源的极大浪费，因此允许通过合同解除制度终止合同。

（二）合同解除的前提

合同解除适用于有效成立的合同。对于无效合同，因其自始便不具有履行效力，不能也无须适用解除的规则。比如，买卖走私物品的合同，它本身就是无效的，不需要双方协商一致解除，也不存在一方通知另一方解除的问题。可撤销的合同在被撤销之前是产生履行效力的合同。对可撤销的合同，一般是请求人民法院或者仲裁机关予以撤销和变更，但这并不排除对可撤销的合同进行解除的可能性。比如，在当事人放弃撤销权的情况下，当事人还可以协商解除合同，或者在符合条件的情况下，一方通知另一方解除合同。

（三）合同的解除行为

合同解除不是自动解除，必须有当事人的解除行为。这种解除行为表现为双方协商一致或者在双方协商一致的基础上一方行使约定的解除权，以及一方依据法定条件通知对方解除。当事人一方行使法定或者约定解除权而解除合同且对方有异议的，可以请求人民法院或者仲裁机关确认解除合同的效力。法律规定或者当事人约定解除权行使期限，期限届满当事人不行使的，该权利消灭。法律没有规定或者当事人没有约定解除权行使期限，经对方催告后在合理期限内不行使的，该权利消灭。法律、行政法规规定解除合同应当办理批准、登记等手续的，依照其规定办理。

（四）合同解除的要件

1. 因不可抗力致使不能实现合同目的

不可抗力是指不能预见、不能避免并不能克服的客观情况。不可抗力的情形一般包括以下几方面：①自然灾害，这是典型的不可抗力，如洪水、地震、台风等；②政府行为，当事人订立合同后，因政府发布的法律和行政法规而导致合同客观上不能履行；③社会突发事件，如战争、疫情等社会事件的突然发生，使原定的合同不能履行。

2. 在履行期限届满之前，当事人一方明确表示或者以自己的行为表明不履行主要债务

先期拒绝履行，指的是在合同履行期限届满之前，当事人拒绝履行合同主要债务。先期拒绝履行有两种表现形态：一是在履行期限届满之前，一方明确表示不履行；二是一方以自己的行为表明不履行。

3. 当事人一方延迟履行主要债务，经催告后在合理期限内仍未履行

迟延履行是指债务人在履行期届满后仍未履行债务。尽管当事人迟延履行主要债务，但如果当事人继续履行仍能实现合同目的，或者债权人的履行利益仍然能够实现的，此时债权人不能径直通知债务人解除合同，而应催告债务人履行合同义务。经催告后，债务人在合理的时间内仍未履行，此时债权人获得单方解除权，可以通知债务人解除合同。催告是债权人向债务人发出的请求履行的通知。合理的期限是指给予债务人的必要的履行准备时间。合理期限的长短应当根据合同的具体情况确定。

4. 当事人一方迟延履行债务或者有其他违约行为致使不能实现合同目的

如果债务人迟延履行债务或者有其他违法行为，致使不能实现合同目的，就已经构成了根本违约，债权人可以无催告即刻解除合同。该类型的合同解除权主要针对定期行为，这主要是因为对于定期行为而言，履行期限至关重要，只要发生履行迟延将直接导致合同目的不达。

其他违约是指迟延履行以外的违约行为，如质量不合格等。若因质量不合格构成重大违约（不能实现合同目的），被违约一方也有权不经催告而直接通知违约人解除合同。

5. 法律规定的其他情形

所谓“法律规定的其他情形”，既包括《民法典》规定的其他产生法定解除的情形，也包括其他法律规定的产生法定解除权的情形。《民法典》规定的其他产生法定解除权的情形有很多，主要表现为《民法典》合同编第二分编“典型合同”中的特别法定解除权。

（五）合同解除的类型

1. 根据合同解除是否依当事人单方的意思划分

根据合同解除是否依当事人单方的意思，可将合同解除分为协议解除与单方解除。

①协议解除。协议解除，也称合意解除，是指双方当事人通过协商而合意解除合同的行为。《民法典》第五百六十二条第一款规定：“当事人协商一致，可以解除合同。”

②单方解除。单方解除是指解除权人行使解除权从而解除合同的行为。《民法典》第五百六十二条第二款规定：“当事人可以约定一方解除合同的事由。解除合同的事由发生时，解除权人可以解除合同。”本书所涉合同解除均为单方解除。

2. 根据解除权产生原因的不同划分

根据解除权产生原因的不同，单方解除可分为法定解除与约定解除。

①法定解除，是指合同解除的条件由法律直接规定，当符合该条件时，当事人一方享有法定解除权，通过行使法定解除权单方解除合同。法定解除又可分为一般法定解除与特别法定解除，前者是指适用于所有合同类型的法定解除，后者是指仅适用于特定合同类型的法定解除。

②约定解除。约定解除是指当事人以合同的形式，约定为一方或者双方保留解除权的单方解除。

四、合同的终止

合同是基于一定的法律事实而发生的，也应基于一定的法律事实而终止。合同的终止是指按照合同所规定的当事人之间的权利和义务在客观上已不存在而发生的终止。合同的终止有以下几种情况。

1. 合同因履行而终止

合同因履行而终止是正常的终止，即当事人双方按合同履行全部义务后，合同即告终止。如甲乙双方的购销合同，甲方按期、按质、按量交付了货物，乙方按照合同的规定付款。双方行使、履行了合同规定的权利和义务，合同即告结束。

2. 合同因双方协议而终止

合同因双方协议而终止是指当事人双方在履行前或履行过程中，由于某些原因不能继续履行合同（如违背了社会公共利益等），经过双方当事人互相一致同意终止合同，并做出终止合同的书面文件。

3. 强制性的终止

由于当事人一方因对方不履行合同，提请仲裁机构仲裁或法院审理而裁决或判决使合同强制终止，这种就是强制性的终止。需要提出的是，合同终止与合同解除不是一个概念，即合同终止不等于合同的解除。如合同已履行完毕并不是解除合同，而合同的解除就意味着合同的终止。

五、合同纠纷的处理

1. 合同纠纷的处理方法

合同纠纷是指当事人不履行或不完全履行合同而发生的权益纠纷。在合同的实际履行中，发生矛盾、纠纷是不可避免的事，这不仅关系到合同当事人双方切身经济利益，也关系到合同能否继续执行。解决合同纠纷的处理方法有协商、调解、仲裁和诉讼四种。

（1）协商

协商是指合同当事人双方共同商量以便取得一致意见，达成和解协议，从而解决争议的一种方法。协商也称和解。协商解决争议可在协商的地点、时间和方法上体现出灵活性。例如，允诺在下次交货中，在货物的数量和价格上给予优惠，以弥补这次交货的损失，彼此做出让步。通过协商解决争议，能使双方当事人消除误解，保持与稳定双方的相互信任和合作。事实上，涉外商务合同的争议大都通过协商途径解决。

（2）调解

所谓调解，是指在第三者主持下，在查明事实、分清是非的基础上，用说服的办法，使双方当事人经过协商达成调解协议，从而解决纠纷的一种方法。用调解来解决合同纠纷已被各国仲裁机构所重视，成为一种有效的解决纠纷的途径。

（3）仲裁

仲裁是指合同的当事人双方在履行合同时产生争议，在通过协商或调解不能解决的情况下，自愿将有关争议提交给双方同意的仲裁机关进行裁决，裁决的结果对双方都有约束力，必须依照执行。用仲裁方式解决争议，有利于保持双方的交易关系，并且手续和程序比较简便，可节省费用，时间也比较短。在商务合同中，仲裁条款就是双方事先就可能产生的争议所达成的仲裁协议。在仲裁条款中，必须规定仲裁地点、仲裁机构、仲裁程序和仲裁费用等问题。仲裁地点与仲裁所选用的仲裁规则直接相关。一般来说，规定在哪一国仲裁，往往就要采用该国的仲裁规则和程序。

就我国企业而言，在仲裁地点的选择上只有以下三种形式：①规定在中国国际贸易促进委员会对外经济贸易仲裁委员会仲裁；②规定在被告所在国家进行仲裁；③规定在第三国进行仲裁。在上述三种形式中，选择在我国仲裁对我方是最有利的，但外方不一定同意。需要注意的是，规定在第三国仲裁时，应选择对我国比较友好，我方对其仲裁规则与程序又比较了解的国家。

（4）诉讼

在商务活动中，合同的双方当事人在发生纠纷以后，通过协商或调解不能解决，其中一方向有管辖权的法院起诉，要求通过经济司法程序来解决双方之间的争议，就称为诉讼。诉讼必须通过严格的司法程序，虽然耗时较长，但它能强制性地解决争议，使问题得到最终解决。不过这样容易导致双方关系的彻底破裂，所以除非万不得已，一般都不选用诉讼的方式来解决争议。

2. 合同的法律适用

合同争议的解决涉及选择什么样的法律来调整的问题，即法律适用的问题。这会直接影响争议解决的结果，从而影响双方当事人的权益。我国的企业在订立国际商务合同时，在法律适用问题上应把握以下几点。

①合同的当事人可以选择处理合同争议的法律，它可以是中国的法律，也可以是外国的法律。但是，当事人的选择必须是经双方协商一致和明示的，并且必须与合同内容有实质的联系。

②在中国境内履行的中外合资经营企业合同、中外合作经营企业合同、中外合作勘探开发自然资源合同，必须适用中国法律，当事人协议选择外国的法律无效。

③在应适用的法律为外国法律时，如果该外国法律违反我国的法律和社会公共利益则不予适用，而应适用我国相应的法律。

④在适用我国法律的情况下，如果我国法律没有相应的规定，可以适用国际惯例。目前，国内在涉外商务合同方面已有一些标准格式或参考格式，企业在签订涉外商务合同时可以借鉴利用，但是，要注意根据交易的具体情况进行选择、调整和补充，不能简单地照搬照抄。

第四节 商务谈判合同的签订与履行

一、商务谈判合同签订工作

商务谈判的最终目的是达成协议，签订合同。所谓合同签订工作，主要是指文本的撰写、审核，以及合同签字人的确认等工作。签订合同是谈判的一个重要环节，也是双方谈判成果的见证。签订工作的好坏直接关系到整个商务谈判能否取得成功，是谈判活动的最终落脚点。

（一）合同文本的撰写

合同文本必须具备以下 10 项内容。

①合同当事人的名称或者姓名、国籍、主营业场所或者住所。

②合同签订的日期和地点。对合同签订的日期来说，涉及合同生效的问题，除我国有关法律、法规规定的应由国家批准的合同外，合同签订的日期就是合同发生效力的时间，即双方在合同上签字即告生效。合同签订的地点与法律的适用有关。当某一合同没有规定选择适用的法律时，一旦发生争议，一般适用于合同缔结地的法律。所以，作为我国的企

业来说，应尽力争取在境内签订合同。

③合同的类型、标的种类及范围。标的是指合同当事人双方权利和义务共同指向的对象，如技术贸易中的技术、货物买卖中的货物等。

④合同的标的技术条件，质量、数量和标准。合同中标的标准有许多种，如国际标准、国家标准等，某种标准随着科技与生产力的发展会不断发生变动。在引用时应明确以哪个国家的标准为准，并注明该标准的颁布时间和版本。

⑤合同履行的期限、地点和方式。履行期限是指合同双方当事人实现权利和履行义务的时间限制。地点和方式是指合同双方当事人在什么地点、以什么方式履行各自的义务和责任。

⑥价格条款、支付金额和方式。价格条款不仅涉及标的价格，而且涉及与标的运动有关的双方责任及风险的划分。支付方式则涉及能否安全、迅速、完整地实现合同双方当事人的经济利益。

⑦合同的转让、变更和解除。

⑧违反合同的赔偿和其他责任。

⑨合同发生争议时的解决方法与法律适用的问题。

⑩合同使用的文字及其效力。按照国际惯例，合同文字应当使用双方当事人的法定文字，并且两种文本都具有同等的法律效力，而当两种文字在解释上不一致时，应以当地一方或东道国语言为准。

要注意的是，有些合同还带有附件，是对合同中有关条款的进一步解释和规定。因此，附件也是合同不可分割的组成部分，与合同正文具有同等的法律效力。

还要特别提醒，在合同文本中应注意防止出现以下一些问题：协议中遗漏了某些条款；条文语义不清，可导致不同的解释；条件写得过于宽松、不严密，以致在达到要求方面有许多空子可钻；协议中有许多与协议内容无关的陈词滥调；协议中夹了许多参考性文件，而这些文件又未经事先审查；条款之间有相互抵触之处，而又没规定发生争议时应以哪一条为准。

（二）合同文本的审核

对合同文本的审核应从两个方面考虑，如果文本使用两种文字撰写，则要严格审核两种不同文字的一致性；如果使用同种文字，则要严格审核合同文本与协议条件的一致性。

注意核对各种批件，包括项目批文、许可证、用汇证明、订货卡等是否完备，以及合同内容与各种批件内容是否一致。这种签约前的审核工作相当重要，因为常常发生两种文本与所谈条件不一致。审查文本务必对照原稿，不要只凭记忆阅读审核。

同时，要注意合同文本不能太简约。啰嗦固然不好，但过于简约弊端更多。合同的简约往往会造成漏洞，有可能导致经济损失。

在审核中发现问题，应及时相互通告，并调整签约时间，使双方互相谅解，不致因此而造成误会。对于合同文本中的问题，一般指出即可解决，有的复杂问题须经过双方主谈人再谈判。对此，谈判者思想上要有准备，同时要注意礼貌和态度。

（三）签字人的确认

在商务谈判中，有时主谈人员不是合同的签字人，因此，应该注意确定合适的签字人。国际商务谈判中，合同一般应由企业法人签字，政府代表一般不签字。若合同一定需要由企业所在国政府承诺时，可与外贸合同同时拟一份“协议”或“协定书”“备忘录”，由双方政府代表签字，该文件为合同不可分割的一部分。国内商务谈判中如有涉及政府部门的担保或其他关系时，也可参照上述办法。

另外，国际商务谈判中，有些国家、地区的厂商习惯在签约前让签约人出示授权书。授权书由所属企业最高领导人签发。若签字人就是公司或企业的最高领导，可以不要授权书，但要以某种形式证实其身份。

总之，在合同签订之时最重要的是防止草率从事，因为谈判是一种人与人之间近距离的“交锋”，恰恰就是因为近距离、面对面，更容易忽视那些简单的圈套与陷阱。要知道，什么事情都可能在最后阶段发生，草率者必败！

（四）签约合同应注意的问题

合同签约的过程，一方面是用法律语言准确无误地记载双方当事人谈判达成协议的各项内容，另一方面是对谈判中尚有争议的部分做进一步的探讨和协商。在签订合同时应注意以下问题。

①双方当事人是否具有签约的资格，签订合同（协议）的主体是否明确和合法。必要时，要查验对方的合法资格，要注意资格的有效期限。

②双方确认事项拟成条款，是否与合同的目的相符，要核对合同数量、质量、价格、规格、交货时间、地点和交货方式、验收方式、支付款项方式、时间等。

③订立合同的条款符合有关法律规定和要求。双方应根据有关法规来确定合同的各项内容。对国家法律有专门规定的，还应按这些法律的规定确定合同的条款。

④确定的合同条款，其内容不得违反我国法律和社会共同利益。

⑤合同中的违约责任条款必须明确具体。要针对对方最易违约的问题，如资金到位的时间、数量，产品的外销，以及违约可能给我方造成损失的问题，进行有的放矢的约定，避免引起纠纷。

⑥对对方提出的免责条款要慎重研究，弄清其范围，才能表示是否同意。对己方不利的免责条款千万不能接受。

⑦仔细拟定使用法律条款和仲裁条款。通常当事人双方都希望适用本国法律或对己方有利的法律作为合同依据，这类条款是合同的主要条款，不能含糊不清。如在合同中出现“如有争议可提请中国对外贸易促进会调解或仲裁，也可由双方同意的国外仲裁机构进行仲裁”，这一模棱两可的条款，使人琢磨不透，发生争议是在中国仲裁还是在国外仲裁，这一条款没有明确具体的规定，形同虚设。一旦发生争议，任何人都难以判定。

⑧要注意明确签约地。在合同中明确签约地，当合同发生纠纷时，可以迅速确定管辖机关。缺少签约地，不利于迅速、准确、合法地解决合同纠纷，不利于确认谈判双方的权利义务，制裁违约行为。

⑨要注意中外文本的一致性。如两种文本含义不同或外方在外文文本中留有伏笔，或使用了一些含义不确切的词语，在发生争议时我方就有可能吃亏。更不能签订只有外文文本而没有中文文本的合同。

（五）签字仪式的安排

为了表示合同的不同分量和影响，合同的签字仪式也不同。一般合同的签订，只需主谈人与对方签字即可，在谈判地点或举行宴会的饭店都行，仪式可从简。重大合同的签订，由领导出面签字时，仪式比较隆重，要安排好签字仪式。仪式繁简取决于双方的态度，有时需专设签字桌，安排高级领导会见对方代表团成员，请新闻界人士参加等。国际商务谈判的签字活动，若有使领馆的代表参加，联系工作最好由外事部门经办。如果己方与有关使领馆熟悉，也可以直接联系，但也应向外事部门汇报请求指导。这样做既不存在失礼，又便于顺利地开展工作。

在签字前后的整个过程中，必须注意两点。①切忌一派吃亏上当的景象。我们必须明白，谈判是一种双赢的社会活动，双方互有盈亏，不能妄想非让对方走投无路才是我们的胜利。另外，“愿赌服输”是一切谈判的游戏规则，在对手面前一派输不起的景象，只会令人小觑和鄙视，为今后的谈判埋下失败的种子。②切忌一派得意忘形、沾沾自喜、玩人于股掌之上的景象。这样做会激起对方的疑心、猜忌和不满，容易节外生枝。

（六）谈判协议的签证和公证

1. 谈判合同的签证

商务谈判协议的签证是指国家有关合同管理机关根据双方当事人的申请，依据国家法律、法令和政策，对商务谈判协议的合法性、可行性和真实性进行审查、签订和证明的一项制度。商务谈判合同是一种法律文件，要保证其合法性、可行性和真实性，仅仅由合同双方当事人签字同意是不够的，还要得到国家有关部门的认可，经过国家管理部门的审查，原因有以下几点。

①签证是保证谈判协议合法有效的必要手段。谈判协议是由协议双方在自愿原则基础上互相协商取得一致意见后签订的。但是，签订的协议是否合法，能否在合法的前提下履行，这就需要通过签证和公证来审查、证明，包括审查协议内容是否符合国家的法律、法令、政策的要求，是否符合国家指导性计划的要求，谈判合同的主体是否具有合法身份，是否具有权力能力和行为能力，以及主体身份是否合格等。此外，双方合同的标的物是否是国家允许流通的商品，是否会危害国家利益和社会利益也是审查的主要方面。对谈判协议进行签证，审查双方当事人的法人资格及交易内容的合法性，可以有效地保证谈判的合法性、可行性，也为在协议的履行中出现矛盾和纠纷的调解与仲裁提供了可能性。

②实行签证是国家有关部门进行合同管理的有效措施。商务谈判协议的合法性与可行性不仅直接关系到谈判双方当事人的切身利益，还关系到社会利益。在我国，主要经济活动都是在国家的宏观调控指导下进行的，任何交易行为都要符合国家的法令、政策，要有良好的社会效益。因此，国家必须对合同的签订及履行实施监督管理，以保证交易活动的合法性和有效性。例如，签证机关有必要审查交易双方当事人有没有欺骗行为，代理人是

否超越了代理权限与对方签订合同，当事人的履行能力状况是否符合协议内容的要求等。

③实行签证有利于保证商务谈判双方有效地履行协议。履行商务谈判协议的唯一依据就是协议书。因此协议书是否合法，其条款是否完备，文字表达是否清楚、准确，双方当事人的权利、义务和责任是否明确，以及协议的签订是否符合法律程序等，都会直接影响协议的履行，影响协议双方的利益。有时仅仅一时的疏忽，就会带来难以弥补的损失。国家有关部门对合同实行签证是十分必要的。它能有效地保证商务谈判合同的履行，通过对合同内容的审查，明确合同中双方当事人的责任、义务，从而保护当事人的合法权益，有利于促进谈判协议的履行。因此，一般的商务谈判协议都应该实行签证和公证，包括国内和涉外商务谈判协议。

在我国，市场监督管理机关是商务谈判协议签证机关。商务谈判合同的签证应当由当事人双方到市场监督管理局办理。如果需要委托他人代办签证的，代理人必须持有委托证明。在申请签证时应当提供商务谈判合同正、副本，营业执照副本，签订商务谈判合同法定代表人和委托代理人资格证明，以及其他有关证明材料。

2. 商务谈判合同的公证

商务谈判合同的公证是指国家公证机关根据当事人的申请，依法对商务谈判合同进行审查，证明其真实性、合法性，并予以法律上的证据效力的一种司法监督制度。这是对合同实行法律监督，运用法律手段加以管理的一种方法。

实行合同的公证有如下好处，第一，可以更好地贯彻执行党和国家的方针、政策，支持和保护合法的经济活动，制止和打击违法的经济活动。第二，增强合同双方的法规观念，促使双方以严肃认真的态度对待合同的签订与履行。第三，及时发现与纠正可能影响合同履行的问题，做到防患于未然。第四，便于从法律上监督合同的履行，提高履约率。

商务谈判的签证与公证的作用基本相同，但是其监督的性质和作用范围略有差别。签证是由国家市场监督管理机关负责，是对协议进行行政监督。公证是由国家专门公证机关负责，是一种法律监督手段。因此，在合同执行中出现问题，市场监督管理机关有权采取措施加以妥善处理，如果发生纠纷，则要负责调解、仲裁，而公证机关不具有上述职责。

二、商务谈判合同的履行

（一）商务谈判合同履行的原则

商务谈判合同的履行是指合同当事人双方实现或完成合同中所规定的权利和义务关系的法律行为。履行商务谈判合同，要求当事人必须全面履行合同规定的义务。要实现这一点，必须贯彻实际，履行以下原则。

1. 实际履行原则

所谓实际履行原则，是指合同当事人必须严格按照合同规定的标的履行自己的义务，未经权利人同意，不得以其他标的代替履行或者以支付违约金和赔偿金来免除合同规定的义务。实际履行基本含义有两个方面：一是当事人应自觉按约定的标的履行，不得任意以其他标的代替约定标的，尤其不能简单地用货币代替合同规定的实物或行为；二是当事人一方不履行或不完全履行时，首先应承担按约履行的责任，不得以偿付违约金或赔偿损失来代替合同标的的履行，对方当事人有权要求其实际履行。如果允许合同债务人随意以支付违约金和赔偿损失来代替实际履行，合同的法律效力也就不存在了，商品交易的秩序也就难以维持。当然，采用实际履行原则也并非坚持一切合同都必须实际履行，双方经协商也可以变更或解除合同。债权人如并不要求必须实际履行，也可以用支付违约金和赔偿损失的方法免除债务人的合同义务。在贯彻实际履行原则时，应从实际出发，根据合同的性质和债权人的实际要求确定是否必须履行。

总之，合同签订后，必须按照合同规定的内容认真履行，除非出现不具备实际履行的情况，才允许不实际履行。不具备实际履行的情况有以下几种。

①以特定物为标的的协议，当特定物灭失时，实际履行协议的标的已不存在。

②由于债务人延迟履行标的，标的的交付对债权人已失去实际意义。如供方到期不交付原材料，需方为免于停工待料，已设法从其他地方取得原材料。此时，如再付货，对需方已无实际意义。

③法律或协议本身明确规定，不履行协议，只负赔偿责任。如货物运输原则一般均规定，货物在运输过程中灭失时，只由承运方负担赔偿损失的责任，不要求做实际履行。

2. 适当履行原则

所谓适当履行原则，就是要求合同当事人不仅要严格按合同的标的履行协议，而且对合同的其他条款，如质量、数量、期限、地点、付款等都要以适当的方式全面履行。凡是属于适当履行的内容，如果双方事先在合同中规定得不明确，一般可按常规做法来执行，但这是在不得已情况下采用的。严格来讲，适当履行原则本身就要求当事人在订立合同时尽可能做到具体明确，以便双方遵照执行。

实际上，贯彻实际履行原则和适当履行原则，就是要求双方当事人必须严格按照合同的条款去履行。

3. 全面履行原则

所谓全面履行原则，是指合同当事人按照合同规定的标的、数量、质量、规格、技术条件、价格条件以及履行的地点、时间和方式等全面完成所应承担的义务。履行合同、完成合同所规定的事项，这是合同当事人的义务。

4. 中止履行原则

所谓中止履行原则，是指当事人一方有另一方不能履行合同的确切证据时，可暂时中止履行合同，但应立即通知另一方。这说明，当事人采取暂时中止履行合同的前提是有另一方当事人不能履行合同的确切证据。例如，当事人接到另一方当事人不能履行合同的通知。依法采取暂时中止履行合同措施，目的是防止因不能履行合同而造成损失的扩大。采取这一措施后，当事人方负有立即通知另一方当事人的义务。中止履行合同措施是一种暂缓措施，如另一方当事人对履行合同提供了充分的保证，应当继续履行合同。如果另一方当事人确定不再履行合同，则要求其采取补救措施或赔偿损失。但当事人一方没有另一方不履行合同的确切证据中止履行合同的，应负违反合同的责任。

5. 情势变更原则

情势变更原则是指合同有效成立后，因不可归责于双方当事人的原因导致作为合同基础的客观事实发生根本性变化，若继续维持合同原有效力，将有悖于诚实信用和公平原则时，应允许变更合同内容或者解除合同的原则。合同中往往规定因不可抗力造成合同无法履行等情形的处理办法，就是基于这一原则的考虑。商务谈判各方不仅要在起草和签订合同时考虑这类问题，在合同履行阶段也要正确处理这类问题。《民法典》第五百三十三条规定："合同成立后，合同的基础条件发生了当事人在订立合同时无法预见的、不属于商业风险的重大变化，继续履行合同对于当事人一方明显不公平的，受不利影响的当事人可以与对方重新协商；在合理期限内协商不成的，当事人可以请求人民法院或者仲裁机构变更或者解除合同。人民法院或者仲裁机构应当结合案件的实际情况，根据公平原则变更或者解除合同。"

6. 诚实信用原则

诚实信用原则是指在经济活动中，参与交易的各方当事人所应严格遵守的一种最基本的行为准则和道德观念。它要求行为人本着真诚、真实、恪守信用的原则和精神，以善意的主观意识和行为方式正确行使自己的权利，履行自己的义务。《民法典》第五百零九条规定："当事人应当按照约定全面履行自己的义务。当事人应当遵循诚信原则，根据合同的性质、目的和交易习惯履行通知、协助、保密等义务。"

在合同履行过程中，双方当事人不仅要全面、实际地履行已经在合同中明确约定的己方义务，对于那些在合同中虽然未作约定，但是根据诚实信用原则要求应尽的协作义务，当事人也应该自觉地、善意地履行。这些协作义务包括以下几种。

①通知义务。合同履行过程中，出现或发生涉及一方利益的重大事项时，另一方负有告知或通知对方的义务。这种通知义务内容是广泛的，也是不固定的，因合同类型的不同会有所不同。

②协助义务。合同履行过程中，当事人一方在履行合同义务时，需要对方提供适当的协助或给予一定的方便条件的，对方应予配合。合同概念的本身就已经决定了合同双方互为协助义务的产生。这种协助义务同时要求合同的一方当事人不能故意履行其已知对合同对方不利的合同。

③保密义务。合同履行过程中，当事人一方通过合同关系可能会了解或已经实际了解对方的技术秘密、商业秘密等，在这种情况下，了解他人技术秘密、商业秘密的一方应负有为对方保密的义务。保密义务往往不因合同的终止、解除而终止或解除。

（二）商务谈判合同的担保

商务谈判合同的担保是保证合同切实履行的一种法律关系，担保是指在谈判时，一方或双方请保证人或以其他方式来保证其切实履行合同的一种形式。担保是由国家法律规定的或由双方当事人协商确定的。商务谈判协议的担保通常采用以下几种形式。

①违约金。违约金也称预定赔偿金。违约金是指为了防止合同的一方不能履行或不适当履行合同，给另一方造成损失，双方商定由一方当事人预先付给另一方当事人一定数额的货币，作为预定的赔偿。《民法典》第五百八十五条规定："当事人可以约定一方违约时

应当根据违约情况向对方支付一定数额的违约金，也可以约定因违约产生的损失赔偿额的计算方法。”违约金是商务谈判合同的主要担保形式，它的作用有以下两个方面：一是带有惩罚性质，起经济制裁作用；二是带有补偿性质，起补偿损失的作用。违约一方不履行协议时，不论是否给对方造成损失，都应给付违约金。违约金与赔偿金有所区别，赔偿金是指给对方造成损失后支付的补偿金。

②定金。定金是指合同的一方当事人为了证明和肯定自己有订立和履行合同的诚意，预先向另一方支付一定数额的货币。《民法典》第五百八十六条规定：“当事人可以约定一方向对方给付定金作为债权的担保。定金合同自实际交付定金时成立。”

定金与预付款不同。定金的主要作用一是证明合同的成立，二是保证合同的履行。而预付款却没有这样的作用，给付预付款的一方不履行合同时，在承担由此造成的经济责任后，有权请求返还预付款或抵作赔偿金、违约金；当接受预付款的一方不履行合同时，在承担经济责任后，应如数返还预付款，但无须双倍返还。

③留置权。留置权是指如果合同一方当事人未履行合同规定的义务，另一方有权扣压其财物，并经法定程序可将其变卖，以清偿债务。留置权的效力主要体现为留置权人的占有权和优先受偿权。留置权人的占有权须受一定限制，即除了保管上的必要或经债务人同意外不得使用留置物，未经债务人同意不得将留置物出租或抵押。债权人就留置物优先交偿后，如留置物的价值超过应交偿范围，债权人应将剩余部分的价款返还给债务人。留置物的价值不足以清偿时，债权人可请求补足。留置权人只能从留置财产中优先交偿根据本合同应得的款项，对于其他债务，不得利用本合同的财物行使留置权。

④抵押。抵押是指合同的一方当事人为了促使对方履行合同，要求对方提供不动产作为履约的保证，一旦其违约，有抵押权的一方即可将抵押物依法变卖，以清偿债务。提供抵押的一方当事人或第三人称抵押人，接受抵押财产的当事人称抵押权人。抵押人不履行合同，抵押权人有权依法变卖抵押物，从所得价款中优先得到清偿。需要注意的是，作为抵押物的财产必须是合法的、为其所有的。

⑤银行担保。银行担保是指银行以其信用给合同的一方当事人提供履约保证，一旦该方违约，就由银行连带承担赔偿损失的责任。由于在一般情况下银行的信用是比较坚实可靠的，因此银行担保是一种最常用的、最有力的担保形式。当然，在约定采用银行担保形式时，必须审查担保银行本身的资信情况。

⑥企业担保。企业担保是指由一家企业给另一家企业提供履约担保。与银行担保一样，如果被担保的企业没有履约，担保的企业将要承担连带赔偿损失的责任。由于企业的信用一般要比银行低，因此，合同的另一方必须认真审查担保的企业是否具有足够的资信能力作保。

思考题

1. 什么是合同？合同具有哪些特征？
2. 什么是法人？法人应具备什么条件？
3. 试述要约与承诺的含义与构成条件。
4. 合同的主要条款有哪些？
5. 试述合同的变更、转让、解除和终止。
6. 签订合同时应注意哪些问题？
7. 商务谈判合同履行有哪些原则？
8. 商务谈判合同的担保有哪几种形式？

案例分析

第九章　商务谈判语言

学习目标与重点

1. 商务谈判语言的类型和运用原则；
2. 语言艺术在谈判中的作用；
3. 谈判有声语言运用的艺术；
4. 谈判无声语言运用的艺术。

案例导入

第一节　商务谈判语言概述

一、语言的含义与类型

（一）语言的含义

语言是指人类所特有的用来表达意思、交流思想的工具，是一种特殊的社会现象，由语音、词汇和语法构成一定的系统。商务谈判的过程实质上就是谈判者运用语言表达自己的立场、观点的过程，是通过语言与对方磋商，从而协调双方的目标和利益，以保证谈判成功的过程。在商务谈判中，同样一个问题，如果谈判者能恰当地运用语言技巧，那么可以使谈判富有兴趣，有利于双方合作；如果谈判者不善于运用语言技巧，那么可能会让对方觉得己方陈词滥调，甚至产生反感情绪，导致谈判破裂。因此，谈判结果的达成需要谈判人员综合运用口头语言、肢体语言、副语言等方面的各种沟通技巧。在谈判中，如何把思维的结果用语言准确地表现出来，则反映了一个谈判者的语言能力。可以说，成功的商务谈判都是谈判双方出色地运用语言技巧的结果。因此，在商务谈判中如何恰当地运用语言技巧谋求谈判的成功是谈判者必须考虑的主要问题。

（二）商务谈判语言的类型

商务谈判的语言多种多样，从不同的角度或依照不同的标准，可以分成不同的类型。每种类型的语言都有其运用的条件，在商务谈判中必须择机而定。

1. 按语言表达方式分类

依据语言的表达方式不同，商务谈判语言可以分为有声语言、无声语言和副语言。

①有声语言，是指通过人的发音器官来表达的语言，一般理解为口头语言。这种语言是借人的听觉器官传递信息、交流思想。

②无声语言，又称为行为语言或体态语言，是指通过人的形体、姿态等非发音器官来表达的语言。一般理解为身体语言。这种语言是借人的视觉器官传递信息、表达态度、交流思想等。

③副语言（辅助语言），是指不以人工创制的语言符号，而以其他感官，如视觉、听觉、嗅觉、味觉、触觉等的感知为信息载体的符号系统。

在商务谈判中巧妙地运用这三种语言，可以产生相辅相成、珠联璧合的绝妙效果。

2. 按语言表达特征分类

依据语言的表达特征，商务谈判语言可分为专业语言、法律语言、外交语言、文学语言和军事语言。

①专业语言。专业语言是指在商务谈判过程中使用的与业务内容有关的一些专用或专门术语。谈判业务不同，专业语言也有所不同。例如，在国际商务谈判中，有到岸价、离岸价等专业用语；在产品购销谈判中有供求市场价格、质量、包装、装运、保险等专业用语。在工程建筑谈判中有造价、工期、开工、竣工、交付使用等专业用语。这些专业语言的特征是简练、明确、专一。

②法律语言。法律语言是指商务谈判业务所涉及的有关法律规定的用语。商务谈判业务内容不同，运用的法律语言也不同。每种法律语言及其术语都有特定的内涵，不能随意解释和使用。通过法律语言的运用可以明确谈判双方各自的权利与义务、权限与责任等，如知识产权、工业产权、技术转让等都专属法律语言。

③外交语言。外交语言是指一种具有模糊性、缓冲性和圆滑性等特征的弹性语言。谈判者在商务谈判中使用外交语言既可以满足对方自尊的需要，又可以避免己方失礼；既可以说明问题，还能为谈判决策进退留有余地。例如，在商务谈判中常说的“互惠互利”“可以考虑”“深表遗憾”“有待研究”“双赢”等语言，都属外交语言。外交语言要运用得当，否则，容易让对方感到缺乏诚意。

④文学语言。具有明显的文学特征的语言属于文学语言。这种语言的特征是生动、活泼、优雅、诙谐，富于想象，有情调，涉及范围广。谈判者在商务谈判中运用文学语言既可以生动明快地说明问题，还可以调节谈判过程中的紧张气氛。例如，“精诚所至，金石为开”“海内存知己，天涯若比邻”“一言既出，驷马难追”等，都是谈判中常用的文学语言。

⑤军事语言。带有命令性特征的用语属于军事语言。这种语言的特征是干脆、利落、

简洁、坚定、自信、铿锵有力。在商务谈判中，适时运用军事语言可以起到提高信心、稳定情绪、稳住阵脚、加速谈判进程的作用。例如，“价格底线”“声东击西”“集中突破”“兵不厌诈”“顺手牵羊”“以攻为守，以退为进”等都是常用的军事语言。

3. 按谈判的态势分类

依据谈判的态势分类，商务谈判语言可以分为强硬性的谈判语言、软弱性的谈判语言和原则性的谈判语言。

①强硬性的谈判语言。强硬的谈判者把任何商讨都看成是一场意志力的较量，认为在这种较量中，立场越强硬，最后得到的会越多。强硬的谈判者多数会凭借着其实力地位、优势而采取行动，取胜心强。他们在谈判中使用的语言是非常粗暴和充满挑战性的，缺乏商量的语气，很不客气，最易伤人感情。他们在谈判中只想着竞争，没想到合作，因而往往争论不休，容易导致不欢而散。具有这些特点的谈判语言就是强硬的谈判语言。

②软弱性的谈判语言。软弱的谈判者在谈判中使用的语言往往是非常谦逊、非常客气的。他们非常注意对方的反应、注重对方的意见，任何事情都与对方有商量，绝不强加于对方，希望避免冲突，随时准备达成妥协而让步，希望圆满地达成协议。因此，他们往往克制感情，委曲求全，十分注重双边关系的建立。具有这些特点的谈判语言就是软弱性的谈判语言。

③原则性的谈判语言。讲原则的谈判者，既不一味妥协迁就，也不盛气凌人，而是坚持原则，寻求谈判双方各得其所的良好方案，体现公平合理的原则。讲原则的谈判者采用的谈判作风是属于合作型的，在谈判中坚持客观的标准，对人使用温和、协商、友好的语言，把重点放在利益的公平标准上。他们对待基本原则的磋商、争论使用的语言则是严肃的、准确的、明朗的，尽管语句平和，但柔中有刚，希望经过双方的努力，最后达成一个符合客观标准和双方共同意向的、圆满的协议。具有这些特点的谈判语言就是原则性的谈判语言。

二、商务谈判语言运用的原则

在商务谈判中，语言使用得当会提升己方的威信，促进协议的达成；反之，则会使对方产生疑惑、反感，成为谈判的障碍。谈判者在谈判中运用语言时应遵循以下原则。

1. 客观性原则

客观性原则要求谈判者在商务谈判中运用语言艺术表达思想、传递信息时，必须以客观事实为依据，并且运用恰当的语言为对方提供令其信服的证据。这一原则是其他原则的基础。离开了这一客观性原则，无论谈判者是一个有多高水平的语言艺术家，他所讲的也只能是谎言，商务谈判也就失去了存在和进行的意义。

①卖方语言的客观性。作为产品销售方不可避免地要对产品的情况做介绍，这时销售方要遵循客观性原则，对自己产品的性能、规格、质量等做客观介绍，为了使对方相信，必要时还可进行现场试用或演示。相反，销售方如果采取蒙混过关的做法，这次谈判也许过得了“关”，得到了暂时的利益，但可能使自己的信誉下降，长远的利益受到损失。

②买方语言的客观性。作为买方也要实事求是地评价对方产品的性能、质量等，讨论价格问题时，压价要有充分根据。

如果双方都能这样遵循客观性原则，都能让对方感到自己富有诚意，就可以使谈判顺利进行下去，并为以后长期合作打下良好的基础。

谈判语言具有客观性才能使双方自然而然地产生以诚相待的印象，从而促使双方立场、观点相互接近，为取得谈判成功奠定良好的基础。

2. 针对性原则

谈判语言的针对性是指语言运用要有的放矢、对症下药。谈判者要取得谈判的成功，就必须使谈判语言具有针对性，在谈判的时候，根据不同的谈判对象、谈判话题、谈判目的、谈判阶段应使用不同的谈判语言。谈判者要使谈判语言具有针对性，要做到以下几点。

①根据不同的谈判对象采取不同的谈判语言。不同的谈判对象在性别、年龄、文化程度、职业、性格、兴趣爱好等方面会有所不同，谈判者在与之谈判时所运用的语言必须体现这些不同。从谈判语言技巧的角度来看，谈判者对这些不同剖析得越细，谈判的效果往往越好。

②根据不同的谈判话题运用不同的语言。例如，索赔谈判中的谈判语言相对要强硬一些，而涉及交货时间、地点等问题的商谈可以用比较平和的语言。

③根据不同的谈判目的采用不同的谈判语言。例如，谈判的目的是双赢还是己方单赢，目的不同所运用的语言自然就不同。

④根据不同的谈判阶段采用不同的谈判语言。例如，谈判者在开局阶段，以文学语言、外交语言为主，有利于联络感情，创造良好的谈判氛围；在报价和磋商阶段，可以多用专业语言、法律语言，并适当穿插文学、军事语言，做到柔中带刚，有利于取得良好的效果；在成交阶段，可以以军事语言为主，附带法律语言，以定乾坤。

3. 逻辑性原则

逻辑性原则要求谈判者在商务谈判过程中运用语言艺术要概念明确、判断恰当、证据确凿，推理符合逻辑规律，具有较强的说服力。

要想提高谈判语言的逻辑性，既要求谈判人员具备一定的逻辑知识，包括形式逻辑和辩证逻辑；又要求在谈判前做好充分准备，详细分析相关资料，并加以认真整理，然后在谈判席上以富有逻辑的语言表达出来，为对方所认识和理解。

在商务谈判中，逻辑性原则反映在问题的陈述、提问、回答、辩论、说服等方面。谈判者陈述问题时，要注意术语概念的同一性，问题或事件及其前因后果的衔接性、全面性、本质性和具体性。提问时要注意察言观色、有的放矢，要注意和谈判议题紧密结合。回答要切题，除特殊策略的使用外，一般不要答非所问。说服对方时要使语言、声调、表情等恰如其分地反映人的逻辑思维过程。此外，谈判人员还要善于利用对手在语言逻辑上的混乱和漏洞，及时驳击对手，增加自己语言的说服力。

4. 准确性原则

准确性原则是谈判语言的独特标志。这一原则要求谈判人员通过谈判来说服对方理解并接受己方的观点，最终使双方在需要和利益方面得到协调和满足。因为这是关系到个人和集体利益的重要活动，语言表述上的准确性就显得更加重要。谈判者必须准确地把己方的立场、观点、要求传达给对方，帮助对方明确己方的态度。如果谈判者传递的信息不准确，对方不能正确理解己方的立场和观点，那么势必会影响谈判双方的沟通和交流，容易导致谈判朝着不利的方向发展，谈判者的需要便不能得到满足。如果谈判者向对方传递了错误的信息，而双方又将错就错地达成了协议，那么就可能使一方或者双方遭受重大的利益损失。为了避免商务谈判过程中产生误会和不必要的纠纷，谈判者必须准确地表达谈判的内容。例如，价格、利率、交货时间与验收时间等内容事关利益得失，应该使用具体、准确的语言表述出来，杜绝语言含糊、笼统，否则失之毫厘，差之千里，可能会损失惨重。

5. 灵活性原则

谈判语言的灵活性原则要求谈判人员在运用语言时要根据特定的环境与条件，委婉而含蓄地表达思想、传递信息。虽然我们强调谈判语言的客观性、针对性、逻辑性和说服力，但并不是说在任何情况下都必须直而不弯、露而不遮。相反，谈判者在谈判中要根据不同的条件，掌握和灵活运用“曲曲折折”“隐隐约约”的语言表达，以起到良好的甚至是意想不到的效果。灵活性原则要求除了表现在口头表达语言中外，还直接表现在无声语言中，即无声的行为本身就隐含着某种感情和信息。

6. 规范性原则

谈判语言的规范性原则是指谈判过程中谈判者的语言表述要文明、清晰、严谨、精确。首先，谈判语言必须坚持文明礼貌的原则，必须符合商界的特点和职业道德要求。无论出现任何情况，谈判者都不能使用粗鲁、污秽或攻击辱骂的语言。其次，谈判所用语言必须清晰易懂。谈判者语言应当标准化，不能用地方方言或黑话、俗语之类与人交谈。再次，谈判语言应当注意抑扬顿挫、轻重缓急。最后，谈判语言应当准确、严谨。特别是在讨价还价等关键时刻，谈判者更要注意一言一语的准确性。在谈判过程中，由于一言不慎，导致谈判走向歧途，甚至导致谈判失败的事例屡见不鲜。因此，谈判者必须认真思索，谨慎发言，用严谨、精确、恰当的语言表述己方的观点、意见，如此才能通过商务谈判维护或取得己方的经济利益。

三、语言艺术在商务谈判中的作用

美国企业管理学家哈里·西蒙曾经说过：“成功的人都是一位出色的语言表达者。”成功的商务谈判都是谈判各方出色运用语言艺术的结果。无论有声还是无声语言，在商务谈判沟通中都起着十分重要的作用。

1. 语言艺术是商务谈判中表达观点的有效工具

在整个商务谈判过程中，谈判人员要把自己的判断、推理、论证的思维成果准确地表达出来，必须出色地运用语言艺术。同样的观点，经过不同的语言表达，达到的效果可能不一样。比如，在谈判中，谈判者如果通过行为语言表现出己方的急躁，对达成协议表现得很急迫，那么，对方就可能利用己方的弱点；如果谈判者在谈判场上表现得不急不躁，根据比较各方面的条件来决策，那么，我方在谈判中就会处于比较主动的地位，达成有利于己方的协议。

2. 语言艺术是商务谈判成功的必要条件

在商务谈判过程中，谈判者恰当地运用语言艺术来表达一个问题或一段话，可以使对方听起来有兴趣，并乐意听下去；否则，对方会觉得是陈词滥调，产生反感，进而抵触，甚至导致谈判破裂。许多谈判的实战经验告诉我们：面对冷漠的或不合作的强硬对手，通过恰当的语言艺术处理，能使其转变态度。这无疑使商务谈判向成功迈出了关键的一步。因此，成功的商务谈判有赖于成功的语言艺术。

3. 语言艺术是实施谈判策略的主要途径

谈判策略的实施，必须讲求语言艺术。在商务谈判过程中，许多策略都需要比较高超的语言技巧与艺术。例如软硬兼施策略中，扮演"白脸"的谈判人员，既要态度强硬、寸步不让，又要以理服人；既要"凶狠"，又要言出有据，保持良好的形象。在谈判中，态度强硬不等于蛮横无理，平和的语气、稳重的语调、得体的无声语言，往往比蛮横无理更具有力量。

4. 语言艺术是处理谈判双方人际关系的关键环节

一场成功的谈判有三个价值评判标准，即目标实现标准、成本优化标准和人际关系标准。在商务谈判中，除了争取实现己方的预定目标，努力降低谈判成本外，谈判者还应该建立和维护双方的友好合作关系。在商务谈判中，双方人际关系的变化，主要通过语言交流来体现。谈判各方的语言，都为表达己方的意愿和要求。如果用语言表达的意愿和要求与双方的实际努力相一致，就可以使双方维持并发展某种良好的关系；反之，可能导致冲突或矛盾，严重时可能导致双方关系破裂，进而使谈判出现败局。谈判者具有较高水平的语言艺术，即使是反驳、说服、否决对方的话，也可以使对方听得入耳。如果语言运用不当，即使是赞同、认可、肯定、支持对方的话，也可能使对方反感。因此，谈判者能否既表达清楚自己的意见，又较好地保持双方的良好人际关系，取决于语言艺术。语言艺术决定了谈判双方关系的建立、巩固、发展、改善和调整，从而决定了双方对待谈判的态度。

四、影响商务谈判语言运用的因素

各类谈判语言在谈判沟通过程中具有不同的作用，因此，合理、有效地运用谈判语言是谈判语言沟通中的重要问题。合理地运用谈判语言就是有效地组合各种谈判语言，使谈判语言系统的功能达到最大化。谈判语言运用是以对谈判语言运用的影响因素分析为前提的。影响谈判语言运用的因素主要有以下几个方面。

1. 谈判内容

不同的谈判内容，即谈判过程中不同的谈判议题，对谈判语言的要求差异较大。在谈判开局阶段的相互介绍中，双方通常使用交际语言和文学语言来交换信息，以交际语言的礼节性和文学语言的生动性及感染力渲染出良好的谈判开局氛围。在涉及价格及合同等谈判实质性议题时，谈判语言要起缓冲作用，辅以一些军事语言作为支持。在涉及谈判分歧时，双方多以交际语言、文学语言的运用为主，插入适当的商业与法律语言。运用交际语言和文学语言是为了缓和谈判气氛，以交际语言的缓冲性和文学语言的优雅、诙谐性缓解双方的心理压力，降低对立程度，再适时地运用商业、法律语言以明确阐述己方的观点、立场和条件。在分歧面前，军事语言应谨慎运用，适当地以有节制的军事语言对付对方的出言不逊、傲慢无礼也是有必要的。

2. 谈判对手

谈判对手对谈判语言运用的影响，与谈判对手的心理与行为状态以及谈判对手对己方所用语言的反应有关，即谈判对手的心理与行为状态、谈判对手对己方所用语言的反应是确定谈判语言运用的依据。因此，分析谈判对手对谈判语言运用的影响，谈判者需要考虑谈判对手的特征、谈判双方实力对比、与谈判对手关系这三个因素。

谈判对手特征是谈判对手具有的社会的、文化的、心理的与个性的特点，如社会角色、价值取向、性格、态度、性别、年龄等。谈判者的特征是形成并引起谈判者心理与行为状态变化的主要因素，这就要求谈判者必须依据对手特征做出语言选择。

在谈判中，双方的实力对比既影响双方在特定谈判氛围中呈现出的行为与心理状态，也制约着一方对另一方所用语言的反应。当双方实力相当时，谈判一方对所用语言的反应对另一方谈判语言的选择影响较小，因而，谈判双方语言选择与组合的空间都比较大。当双方实力对比存在差距时，实力弱的一方在谈判语言运用时必须考虑对手可能会做出的反应，从而使语言选择的自由度受到限制。

与谈判对手的关系对谈判语言选择与运用的影响表现在：当谈判双方之间存在着良好关系时，谈判进行过程中双方对语言的选择都有较大的自由度，一般可以选择文学语言和商业语言、法律语言为语言主体，以进一步巩固双方已建立的良好关系；当谈判双方过去没有发生过关系，是第一次接触时，语言的选择则通常有一定的程序，即随着谈判过程的推移而发生相应的语言转换。

3. 谈判进程

商务谈判从正式开局到达成协议，要经过相互磋商、讨价还价，最终形成观点一致的协议这样一个过程。显然，在谈判过程的不同阶段，谈判的实质内容与所要达到的目标是不同的，因而，谈判者选择的借以传播信息的符号——语言，也就有差异。谈判过程的不同阶段，语言运用的差异一般体现在以下两方面。①在谈判开局阶段，以文学语言、交际语言为谈判语言的主体，旨在创造一个良好的谈判氛围。②在谈判进入磋商阶段后，谈判语言主体宜为商业与法律语言，穿插文学语言、军事语言。谈判磋商阶段涉及的是谈判的实质性问题，双方将就谈判议题、交易条件等进行辩论或磋商，因此，谈判基础语言应为商业与法律语言。但在阐述观点时，谈判者又可运用文学和军事语言，以求制造有利的谈判气氛。

在谈判终结阶段，谈判的中心议题是签订协议，因此，适宜运用军事语言表明己方立场和态度，并辅以商业和法律语言确定交易条件。

4. 谈判气氛

谈判的结果从本质上讲是没有输赢之分的。但是，谈判的各方都设法在谈判过程中争取优势，即从各自的角度去区别地接受谈判的条件，谈判过程就不可避免地会产生顺利、比较顺利与不顺利的现象，从而形成了不同的谈判气氛。谈判者应该把握各种谈判气氛，正确地运用谈判语言以争取谈判过程中的主动。例如，遇到在价格问题上争执不休时，谈判者可以考虑动用幽默语言或威胁、劝诱性的语言：在谈判的开始与结束时用礼节性的交际语言等。总之，随时地观察、分析谈判气氛，适时地以各种语言调节气氛会给谈判带来积极的影响。

5. 双方的关系

谈判的双方就关系来讲，如果是经常接触并已成功地进行过多次交易，那么双方不仅互相比较了解，而且在谈判中戒备、敌对心理比较少。这时除了一些必要的礼节性的交际语言外，谈判者应该以专业性的商业语言为主，配之以幽默诙谐的语言使相互间关系更加密切。对于初次接触或很少接触，或虽有过谈判但未成功的双方来讲，谈判者应该以礼节性的交际语言贯穿始终，以使对方感到可信，从而提高谈判兴趣，在谈判中间以专业性的商业和法律语言来明确双方的权利、义务关系，用留有余地的外交语言来维持与进一步地发展双方关系，使对方由不熟悉转变为熟悉进而向友好过渡。

6. 谈判时机

谈判中语言的运用很讲究时机。时机是否选择得当，直接影响语言的运用效果。如何把握好时机，这取决于谈判者的经验。就一般情况而言，当遇到出乎本方的意料，或者一下子“拿不准”而难以直接、具体、明确地予以回答的问题时，谈判者应选择采用留有余地的弹性语言；当遇到某个己方占有优势、而双方又争执相持不下的问题时，可以选择采用威胁、劝诱性的语言；当双方就某一问题争执激烈、有形成僵局或导致谈判破裂的可能时，不妨运用幽默诙谐性的语言；当涉及规定双方权利、责任、义务关系的问题时，则应选择专业性的语言。

总之，谈判者要审时度势，恰当地运用各种谈判语言来达到自己的谈判目的。

第二节　谈判有声语言运用的艺术

一、商务谈判中“听”的艺术

（一）听的含义与状态

1. 听的含义

倾听是人们交往活动中的一项重要内容。据专家调查，人在醒着的时候，至少有 1/3 的时间是花在听上，而在特定条件下，倾听所占据的时间会更多。谈判就是需要更多倾听的交际活动之一。“多听少说”是一个谈判者应具备的素质和修养。通过听，谈判者可以发掘材料，获得信息，了解对方的动机、意图并预测对方的行动意图。从某种意义上讲，“听”比“说”的重要性更大。

所谓“听”，不只是指听的动作本身，更重要的是指听的效果。听到、听清楚、听懂这三者的含义是不同的。听到是指外界的声音传入听者的耳朵里，被听者感觉到。听清楚是指外界的声音准确无误地被传入听者的耳朵，没有含糊不清的感觉。听懂是指听者能正确地理解所听到的内容。谈判中的有效倾听就是指要能够完整地、准确地、正确地、及时地理解对方讲话的内容和意义。

2. 听的状态

①积极的听。所谓积极的听，是指在重要的交谈中，听者会全神贯注，充分调动自己的知识、经验储备及感情等，使大脑处于紧张状态，以便在接收信号后立即进行识别、归类、解码、做出相应反应，如表示理解或疑惑、支持或反对、愉快或难过等。这种与说话者密切呼应的，听即为积极的听。积极的听既有对语言信息的反馈，也有对非语言信息，如表情、姿态等的反馈。

②消极的听。所谓消极的听，是指在一般的交谈中，听者处于比较松弛的状态中，即处于一种随意状态中接受信息。比如，人们平时在家庭中的闲谈、非正式场合的交谈等。消极的听往往不同时具有明显的姿势反馈和表情反馈。

（二）倾听的障碍

拉夫·尼可拉斯是位专门研究如何听的专家。经过多年的研究，他发现，即使是积极地听对方讲话，听者也只能记住不到 50%的讲话内容。一系列试验表明，听是存在听力障碍的。为了能够听得完全、听得清晰，就必须了解听力障碍。人们需要克服的听力障碍主要有以下方面。

1. 只注意听与己有关的讲话内容

进行谈判时，人的大脑处于高度紧张状态，很容易只考虑自己头脑中的问题，而不顾对方的全部讲话内容。从心理学的角度来看，人与人之间进行沟通和信息传递最密切的心理过程之一就是“注意”。

在谈判中，注意是指对信息的注意。人们总是自然或不自然地只对与自己有关系的事情才加以注意，或者是在对方开始讲话时还能十分注意听，过一会儿，注意力就转移到对自己有关的问题思维中去了，这就形成了听的一种障碍。

2. 精力分散造成的少听或漏听

商务谈判是十分耗费精力的，如果谈判日程安排得很紧张，而谈判人员得不到充分休息，那么即使是精力十分旺盛的人，也会因精力不集中而产生少听或漏听的现象。一般来说，谈判人员的精力和注意力的变化是有一定规律的：在开始时精力比较充沛，但持续的时间较短，约占整个谈判时间的 8.3%～13.3%；谈判过程中，精力趋于下降，时间较长，约占整个时间的 83%；谈判要达成协议时，又出现精力充沛时期，时间很短，约占 3.7%～8.7%。

3. 由于感情或兴趣发生变化不注意听

一系列试验表明，人们积极地听对方讲话，其中只有 1/3 的讲话内容是按照原意听取的，有 1/3 的讲话内容是被曲解地听取的，还有 1/3 则是丝毫没有被听进去的。特别是在谈判中，谈判者的思想或意见的表达，有的是很明确的、直截了当的，有的则是比较含糊的，或故意谈此而言彼，甚至还会正话反说或反话正说，因此，最容易出现误解，形成收听的障碍。

4. 专业知识或语言水平的限制听不懂对方的讲话

商务谈判，总是针对某一具体业务而言的，毫无疑问地会涉及大量的专业知识。因此，如果谈判人员对专业知识掌握得有限，一旦谈判中涉及这方面知识，就会造成由于知识水平的限制而形成的收听障碍。特别是对于国际商务谈判，由于语言上的差别，也会造成收听障碍。例如，翻译人员外语水平高、业务水平有限，如果对一些技术含量较高的业务全过程翻译，则很容易出现对某些问题只译个大概意思的情况。另外，由于语言的一词多义现象，也会给翻译人员带来困扰，形成听力障碍。

5. 环境的干扰形成听力障碍

商务谈判环境是千差万别的，由于环境的干扰，常常会使谈判者的注意力分散，形成听力障碍。比如，天气突然变化、电闪雷鸣，过往行人及鸟类、汽车、修建房屋的噪声等，都会使收听者分散注意力。生活中，我们不可能同时听清楚两个人的讲话内容，当我们需要进行复述时，只能复述清楚一个人的讲话内容，而必须放弃另一个，要想兼顾两者的讲话内容，可能会什么也没听见。

（三）倾听的技巧

认识了听力障碍的几种情况，我们要想提高倾听效果，就必须掌握听的要诀，想尽办法克服听力障碍。

1. 耐心地、专心致志地倾听

积极而有效的倾听的关键在于谈判双方在谈判过程中要有足够的耐心倾听对方的阐述，不随意打断对方的发言。在对方发言时，谈判者要精力集中，不能心不在焉，也不能思想“开小差”。一般来讲，人听话及思索的速度要比说话的速度快四倍多，因此在倾听时要把这些多余的时间放在围绕对方发言进行思考和使自己的注意力始终集中在对方发言的内容上。

2. 主动地倾听并及时地反馈

在谈判中积极有效地倾听不等于只听不说，主动地倾听就是在听的过程中，谈判者不仅应当对对方的阐述做某些肯定性的评价，以鼓励对方充分发表其对有关问题的看法，而且还要恰当地利用自己的提问，加深强化对对方有关表达的理解，引导谈判的方向。主动地倾听必须建立在专心致志地倾听的基础上，否则谈判者无从鉴别对方发出的信息哪些为真、哪些为假，哪些有用、哪些没用。倾听的过程是一个去粗取精、去伪存真的过程。

3. 要克服先入为主的印象

一个合格的谈判者应该是观察人的行家，具有敏锐的洞察力。在谈判中，对方的措辞、表达方式、语气、语调都能为己方提供线索，去发现对方一言一行背后隐藏的含义。这时，谈判者要克服先入为主的印象，否则会扭曲对方本意，从而导致己方判断不当，接收信息不真，以至行为选择失误。所以，谈判者务必抱着实事求是的态度，从客观实际出发，合理、客观地分析对方的言行。

4. 要选择利于沟通的良好环境

人们有这样一种心理，即在自己熟悉的环境里交谈，无须分心于熟悉环境或适应环境；而在自己不熟悉的环境中交谈，则往往容易变得无所适从，导致正常情况下不该发生的错误。可见，有利于己方的谈判环境，能够增强自己的谈判地位和谈判实力。科学家的实验也证实了人在自己客厅里谈话，比在他人客厅里谈话更能说服他人。因此，对于商务谈判工作，如果能够进行主场谈判是最理想的，因为这种环境会有利于己方谈判人员发挥出较好的谈判水平。如果不能争取主场谈判，至少也应该选择一个双方都不十分熟悉的中性场所，这样可避免由于客场谈判给对方带来便利和给己方带来不便。

5. 要勤做笔记

在谈判过程中，人的思维在高速运转，大脑要接收和处理大量的信息，加上谈判现场的气氛很紧张，对每个议题都必须认真对待。因此，只靠头脑记忆是难以做好的。实践证明，一个人即使记忆力再好也只能记住主要部分，有的内容会被忘得干干净净，因此，记笔记是必不可少的，这也是比较容易做到的可以消除倾听障碍的好方法。

（四）倾听的禁忌

1. 不要抢着说话和急于反驳

在谈判中，有的谈判者会抢着讲话和急于反驳对方的观点。这不仅不利于双方合作，使对方产生反感，有失礼貌，而且会使自己显得浅薄，也影响倾听的效果与发言或反驳的效果。谈判者只有在全面、准确地理解对方的观点和意图后，再进行发言或反驳才更有效。

2. 不要使自己陷入争论中

即使自己不同意对方的观点，也要等对方把话说完后再阐述自己的观点，并且注意不要使自己陷入争论中。

3. 不要为了急于判断问题而耽误倾听

当听了对方讲述的有关内容后，不要急于判断其对与错，因为这样会分散自己的精力和注意力而耽误听其下文。因此，谈判者切忌为了急于判断问题而耽误倾听。

4. 不要回避难以应答的问题

在商务谈判中，往往会涉及一些诸如政治、经济、技术、人际关系等方面的问题。这些问题可能会令谈判者一时无法应对。在遇到这种情况时，谈判者要有信心、有勇气去迎接对方提出的问题，只有用心领会对方提出的问题的真实用意，才能得到摆脱困境的真实答案。另外，为了培养自己急中生智、举一反三的能力，谈判者平常应多加训练、多加思考，以便在遇到问题时能沉着冷静，应对自如。

5. 不要放弃交流的机会

商务谈判是谈判双方交流的过程，既要有讲话者，也要有倾听者。作为一个倾听者，不管在什么情况下，如果对方所说的你不明白，那么应该有礼貌地让对方知道这一点，可以采用向对方提出问题或者陈述自己的理解让对方加以确认等方式来弄明白。

二、商务谈判中“问”的艺术

商务谈判中，如何问是很有讲究的。谈判者重视和灵活运用发问的技巧，不仅可以引起双方的议论，获得信息，而且还可以控制谈判的方向。

（一）提问的方式

人们进行谈话，必然有问有答。发问和应答，都有一定的艺术。问话首先要有一定的目的，然后通过一定的方式表达出来。以下是谈判中几种常用的提问方式。

1. 封闭式问句

封闭式问句是指特定的领域带出特定的答复的问句。一般用“是”或“否”等作为提问的要求。例如，“我们这次谈判可以这样安排吗？”“前天谈判会场没见到你，你是否回家了？”“你有没有向谈判对手借一本书？”这类问句，可以使发问者得到特定的数据或信息，而答复这类问题也不必花多少工夫思考。但这类问句，含有相当程度的威胁性，容易引起人们不舒服的感觉。因此，谈判者在提问时应尽量采取委婉的方式，如“我们这次谈判这样安排，您认为可以吗？”

2. 选择式问句

选择式问句是给对方提出几种情况，让对方从中选择的问句。例如，“这次谈判地点是在北京，还是广州？”“谈判协议签订后，您是去单位工作，还是在这里休息几天？”这些问句是给出两个或两个以上的答案，供对方加以选择，对方只需在指定的范围内选择，不能在范围以外寻找答案。

3. 澄清式问句

澄清式问句是指针对对方答复，重新让其证实或补充的一种问句。例如，“你刚才说你对这笔交易可以做出取舍，这是不是说你能够全权跟我们进行谈判？”“你说完成这项谈判任务有困难，现在有没有勇气承担这项任务？”这种问句在于让对方对自己说的话进一步明确态度。

4. 暗示式问句

暗示式问句是指这种问句本身已强烈地暗示出预期的答案。例如，“贵方如果违约是应该承担责任的，对不对？”“谈到现在，我看给我方的折扣可以定为4%，您一定会同意的，对吗？”这类问句中已经包含了答案，无非是在谈判中敦促对方表态而已。

5. 参照式问句

参照式问句是指以第三者意见作为参照提出的问句。例如，“老刘认为明天谈判小组要把中心放在成交日期上，您以为如何？”“经理说，今年把营业额提高10%，大伙认为怎么样？”

6. 开放式问句

开放式问句是指在广泛的领域内带出广泛答复的问句，通常无法采用“是”或“否”等简单的措辞做出答复。例如，“您对主谈人员这次谈判工作中的表现有什么看法？”“您看我们的谈判工作应当怎样开展更好？”“您对明年的计划有什么考虑？”这类问句因为不限定答复的范围，所以谈判对方能畅所欲言，己方能获得更多的信息。

7. 商量式问句

商量式问句是指和对方商量问题的句式。例如，“下月与上海某厂有一项业务洽谈，您愿意去吗？”“公司要与客户在某项目承包方面进行谈判，您有这方面的基础和经验，您愿意参加吗？”“我看给我方的折扣定为 3%，您看是否妥当？”这类问句，一般和对方切身利益有关，属于征询对方意见的发问形式。

8. 探索式问句

探索式问句是指对对方答复内容继续进行引申的一种问句。例如，“您谈到谈判上存在困难，能不能告诉我主要存在哪些困难？”“您刚才讲不适合做谈判组长工作，能不能做进一步说明？”探索式问句，不但可以发掘比较充分的信息，而且可以显示出发问者对对方谈的问题的兴趣和重视。

9. 启发式问句

启发式问句是指启发对方谈看法和意见的问句。例如，“现在接近年末了，您能不能对今年的工作进行一下评价？”“您在报刊发表了不少有关谈判学方面的专题学术论文，对于学术研究有什么窍门吗？”“明年的物价还要上涨，您有什么意见？”这类问句主要启发对方谈出自己的看法，以便发问者吸取新的意见和建议。

10. 多层次问句

多层次问句是指一个提问包含有多个主题的一种提问方式。例如，“贵国当地的基础设施和自然资源情况怎样？”“您能否就该协议产生的背景、履约情况、违约责任，以及双方的看法和态度谈一谈呢？”这类问句会因有过多的主题而致使对方难以完全把握。许多心理学家认为，一个问题最好只含有一个主题，最多不能超过三个主题，这样才能使对方有效地掌握。

（二）提问的时机

1. 在对方发言完毕之后提问

在商务谈判中，对方发言时一般不要急于提问。因为打断别人发言是很不礼貌的，容易引起对方的反感。当对方发言时，谈判者要认真倾听，即使发现了对方所说的内容有问题而很想立即提问，也不要打断对方，可先把发现的和想到的问题记下来，等对方发言完毕再提问。这样做不仅反映谈判者有修养，而且能全面、完整地了解对方的观点和意图，避免操之过急而曲解或误解对方的意图。

2. 在对方发言停顿时提问

如果对方发言比较长、纠缠细节或离题太远而影响谈判进程，那么谈判者可以借其停顿时提问。这是掌握谈判进程、争取主动的必然要求。例如，当对方停顿时，可以借机提问："您刚才说的意思是……"

3. 在议程规定的辩论时间提问

大型商务谈判一般都设有辩论时间。在双方各自介绍情况和阐述的时间里一般不进行辩论，也不向对方提问。只有在辩论时间里双方才进行自由提问和辩论。在辩论前的谈判中，谈判者一定要做好记录，归纳出自己想提的问题，在辩论时间进行提问，使提出的问题有针对性。

4. 在己方发言前提问

在谈判中，当轮到己方发言时，谈判者可以在谈己方的观点之前针对对方的发言进行提问。

（三）提问技巧

1. 预先准备好问题

在谈判前，谈判者应做好充分的事前准备，针对谈判事项事先拟定好要提的问题，使提出的问题有针对性。提的问题最好是一些对方不能迅速做出适当回答的问题，或是对以后的谈判有重大影响的问题，这样能够收到出其不意的效果。

2. 提问的态度诚恳

谈判者提问的态度诚恳，能够增强谈判双方之间的情感沟通，加强对方对己方的信任感，从而使谈判在更加和谐、友好的氛围中进行。

3. 提的问题要言简意赅

谈判中，谈判者提的问题应言简意赅，而由提问所引出的对方的回答则越长越好。这样做的好处是，提问者可以多发问，可以从对方的回答中获得更多的对谈判有用的信息，从而洞悉对方的意图。

4. 不提有关私人方面的问题

私人问题属于个人隐私。一般情况下，商务谈判的内容是不会涉及私人方面的问题的。如果谈判者在谈判中提出有关私人方面的问题，会被对方认为是在窥视隐私，是不礼貌或不道德的行为。不提有关私人方面的问题是商务谈判中的一种惯例和共识。

5. 不提带有敌意的问题

谈判者不应抱着敌对心理进行谈判，应尽量避免那些可能会刺激对方产生敌意的问题。因为一旦问题含有敌意，就会有损双方的关系，甚至会影响谈判的成功。

6. 不要强行追问

如果对方对某些问题不愿回答，则不要强行向对方追问，可以换个有利的时间或场合再委婉地向对方提问，这样可以避免谈判进入尴尬局面。

7. 不应提出有关对方品质的问题

不应提出有关对方品质的问题，例如，指责对方在某个问题上不够诚实等。这样做非但无法使对方变得更诚实，反而会引起他的不愉快，甚至怨恨。事实上，谈判中双方真真假假，很难用诚实这一标准来评价谈判者的行为。如果要审查对方是否诚实，可以通过其他途径进行。当谈判者发现对方在某些方面不诚实时，可以把你所了解或掌握的真实情况陈述一下，对方自会明白。

三、商务谈判中“答”的艺术

人际交往中，有问必答，问有艺术，答也有艺术。在商务谈判中，谈判者所提问题往往千奇百怪、五花八门，多是对方处心积虑、精心设计之后才提出的，可能含有谋略、圈套。因此，谈判者在谈判中有效地回答对方提出的问题是一件很有压力的事情。谈判中，对所有的问题都直接回答未必是一件好事。一个谈判者的谈判水平高低，在很大程度上取决于其答复问题的水平。因此，谈判者回答问题时必须运用一定的技巧。

（一）回答的方式

商务谈判中的回答有三种类型，即正面回答、迂回回答和避而不答。在商务谈判过程中，这三种类型又演变成多种具体回答方式。常用的商务谈判回答方式有以下几种。

①含混式回答，这样既可以避免把自己的真实意图暴露给对方，又可以给对方造成判断上的混乱和困难。这种回答由于没有做出准确的说明，因而可以有多种解释，从而为以后的谈判留下回旋的余地。

②针对式回答，即针对提问人心理假设的答案进行回答。这种回答方式的前提是谈判者要弄清楚对方提问的真实意图，否则回答的答案很难满足对方的要求，而且免不了要泄露己方的意图。

③局限式回答，即将对方问题的范围缩小后再做回答。在商务谈判中并不是所有问题的回答对己方都有利，因而谈判者在回答时必须有所限制，选择有利的内容回答对方。例如，当对方提问产品的质量时，己方可以只回答几个有特色的指标，利用这些指标给对方留下产品质量好的印象。

④转换式回答，即在回答对方的问题时把商务谈判的话题引到其他方向上。这种方式也就是我们常说的“答非所问”。但这种答非所问必须是在前一个问题的基础上自然转换来的，没有什么雕琢的痕迹。例如，当对方提问价格时可以这样回答：“我想您是会提这一问题的，关于价格我相信一定会使您满意，不过在回答这一问题之前，请先让我把产品的几种特殊功能说明一下。”这样就自然地把价格问题转到了产品的功能上，使对方在听完自己的讲话后，把价格建立在新的产品质量基础上，这对己方无疑是有利的。

⑤反问式回答，即用提问对方其他问题来回答对方的提问。这是一种以问代答的方式，既可以为自己以后回答问题留下喘息的机会，对于一些不便回答的问题也可以用这一方法

解围。

⑥拒绝式回答，即对那些棘手和无法回答的问题，寻找借口拒绝回答。运用借口拒绝回答对方的问题，可以减轻对方提问的压力。

（二）回答的技巧

①回答问题之前，要给自己留有思考时间。为了使回答问题的结果对自己更有利，在回答对方的问题前要做好准备，以便构思好答案。回答的准备工作包括以下三项内容。一是心理准备，即在对方提问后，要利用喝水、翻笔记本等动作来延缓时间，以稳定情绪，而不是急于回答。二是了解问题，即要弄清楚对方所提问题的真实含义，以免把不该回答的问题也答了出来。三是准备答案，答案应只包括该回答的部分。

人们通常有这样一种心理，就是：如果对方问话与我方回答之间间隔的时间越长，就会让对方感觉到我方对此问题欠准备，或以为我方几乎被问住了；如果回答得很迅速，就显示出我方已有充分的准备，也显示了我方的实力。其实不然，谈判经验告诉我们，在对方提出问题之后，我方可通过喝一口茶，或调整一下自己坐的姿势和椅子，或整理一下桌子上的资料文件，或翻一翻笔记本等动作来延缓时间，思考一下对方的问题。这样做既显得自然、得体，又可以让对方看得见，从而减轻和消除对方的心理压力。

②把握对方提问的目的和动机，才能决定怎样回答。谈判者在谈判桌上提出问题的目的是多样的，动机也是复杂的。如果谈判者没有深思熟虑弄清对方的动机，就做出回答，往往效果不佳。如果谈判者经过周密思考，准确判断对方的用意，便可做出一个独辟蹊径的、高水平的回答。建立在准确把握对方提问动机和目的的基础上的回答是精彩而绝妙的。谈判人员如果能在谈判桌上发挥出这种水平，就是出色的谈判人员。

③侧面回答。在谈判中，有时对方提出的某个问题己方可能很难直接从正面回答，但又不能以拒绝回答的方式回避问题。这时，谈判高手往往会选择避正答偏的方法来回答，即在回答这类问题时故意避开问题的实质，而将话题引向歧路，借以破解对方的进攻。

④不随便作答。当没有弄清楚问题的确切含义时，不要随便作答。谈判者可以要求对方再具体说明一下。

⑤答非所问。当有些问题不好回答时，回避答复的方法之一是“答非所问”，即谈判者似乎在回答该问题，而实际上并未对这个问题表态。答方谈论的是与原题相关的另一个问题的看法，目的是避开对方锋芒，使谈判能顺利进行下去。

在一些特殊场合，或者必须回答一些难以回答或挑衅性的问题时，也可以以某种巧妙的非逻辑方式做出解答，从而摆脱困境。

⑥拖延答复。谈判中，有时在表态时机未到的情况下可采取拖延答复的方式。拖延答复有两种形式：一是先延后答，即对应该回答的问题，若做好准备后感到好答时，不妨作恰当的回答。二是延而不答，即经过考虑后觉得没有必要回答或者不应回答时，则来个不了了之。谈判者可用“记不得了”或“资料不全”来拖延答复。有时还可以让对方寻找答案，即让对方自己澄清他所提出的问题。例如，谈判者可以这样说：“在回答你的问题之前，我想先听一听你的意见。”

⑦模糊答复。这种答复的特点是借助一些宽泛模糊的语言进行答复，使己方的回答具

有弹性，即使在意外情况下也无懈可击。这种答复可以起到缓和谈判气氛，使谈判顺利进行，同时保护己方机密的作用。比如谈判者说："这件事我们会尽快解决。"这里的"尽快"就很有弹性，具体时间到底是什么时候，并没有说清楚，有很大的回旋余地。

⑧反问。对方常会提出一些诸如试探性、诱导性、证实性的问题。在这种情况下，我方既不想泄漏自己的底牌，又想缓和气氛、抑制对方的发问，反过来探明对方虚实，则可采用此种方式。其特点是在倾听完对方的问题后，己方通过抓住关键的问题向对方反问以掌握主动。例如，买方："请谈一下贵方价格比去年上涨10%的原因。"卖方："物价上涨与成本提高的关系是不言而喻的。当然如果您对这个提价幅度感到不满意的话，我很乐意就您觉得不妥的某些具体问题予以解释澄清，请问什么方面使您觉得不妥？"

⑨沉默不答。有些不值得回答的问题完全可以不予理睬。谈判者可以不说话，也可以环顾左右而言他，有时沉默会无形中给对方造成一种压力，获得己方所需要的情报。

⑩对于不知道的问题不要回答。参与谈判的所有人都不是全能全知的人。谈判中，尽管准备得充分，也经常遇到陌生难解的问题。这时，谈判者切不可为了维护自己的面子强做答复。因为这样不仅有可能损害己方利益，而且对自己的面子也是丝毫无补的。有这样一个实例，国内某公司与外商谈判合资建厂事宜时，外商提出有关减免税收的请求。中方代表恰好对此不是很有研究，或者说是一知半解，可为了能够谈成，就盲目地答复了，结果使己方陷入十分被动的局面。

在答复时，若对方打岔，则让他这样做下去，不要干涉他。这会为己方以后的答复提供有用的信息。

总之，谈判者回答问题的要诀在于知道该说什么，不该说什么，回答到什么程度，不必过多考虑所回答的是否对题。谈判毕竟不是做题，很少有"对"或"错"那么确定而简单的回答。

四、商务谈判中"叙述"的艺术

商务谈判中，"叙述"是一种不受对方提出问题的方向、范围的制约，带有主动性的阐述，是商务谈判中传递大量信息、沟通情感的方法之一。商务谈判中的叙述，尤其是开局叙述的语言运用直接关系到对方的理解。所以，谈判者应从谈判的实际需要出发，灵活掌握有关叙述的方法与应遵循的原则。

（一）叙述的方法

①对比叙述。对比叙述是指叙述时把两种相互对立的事物放在一起，在对比中使正反两个方面形成鲜明的对照，以引起对方的注意，强化叙述效果，使己方的观点更鲜明突出，给对方以强烈印象的一种叙述方法。

②提炼叙述。提炼叙述是指把己方叙述的内容进行加工提炼之后总结成言简意赅、朗朗上口的句子，以强化对方记忆的一种叙述方法。该方法常常使人感到新鲜，容易激发人们的好奇心，吸引人们的注意力，使有关内容易记难忘。

③情理叙述。情理叙述是指叙述的内容有情有理、情理交容融的一种叙述方法。这种方法可以使对方深受感染而引起共鸣。

④顺序叙述。顺序叙述是指按照客观事物之间的自然联系或其发展变化的过程进行叙述的一种叙述方法。这种方法条理性很强，叙述的内容易于为对方理解和接受。例如，可以按事情发展的时间顺序，从过去、现在到未来进行叙述；也可以按事物的空间顺序，从上到下、从里到外进行叙述等。

（二）叙述的原则

①叙述应简明扼要。商务谈判中的叙述要尽可能简洁、通俗易懂。因为叙述的目的在于让对方听了立即就能够理解，以便对方准确、完整地理解我方的观点和意图，而不是表明自己的观点与别人的观点有什么联系和差异。谈判者在叙述时必须独立进行。独立叙述包括三层含义：一是不受别人的影响，不论别人的语言、情绪有什么反应，陈述中都要坚持自己的观点；二是不与对方的观点和问题接触，不谈是否同意对方的观点等，而是按自己的既定原则和要求进行陈述；三是只阐述自己的立场。

②叙述应具体而生动。为了使对方获得最佳的收听效果，谈判者在叙述时应注意生动而具体。叙述时一定要避免令人乏味的平铺直叙，以及抽象的说教，谈判者要特别注意运用生动、活灵活现的生活用语，具体而形象地说明问题。有时为了达到生动而具体的叙述，谈判者也可以运用一些演讲者的艺术手法，声调抑扬顿挫，以此来吸引对方的注意，达到己方叙述的目的。

③叙述应层次清楚。商务谈判中的叙述，为了能让对方方便记忆和理解，应在叙述时使听者便于接受，分清叙述的主次层次。这样可使对方心情愉快地倾听己方的叙说，其效果应该是比较理想的。

④叙述应客观真实。谈判者在叙述基本事实时，既不要夸大事实，也不要缩小事实。万一由于自己对事实真相加以修饰的行为被对方发现，就会大大降低己方的信誉，从而使己方谈判实力大为削弱。

⑤叙述的观点要准确。叙述观点时应力求准确无误，避免前后不一致，否则就会露出破绽。当然，谈判过程中的观点有时会依据谈判局势的发展需要而发展或改变，但谈判者在叙述观点时也要能够令对方信服。这就需要有经验的谈判人员来掌握时局，不管观点如何变化，都要以准确为原则。因为要说明自己的观点，而且要对方接受自己的观点，所以谈判者在陈述时使用的语言必须准确，并使对方容易接受。为了叙述准确，要求谈判者在谈判的关键内容中使用专业语言，当对方对这些语言听不懂时，要对所使用的专业术语进行解释，以免对方产生误会。同时，为了使对方容易接受自己的观点，谈判者在谈判叙述中要注意使用中性语言，而不是使用极端语言和粗俗的语言。

⑥叙述时发现错误要及时纠正。谈判人员在商务谈判的叙述中常常会由于各种原因而出现叙述错误，谈判者应及时发现并加以纠正，以防造成不应有的损失。有些谈判人员发现自己叙述中有错误时，便采取文过饰非的做法，结果损害了自己的信誉和形象，更重要的是可能会失去合作伙伴。所以，商务谈判人员必须慎重地对待对方在自己叙述时的反应，

发现有不被理解或误解的地方应及时加以引导和纠正。

⑦叙述时发现对方不理解时可以重复。在商务谈判叙述过程中，时常会遇到对方不理解、没听清楚，或有疑问等情况，这时，对方会以有声语言或动作语言来向叙述者传递信息。这就要求谈判人员应在叙述的同时注意观察对方的眼神和表情等，一旦觉察对方有疑惑不解的信息传出，就要放慢语速或重复叙述。

五、商务谈判中“辩论”的艺术

（一）辩论中应避免采用的方式

在商务谈判中，辩论的目的是为了达成协议，因此谈判者应避免使用以下几种辩论方式。

①以势压人。辩论各方都是平等的，没有高低贵贱之分。所以，谈判者辩论时要心平气和、以理服人，切忌摆出一副唯我独尊的架势，大发脾气，要权威。

②歧视揭短。在商务谈判中，不管对方来自哪个国家或地区，是什么制度、什么民族，有什么风俗传统、文化背景等，都应一视同仁，不能有任何歧视。不管辩论多么激烈，都不应进行人身攻击，不损人之短，不在问题以外做文章。

③预期理由。任何辩论都应以事实为根据。谈判者要注意所提论据的真实性，道听途说或未经证实的论据会给对方带来可乘之机。

④本末倒置。谈判不是进行争高比低的竞赛，因此要尽量避免发生无关大局的细节之争。那种远离实质问题的争执，不但白白浪费谈判双方的时间和精力，还可能使各自的立场越发对立，导致不愉快的结局。

⑤喋喋不休。在商务谈判中，谈判者不能口若悬河、独占讲坛，切记谈判桌前不是炫耀表达能力的地方。

（二）辩论的原则

①观点明确，事实有力。谈判中辩论的目的就是要论证己方的观点，反驳对方的观点。辩论的过程就是通过摆事实、讲道理，说明己方的观点和立场。辩论不是煽动情绪，而是讲理由、提根据。为了能更清晰地论证己方的观点，谈判者必须做好材料的选择、整理、加工工作，在论辩时运用客观材料以及所有能支持己方观点的证据，增强自己的论辩效果，反驳对方的观点。

②思路敏捷，逻辑严密。商务谈判中的辩论，往往是双方在进行磋商遇到难解的问题时才发生的。一个优秀的辩手，应该头脑冷静、思维敏捷、论辩严密且富有逻辑性。只有具有这些素质的人，才能应付各种各样的困难，摆脱困境。为此，谈判人员应加强这方面基本功的训练，培养自己的逻辑思维能力，以便在谈判中以不变应万变，立于不败之地。辩论中应遵循的逻辑规律是同一律、矛盾律、排中律和充足理由律，如果违背这四条基本规律，思维的确定性就会受到破坏，进而使辩论脱离正常轨道。

③掌握大原则，不纠缠细枝末节。在辩论过程中，谈判者要有战略眼光，掌握大的方

向、前提及原则，不要在枝节问题上与对方纠缠不休，但在主要问题上一定要集中精力、把握主动。谈判者在反驳对方的错误观点时要能够切中要害，做到有的放矢。

④掌握好进的尺度。辩论的目的是要证明己方立场、观点的正确性，反驳对方立场观点的不足，以便能够争取有利于己方的谈判结果。切不可认为辩论是一场对抗赛，必须置对方于死地。因此，谈判者辩论时应掌握好进攻的尺度，一旦达到目的就应适可而止，切不可穷追不舍、得理不饶人。在谈判中，如果某一方被另一方逼得走投无路、陷入绝境，往往会产生强烈的敌对心理，反击的念头更强烈，这样即使对方暂时可能认可某些事情，事后也不会善罢甘休，最终会对双方的合作产生不利影响。

⑤态度客观公正，措辞准确严密。文明的谈判准则要求：不论辩论双方如何针锋相对、争论多么激烈，谈判双方都必须态度客观公正、措辞准确严密，切忌用侮辱诽谤、尖酸刻薄的语言进行人身攻击。如果某一方违背这一准则，其结果只能是损害自己的形象，降低己方的谈判质量和实力，不但不会给谈判带来丝毫帮助，反而可能置谈判于破裂的边缘。

（三）辩论的具体技巧

辩论具有较高的技巧性，作为一名谈判者要不断提高自己的思辨能力，才能在辩论中取得良好的效果。

①要观点明确。谈判中的辩论就是论证己方观点、反驳对方观点的过程，因此谈判者必须做好材料的选择、整理、加工工作。辩论中，事实材料要符合观点的要求，以免出现漏洞。在充分讲理由、提根据的基础上，反驳对方的观点，从而达到一语中的的目的。

②要逻辑严密。谈判中的辩论过程常常是在双方相互发难中完成的。一个优秀的谈判者应该保持头脑冷静、思维敏捷，才能应付各种各样的局面，在辩论时要运用逻辑的力量。真理是在相互辩论中产生的，在谈判条件相差不多的情况下，谁在辩论中思维敏捷、逻辑严密，谁就能取得胜利。

③态度要客观公正。谈判中的辩论要充分体现现代文明，不论双方的观点如何不同，态度要客观、措辞要准确，要以理服人，绝不能侮辱诽谤、尖酸刻薄和人身攻击。

④不纠缠枝节。参加辩论的人要把精力集中在主要问题上，而不要陷入枝节问题的纠缠中。反驳对方的错误观点要抓住要害，有的放矢，坚决反对断章取义、强词夺理等不健康的辩论方法。论证自己的观点时要突出重点、层次分明、简明扼要，不要东拉西扯、言不对题。

⑤适可而止。谈判中辩论的目的是证明己方观点的正确，以争取有利于己方的谈判结果。因此，辩论一旦达到目的，就要适可而止，不可穷追不舍。切记，谈判不是进行争高比低的竞争。

⑥处理好优劣势。辩论中占据上风时，谈判者要以强势压顶，气度恢弘，并注意借助语调、手势的配合，渲染自己的观点，但不可轻妄、放纵、得意忘形、口若悬河、独占讲坛。须知，谈判中的优劣势是相对的，是可以相互转化的。谈判桌前不是显示表达能力的地方，那种不看场合、不问对象的做法，反而会弄巧成拙。

⑦注意举止气度。谈判中的辩论应注意举止气度。这样不仅能给人留下良好的印象，而且在一定程度上能促使辩论气氛的健康发展。须知，一个人的良好形象有时会比他的语

言更有力。

六、商务谈判中“说服”的艺术

所谓说服，是指设法使他人改变初衷并接受你的意见。说服是谈判中最艰巨、最复杂，也是最富有技巧性的工作。当谈判者试图说服谈判对手时，会遇到各种有形或无形的障碍。在说服艺术中，运用历史经验或事实去说服别人，无疑比那种直截了当地说一番大道理要有效得多。善于劝说的谈判者懂得人们做事、处理问题都是受个人的具体经验影响的，抽象地讲大道理的说服远远比不上运用经验和例证去进行劝说。

（一）说服的原则

①先易后难原则。把对方容易接受的、分歧性小的内容放在前面，把困难较大、双方分歧较大的内容放在后面。

②难易结合原则。将容易的、一致性大的内容同困难的、分歧性大的内容以某种方式联系起来进行说服，要比单纯说服困难的、分歧性大的内容容易些。

③重复性原则。一再地重复己方的信息、观点，引起对方的注意，从而增进其对这些信息和观点的了解和接纳。

④先好后坏原则。说服时先谈好的消息、好的事情，再谈坏的一面，效果比较好。

⑤一致性原则。强调一致性比强调差异性更容易提高对方接受说服的程度。

⑥首尾原则。通常情况下，听者对听到内容的首、尾两部分记得比较牢，对中间部分记忆一般。因此，谈判者进行说服时要精心准备开头和结尾。

⑦证据原则。提供能满足对方需要的数据、信息，可增强说服性。

⑧结论原则。结论要由己方明确地提出，不宜让对方去揣摩或自行下结论，否则可能会背离己方说服的目标。

⑨对方性原则。充分了解对方，以对方习惯的、能够接受的思维方式和逻辑去展开说服工作。

（二）说服的具体技巧

实际生活中往往会遇到这样的情况：同样的问题，让不同的人去做说服工作，会收到不同的效果。可见说服工作具有艺术性。在谈判中，说服工作十分重要，往往贯穿谈判的始终。那么谈判者应当如何说服对方呢？下面介绍一些比较普通、常用的说服技巧。

①取得他人的信任。信任是人际沟通的基石，也是成功谈判所必备的基本要素。一般来说，当一个人考虑是否接受他人的说法前，总要衡量一下自己与说话人之间的熟悉程度和亲密程度。如果双方很熟悉又很信任，则很容易接受对方的意见。因此，谈判者如果想要在谈判中说服对方，首先要与对方建立互相信任的人际关系。

谈判者应该学会利用谈判桌外的时间来增进人际关系，与对方建立友好、熟悉、相互尊重的关系，积极进行公共活动取得对方信任，无形中化解对方的心理警戒，从而在谈判中掌握主动权。

②先易后难，步步为营。谈判中需要讨论的问题应该按照先易后难的原则去安排，先谈容易达成协议的问题。由于双方利害冲突不大而比较容易取得初步的成效，使双方从一开始就显示出合作的诚意和彼此的信任、理解，从而为谈判的进展创造更加热情友好的气氛，减少双方的戒备心理，增强双方对交易成功的愿望与信心。在谈判深入发展中要说服对方理解我方的意见与方案，就比较容易获得成功。双方意向差距较大的问题，可以放在较后的位置和安排较多的时间去讨论。这时由于前面的谈判成果已增强了双方的合作意向，谈判的困难会相对减少。

③先直言利，后婉言弊。一般来说，被劝说者接受已方的意见会有利有弊，谈判者应从这两方面做出分析和说明，要动之以情、晓之以理、言之有利。一方面，谈判者要向对方指出接受了已方意见会得到什么利益，并可指出他看法的荒谬性、片面性或错误性。另一方面，谈判者还应将不利的方面讲清楚，把信息传递给对方，什么事情都不可能全是好的一面。说服的原则一般是先讲利，后言弊，并在陈述过程中进行得失比较，指出已方意见利大于弊，从而说服对方接受意见。谈判者进行这样的阐述分析，不但会赢得对方的信任，给对方留下真诚、坦率的印象，还会激发起对方的兴趣和热情，使谈判顺利地进行下去。

④强调互利，激发认同。谈判中既有合作，又有冲突。没有合作就无法圆满结束谈判，没有冲突就没有谈判的必要。谈判是在双方互利的基础上达成协议的，所以也有人用法国的一句关于爱情的定义将谈判形容为“合作的利己主义”。在谈判中，谈判者不要掩饰所提意见对已方有利的一面，因为谈判中强调利益的一致性比强调利益的差异性更容易提高对方的认知程度和接纳的可能性。

⑤抓住时机，实例举证。谈判成功的一个重要方面在于把握时机，抓住有利的时机会给谈判者的说服工作增加成功的可能性。这里所讲的时机包括两个含义：一是已方要把握说服工作的关键时刻，要趁热打铁，重点突破；二是向对方说明，这正是表达意见的最佳时机。人往往由于未能很好地听取别人的意见而失去机会。已方把道理讲透，对方就会做出抉择。在抓住时机的同时运用实例举证，对实例的具体情节进行讲述以帮助已方证明观点的正确。比如，在证明已方是否能够如期履约的问题时，只靠下保证或表决心是不能说明问题的，对方也不会信服，谈判者可在适当的时候列举已方过去与某客商如期履约的实例，特别是如果能够举出已方在比较艰难的情况下仍如期履约的实例，则对说服对方相信已方是非常有效果的。

⑥尽量简化接纳提议的手续。为使对手接纳已方提议，避免中途变卦，谈判者应设法使接纳提议的手续成为一件轻而易举的事情。例如，在需要订立书面协议的场合中，谈判者可以先准备一份原则性的初步协议书，并且这样告诉对方：“您只需在这份原则性的协议草案上签名即可。至于正式协议书，我会在一周之内准备妥当，到时再送您斟酌。”这样就可以当即取得对方的承诺，免除细节方面的周折。

精干的谈判人员经常对有意接纳自己提议的人做追踪式的服务。经常说的话是：“如果您有空，请给我打电话，我立即派车来接您，让您亲自考察。”或者说：“我们明天早上 8 点到府上接您去实地考察，您看如何？”这种方式的运用，常常有助于说服效果的发挥。

⑦耐心说理，变换角度。说服必须耐心，不厌其烦地动之以情、晓之以理，把对方接

受己方建议的好处和不接受建议的害处讲深讲透，不怕挫折，一直坚持到对方能够听取己方的建议为止。在谈判实践中，往往会遇到对方的工作已经做通，但对方基于面子或其他原因，一时还下不了台，这时谈判者不能心急，要给对方时间，直到瓜熟蒂落。

说服工作要有耐心，但耐心不等于谈判者反复唠叨已经陈旧和令人厌烦的问题。这样只能增加对方的抵触情绪，不会收到好的效果。当说服的角度不对路时，谈判者应及时更换新的角度，寻找新的方法，再把说服工作有效地进行下去。

⑧多言事实，少说空话。事实是人们可以凭借感官和经验予以验证的东西，事实胜于雄辩。研究证明，人的一切行为均与一定事实的经历和存储有关。在谈判中，有的人喜欢用空话、大话来炫耀自己的产品，如“质量上乘”“人见人爱”“领导时代新潮流”等，这些自吹自擂的话，是不能说服对方的。为了说服对方，谈判者应力戒“肥皂泡”式的空话，而要注意多用确凿的事实、有代表性的典型事实说话，让对方凭借实践经验和独立思考来获取结论。

⑨投人至好，取我急需。谈判的任何一方都必然是以满足自己的需要为主要目标的，但任何一方都不可能全面满足自己的所有需求，而任何一方的各种需求也不是没有主次之分的。谈判者在谈判中往往着重就己方的第一需求去千方百计地说服对方，同时不得不以降低其他次要需求、作出适当的退让为代价来达到满足主要需求的目标。因此，谈判者需要在说服过程中尽量发现对方的迫切需要或第一需要。如果发现对方的迫切需要与我方的第一需求并不重合，那么我方就可以比较容易地提出一个“投人至好，取我急需”的方案，达到吸引和说服对方、一怕即合的良好效果。如果双方的第一需要重合，那么要求双方在第一需要的问题上做出相应的退让，找出一个合适的结合点，辅以对第二、第三需要的相应调整，这样的提议也是有可能说服对方的。

⑩及时总结，做出结论。说服到了一定程度，该对问题下结论之时不要推辞，与其让对方下结论，不如先由己方简单明了、准确无误地陈述出来。对于那些经过双方反复讨论和修正的问题，及时下结论是十分关键的。

（三）说服的条件

说服不同于压服，也不同于欺骗，成功的说服结果必须要体现谈判双方的真实意见。采取胁迫或欺诈的方法使对方接受己方的意见，会给谈判埋下危机。世上没有不透风的墙，也没有纸能包得住的火，因此，谈判者切忌用胁迫或欺诈的手法进行说服。事实上，这样做也根本不是真正的说服。

谈判中说服对方的基本原则是要做到有理、有力、有节。有理是指在说服时要以理服人，而不是以力压人。有力是指说服的证据、材料等有较强的力量，不能轻描淡写。有节是指在说服对方时要适可而止，不能得理不饶人。这些原则说明，要说服对方，谈判者不仅要有高超的说服技巧，还必须运用自己的态度、理智、情怀来征服对方，这就需要掌握说服对方的基本条件。

①要有良好的动机。说服对方的前提是不损害对方的利益。这就要求说服者的动机端正，既要考虑双方的共同利益，更要考虑被说服者的利益要求，以便使被说服者认识到服

从说服者的观点和利益不会给自己带来什么损失，从而在心理上接受说服者的观点。否则，被说服者即使暂时迫于环境或对方的压力接受了说服者的观点，也会口服心不服，为以后谈判埋下隐患，使对手防不胜防。

②要有真诚的态度。真诚的态度是指谈判者在说服对方时尊重对方的人格和观点，站在朋友的角度与对方进行坦诚的交谈。对被说服者来说，相同的语言从朋友嘴里说出来，他认为是善意的，很容易接受；从对立一方的口中说出来则被认为是恶意的，是不能接受的。因此，谈判者要说服对方必须从与对方建立信任做起。

③要有友善的开端。谈判者要说服对方，首先必须给人以良好的第一印象，才能使双方在友善的基础上探讨问题。友善的开端：一是要善意地提出问题，使对方认识到这是在为他解决困难，这就要求说服者不是随心所欲地谈自己的看法，而要经过周密的思考，提出成熟的建议。二是要有友善的行为，即在说服中待人礼貌，晓之以理、动之以情，使对方自愿接受说服。

④要有灵活的方式。要说服对方，方式是重要的条件，不同的人所能接受的方式是不相同的。谈判者只有针对不同的人采用不同的方式，才能取得理想的效果。

第三节　谈判无声语言运用的艺术

一、无声语言的含义与作用

（一）无声语言的含义

谈判的主体语言是有声语言，而有声语言表达效果的好坏还要看无声的伴随语言。伴随语言是指伴随有声语言而产生的身体语言和副语言。身体语言是指谈判中人体外表的各个部分（如眼睛、脸、嘴、手、腿、脚、腰等）通过动作传递的信息和表达的意愿。另外，沉默也是一种伴随语言，它与身体语言一起构成无声语言。在副语言中，有语调和语气之分：语调是语言动作的最高级、最有说服力的一种形式，它通过对有声语言的停顿、轻重、高低的选用，表达出不同的意愿；语气则根据不同的场合、不同的谈判对象，表达出谈判者的情感态度。

谈判者不仅要灵活运用有声语言，清楚、流畅地陈述自己的观点和要求，而且还要学会通过无声语言和副语言恰如其分地表达自己的情感和愿望。无声语言运用得好坏也是决定商务谈判成败的关键因素之一。

（二）无声语言的作用

美国心理学家艾伯特·梅拉比安曾经通过实验得出这样一个结论：把一个信息完整地传递给对方，55%靠的是身体语言与外形，38%靠的是语调和语气，而真正的有声语言内容的效果，只占 7%。这个结论告诉我们，无声语言在信息传递中起着十分重要的作用。在商务谈判中，无声语言的作用主要表现在以下四个方面。

①代替作用。无声语言沟通在谈判中可以替代有声语言所要表达的意图，特别是当有

声语言不便或不能表达谈判者意图，或语言表达不合时宜或对方难以领悟时，无声语言的运用便能够取得明显的效果。例如，人们常用伸出两个手指构成“V”字形，表示胜利；伸出大拇指表示赞许、称赞、好样的等多种含意。据载，晋代阮籍常以眼神直接表示对人的态度：对器重之人以青眼（眼睛正视）表示尊重，对鄙薄之人以白眼（眼珠向上或向旁，现出眼白）表示轻视和憎恶。

②补充作用。无声语言可以丰富有声语言所要表达的内容，对于有声语言所要表达的信息，无声语言在不同程度上起着辅助表达、增强力量、加重语气的作用。比如：人们在听别人说话时，手摸桌子、背向后仰，多表示不感兴趣；对方在说话时慢慢握紧了拳头，表示下决心，挥舞拳头表示威胁；人们常用点头表示同意，摇头表示否定，通过调节动作幅度的大小引起他人的注意等。

③暗示作用。谈判者如果想从一个态度转向另一个态度，可通过表情、语调的调整或体态的运用来完成。这体现了无声语言的强烈暗示作用。无声语言在传递信息时还能给人自然、真切的感觉。所以，无声语言在国际商务谈判中被广泛运用。例如，“我很喜欢你”“你真讨厌”这两句字面意义完全相反的话，根据表达情绪的需要，通过对声音特征的调整，可以表现出从真的喜欢到真的厌烦的所有不同程度的情绪。

④调节作用。由于商务谈判环境、对象等外部条件的不同，以及可能遭遇僵局等状况，谈判主体会产生不适心理。这时，如果通过无声语言的动作调节，参与商务谈判的主体就能够较快地恢复正常。例如，谈话人或听话人有时会拿一根小草在手中摆弄、抖一阵脚，或者拿着笔在本子上随意地画写等，通过这些动作可以排解心中的烦恼、调节不适的心理、缓解无聊的心境。

二、商务谈判中的身体行为语言

身体行为语言是指包括目光、表情、身体运动、触摸、体态、身体间的空间距离等在内的非言语性的身体信号。身体行为语言在人际沟通中有着口头语言无法替代的作用。

1. 眼睛动作的语言

眼睛是心灵的窗户。这句话道出了眼睛具有反映深层内心世界的功能。眼睛的动作最能够明确地表达人的情感世界。人的一切情绪、情感和态度的变化都可以从眼睛中显示出来。人可以对自己的某些外显行为做到随意控制，可以在某些情境中做到口是心非，却很难对自己的目光做到有效控制。

①在谈判中，对方的视线经常停留在你的脸上或与你对视，说明对方对谈判内容很感兴趣，想急于了解你的态度和诚意，成交的希望程度高。

②交谈涉及关键内容（如价格）时，对方躲避与你视线相交，可能是对方把卖价抬得偏高或把买价压得过低。

③对方的视线时常脱离你，眼神飘忽不定，说明对你所谈的内容不感兴趣但又不好意思打断，产生了焦躁情绪。

④对方眨眼的时间明显地长于自然眨眼时（正常情况下，一般人每分钟眨眼 5～8

次，每次眨眼一般不超过 2 秒），表明对方对你谈的内容或对你本人已产生了厌倦情绪，或表明对方感觉有优越感，对你不屑一顾。

⑤倾听对方谈话时几乎不看对方的脸，那是试图掩饰什么的表现。

⑥眼神闪烁不定，常被认为是掩饰的一种手段或不诚实的表现。

⑦眼睛瞳孔放大而有神，表示此人处于兴奋状态；瞳孔缩小而无神、神情呆滞，表示此人处于消极、戒备或愤怒状态。

⑧瞪大眼睛看着对方是对对方有很大兴趣的表示。

⑨对方的视线在说话和倾听时一直环顾四周，偶尔看一下你的脸便迅速移开，通常意味着他对生意诚意不足或只想占大便宜。

⑩下巴内收，视线上扬注视你，表明对方有求于你，希望成交的程度比你高，让步幅度大；下巴上扬，视线向下注视你，表明对方认为比你有优势，成交的欲望不强，让步幅度小。

眼睛动作传递的信息远不止这些。人类眼睛所表达的思想，有些确实是只能意会而难以言传，这就要靠谈判人员在实践中用心加以观察和思考，不断积累经验，争取把握各种眼睛动作所传达的信息。

2. 眉毛动作的语言

眉毛是配合眼睛动作来表达含义的，二者往往表达同一个含义。但单纯的眉毛动作也能反映出人的许多情绪。

①人们处于惊喜或惊恐状态时，眉毛上耸，即喜上眉梢。

②处于愤怒或气恼状态时，眉角下拉或倒竖。

③眉毛迅速地上下运动，表示亲近、同意或愉快。

④紧皱眉头，表示人们处于困惑、不愉快、不赞同的状态。

⑤眉毛高挑，表示询问或疑问。

⑥眉宇舒展，表示心情舒畅。

⑦双眉下垂，表示难过和沮丧。

上述有关眉毛的动作语言是不容忽视的，人们常常认为没有眉毛的脸十分可怕，因为它给人一种毫无表情的感觉。

3. 嘴巴动作的语言

人的嘴巴除了说话、吃喝和呼吸以外，还可以有许多动作，借以反映人的心理状态。

①嘴巴张开，嘴角上翘，常表示开心、喜悦。

②撅起嘴，常表示生气和赌气，是不满意和准备攻击对方的表现。

③撇嘴，常表示讨厌、轻蔑。

④咂咂嘴，常表示赞叹或惋惜。

⑤努努嘴，常表示暗示或怂恿。

⑥嘴角稍稍向后拉或向上拉，表示听者是比较注意倾听的。

⑦嘴角向下拉，是不满和固执的表现。

⑧紧紧地抿住嘴，往往表现出意志坚决。

⑨遭受失败时，人们往往咬嘴唇，这是一种自我惩罚的动作，有时也可解释为自我嘲解和内疚的心情。

4. 上肢动作的语言

上肢包括手和臂膀。通过对上肢的动作的观察或者自己与对方手与手的接触，我们可以判断分析出对方的心理活动或心理状态，也可以借此把自己的意思传达给对方。

①握拳是表现向对方挑战或自我紧张的情绪。握拳的同时指关节发出响声或用拳击掌，都是向对方无言的威吓或发出攻击的信号。握拳使人肌肉紧张、能量集中，人一般只有在遇到外部的威胁和挑战而准备进行抗击时才会做出这个动作。

②用手指或铅笔敲打桌面，或在纸上乱涂乱画，表示对方对话题不感兴趣、不同意或不耐烦的意思。这样做一是打发消磨时间，二是暗示和提醒对方。

③咬手指或指甲的动作是婴儿行为的延续，成年人做出这样的动作是个性或性格不成熟的表现，即所谓的乳臭未干。

④两手手指并拢并置于胸的前上方呈尖塔状，表明充满信心，这种动作多见于西方人。特别是会议主持人、领导者、教师在主持会议或上课时，用这个动作以示独断或高傲，以起到震慑与会者或学生的作用。

⑤手与手连接放在胸腹部的位置，是谦逊、矜持或略带不安心情的反应。歌唱家、获奖者等待被人介绍时常用这样的姿势。

⑥两臂交叉胸前，表示防卫或保守，两臂交叉于胸前并握拳，则表示怀有敌意。

⑦握手。握手的动作来自原始时代的生活。原始人在狩猎或战争时，手掌中持有石块和棍棒等武器。陌生者相遇，若互相没有恶意，就要放下手中的东西，并伸开手掌让对方摸掌心，表示手中未持武器。久而久之，这种习惯逐渐演变成现在的“握手”动作。

握手的原始意义不仅表示问候，也表示一种保证、信赖和契约。标准的握手姿势应该用手指稍稍用力握住对方的手掌，对方也应该用手指稍稍用力回握，用力握的时间约为1～3 秒。如果发生与标准姿势有异的情况，便有了除问候与礼貌以外的附加意义。主要有以下几种情况。

①握手时对方手掌出汗，表示对方处于兴奋、紧张或情绪不稳定的心理状态。

②若某人用力回握对方的手，表明此人具有好动、热情的性格，凡事比较主动，美国人大都喜欢采用这种方式的握手；反之，不用力握手的人，若不是个性懦弱、缺乏气魄，便是傲慢矜持、爱摆架子。

③凝视对方再握手，是想将对手置于心理上的劣势地位。先注视一下对方，相当于审查对方是否有资格与其握手的意思。

④向下握手，表示对手想取得主动、优势或支配地位，手掌向下是居高临下的意思；相反，手掌向上握，是性格软弱，处于被动、劣势或受人支配的表现，手掌向上有一种向对方投靠的含意。

⑤两只手握住对方的一只手并上下摆动，往往有热情欢迎、真诚感谢、有求于人、肯定契约关系等意义。在日常生活中，我们常常可以看到，为了表示感谢对方、或欢迎对方、

或恳求对方等，一方会用两只手去握住对方的一只手。

5. 下肢动作的语言

①“二郎腿”。双方并排而坐时，对方若架着“二郎腿”并上身向前向你倾斜，意味着合作态度；反之，则意味着拒绝、傲慢或有较强的优越感。相对而坐时，对方架着“二郎腿”却正襟危坐，表明他是比较拘谨、欠灵活的人，且自觉处于较低的交易地位，成交期望值很高。

②架脚（把一只脚架在另一条腿的膝盖或大腿上）。对方面对初次打交道的人时就采取这个姿势并仰靠在沙发靠背上，通常带有倨傲、戒备、怀疑、不愿合作等意味。若上身前倾同时滔滔不绝地说话，则意味着对方是个热情的但文化素质较低的人，对谈判内容感兴趣。如果频繁变换架脚姿态，则表示他情绪不稳定、焦躁不安或不耐烦。

③并腿。交谈中始终或经常保持这一姿势并上身直立或前倾的对手，意味着谦恭、尊敬，表明对方有求于你，自觉交易地位低，成交期望值很高。时常并腿后仰的对手大多小心谨慎，思虑细致全面，但缺乏自信心和魄力。

④分腿。双膝分开、上身后仰者，表明对方是充满自信的，愿意合作的、自觉交易地位优越的人，但要指望对方作出较大让步是相当困难的。

⑤摇动足部，或用足尖拍打地板，或抖动腿部，都表示对方焦躁不安、无可奈何、不耐烦或欲摆脱某种紧张情绪。

⑥双脚不时地小幅度交叉后又解开，这种反复的动作表示对方情绪不安。

6. 腰部动作的语言

腰部对人体起承上启下的支撑作用，腰部位置的高或低与人的心理状态和精神状态是密切相关的。

①弯腰动作，如鞠躬、点头哈腰属于低姿势。人把腰的位置放低，精神状态会随之“低”下来。向人鞠躬是表示某种谦逊的态度或表示尊敬。如果人在心理上自觉不如对方，甚至惧怕对方时，就会不自觉地采取弯腰的姿势。

从谦逊再进一步，即演变成服从、屈从，心理上的服从反映在身体上就是一系列在居于优势的个体面前把腰部放低的动作，如跪、伏等。因此，弯腰、鞠躬、作揖、跪拜等动作，除了礼貌、礼仪的意义之外，都是服从或屈从对方、压抑自己情绪的表现。

②挺直腰板，使身体及腰部位置增高的动作，则反映出个人情绪高昂、充满自信。经常挺直腰板站立、行走或坐下的人往往有较强的自信心及自制和自律的能力，但为人可能比较刻板，缺少弹性或通融性。

③手叉腰间，表示胸有成竹，对自己面临的事物已做好精神上或行动上的准备，也表现出某种优越感或支配欲。有人将这视作领导者或权威人士的风度。

7. 腹部动作的语言

腹部位于人体的中央部位，它的动作带有极丰富的含义。在我国，一直重视腹部在精神上的含义，把腹、肚、肠视为高级精神活动与文化的来源，以及知识、智慧的储藏所。例如，某人有学问，就称为满腹经纶，作家构思叫作打腹稿等。

①凸出腹部，表现出自己的心理优势，自信与满足感。腹部可谓是意志与胆量的象征。这一动作也反映了意在扩大自己的势力圈，是威慑对方，使自己处于优势或支配地位的表现。

②抱腹蜷缩，表现出不安、消极、沮丧等情绪支配下的防卫心理，病人、乞丐常常这样做。

③解开上衣纽扣露出腹部，表示开放自己的势力范围，对于对方不存戒备之心。

④系皮带、腰带的动作与传达腹部信息有关。重新系一下皮带是人在无意识中振作精神与迎接挑战的意思；反之，放松皮带则反映出这个人将放弃努力和斗志开始松懈，有时也意味着紧张的气氛中的暂时放松。

⑤腹部起伏不停，反映出人的兴奋或愤怒。极度起伏，是即将爆发的兴奋与激动的状态导致的呼吸困难所至。

⑥轻拍自己的腹部，表示自己有风度、雅量，也包含着经过一番较量之后获得优势的得意心情。

8. 其他姿态的语言

①交谈时，对方头部保持中正，时而微微点头，说明他对你的讲话不厌烦，但也非都感兴趣。若对方将头侧向一边，尤其是倾向讲话人的一边，则说明他对所讲的事情很感兴趣。若对方把头垂下，甚至偶尔合眼似睡，则说明他对所讲的事兴趣索然。

②谈话时，对方不断变换站、坐等体位，身体不断摇晃，常表示他焦躁和情绪不稳。不时用一种单调的节奏轻敲桌面，则表示他极度不安，并极具警戒心。

③交谈时，对方咳嗽常有许多含义，有时是焦躁不安的表现；有时是稳定情绪的缓冲；有时是掩饰说谎的手段；也有时，听话人对说话人的态度过于自信或自夸表示怀疑或惊讶，会用假装清喉咙来表示对他的不信任。

④交谈时，若是戴眼镜的对手将眼镜摘下，或拿起放在桌上的眼镜把镜架的挂耳靠在嘴边，两眼平视，表示想用点时间稍加思考。若对方摘下眼镜，轻揉眼睛或轻擦镜片，常表示对争论不休的问题厌倦或是喘口气准备再战。若猛推一下眼镜，上身前倾，常表示对方因某事而气愤，可能将进行反攻。

⑤拿着笔在空白纸上画圈圈或写数字等，双眼不抬，若无其事的样子，说明对方已经厌烦了。拿着打火机，打着了火，观看火苗，或是放下手中物品，向两边看看后，双手抱臂向椅子上一靠，都是暗示对方：没有多少爱听的，随你讲吧。

⑥扫一眼室内的挂钟或手表，收起笔、合上本，抬眼看着对手的眼睛，似乎在问：“可以结束了吧？”对方这种表现足以说明“别谈了”的意思。给助手使个眼神或做个手势（也可小声说话），收拾东西，整理衣服，起身离开会议室，也表明对方对所言无望，可以结束谈判了。

以上是谈判及交往中常见的动作语言及其能传递的信息。当然，这些动作仅是就一般情况而言，不同的民族、地区，不同的文化层次及个人修养，在动作、姿势及其所传达的信息方面都是不同的，谈判者应在具体环境下区别对待。另外，谈判者在观察对方动作和姿态时，不能只从某一个孤立的、静止的动作或姿态去进行判断，而应对连续的、一系列的动作进行分析和观察，特别是应结合对方讲话时的语气、语调等进行综合分析，这样才能得出比较真实、全面、可信的结论。

需要指出的是，在商务谈判过程中，对方完全可能会利用某些动作、姿态来迷惑己方。这就需要谈判者从对方连续一贯的动作来进行观察，或者与对方前后所做的动作以及当时讲话的内容、语音、语气和语调等相联系，从中找到破绽，识别其真伪，然后采取必要的措施。

第四节　商务谈判的副语言

一、副语言的含义与特点

1. 副语言的含义

所谓副语言，是指不以人工创制的语言为符号，而以其他感官诸如视觉、听觉、嗅觉、味觉、触觉等的感知为信息载体的符号系统。作为人际传播的主要手段，语言和副语言有很多相同之处。它们首先都是在人类进化和交往过程中创造出来的“产品”。在人际传播中，人们同时使用语言和副语言这两种产品。在面对面的人际传播中，我们很难想象一个人只是用口说话，而不做出任何身体动作和表情。一个人只用身体动作和表情表达意思，而不说一句话，同样是不可思议的，除非是聋哑人。面对面的语言同人们清醒的、自觉的意识相关联，而副语言常常是和模糊不清的、不自觉的潜意识打交道。意识的外化形式是语言，而潜意识的外化形式则是副语言。正因为如此，副语言的可控程度更低。如果将传播手段分为书面语言、口头语言和副语言，我们不难发现书面最有时间进行润色，因而可信程度最低。所以，书面语言是最易控制和掩饰真情的一种方式。口头语言酌情和修改的时间较少，自觉控制机会也相对少一些，可靠性也就大一些，但仍有时间自我掩饰和控制。副语言行为一般不易控制，有时甚至完全出于人的无意识，例如害羞时满脸通红，害怕时脸色苍白、手脚发抖。特别是心跳、呼吸速度、体温、瞳孔大小和身体战栗等都比其他动作难以控制。

2. 副语言的基本特点

副语言作为人际沟通的一种信息表达手段，具有以下基本特点。

（1）连续性

在人际传播中，人们总是自觉或不自觉地使用副语言符号进行传播。副语言交流在传播过程中不断进行。在交际过程中，有意识的副语言行为是交流，无意识的行为举止也是交流，甚至不说话的毫无表情也是一种交流。由此可见，副语言是连续性行为，没有开始和结束之分。正如欧文·戈夫曼所言：“尽管一个人可能停止说话，但是他不能停止通过身体习惯性动作的传播。”即便在没有语言参与的情况下，人们之间仍能通过距离、身体气息、肢体移动等符号传递信息和交流情感。总之，副语言沟通无时无刻不在进行，这就是副语言的连续性。

（2）立体性

在人际传播活动中，人们说话的语气口吻、面部的表情、肢体的动作、器物的颜色、形状、气味等都会以副语言符号传递信息。副语言行为通常以组合的方式出现。当一个人愤怒时，他会横眉怒目、咬牙切齿、紧握拳头；当一个人高兴时，他会喜笑颜开、手舞足蹈；当一个人悲愤时，他又会捶胸顿足。实验表明，人们的情绪几乎都是由整个身体表达的，要使身体的不同部位表达不一致或矛盾的情绪，非常困难。人们总是同时使用身体的各个器官来传情达意，因此，副语言在空间上具有立体性。

一个副语言符号，通常与其他副语言符号相伴随，构成符号系统。此外，副语言符号与语言传播行为也密切相关，互相增强和支持。因而，在认识某一个副语言行为时，人们应尽可能完整地把握相关的所有副语言信息。

（3）模糊性

语言能表达意义明确、逻辑清晰的信息，而副语言往往传递朦胧模糊的主观印象。人们常常将副语言符号视为一种肖像性符号。因此，副语言不能明确地表达具体的思想，它所表达的含义往往是不确定的。同样是拍桌子，可以是拍案而起，表示怒不可遏；也可以是拍案叫绝，表示赞赏至极。只有联系具体的传播情境，才能明确副语言的意义。

（4）真实性

如前所说，副语言较之于语言可控性低，因而具有较强的可信性和真实性。副语言的传播是非常根深蒂固和无意识的。许多时候，语言信息和无意识表露的副语言是相互矛盾的。人的真实意图可以用语言信息掩饰，然而在副语言沟通中却很难掩饰。

为什么副语言具有真实性呢？一方面由于语言受理性意识的控制，容易做假，而副语言大多是发自内心深处的，是无意识的，是传播真实的思想感情的流露。因此，要了解说话人的深层心理，即无意识领域，单凭语言是不可靠的。因为人类语言传达的意思大多属于物理层面，是受意识控制的。这些经理性加工后表达出来的语言往往不能率直地表露一个人的真正意向，即说出来的语言并不等于存在于心中的语言。因此，人们常说不但要“听其言”，还要“观其行”。另一方面，一个人的副语言行为是其整体性格的表现以及个人人格特征的反映。副语言更多的是一种对外界刺激的直接反应，是人们潜意识的反映，很难掩饰和压抑，具有更强的真实性。正如弗洛伊德所说：“没有人可以隐藏秘密，假如他的嘴唇不说话，则他会用指尖说话。”因此，当语言信息与副语言发生冲突时，我们宁愿接受副语言信息。

二、副语言的表达方式

商务谈判的副语言是伴随着有声语言出现的，包括语气、语调、语速、停顿等，是语言表达中不可缺少的部分。

1. 语气

同样一句话，语气不同所赋予的含义也就不同。谈判者应以准确表达己方的观点为出发点，来把握自己的语气，从而达到让对方准确理解自己的目的。

2. 语调

谈判者使用不同的语调，可以表达出各种错综复杂的感情。一句话用 10 种不同的语调来念，就会有 10 种不同的意思表达效果。一个字、一个词、一个句子的写法只有一种，可说法却可能有许多种。复杂多变的语调是具有很强意思表达功能的口语艺术。语调的构成比较复杂，语速的停转连续、音量的轻重强弱、音调的抑扬顿挫及音质都会影响语调。一般来说，语调可分为平直调、上扬调、降抑调和弯曲调四种类型。

①平直调，其语调特征是平稳、语势舒缓。一般用来表达从容、庄重的感情。例如，我们希望贵方能以现金支付。

②上扬调，其语调特征是前低后高，语势呈上升趋势。一般用来表达怀疑、鼓动、愤怒、斥责的感情。例如，什么意思，你懂什么！

③降抑调，其语调特征是前高后低，语势呈下降趋势。一般用来表达坚定、自信、感叹、祝愿的事情。例如，哪有这回事？

④弯曲调，其语调特征是有升有降，语势曲折多变。一般用来表达忧虑、讽刺、调侃、怀疑的感情。例如，你为什么不借 100 万元而只借 90 万元？

因此，谈判者在谈判中可以通过对方说话声音高低抑扬的变化来窥探其情绪的波动。同样一句话，由于语调的高低升降不同，可以表达出不同的含义。谈判者在讲话时要充分利用不同的语调变化，即根据语言表达的不同内容和不同需要，变换不同的语调。这样，谈判语言层次更分明，感染力会大大加强。

3. 语速与节奏

人们说话的速度影响听者对信息的接收和理解。人们说话的速度通常为每分钟 120～261 个音节。研究发现，语速对阐述效果影响很大。谈判者语速过快，对方听不清楚，表现出紧张、激烈的情绪，会让对方感到压力；语速过慢，又会使对方难辨主次，觉得犹豫、沉重。在谈判中语速过快或过慢都是不好的，谈判者应该合理变换语速，有些话说得快些，有些话则说得慢些，快慢结合，这样才能充分调动对方，吸引对方。

节奏是音量的大小、强弱、音调的高低升降、音速的快慢缓急等因素组合而成的有秩序、有节拍变化、有规律的声音。谈判者说话的节奏过于缓慢，很难引起对方的注意和兴趣，常使对方分心；节奏过快，很难使人立即接受并理解其具体的、真正的含义，给信息沟通带来麻烦。所以，节奏的处理技巧是有张有弛，有抑有扬，该平和的地方就放慢节奏，娓娓道来；该展示气度胸怀时，就要有高屋建瓴的气度，使整席话就如同一首好听的歌一样和谐。

4. 重音

重音就是人在说话时着重突出某个字、词以示强调。一般来说，重音有三种类型。

①逻辑重音。根据谈判者目的不同而强调句子中不同的词语。它在句子中没有固定的位置。示例如下，括号表示词语需重音强调。

（我们）不相信贵方会这样做。

我们不相信（贵方）会这样做。

我们不相信贵方会（这样）做。

②语法重音。谈判者根据一句话的语法结构规律而将某些词语说成重音。例如，定语、状语常是语法重音。

③感情重音。为了表达思想感情，谈判者在一句话、几句话甚至一段话中对某些音节加重音量。

5. 停顿

停顿是因为内容表达和生理、心理的需要而在说话时所留的间歇。谈判者为了表示某种特定的意思而有意安排的停顿，可以引起对方的注意，强调我方的重点，达到“此时无声胜有声”的境界。一般来说，停顿可分为四种。

①语法停顿。语法停顿是指按照标点符号所做的间歇，如遇到句号、逗号、顿号、分号等都可做或长或短的停顿。

②逻辑停顿。逻辑停顿是指为了突出强调某一事物或显示某一语音而做的停顿。逻辑停顿有时会打破标点符号的局限，在无标点处停顿。这种情况一般与逻辑重音相配合。

③感情停顿。感情停顿是指由感情需要而做的停顿。它受感情支配，有丰富的内在含义和饱满的真情实感，多用来表达沉吟思考、情感激动、恼怒愤慨等情感。

④生理停顿。生理停顿是指人们说话时在长句子中间合适的地方顿一顿、换一口气。

在谈判过程中，谈判者可以用停顿来突出、强调自己的观点或意图，吸引对方的注意力。谈判者也可以通过恰当的停顿，给对方留下一定的思考时间，促使对方更充分、深入地分析、思考这些话的内涵，便于对方接受己方的观点，达到对所讨论问题的共识。

总的来说，语音的停顿、升降、快慢不是孤立的，它们是密切联系、相互渗透、同时出现的。谈判者对它们的使用必须从谈判语言运用的实际出发，灵活地加以变化，从而有效地增强语言的说服力和感染力，起到促进谈判双方相互沟通的作用。

三、副语言在商务谈判中的重要性

1. 增强语言交际的表达能力

人们运用语言行为来沟通思想、表达情感，但往往有词不达意或言不尽意的感觉，因此需要使用副语言进行帮助，或弥补语言的局限，或对言辞的内容加以强调，使自己的意图得到更充分、更完善的表达。例如，当别人在街上向正在行走的你问路时，你会一边回答一边用手指点方向，帮助对方领会道路方向，达到有效的信息沟通。

2. 代替有声语言

在一定条件下，副语言还具有能够取代有声语言，而且无法被有声语言取代的独特的作用。例如《三国演义》中的诸葛亮面对司马懿的兵临城下，命令打开城门，让一群老弱残兵清扫街道，而自己却稳坐城楼之上饮酒弹唱，神态自若，曲调悠扬。司马懿反复观察，思考再三，认为城中必定设有伏兵，便急忙引兵撤退。空城计的成功，充分展现了副语言具有有声语言不可取代的独特作用。

3. 能迅速传递，反馈信息，增强互动性

在商务谈判沟通时，谈判者的副语言行为可以维持或调节沟通的进行。例如，点头表示对对方的肯定，抬眉表示有疑问等。再如，哈哈大笑、爽朗的笑、傻笑、哭笑、冷笑、假笑、讨好上司的笑、无可奈何的笑，叹息、呻吟以及各种叫声，诸如此类的副语言都等于在说话，有时甚至胜过说话。因此，副语言的暗示，如语气、语调、语速、停顿等，所有这些都是在传递信息。

扩展阅读

思考题

1. 商务谈判语言运用的类型有哪些？
2. 商务谈判语言运用原则有哪些？
3. 商务谈判有声音语言的运用技巧有哪些？
4. 语言在传递中具有哪些作用？
5. 商务谈判身体行为语言的运用技巧有哪些？
6. 商务谈判的副语言有哪些？

案例分析

第十章

商务谈判僵局

学习目标与重点

1. 商务谈判僵局的含义与类型；
2. 商务谈判僵局产生的原因；
3. 商务谈判僵局处理的原则；
4. 商务谈判中僵局的处理方法；
5. 商务谈判僵局的利用与制造。

案例导入

第一节　商务谈判僵局概述

一、商务谈判僵局的含义与类型

（一）商务谈判僵局的含义

在商务谈判中，时常会因为各种原因而僵持不下，如意见分歧、相互猜疑、争论不止、气氛紧张等。我们把上述阻碍和影响谈判顺利进行的各种问题和因素称为商务谈判障碍。这些障碍的出现虽然属于正常，但如果处理不当，就会严重影响谈判协议的达成。因此，如何打破僵局、恰当地处理反对意见、有效地变被动为主动，以及控制谈判的气氛等是每个谈判者面临的问题。

商务谈判僵局是指在谈判过程中，由于双方对所谈问题的利益要求差距较大，又都不肯做出让步，导致双方的矛盾暂时不可调和而形成对峙，使谈判呈现出一种不进不退的僵持局面。谈判僵局之所以经常出现，原因就在于来自不同国家或地区不同企业的谈判者在商务谈判中，各方观点、立场的交锋是持续不断的，当利益冲突变得不可调和时僵局便出现了。虽然出现僵局不等于谈判破裂，但它严重影响谈判的进程，如果不能很好地解决，就会导致谈判破裂。要打破僵局，谈判者必须对僵局的性质、产生原因等进行透彻的分析，才能正确地加以判断，从而采取相应的策略和技巧，选择有效的方案，重回谈判桌，使谈判顺利地进行下去。

（二）商务谈判僵局的类型

1. 策略性僵局

策略性僵局是指谈判的一方有意识地制造僵局，给对方造成心理上的压力，从而逼迫对方降价或者要求对方答应己方的要求，为己方争取时间和创造优势的延迟性质的一种策略。这种谈判方式多数存在于企业实力不对等的情况下，在大多数情况下实力强的企业会挤压或者损害实力弱的企业的实质性利益，实力弱的企业要么反抗，要么顺从。在这种情况下，僵局很容易形成。

2. 情绪性僵局

情绪性僵局是指在谈判的过程中，一方的讲话引起对方的反感，冲突升级，出现唇枪舌剑、互不相让的局面。一些有经验的谈判专家认为，许多谈判人员习惯性维护个人的面子甚于维护公司的利益。在谈判中，如果一方感到丢了面子，他就会奋起反击来挽回面子，甚至不惜退出谈判，这时，他的心态处于一种激动不安的状况，态度特别固执，语言具有攻击性，明明是一个微不足道的小问题，却毫不妥协退让，造成双方很难继续交谈，谈判就陷入了僵局。在这种情况下，谈判者要给对方足够的面子。特别需要指出的是，如果对方是高层领导，就更要让其有一种居高临下的感觉，充分满足他的虚荣心，这样就不容易产生情绪性僵局了。

3. 实质性僵局

实质性僵局是指各方在谈判的过程中涉及商务交易的核心利益时，因意见分歧较大，难以达成一致性意见，而且各方又固守己见、毫不相让。实质性僵局会在以下三种情况下产生。第一种，谈判各方势均力敌，而各自的目的、利益都集中在某个问题上。比如，一宗商品买卖交易，买卖双方都非常关注商品价格、付款方式两个条款。那么相互通融、协商的余地就比较小，很容易在此问题上互不相让，形成僵局。第二种，各方对交易内容的要求和想法差别较大，也容易形成僵局。第三种，双方在谈判中以坚持立场的方式磋商问题也容易使谈判陷入僵局。例如，一方宣称要做什么、不做什么，另一方针锋相对，这就大大缩小了双方回旋的余地，增加了妥协的难度。

二、商务谈判僵局产生的原因

在谈判进行过程中，僵局无论何时都有可能发生，任何主题都有可能形成分歧与对立。归纳起来，产生僵局的主要原因有以下几个方面。

1. 谈判一方故意制造谈判僵局

谈判一方故意制造僵局是一种带有高度冒险性和危险性的谈判战略。即谈判的一方为了试探出对方的决心和实力而有意给对方出难题、搅乱视听，甚至引起争吵，迫使对方放弃自己的谈判目标而向己方目标靠近。使谈判陷入僵局的目的是使对方屈服，从而达成有利于己方的交易。谈判的一方故意制造谈判僵局的原因可能是过去在商务谈判中上过当、吃过亏，现在要报复对方；或者己方处在十分不利的地位，希望通过给对方制造麻烦改变自己的谈判地位，并认为即使改变不了地位也不会有什么损失，从而导致商务谈判出现僵局。

通常情况下，谈判者往往不愿冒风险使谈判陷入僵局。因为制造僵局往往会改变谈判者在谈判中的处境，如果运用得好会取得满意的结果。反之，后果则不堪设想。因此，处于相对弱势的一方若要通过主观刻意制造僵局争取主动时，一定要有较大的把握和能力控制僵局时才可使用。故意制造僵局是有风险的，谈判者必须认真研究审慎为之。

2. 各方因立场观点对立争执导致僵局

在讨价还价的过程中，如果各方对某一存在分歧的问题各持己见，那么越是坚持各自的立场，各方之间的分歧就会越大。此时，各方真正的利益反被这种表面的立场所掩盖，于是谈判变成了一种意志力的较量。当各方的冲突和争执激化、互不相让时，便会出现僵局。

在谈判过程中，一方为了维护自己的正当利益会提出反对意见，当这些反对意见得不到解决时，便会利用制造僵局来迫使对方让步。例如，卖方认为要价不高，而买方则认为卖方的要价太高；卖方认为自己的产品质量没有问题，而买方则对产品质量不满意等。此外，也可能是客观市场环境的变化造成谈判双方不能让步。例如，由于市场价格的变化，使一方原定的谈判让步计划无法实施，便会在谈判中坚持条件，使谈判陷入僵局。

经验证明，谈判各方在立场上关注越多，就越不能注意调和各方利益，也就越不可能达成协议。甚至谈判各方都不想做出让步，或以退出谈判相要挟，这就更增加了达成协议的难度。因为在谈判中人们最容易犯立场观点性争执的错误，这是形成僵局的主要原因。

3. 沟通障碍导致僵局

沟通障碍是谈判各方在交流彼此情况、观点与洽商合作意向、交易条件等过程中，可能会遇到由于主观与客观的原因所造成的理解障碍。另外，也可能因各方文化背景的差异，一方语言中的某些特别表述难以用另一种语言准确表述出来而造成误解，也会导致沟通障碍。

4. 谈判人员的偏见或成见导致僵局

偏见或成见是指谈判人员由感情原因所产生的对对方及谈判议题的一些不正确的看法。由于产生偏见或成见的原因是对问题认识的片面性，即用以偏概全的办法对待别人，因而很容易引起僵局。

谈判人员对信息的理解受职业习惯、教育程度以及为某些领域内的专业知识所制约，所以从表面上看起来，谈判人员对对方所讲的内容似乎已完全理解了，但实际上这种理解却常常是主观、片面的，甚至往往与信息内容的实际情况完全相反。

5. 谈判人员的失误导致僵局

有些谈判者想通过表现自我来显示实力，从而使谈判偏离主题；或者争强好胜，提出独特的见解令人诧异；或者设置圈套，迷惑对方，使谈判的天平向着己方倾斜，以实现在平等条件下难以实现的谈判目标。但是在使用一些策略时，谈判人员往往因时机掌握不好或运用不当，导致谈判过程受阻而使僵局出现。

6. 谈判人员素质低下导致僵局

俗话说："事在人为。"谈判人员素质的高低往往成为谈判进行顺利与否的决定性因素。无论是谈判人员工作作风方面的原因，还是谈判人员知识经验、策略技巧方面的不足或失误，都可能导致谈判陷入僵局。

7. 利益合理要求的差距导致僵局

许多商务谈判，即使双方都表现出十分友好、坦诚与积极的态度，但是如果双方对各自所期望的收益存在很大差距，那么谈判也会搁浅。当这种差距难以弥合时，那么合作必然走向流产，僵局便会产生。

8. 客观环境的改变导致僵局

当谈判的外部环境，如价格、通货膨胀等因素发生改变时，谈判的一方不愿按原有的承诺签约，也会导致僵局产生。

9. 谈判人员的强迫手段导致僵局

谈判中，谈判人员常常有意或无意地采取强迫手段而使谈判陷入僵局。特别是涉外商务谈判，由于不仅存在经济利益上的相争，还有维护国家、企业及自身尊严的需要，因此某一方越是受到逼迫，就越不会退让，谈判的僵局也就越容易出现。

第二节　商务谈判僵局处理的原则

一、正确认识谈判的僵局

许多谈判人员把出现僵局视为谈判失败，企图避免它，在陷入僵局时，不是采取积极的措施加以缓和，而是消极躲避。有的谈判者在谈判开始前就祈求能顺利与对方达成协议，完成交易，别出意外和麻烦。特别是当他负有与对方签约的使命时，这种心情就更为迫切。这样一来，谈判者为避免出现僵局，处处迁就对方，一旦陷入僵局，就会很快地失去信心和耐心，甚至怀疑自己的判断力，对预先制订的计划产生动摇。这种思想阻碍谈判人员更好地运用谈判策略，结果可能会达成一个对己方不利的协议。

应该看到，僵局出现对双方都不利。谈判者如果能正确认识、恰当处理，则会化不利为有利。只要谈判者具备勇气和耐心，在保全对方面子的前提下灵活运用各种策略、技巧，僵局就不是攻克不了的堡垒。

当然，谈判就此暂停乃至最终破裂都不是绝对的坏事。谈判暂停，可以使双方都有机会重新审慎地回顾各自谈判的出发点，既能维护各自的合理利益又能注意挖掘双方的共同利益。如果双方都逐渐认识到弥补现在的差距是值得的，并愿采取相应的措施，包括做出必要的妥协，那么这样的谈判结果将真实的符合谈判原本的目的。即使出现了谈判破裂，双方也可以避免非理性的合作，而这种合作不能同时给双方带来利益上的满足。

二、冷静地理性思考

在谈判实践中，有些谈判者会脱离客观实际，盲目地坚持自己的主观立场，甚至忘记了自己的出发点是什么。由此而引发的矛盾，当激化到一定程度的时候即形成了僵局。谈判者在处理僵局时，要能防止和克服过激情绪所带来的干扰。一名优秀的谈判者必须具备头脑冷静、心平气和的谈判素养，只有这样才能面对僵局而不慌乱。只有冷静思考，才能理清头绪，正确分析问题。谈判者面对僵局时应设法建立一项客观的准则，即让双方都认为是公平的、又易于实行的办事原则、程序或衡量事物的标准，充分考虑到双方潜在的利益到底是什么，从而理智地克服一味地希望通过坚持自己的立场来赢得谈判的做法。这样才能有效地解决问题，打破僵局。相反，靠拍桌子、踢椅子来处理僵局是于事无补的，反而会带来负面效应。

三、协调好双方的利益

当双方在同一问题上发生尖锐对立，并且各自理由充足，均无法说服对方，也不能接受对方的条件，从而使谈判陷入僵局时，谈判者应认真分析双方的利益所在，只有平衡好双方的利益才有可能打破僵局。双方应从各自的眼前利益和长远利益两个方面权衡，寻找双方都能接受的平衡点，最终达成谈判协议。如果只追求眼前利益，可能会失去长远利益，这对双方都是不利的。只有双方都做出让步，协调关系，才能保证双方的利益都得到实现。

四、避免争吵

争吵无助于解决矛盾，只能使矛盾激化。如果谈判双方出现争吵，就会使双方的对立情绪加重，从而难以打破僵局达成协议。即使谈判一方在争吵中获胜，另一方无论从感情上还是心理上都很难持相同的意见，谈判仍有重重障碍。所以，一名谈判高手应通过据理力争，而不是同别人大吵大嚷来解决问题。

五、语言适度

语言适度是指谈判者要向对方传递一些必要的信息，但又不透露己方的重要信息，同时要积极倾听。这样不但和谈判对方进行了必要的沟通，而且可探出对方的动机和目的，形成对等的谈判气氛。

六、谈判双方加强沟通

谈判双方应加强沟通。一方面，双方多沟通信息，争取信息共享，减少因信息占有量不均而造成的误会；另一方面，通过经常性沟通可以密切人际关系，减少双方的敌视状态。此外，谈判双方还应注意沟通的方式方法，如多倾听、多探求、少冲动、少辩论。

七、欢迎不同意见

不同意见，既是谈判顺利进行的障碍，也是一种信号，它表明实质性的谈判已经开始。如果谈判双方就不同意见互相沟通，最终达成一致意见，谈判就希望成功。因此，作为一名谈判人员，不应对不同意见持拒绝和反对的态度，而应持欢迎和尊重的态度。这种态度会使谈判者能更加平心静气地倾听对方的意见，从而掌握更多的信息和资料，也体现了一名谈判者的宽广胸怀。

第三节　商务谈判中僵局的处理方法

一、打破谈判僵局的方法

谈判出现僵局，就会影响谈判协议的达成。这无疑是谈判人员不愿意看到的。因此，在双方都有诚意的谈判中应尽量避免出现僵局。但是，谈判本身就是双方利益的分配，僵局的出现也不可避免。因此，仅从主观愿望上不愿出现谈判僵局是不够的，也是不现实的。谈判者必须正确认识、慎重对待、认真处理这一问题，掌握处理谈判僵局的方法与技巧，从而更好地争取主动，为谈判协议的签订铺平道路。

1. 用语言鼓励对方打破僵局

当谈判出现僵局时，谈判者可以用话语鼓励对方："看，许多问题都已经解决了，现在就剩下这一点了。如果不能够一并解决的话，那不就太可惜了吗？"这种说法，看似很平常，实际上却能鼓动人，发挥很大的作用。

对于牵涉多项讨论议题的谈判，谈判者更要注意打破存在的僵局。比如，在一场包含六项议题的谈判中，有四项是重要议题，其余两项是次要议题。现在假设四项重要议题中已有三项获得协议，只剩下一项重要议题和两项小问题了。那么，针对僵局谈判者可以这样告诉对方："四个难题已解决了三个，剩下一个如果也能一并解决的话，其他的小问题就好办了，让我们再继续努力，好好讨论唯一的难题吧！如果就这样放弃了，前面的工作就都白做了，大家都会觉得遗憾的！"听你这么说，对方多半会同意继续谈判，这样僵局就自然化解了。

2. 采取横向式的谈判打破僵局

当谈判陷入僵局，经过协商而毫无进展，双方的情绪均处于低潮时，谈判者可以采用避开话题的办法，换一个新的话题与对方谈判，以打破僵持，等待高潮的到来。横向谈判是回避低潮的常用方法。由于话题和利益间的关联性，当其他话题取得成功时，再回来谈陷入僵局的话题，就会比以前容易得多。

谈判双方可以先撇开争议问题，谈其他问题，而不是盯住一个问题不放，不谈妥誓不罢休。例如，在价格问题上双方互不相让，僵住了，可以先暂时搁置一旁，改谈交货期、付款方式等问题。如果在这些问题上对方感到满意了，再重新回过头来讨论价格问题，阻力就会小一些，商量的余地也就更大，从而起到弥合分歧的作用，使谈判出现新的转机。

3. 寻找替代的方法打破僵局

俗话说，“条条大路通罗马”，在商务谈判上也是如此。谈判中一般存在多种可以满足双方利益的方案，而谈判人员经常简单地采用某一方案，当这种方案不能为双方同时接受时，僵局就会形成。

商务谈判不可能总是一帆风顺的，双方磕磕碰碰是很正常的事。这时，谁能创造性地提出可供选择的方案，谁就掌握了谈判的主动权。不过，谈判者如果试图在谈判开始就确定什么是唯一的最佳方案，就阻止了许多其他可选择方案的产生。相反，在谈判准备时期，谈判者若能构思对彼此有利的更多方案，往往会使谈判如顺水推舟。即使遇到障碍，只要及时调转“船头”，就能顺畅无误地到达目的地。

打破谈判僵局也可以对一个方案中的某一部分采用不同的替代方法，谈判者可选择以下几种方案。

①另选商议的时间。例如，谈判双方约定好重新商议的时间，以便讨论较难解决的问题，因为到那时也许会有更多的资料和更充分的理由。

②改变售后服务的方式。例如，建议减少某些烦琐的手续，以保证日后的服务。

③改变承担风险的方式、时限和程度。在交易的得失不明确的情况下，双方不应该只讨论分担风险后果的问题，否则只会导致争论不休。讨论承担风险的方式、时限和程度，可能会使双方找到利益的平衡点。

④改变交易的形态，使双方互相争利的情况改变为同心协力、共同努力。让交易双方的领导、工程师、技工彼此联系，互相影响，共同谋求解决的办法。

⑤改变付款的方式和时限。例如在成交的总金额不变的情况下，加大定金，缩短付款时限，或者采用其他不同的付款方式。

4. 运用休会策略打破僵局

休会策略是谈判人员为控制、调节谈判进程，缓和谈判气氛，打破谈判僵局而经常采用的一种基本策略。谈判中，双方因观点差异出现分歧是常有的事，如果各持己见、互不妥协，往往会出现僵持不下以至谈判无法继续进行的局面，如果继续谈判，甚至会适得其反，导致之前的谈判成果付诸东流。此时，比较好的做法就是休会。因为双方都需要时间进行思索，从而有机会冷静下来。或者双方的谈判成员需要停下来，客观地分析形势、统一认识、商量对策。

谈判会场是正式的工作场所，容易形成一种严肃而又紧张的气氛。当双方就某一问题发生争执、各持己见、互不相让，甚至话不投机、横眉冷对时，这种环境更容易使人产生压抑、沉闷的感觉和烦躁不安的情绪，使双方对继续谈判都没有兴致。在这种情况下，双方人员可暂时停止会谈或去游览、观光、出席宴会、观看文艺节目，也可以到游艺室、俱乐部等地方消遣，把绷紧的神经松弛一下，缓和一下双方的对立情绪。在轻松愉快的环境中，心情自然就放松了。更主要的是，通过游玩、休息、私下接触，双方可以进一步熟悉、了解，消除彼此间的隔阂，也可以不拘形式地就僵持的问题继续交换意见，寓严肃的讨论和谈判于轻松活泼、融洽愉快的气氛之中。这时，谈判双方人员心情愉快，人也变得慷慨大方，谈判桌上争论了几个小时无法解决的问题、障碍也许会迎刃而解。休会后，谈判双方再按预定的时间、地点坐在一起时，会对原来的观点提出新的、修正的看法，僵局就会容易打破。

把休会作为一种积极的策略加以利用，可以达到以下目的。

①仔细考虑争议的问题，构思重要的问题。

②可进一步对市场形势进行研究，以证实己方原来观点的正确性，思考新的论点与自卫方法。

③可以召集谈判小组成员，集思广益，商量具体的解决办法，探索变通途径。

④检查原定的策略及战术。

⑤研究讨论可能的让步。

⑥决定如何对付对方的要求。

⑦分析价格、规格、时间与条件的变动。

⑧阻止对方提出尴尬的问题。

⑨排斥讨厌的谈判对手。

⑩缓解体力不支和情绪紧张。

⑪应付谈判出现的新情况。

⑫缓和谈判一方的不满情绪，商量具体的解决办法。

休会一般先由一方提出，只有经过双方同意，这种策略才能发挥作用。怎样取得对方同意呢？首先，提建议的一方应把握好时机，看准对方态度的变化，讲清休会时间。如果对方也有休会的要求，很显然会一拍即合。其次，己方既要清楚并委婉地讲清需要，也要让对方明白无误地知道。一般来说，参加谈判的各类人员都是有修养的，如果东道主提出休会，客人出于礼貌，很少拒绝。最后提出休会建议后，双方不要再提出其他新问题来谈，先把眼前的问题解决了再说。

5. 利用中间人调停打破僵局

在政治事务中，特别是国家间、地区间冲突，由第三者出面作中间人进行斡旋，往往会获得意想不到的效果。商务谈判也完全可以运用这一方法来帮助双方有效地消除谈判中的分歧，特别是当谈判双方进入立场严重对峙、谁也不愿意让步的状态时，找到一位中间人来帮助调解，有时能很快使双方立场出现松动。

当谈判双方严重对峙而陷入僵局时，双方信息沟通就会发生严重障碍，互不信任，互相存在偏见甚至敌意。有些谈判又必须取得成果，而不能用中止或破裂结束，如索赔谈判等。这时由第三者出面斡旋可以为双方保全面子，使双方感到公平，信息交流可以变得畅通起来。中间人在充分听取各方解释、申辩的基础上，能很快找到双方冲突的焦点，分析其背后所隐含的利益分歧，并寻求弥合的途径。谈判双方之所以自己不能这样做，主要还是“不识庐山真面目，只缘身在此山中”。

商务谈判中的中间人主要是由谈判者自己挑选的。不论是哪一方确定的中间人都应该是对方熟识，并为对方接受的，否则就很难发挥其作用。因此，这就成了谈判一方为打破僵局而主动采取的措施，在选择中间人时不仅要考虑其能体现的公正性，而且还要考虑其是否具有权威性。这种权威性是使对方逐步受中间人影响，最终转变强硬立场的重要力量。主动运用这一策略的谈判者就是希望通过中间人的作用，将自己的意志转化为中间人的意志来达到自己的目的。

常用的方法有两种：调解和仲裁。调解是请调解人拿出一个新的方案让双方接受。由于该方案照顾了双方的利益，顾全了双方的面子，并且以旁观者的立场对方案进行分析，因而很容易被双方接受。但调解只是一种说服双方接受的方法，其结果没有必须认同的法律效力。当调解无效时可请求仲裁。仲裁的结果具有法律效力，谈判者必须执行。当谈判者发现仲裁人有偏见时，应及时提出，必要时也可以对他们的行为提起诉讼，以保护自己的利益不受损失。需要说明的是，由法院判决也是处理僵局的一种办法，但很少使用。因为一是法院判决拖延的时间太长，这对双方都是不利的。二是通过法院判决容易伤害双方的感情，不利于以后的交往。因此，除非不得已，谈判各方均不愿把处理僵局的问题提交法院审理。

当出现了比较严重的僵持局面时，彼此间的感情可能都受到了伤害。因此，即使一方提出缓和建议，另一方在感情上也难以接受。在这种情况下，最好寻找一个双方都能够接受的中间人作为调解人或仲裁人。

6. 更换谈判人员或者由领导出面打破僵局

谈判中出现僵局，并非都是因为双方利益的冲突，有时可能是由谈判人员本身的因素造成的。双方谈判人员如果互相产生成见，特别是主要谈判人员，在争议问题时对他人人格进行攻击，伤害了一方或双方人员的自尊心，必然引起对方的怒气，会谈就很难继续进行下去，使谈判陷入僵局。出现此类僵局即使改变谈判场所，或采取其他缓和措施，也难以从根本上解决问题。形成这种局面的主要原因是由于谈判人员在谈判中不能很好地区别对待人与问题，由对问题的分歧发展为双方个人之间的矛盾。

这种由于谈判人员的性格、年龄、知识水平、生活背景、民族习惯、随便许诺、随意践约、好表现自己、对专业问题缺乏认识等因素造成的僵局，虽经多方努力仍无效果时，可以征得对方同意，及时更换谈判人员。消除不和谐因素，缓和气氛，就可能轻而易举地打破僵局，保持与对方的友好合作关系。这是一种迫不得已的、被动的做法，必须慎用。

然而，有时在谈判陷入僵局时调换谈判人员并非出于他们的失职，而是一种自我否定的策略，用调换人员来表示：以前我方提出的某些条件不能作数，原来谈判人员的主张欠妥。因而在这种情况下调换人员常蕴含了向谈判对方致歉的意思。

临阵换将，把自己一方对造成僵局的责任归咎于原来的谈判者，不管他们是否确实应该担负这种责任，还是充当了替罪羊的角色，都为己方主动回到谈判桌前找到了一个借口，缓和了谈判场上对峙的气氛。不仅如此，这种策略还含有准备与对手握手言和的暗示，成为我方调整、改变谈判条件的一种标志。同时，还向对方发出新的邀请信号：我方已做好了妥协、退让的准备，你方是否也能够做出相应的灵活表示呢？

谈判双方通过谈判暂停期间的冷静思考，若发现双方合作的潜在利益要远大于既有的立场差距，那么调换人员就成了不失体面、重启谈判的有效处理方法。在经历了一场暴风雨后，双方都会更积极、更迅速地找到一致点，消除分歧，甚至做出必要的、灵活的妥协，僵局可能由此而打破。

但是，必须注意两点：第一，换人要向对方作婉转的说明，使对方能够予以理解。第二，不要随便换人，即使出于迫不得已必须换，事后也需要向替换下来的谈判人员做一番工作，不能挫伤他们的积极性。

在有些情况下，如协议的大部分条款都已商定，却因一两个关键问题尚未解决而无法签订合同。这时，我方也可由地位较高的负责人出来参与谈判，表示对僵持问题的关心和重视。这也是向对方施加一定的心理压力，迫使对方放弃原先较高的要求，做出一些妥协，以利协议的达成。

7. 有效退让打破僵局

达到谈判目的的途径是多种多样的，谈判结果所体现的利益也是多方面的。有时，谈判双方因为对某一方面的利益分割僵持不下，就轻易地让谈判破裂，实在是不明智的。其实只要在某些问题上稍作让步，就能在另一些方面争取更好的条件。这种辩证的思路是一个成熟的商务谈判者应该具备的。

从国外购买设备的谈判来看，有些谈判者常常因价格分歧不欢而散，至于诸如设备功能、交货时间、运输条件、付款方式等尚未涉及，就匆匆地退出了谈判。事实上，购货一方有时可以考虑接受稍高的价格，而在购货条件方面就更有理由向对方提出更多的要求，如增加若干功能、缩短交货期、除在规定的年限内提供免费维修外还要保证在更长时间内免费提供易耗品、分期付款等。

谈判犹如一个天平，每当我们找到了一个可以妥协之处，就等于找到一个可以加重己方谈判的砝码。在商务谈判陷入僵局时，谈判者如果对国内、国际情况有全面了解，并对双方的利益所在把握得恰当准确，那么就应以灵活的方式在某些方面采取退让的策略，去换取另外一些方面的得益，以挽回即将失败的谈判，达成双方都能接受的合同。谈判者不能忘记坐在谈判桌上的目的是为了成功而非失败。因此，当谈判陷入僵局时，谈判者应有这样的认识，如果促使合作成功所带来的利益大于坚守原有立场而让谈判破裂所带来的好处，那么有效退让就是应该采取的策略。

8. 场外沟通打破僵局

谈判会场外的沟通亦称“场外交易”“会下交易”等。它是一种非正式谈判，双方可以无拘无束地交换意见，达到沟通、消除障碍、避免出现僵局之目的。对于正式谈判出现的僵局，同样可以用场外沟通的途径进行解释，消除隔阂。以下几种情况适用场外沟通，打破僵局。

①谈判双方在正式会谈中，相持不下，即将陷入僵局。彼此虽有求和之心，但在谈判

桌上碍于面子难以启齿。

②当谈判陷入僵局，谈判双方或一方的幕后主持人希望借助非正式的场合进行私下商谈，从而缓解僵局。

③谈判双方的代表因为身份问题，不宜在谈判桌上让步以打破僵局，但是可以借助于私下交谈打破僵局，这样又可不牵扯身份问题。例如，谈判的领导者不是专家，但实际作决定的却是专家。这样，非正式场合，专家就可不因为身份问题而出面，从容商谈，打破僵局。

④谈判对手在正式场合严肃、固执、傲慢、自负、喜好奉承。这样，在非正式场合给予其恰当的恭维（因为恭维别人不宜在谈判桌上进行），就有可能使其做出较大的让步，以打破僵局。

⑤谈判对手喜好郊游、娱乐。这样，在谈判桌上谈不成的东西，在郊游和娱乐的场合就有可能谈成，从而打破僵局，达成有利于己方的协议。

谈判者运用场外沟通应注意的问题

①谈判者必须明确，在一场谈判中用于正式谈判的时间是不多的，大部分时间都是在场外度过的，必须把场外活动看作是谈判的一部分。场外谈判往往能得到正式谈判得不到的东西。

②不要把所有的问题都放在谈判桌上讨论，而是要通过一连串的社交活动讨论和研究问题的细节。

③当谈判陷入僵局，就应该离开谈判桌，举行多种娱乐活动，使双方无拘无束地交谈，促进相互了解，沟通感情，建立友谊。

④借助社交场合，主动和非谈判代表的有关人员（如工程师、会计师、工作人员等）交谈，借以了解对方更多的情况，往往会得到意想不到的收获。

⑤在非正式场合，可由非正式代表提出建议、发表意见，以促使对方思考。即使这些建议和意见很有利于己方，对方也不会追究，毕竟讲这些话的不是谈判代表。

9. 利用“一揽子”交易打破僵局

所谓“一揽子”交易，即谈判的一方向对方提出谈判方案时，好坏条件搭配在一起，像卖“三明治”一样，要买一起买，要同意一起同意。往往有这种情况，卖方在报价里面包含了可让与不可让的条件。买方向卖方还价时，可采用把高档与低档的价格夹在一起还价的做法。比如把设备、备件、配套件三类价格分成三个方案，即把对方货物分成三档价，还价时取设备的档价、配套件的档价、备件的档价，而不是都为一个档价。这样报价时即可获得不同的利润指标。这样做的优点在于有吸引力，具有平衡性，对方易于接受，可以起突破僵局的作用。尽管在一次还价总额高的情况下该策略不一定有突破僵局的作用，但仍不失为一个合理还价的较好理由。

10. 适当馈赠打破僵局

谈判者在相互交往的过程中，适当地互赠些礼品，会起到增进双方友谊、沟通双方感情的作用，这也是普通的社交礼仪。西方学者幽默地称之为“润滑策略”。每一个精明的谈判者都知道，给予对方热情的接待、良好的照顾和服务，往往会对谈判产生重大的影响，也是防止谈判出现僵局的一个行之有效的方法，这等于直接明确地向对手表示“友情第一”。

所谓适当馈赠，就是说馈赠要讲究艺术，一是要注意对方的习俗，二是要防止贿赂之嫌。有些企业为了自身的利益乃至企业领导人、业务人员之间的利益，把送礼这一社交礼仪当成谈判的“砝码”而改变了性质，使之等同于贿赂，不惜触犯法律，这是错误的。所以，馈赠的礼物应该是在社交范围之内的普通礼物，突出“礼轻情义重”。谈判时，招待对方吃一顿地方风味的午餐，陪对方度过一个美好的夜晚，赠送一些小礼物，并不是贿赂，己方提供这些平常的招待也不算是道德败坏。如果对方馈赠的礼品比较贵重，通常意味着对方要在谈判中索取较大的利益。对此，谈判者要婉转地暗示对方礼物过重，予以推辞，并要传达出自己不会因礼物的价值而改变谈判的态度的信息。

11. 以硬碰硬打破僵局

谈判中，当对方通过制造僵局给己方施加太大压力时，妥协退让已无法满足对方的欲望，谈判者应采用以硬碰硬的办法向对方反击，让对方自动放弃过高要求。比如，谈判者可能揭露对方制造僵局的用心，让对方自己放弃所要求的条件。有些谈判对手便会自动降低自己的要求，使谈判得以进行下去。谈判者也可以离开谈判桌，以显示自己的强硬立场。如果对方想谈成这笔生意就会再来找你。这时，他们的要求就会改变，谈判的主动权就掌握在了己方的手里。如果对方不来找你也不可惜，因为如果继续同对方谈判，只能使己方的利益受损。这样，谈成还不如谈不成。

二、运用打破僵局方法的总体要求

以上介绍了商务谈判中打破谈判僵局的常见的方法。但在具体的谈判中，最终采用何种方法要考虑多方面因素的影响。总起来看，谈判者在选择方法时应注意以下几点要求。

1. 根据所处的谈判环境背景与形势灵活运用方法

在具体谈判中，采用何种方法应该由谈判人员根据当时、当地的谈判环境背景与形势来决定。一种方法可以有效地运用于不同的谈判僵局之中，而一种方法在某次僵局突破中取得成功，并不意味着在其他同样类型的谈判中也适用。只要僵局构成因素稍有差异，包括谈判人员的组成不同，各种方法的使用效果都有可能迥然不同。关键在于谈判人员的素质、能力和本方的谈判实力，以及谈判中个人及团队的力量发挥情况等。只有那些应变能力强、谈判实力强，能灵活运用各种方法与技巧的谈判者才能够成功应付、处理所有的谈判僵局，从而实现谈判目标。

2. 辩证地思考问题

对于谈判的任何一方而言，坐在谈判桌前的目的就是达成协议，绝没有抱着失败的目的前来谈判的。而达到谈判目的的方法与途径是多种多样的，谈判结果所体现的利益也是多方面的，当谈判双方对某一方面的利益分配僵持不下时，往往容易使谈判破裂。这实在是一种不明智的举动，出现这种结果的原因就在于谈判者没有掌握辩证地思考问题的方法。如果是一个成熟的谈判者，这时应该明智地考虑在某些问题上稍作让步，而在另一些方面去争取更好的条件。从经济的角度来讲，这样做比起匆匆而散的做法要划算得多。

3. 注重打破僵局的科学性与艺术性

商务谈判僵局处理的成功与否，从根本上来讲，取决于谈判人员的经验、直觉、应变能力等综合素质。从这种意义上讲，突破僵局是谈判的科学性与艺术性结合的产物。在分析、研究及方案的制定方面，谈判的科学成分多一些；而在具体运用上，谈判的艺术成分更多一些。

第四节　商务谈判僵局的利用与制造

一、商务谈判僵局的利用

在商务谈判过程中，当僵局出现的时候，所形成的压力或许会使谈判另一方的信心产生动摇，从而为己方的谈判争取更有利的交易条件。因此，一个成熟的谈判者可以利用僵局为己方的谈判服务。

谈判者利用谈判僵局的目标主要有两个。

1. 改变已有的谈判形势，提高己方在谈判中的地位

这是处于不利地位的谈判者利用僵局的动机。由于谈判各方实力对比的差异，弱势一方在整个谈判过程中处于不利地位，他们没有力量与对方抗衡。为了提高自己的谈判地位，便利用僵局来拖延时间，以达到自己的谈判目标。

2. 争取更有利的谈判条件

这是处于平等地位的谈判者利用僵局的动机。有些谈判要求在各方势均力敌的情况下是无法达到的，为了取得更有利的谈判条件，谈判者便谋求利用僵局来提高己方的地位，使对方在僵局的压力下不断降低其期望值。当己方的地位提高而对方的期望值降低以后，再采用折中的方式结束谈判，为己方争取更有利的条件。

二、商务谈判僵局的制造

谈判者要利用僵局，首先需要制造僵局。制造僵局的基本原则是利用己方所制造的僵局给己方带来更大的利益。谈判僵局出现以后会有两种结果：打破僵局继续谈判或谈判破裂。

1. 制造僵局的一般方法

制造僵局的一般方法是向对方提出较高的要求，要对方全面接受己方的条件。对方可能只接受己方的部分条件，即做出少量让步后便要求己方做出让步。此时如果己方坚持自己的条件，以等待更有利的时机到来，而对方又不能再进一步做出更大让步时，谈判便陷入僵局。

2. 制造僵局的基本要求

谈判者制造僵局的基本做法是向对方提出较高的要求，并迫使对方全面接受自己的条件，但要注意的是，这一高要求绝不能高不可攀。如果要求太高，对方会认为己方没有谈判诚意而退出谈判。因此，目标的高度应以略高于对方所能接受的最有利的条件为宜，以便最终通过己方的让步仍然以较高的目标取得谈判成功。同时，对要求的条件，己方要提出充分的理由说明其合理性，以促使对方接受要求。

三、处理谈判僵局应注意的问题

商务谈判过程中出现僵局不仅违背了企业和谈判者的初衷，而且也给谈判者带来很大的心理压力和负担。所以，有经验的谈判者认为，在商品买卖活动的谈判中，除非特殊情况，应避免出现僵局。谈判者在谈判陷入僵局时要灵活应对，及时调整谈判方式，防止越陷越深，以巧妙的妥协与让步来换取目标利益，尽力结交合作伙伴。为此，谈判者在面临僵局和处理僵局时要注意以下几个问题。

（一）及时、灵活地调整和变换谈判方式

谈判方式的选择，取决于谈判者的指导思想和谈判策略运用的出发点和目的及其运用形式。有人把商务谈判分为立场式谈判、原则式谈判与合作式谈判三种类型。

1. 立场式谈判

立场式谈判是指谈判者竭力谋求己方的最大利益，坚持对抗中的强硬立场，以迫使对方做出较大让步为直接目标的谈判方式。

这种谈判方式的基本特征是：谈判的一方开局就以强硬的态度出现，以压迫对方降低目标，并把对方的让步视为己方的胜利。该方一般情况下很少让步，即使让步也是无奈之举，在无退路时常以激愤之态甚至中途退场来向对方施加压力，而且置谈判时间期限于不顾，颇有耐心。

立场式谈判者把谈判者看作是意志力的较量与竞争，认为谈判中立场越是强硬，最终获取的也就越多。因此，运用谈判策略的宗旨是：一正、二拖、三得利。

立场式谈判存在问题很多，即使达成协议也只能是各方都不甚满意的协议，充其量是双方最后分歧点的折中而已，并不是真正的能够满足各方合法利益的合作协议。显然，谈判的一方选择立场式谈判是企图用绝对的顽强意志力和不惜耗费时间的耐心来迫使对方改变立场，获得利益的。这种谈判方式耗时、成本大，而且极易导致谈判破裂。立场式谈判的特点在于谈判者顽强的意志力与耐心及企业强硬的态度，所以，它又被称为硬式谈判。

2. 原则式谈判

原则式谈判是指一种硬、软结合的谈判方式，主张对事实强硬，对人软。原则式谈判者既不用计谋，也不作任何姿态，根据事实来达成协议，保持公正、客观的谈判态度，坚持谈判目标在于利益而绝不是立场，探讨对双方有利的各种方案并选择使用。他们始终视谈判对手为解决问题者，将人与问题分开，以客观标准达成协议。

这种谈判方式，目的是要取得符合客观标准的协议，其指导思想是开诚布公的讲道理，认为对人信任与否与谈判无关，坚持将人与议题内容分开，以对事为主。其薄弱之处在于对人际关系方面的工作重视不够，截然将人与事分开的难度较大。

3. 合作式谈判

合作式谈判信奉“化干戈为玉帛”，坚持平等互利、求同存异、变消极为积极、互谅互让、相互尊重，力求谈判能够融洽、友好、富于创造性。所以，采用这种谈判方式的谈判者一般是提议让步，信任对方，保持友善，有时为了避免对立而宽容和热情，易达成协议。

谈判者选择合作式谈判的目标以能够达成协议为准，不但对人对事都较温和，而且也相信对方总是为了增进相互关系而让步。正因为这种谈判方式是为了避免相互争论，强调友善，故又称之为温和式谈判方式。很明显，这种谈判方式易受到对方的攻击，也易遭受损失。

合作式谈判“以友情为重”，虽然无可厚非，但这不符合竞争的规律。不过，注重人际关系，强调友善，倒也不失其独到之处。

以上三种谈判方式，各有所长，也各有所短。成功的谈判者，应采它们之所长，融于自身的谈判实践中。即使这三种谈判方式中的不足之处，也可以综合起来，针对谈判中僵局的具体情况，灵活地加以运用。例如，碰到那种阴谋型、缺乏合作意识的谈判对手，就可以运用立场式谈判方式。处理谈判僵局，是一门科学，更是一门科学与艺术统一的技能，需要谈判者创造性、灵活地运用各种谈判方式，以实现谈判目标。

（二）回绝对方不合理要求、降低对方目标要求

谈判中往往会碰到对方提出不合理或过高的要求，危及己方基本利益的情况。谈判者应采取适宜的策略回绝，或设法降低对方的目标要求，进而取得圆满的谈判结果。商务谈判中，有时对方要求索取有关资料，特别是涉及己方商业秘密的一些数据，如买方向卖方索取有关价格和成本分析表之类的资料。谈判者应婉言回绝，或是适当应付，可以提供无关紧要的资料，也可以托词拖延，最好的办法还是向对方解释清楚，说明无法提供的缘由。因为在谈判僵局中，对方极可能以此为由施加压力。若说清楚了，也就把压力缓解了，而且也丝毫不损伤对方的自尊心。这样也表明了己方坦诚与严肃的态度，更重要的是向对方解释清楚反而会增加自身的谈判实力。很多成功的谈判经验告诉我们，谈判桌上，对于对方提出的一些条件，若不能及时、清楚地予以答复，单纯顾及情面，含含糊糊，反而会引起对方的猜疑和戒备。讲清楚了，就可以避免很多无端的麻烦。关键是谈判者要掌握好“讲清楚”的技巧，绝不能简单、直接、生硬地讲清楚，既要把观点讲明白，又要注意讲的方式、方法，力求“给对方台阶下”，防止激起对立情绪，加深对峙的程度。“台阶”要堂堂正正地摆出来，要使对方明白，己方已经在解决僵局中做出了努力。所以，谈判中对于对方提出的一些不合理要求，“把话摆到桌面上来讲”确实有必要。这样做，不但能够防止和回避僵局，即使碰到僵局也有利于谈判者摆脱。

谈判中的僵局，既然是由于双方利益要求的分歧较大而形成的对峙，那么如何有效地缩小双方的分歧、消除对峙呢？一是屈从对方的压力，己方让步；二是对方让步。若己方

的让步已到临界线了，那么只有靠降低对方的目标要求。实践告诉我们，谈判中任何一方都是不情愿让步的。谈判中经常出现这种情况：一方出自于善意，主动做出一些让步，但对方非但不领情，反而得寸进尺，提出更高、更多的要求，大有强人所难之势。所以，摆脱僵局，一方面己方让步要适度、充分运用让步策略，另一方面则要针对对方过高的目标要求予以削弱和降低。为此，谈判者应考虑以下几点。首先，必须牢牢把握住己方的利益目标，把己方的利益目标确定在对方能够接受的较高限度上，不轻易让步，并设法让对方了解己方的目标。其次，要以充分的事实根据和理由强调，己方提出的交易方案、交易条件公道，能够给对方带来利益，完全是从双方利益需要考虑的。最后，要在磋商交易条件的初始阶段就设法达到这种谈判格局。因为，进入谈判后期，改变对方的观点、降低对方目标要求的难度较大，而且极易导致双方的观点对峙、陷入僵局。

若对方仍是坚持过高的利益目标，没有任何松动的可能，僵局明显已经形成，己方则可以在适当的话题下提出与对方所提方案相应的一种新方案，使对方接受的难度增大，进而以迂回的方式迫使对方降低原有的过高的目标要求。

（三）防止让步失误，掌握好妥协的艺术

让步是谈判中常用的一种策略，更是在回避和摆脱谈判僵局中能够直接奏效的“法宝”，因为只有让步、妥协才能使双方的利益差异相对弥补。

谈判中的让步，说起来容易，实际操作起来却是一门艺术，并非所有的让步都能有所获取。所以，如何防止谈判中让步失误，提高妥协的艺术是谈判者回避和摆脱僵局的一个重要技能。

让步失误，即谈判中每次让步都未能取得预期效果，未能有所获取。成功的经验告诉我们，不管是面临僵局，还是陷入僵局，让步是肯定需要的，关键是谈判者要能够控制让步的程度，不断改变让步的形式，以达到让步的目的。反之，对各种让步缺乏全面布置，不善于甚至没有办法控制让步的程度是谈判中让步失败的根本原因。让步失误一般都是在谈判初始阶段时，谈判一方态度强硬，丝毫不肯让步或是只作微小的让步，随着对方压力的不断增加，便无可奈何地退让，做出一连串的大幅度的让步。

处理僵局时的让步，首要的是防止让步失误，为此谈判者应注意这样几个主要问题。

1. 切不可过分自信，自以为已经掌握了对方的意图。

谈判陷入僵局，一般都是双方相互间已经有了初步的了解，若一方过分自信，自以为掌握了对方的意图，那么难免会出现严重问题。很多成功的谈判者都认为：双方争执不下时，如果根据未经证实的估计去判断和推论对方的真实企图，十有八九会吃亏上当。

所以，谈判者在僵局的压力下应保持高度冷静和警惕，争论中要仔细分析对方的真实意图，耐心地试探，谨慎地表态。

2. 不可轻易接受超出己方期望水准的最初报价

有的谈判者一看到对方第一次出价就超出己方的期望后，便按捺不住激动之情，欣然接受。这正是谈判所忌讳的事。因为常规告诉我们，谈判中的第一次出价绝对是水分很大

的。正因为如此，有人总结出这样一句话："永远不要相信第一次报价!"这句话似乎不近情理、太绝对了，但其中的道理却足以被谈判者引为处理僵局之戒。因为，对方很可能和己方有完全不同的价值标准，也完全有可能再做让步。更重要的是，己方立刻接受对方的初次报价，对方往往会有吃亏的感觉，以为自己出价过低了，自然会在其他方面提出苛刻的要求，增大了己方摆脱僵局的难度。

3. 不要轻易让步，在重要问题上不先让步

陷入谈判僵局对谈判者来说确实是一种煎熬，有的谈判者往往在心理和身体上支撑不住，巴不得能够尽快有个结果，故常常是"差不多就行了"，这正是商务谈判之大忌。为此，谈判者要明确这样一个基本原则：在没有确切搞清楚对方所有要求之前，绝不能做出任何让步，这是妥协的真谛。因为己方稍有松动，对方必然得寸进尺，步步紧逼，反而加剧了僵局。

谈判僵局的重压下，关系到己方根本利益的重大问题上的让步必须慎重。一般情况下最好不先让步，只有在对方确有诚意、明确其交换条件下，己方方可考虑适度稳妥让步，同时也要求对方让步。

4. 不能搞交换式的让步

有的谈判者认为，陷入僵局既然是利益之争，那么己方在这个问题上让步了，即刻就要求对方在另一个问题上让步，认为这样做对方就没有理由加以拒绝了。殊不知，谈判对手并不是如你想象的那样会领情，反而会进一步提出新的、更高的要求，甚至在别的问题上依旧要求你让步。还有些谈判者认为，要向对方阐明己方已经在若干个问题上让步了，并强调了承诺的态度，对方多少总得让步吧！这种观点，看似理直气壮，却忽略了所付出的是何等昂贵的代价。所以，让步决不能"算单向账"，而要从总体利益目标上"算大账"。

5. 善于运用让步策略组合，在交叉式让步中找出路

处理僵局中的让步的形式和内容是多种多样的。让步所要解决的问题绝不仅仅局限于双方所争执的某一具体问题，谈判者可以从多角度和不同的侧面，不断地变换让步形式来妥善处理僵局。

商务谈判中的僵局虽然本质上是买卖双方利益矛盾所导致的对峙，但是谈判者完全可以从削弱对方的抵触情绪、减轻对方的心理压力入手，同时辅之相关的非实质性让步策略组合措施，来缓解和摆脱僵局，达到妥善处理僵局之目的。

谈判专家认为，妥协、让步同谈判策略一样，犹如一个万花筒，转来转去可以变换出形形色色的花样和图案，关键是要有的放矢，针对僵局中的具体情况加以采用才行。

处理僵局时的让步多数都是在非根本利益方面的让步。要求谈判者有效地将一些非根本利益方面的让步分别加以抽取，再有机地搭配结合起来，付诸对峙中的妥协，以换取对方的同等让步。非根本利益的让步也称为虚让步、虚妥协。

例如谈判中专注地倾听对方意见，认真地回答和解释对方提出的问题，适当地加大在小事上的让步次数，给予对方较高级的接待，给对方所提意见和方案给予必要的肯定和赞

赏等，都是属于非实质性妥协范围。

又如，陷入僵局后，对方会反复强调其观点和方案的正确性，陈述中自然带有各种对己方的反驳之意，因其心理压力较大，难免有很多过激言辞，甚至是“一家之理”。若己方的领导出面，全神贯注地倾听，态度谦和有礼，并适当地加以解释，使对方不但有充分发泄的机会，而且又受到较高级的接待，会使其心理压力得以削弱，对立情绪和缓。同时，对方会感到己方的诚恳，产生信任与安全感。反之，若己方不注意倾听，以冷漠态度视之，或是急于反驳、抢话，不但会引起对方的对立情绪，僵局不能缓解，还极有可能使谈判破裂。这个例证说明把倾听、高级接待、建立缓冲区等策略有机地结合起来，做出实质性的让步，能有效地摆脱僵局。

交易价格之争往往会造成僵局。谈判者可以采取“堤内损失堤外补”的策略，就是说可以采用交叉式让步，避免在同一问题、同一具体利益上争执不下。

所谓交叉式让步，是促使双方总体利益弥合的一种做法，要求一方在这一问题上让步，另一方在其他问题上让步。一方在这一问题让步的损失，可以从另一方在其他问题上的让步中得到弥补。即使是实质利益方面的让步，双方也完全可以通过这种让步方式来进行。例如在价格问题上，一方让步了，那么另一方必须同意对方所提出的结算方式方面的条件，这样双方都获得了相应的利益，便可有效地摆脱僵局。

值得强调的是，摆脱僵局的让步，固然是必不可少的，但是应提倡积极的让步方式，即采取合作式谈判中的让步为好。

有效处理僵局中运用的各种策略及其组合，都要遵守职业道德规范，防止滑入歧途，这是谈判者应予以高度重视的。

1. 简述商务谈判僵局的含义与类型。
2. 商务谈判僵局产生的原因有哪些？
3. 商务谈判僵局的利用原则主要有哪些？
4. 在商务谈判中为什么要利用僵局？
5. 打破谈判僵局的方法有哪些？
6. 处理谈判僵局时应注意哪些问题？

案例分析

第十一章 商务谈判风险防范

学习目标与重点

1. 风险的概念、特征与识别；
2. 商务谈判风险的类型；
3. 商务谈判风险的规避；
4. 商务谈判风险的转移；
5. 外汇风险的防范。

案例导入

第一节　商务谈判风险概述

一、商务风险的概念与特征

风险是经济学家长期探索的一个经济学问题。古典经济学家很早就注意到风险在经济生活中的意义和影响。他们分析了各行各业的收入，发现企业家的收入一般要超过其他行业工作者的收入，认为造成这种收入差别的一个重要原因是企业家经常面临亏损或破产的危险。这种危险也称为经营风险。于是，高风险、高收益成了经济学中一种重要的分配思想。同样，在商务谈判活动中风险配置也直接影响谈判双方的利益。

1. 风险的含义

风险是指由于某种活动因素的不确定性所引起的活动结果的可能损失。以商务谈判活动为例，影响商务谈判活动过程和结果的因素很多，如谈判者的素质和风格、利率（汇率）、通货膨胀、企业经营状况、政策、政治事件等。这些因素常常发生变化，是不确定的，并能引起活动结果的不确定性，都是商务谈判的风险。

理解风险的含义，必须注意风险与损失以及风险与不确定性的区别。许多人把风险等同于损失，这是不对的。

风险只是损失发生的可能性而并非损失本身。因为实际收益（结果）偏离预期目标会有两种可能性：一是低于预期目标，二是高于预期目标。

风险和不确定性也是有区别的。可以把风险看成是用客观尺度衡量的事物发生的概率，不确定性则是主观之可信度。换言之，风险是对任何人都同样程度存在的客观事件，而不确定性则是人们对客观事件的主观感觉和判断。举例来说，国际市场的商品价格（汇率）是经常波动的，引起价格（汇率）波动的因素复杂、多样。价格变动的不确定性，给企业经营和投资带来了风险。但是市场价格的历史波动呈现出某种规律性，因此从统计的意义上说，这种风险是可以测度的。

2. 商务风险的概念

商务风险是指在商务活动中，由于各种不确定性引起的，给商务主体带来获利或损失的机会或可能性的一切客观经济现象。现实中的商务风险无处不在，比如市场价格的波动、物价的波动、消费者的价值观的变化等，都能导致市场经济条件下的商务风险。

3. 商务风险的特征

优秀的谈判者并不惧怕风险，因为他们既深谙风险与收益成正比的奥妙，更加精通风险的基本特征，于是他们敢于在风云莫测、瞬息万变的商海之中遨游。根据商务风险的含义，可将其基本特征归纳如下。

（1）商务风险存在的客观性

在商务谈判中，风险是由各种不确定性活动因素所引起的活动结果的可能损失，它是客观存在的，不以人们的主观意志而转移。人们通常所说的回避和防范风险，是在承认风险客观存在的前提下，设法躲避、防止或减少损失。

（2）商务风险存在的相对性

尽管风险对任何人都以相同的程度客观存在，但是不同的人对同一风险的感觉和认识是不相同的，这就是风险的相对性，它使同一风险对于不同的人产生了不同的意义。例如，横渡江河的风险是客观存在的，对于不会游泳的人，其风险很大，但对于会游泳的人，其风险则小得多。前面所说的风险与不确定性的差异，指的即是风险的客观存在与人们对风险的主观认识之间存在差异。

（3）商务风险的可变性

在商务谈判中，风险的可变性是指同一种风险对于同一类人来说其影响也不是一成不变的。比如，银行存款的风险就是变化的，当通货膨胀率提高，货币贬值，银行存款的风险增大。一旦国家实施保值储蓄，通货膨胀率带来的风险又减少了；再如，商务活动中的价格和汇率风险，可通过期货、期权交易等方式得到防范和控制。

（4）商务风险的可测度性

风险的可测度性：一是某一具体的投资活动，其产生损失的可能性的大小，可以用统计预测方法求出其概率值来定量表示；二是某一具体的投资活动，其可能产生的损失的程度，也可以用数学方法或技术手段进行估算。数理统计方法是对风险进行定量测定的重要工具。比如，标准差和变异系数就是两个测度风险大小的基本量，前者用于测度绝对风险，后者用于测度相对风险。

（5）风险与收益的对立统一性

根据风险的定义，风险的本质是活动结果的不确定性，表现为活动的实际结果有可能偏离预期目标。这种偏离有两种可能性：一是实际收益小于预期收益，给投资造成损失；二是实际收益大于预期收益，投资者获得了额外的风险报酬。一般来说，风险越大，获利时其利润也越高，即人们常说的“高风险、高收益，低风险、低收益”。

风险报酬的产生是价值规律作用的结果。以项目投资为例，由于风险有可能会给投资者带来损失，因此投资者会对有风险的项目产生风险反感。项目的风险程度越高，投资者蒙受损失的可能性及可能损失额越大，因而风险反感越强烈。由于风险反感的存在，如果投资收益率相同，投资者当然只愿意把资金投向风险小的项目。这样会造成高风险项目无人投资或很少人投资，从而使风险项目产品的产量减少，供不应求，导致其价格提高。因此高风险项目的投资收益率也随着提高。此时，高风险项目的投资收益除了社会平均利润率（资金时间价值）外，所增加的部分即是风险报酬。当增加的风险报酬和风险程度相适应时，就会吸引投资者投资，此时市场就会达到供求均衡状态。这就是在市场经济条件下，由于价值规律的作用，风险报酬的形成机理和由它推动的风险投资行为。

二、商务风险的识别

商务风险可分为纯风险和投机风险。例如，货物运输中所面临的运输工具毁损风险就是一种纯风险。而开拓海外市场，向海外出口一种产品，则既有可能成功，也有可能失败，是一种既会带来收益机会又存在损失可能的投机风险。纯风险是令人厌恶的，而投机风险却具有诱惑性。通常情况下，纯风险和投机风险是同时存在的。例如，房产所有者同时面临诸如火灾之类的纯风险和诸如经济形势变化引起的房产价格升降的投机风险。在商务谈判中，善于区别这两种风险并采取不同的应付策略具有重要的意义。

风险识别是风险管理的基础。企业只有全面、正确地识别所面临的风险，商务谈判中对风险的估测和风险控制技术的选择才有实际意义。

1. 风险识别的基本内容

存在于企业自身和周围的风险多种多样，错综复杂。无论是潜在的还是实际存在的，是静态的还是动态的，是企业内部的还是企业外部的，所有这些风险在一定时期和某一特定条件下是否客观存在、存在的条件是什么，以及损害发生的可能性等，都是在风险识别阶段应予以回答的问题。因此，风险识别是指对尚未发生的、潜在的以及客观存在的各种风险进行系统地、连续地识别和归类，并分析产生风险事故的原因。识别风险主要包括如下两方面。

①感知风险，预测在先，即通过调查来了解风险的存在。例如，企业是否存在财产损失、责任负担和人身伤害等方面的风险？商务谈判中，是否存在谈判者作弊的风险、市场

产品供求是否发生变化的风险？等等。

②分析风险，查明原因，即通过归类，掌握风险产生的原因和条件，以及风险所具有的性质。比如，造成企业财产损失、责任负担和人身伤害等风险的原因和条件是什么？这些风险具有什么样的性质和特点？

感知风险和分析风险构成风险识别的基本内容，且两者互相联系。这种联系表现为只有感知风险的存在，才能进一步在此基础上有目的地进行风险分析，寻找导致风险事故发生的原因和条件。同时，了解到风险的存在，必须进一步明确风险存在的条件以及导致风险事故发生的原因。这是因为企业风险管理的关键在于对客观存在的风险采取行之有效的应对措施，消除不利因素，减轻不利影响。如果不能掌握风险产生的条件和原因，企业就难以采取有效的控制措施，从根本上消除或减轻风险造成的不利影响。因此，了解风险的存在的基础，分析风险产生的原因是关键。

2. 风险识别的意义及目的

从风险识别的基本内容来看，了解风险的客观存在，尤其是分析风险产生的原因，对于商务谈判人员在商务谈判活动中选择合理、有效的风险管理手段有着决定性的意义。即使有着十分便利和可行的风险处理手段，但如果这些手段或措施不能针对某一特定风险产生的原因，那么风险管理的最终效果不可能是理想的。尤其是当企业采取风险控制技术时，更是如此。一个不明了风险存在及损失发生原因的财务处理方案，不可能保证风险责任的有效转移和损失补偿的经济性、合理性、有效性。由此可见，风险识别在整个风险管理过程中是最基本的，也是最重要的程序。

另外，风险识别是一项非常复杂、非常艰难的工作，因为风险不仅具有隐蔽性、复杂性、多变性，而且风险识别还要受到风险管理者风险意识强弱的影响。一个具有较强风险意识的企业管理者或许更愿意、更容易觉察到企业风险的存在；相反，风险意识淡薄的管理者，则会无视风险的存在，甚至使本来十分严重的、客观存在的风险因为人的消极的主观的忽视而变得不那么重要、不那么紧迫、不那么被重视，从而可能造成重大损失。这种利害关系在对潜在的风险识别时表现得更为突出。不仅如此，风险识别是否全面、深刻，也将直接影响风险管理决策质量，进而影响到整个风险管理的最终效果。因此，不管对已识别出的风险的处理计划多么完善，只要有任何风险在识别阶段被忽略、不被重视，则整个风险管理计划仍是不完善的。若有重大风险被忽略，则可能导致整个风险管理的失败。

3. 风险识别的基本途径

一般来说，对于传统的风险和常见的风险，风险管理者凭借过去的经验和简单的风险知识便可识别。但对于新的、潜在的风险，识别难度要高得多，因此必须按照一定的途径，运用一定的方法来加以识别。风险识别的途径概括起来有两个方面。

①借助企业外部力量，利用外界的风险信息、资料识别风险。通常企业不可能有足够多的资料和风险管理力量。因此，为了较好地识别企业所面临的潜在风险，风险管理者首先需要获得对于同类企业具有普遍意义的风险损失资料，然后按照一套系统的方法，去发现这些具有共性的风险损失资料中，本企业所面临的潜在风险。可见，充分利用外界风险

信息资料对于识别企业自身的风险有很大帮助。

②根据企业特性识别风险。比如，企业的性质对识别风险的存在、确定风险的种类起着重要的作用。与国有企业的商务谈判，可能产生办事效率低的风险；与民营企业谈判可能产生产品假、冒、伪、劣的风险等。再比如，企业的生产经营方式决定了风险识别的渠道和方法。通常承包经营方式经常出现“包盈不包亏”的风险；代经营方式常常伴随责、权、利不清的风险。

三、商务谈判中常见的风险类型

人们在思索商务谈判风险的时候，首先会考虑下述问题：该商务谈判活动有没有风险？可能风险有哪些？通常，以下的可能风险对企业影响重大，尤其应重点加以规避和防范。

1. 政治风险

政治风险是指由于政治局势变化或贸易政策法规调整给有关商务谈判活动的参与者带来的可能危害和损失。例如，第二次世界大战后，一些发展中国家先后实行国有化政策，一夜之间外来资本被剥夺。至今，这一做法仍使不少发达国家投资者在考虑向发展中国家进行投资时顾虑重重。又如，伊朗和伊拉克战争使许多国家蒙受巨大损失，中国企业由于在伊朗和伊拉克的工程承包项目被迫停止，与两国的货物贸易合同得不到履行而损失巨大。

政治风险也包括由于商务合作中的不当或者误会给国家间政治关系蒙上阴影。

由此可见，政治因素确实与商务谈判活动有着千丝万缕的联系，而且这种联系决定了政治风险的客观存在，一旦造成不良后果，往往难以挽回消极影响，损失难以弥补。可见提前预见和防范政治风险的能力是企业开展商务合作的客观要求。

2. 市场风险

市场风险是指商务谈判的经济环境和市场环境的变化给谈判带来的变化的可能性。市场风险主要有汇率风险、利率风险和价格风险。

（1）汇率风险

汇率风险是指在较长的付款期内，由于汇率变动而造成结汇损失的风险。在国际货币市场上，各种货币之间相对汇率的涨落每天发生。当这种涨落十分微小而货币交易量又不是很大时，对于交易双方来说其损益状况可能都是微不足道的。当这种涨落在一段时期内变得十分明显，又涉及巨额货币交易量时，其结果往往会让一方得到巨额的利益欢喜不已，另一方则因遭受惨痛的损失痛心疾首。例如，上海某商用大楼借日元还美元，结果损失巨大。这样的例子对于缺乏汇率风险意识的发展中国家企业来讲，不胜枚举。

（2）利率风险

利率是金融市场的杠杆。利率的变动制约着资金的供给与需求的方向和数量。利率风险主要是指金融市场上由于各种商业贷款利率的变动而可能给当事人带来损益的风险。例如贷款计息，同种贷款利率升高或降低会使放款人损失或得益、受款人得益或损失。这种利率风险对于借贷双方是同时存在并反向作用的。由于日趋严重的通货膨胀的影响，金融市场利率波动的幅度较大，金融机构很少贷出利率固定的长期贷款，因为放出长期贷款需要有相应的资金来源做支持。由于资金来源主要是短期贷款，短期贷款利率接近于市场利率，因此在通货膨胀情况下，借入短期贷款而放出长期贷款的机构显然要承受风险损失。为了避免这种损失，在信贷业务中逐渐形成在长期贷款中按不同的利率计息，主要有变动利率、浮动利率与期货利率，这些利率都有按金融市场行情变化而变化的特点。在通货膨胀情况下，放出贷款的机构可因此降低损失。

但对于因开展商务活动而需筹措资金者，就应根据具体情况采取相应办法。如果筹资时市场利率估计已达顶峰，有回跌趋势，则以先借短期贷款或以浮动利率借入长期贷款为宜，这样在利率回跌时就可再更新短期借款。如果筹资时市场利率较低，并有回升的趋势，则应争取设法借入固定利率的长期借款。由于对金融市场行情的观察角度不一，认识深度不同，对行情趋势的分析也会不同，因此企业利用商业贷款从事商务活动承担的利率风险是不可避免的。

（3）价格风险

这里谈的价格风险是狭义的价格风险。所谓狭义的价格风险是指撇开了作为外汇价格的汇率和作为资金价格的利率的风险问题。而且，它的产生是对于筹资规模较大、延续时间较长的项目而言的。例如，大型工程所需的一些设备往往要在项目建设后期提供，因此在项目建设初期，甚至在合同谈判阶段就把这些设备的价格确定下来并予以固定，是具有风险的，因为许多情况是要发生变化的。我们知道，影响工程设备远期价格的因素很多，主要包括：①原材料价格，一般而言，钢材、有色金属、木材等价格随时间的推移总是要上升的；②工资也是一项不断增长的费用，因为工资有价格刚性，易升不易降；③汇率和利率方面的风险；④国内外其他政治、经济情况的变动，如地区冲突、石油禁运等。因此，在合同标的金额较大、建设周期较长的情况下，若要求外商以固定价格形式报价，就会使外商片面夸大那些不确定因素，并把它全部转移到固定价格中使固定价格最终偏高，从而构成风险。

一般而言，价格形式除了固定价格以外，还有浮动价格和期货价格。期货价格既有避险的动因，也有投机的动因。然而，无论是何种动因，都表明了其隐含的风险性。当企业对国际期货市场缺乏经验时，采用浮动价格形式不失为一种积极的、稳妥的方法。采用浮动价格形式，虽然不能同时避免价格风险和利率风险，但至少可以在决定原材料、工资等时更有客观性、公平性与合理性。由此，在一些大型涉外项目合作中，对那些需要外商在项目建设开始后5～7年才提供的有关设备，就可采取浮动价格形式。这就可以避免外商在重大原材料价格、工资等方面夸大上涨因素，相对节约了项目投资。国际商务往来中价格风险不仅存在于硬件价格中，而且存在于软件价格中。长期以来，发展中国家对软件方面的投资不够重视。其实，一定的软件投资对于发展中国家来说不仅重要，而且必要。然而，计算合理的软件价格是一件十分困难的事。虽然理论上可将以机会成本、市场占有率等因素的分析作为计算依据，但是受市场供求关系的影响，确定软件价格的弹性很大。因此，企业可以充分利用国外著名的管理咨询公司、专利事务所、律师事务所、会计事务所等，通过它们的帮助来确定软件价格。

综上所述，市场供求的起伏波动决定着国际市场中外汇、资金、生产资料和劳务的价格变动，风险时时处处存在。值得注意的是，汇率、利率、价格的变动往往不是单一的，它们既可能归之于某一种共同因素的影响，又可能在它们之间构成互为因果的作用。所以，汇率风险、利率风险、价格风险常常是错综复杂，交织在一起的。

3. 技术风险

谈判中所要考虑的各类技术问题十分广泛，不仅有项目的技术工艺要求，还有项目管理的技术问题。因此，从广义上来理解，谈判中的技术风险所反映的内容很多，包括技术超标引起的风险、由于合作伙伴选择不当引起的风险和强迫性要求造成的风险等。

（1）技术超标引起的风险

在涉及引进技术、引进设备等项目的商务谈判中，引进方常有不适当地提出过高技术指标的情况。这种情况对于发展中国家来讲比较普遍，特别是那些参与谈判的工程技术人员总是希望对方提供的技术越先进、越完善、功能越全越好。这样做实际上也为项目成本的大幅度增长埋下了祸根。

俗话说："一分钱，一分货。"企业在项目合作中向外方提出任何技术要求时，都要有承受相应费用的心理准备，而且需要明白的是，有时费用的上升幅度会大大超过产品功能、精度提高的幅度。事实上，我们会发现这些要求中的相当部分在实际运用中是不必要的。

（2）强迫性要求造成的风险

在商务活动中，发达国家企业利用自己的优势技术强迫发展中国家企业无条件接受自己提出的要求造成损失的风险就是技术强迫风险。发展中国家的企业要么接受不公平的条件承受利益分配上的不平等，要么拒绝无理要求承受机会成本损失。对于发展中国家企业来讲，既要维系与发达国家企业的合作，又要维护自己的合理利益，确实是有相当难度的。

反过来，发展中国家的企业在开展对外商务合作时，经常把自己放在高高在上的位置，对国外企业的合作条件横加挑剔，强迫对方做一些能力范围之外的事情，以此来满足自己的虚荣心。即使最终外商被迫让步，暂时接受了这种要求，但是商人"不做亏本买卖"的秉性使他们在日后的合作中一定会伺机把他们早先失去的利益再偷偷地挖回去。这种明亏暗补的做法，最明显的莫过于偷工减料，最终会对整个项目造成危害。对于这些商务谈判者来说，其结果只能是真正感受一下"捡了芝麻丢了西瓜"的滋味而已。

因此，在国际商务合作中，既要反对国外合作伙伴的傲慢态度，也要警惕己方的某种强人所难的态度和做法，以及由此可能给合作带来的危害。

（3）合作伙伴选择不当引起的风险

企业在开展经济合作中，常常以引进资金、技术、设备及管理为主要内容，但能否如愿以偿地从合作伙伴处得到这些东西，却不十分确定。谈判的一方不能认为对方是大企业，拥有先进技术，就一定能保证合作顺利成功。在商务合作或国际商务合作中，除了考虑合作伙伴的技术状况之外，考察其资信条件、管理经验等方面情况也是一个相当重要的问题。只有选择了合适的伙伴，才有可能保证项目合作达到预定目的。对于那些重要的、敏感的工程，企业更要寻找信誉良好、有实力的合作伙伴，为此承担稍高的合同价格是完全值得的。合作伙伴选择不当，不但会使项目在合作进程中出现一些难以预料甚至难以逆转的困难，造成不可挽回的损失，而且在项目尚未确定之时，就有可能使企业蒙受机会成本的损失。

4. 合同风险

合同风险是指由于签订合同和实际履行合同规定内容往往间隔一段较长的时间，而存在的潜在的风险。因此，谈判双方在签订合同时要明确各项条款的实施范围和界线等。若是实物交易还会面临合同签订后的交货风险。交货风险是指安全发货和收货所面临的风险，主要包括货物运输和保险两个方面。

沃尔玛始终贯彻“从供应商那里为顾客争取利益”的采购原则。首先是对供应商进行资质认证。从供应商的生产规模、资金实力、技术条件、产品质量、资信状况、付款要求、供货及时性等方面进行全面考察，初步确定目标供应商选择范围。其次是采购业务洽谈。沃尔玛强调谈判内容标准化，按公司规定的“产品采购谈判格式”要求进行谈判，谈判内容涉及商品属性、产品质量、包装要求、采购数量、批次、交货时间和地点、价格折扣、付款要求、退货方式、退货数量、退货费用分摊、产品促销配合、促销费用分摊等。由于沃尔玛对谈判内容进行了标准化，合同覆盖了所有可能涉及的风险，因此沃尔玛公司始终能在谈判中处于不吃亏的状态。

5. 人员素质风险

在商务谈判中，参与者的素质欠佳会给谈判造成不必要的损失。我们把造成这种损失的可能称为素质风险。实际上，在商务谈判过程中非人员风险主要是由环境因素决定的，人员风险主要受人员素质影响。从根本上讲，各种状况的技术风险是因为人员素质欠佳造成的。这些现象反映了发展中国家的商务活动参与者，包括谈判人员的经验不足，管理水平、谈判水平亟待提高的事实。除此之外，项目实施与管理过程中表现出来的人员内在素质缺陷，在很多情况下也构成了对商务合作潜在利益的威胁。

①有的谈判人员在谈判过程中表现出急躁情绪、急于求成、好表现自己，或者拖泥带水、迟缓犹豫、怕承担责任，因此不能真正把握时机，争取最佳获益。事实上，造成这种风险固然有谈判人员先天的性格因素，但更重要的是谈判作风方面的问题。

②有些谈判人员不敢担负责任，一遇到来自对方的压力或来自自己上司的压力，就感到难以适从，不能自主。具体表现为：有时在未与对方充分交涉洽商的情况下匆忙做出承诺，使经过努力争取可以获取更大利益的局面丧失殆尽；有时则久拖不决，不从工作出发，而是沉湎于谈判结果对于个人进退得失影响的考虑，不能争取更有吸引力的合作前景。

③有的谈判人员刚愎自用，自我表现欲望过强，在谈判中坚持一切都要以他的建议为合作条件，寸步不让，从而使合作伙伴不得不知难而退。

④有些谈判人员由于缺乏必需的知识和充分的调研，也会带来隐患。谈判人员对客观环境不够了解，对专业问题不够熟悉，应视为正常。关键是谈判人员要正视自己的这种不足，进行充分地调查分析、做好可行性研究，特别是聘请一些专家顾问，如工程技术人员、律师、会计师等参与可行性研究，对这些客观因素的影响做出预测或估计，并可相应地采

取一些防范措施。

6. 沟通风险

沟通风险是对语言或非语言信息采取错误的诠释方式而产生的文化误读，具有导致沟通失败的风险。例如，崇尚自由平等文化的谈判者在与来自等级社会的伙伴交流时，其行为表现上的随意性就会在无意中触犯等级文化中具有较高地位的人。感情外向的人与相对含蓄内向的人的交流方式不同，不管是语言交流还是非语言交流，外向和内向的差别都会产生巨大的交流鸿沟。

在商务活动中，谈判者要始终保持风险意识，不断积累实践经验，仔细观察，虚心求教，从而降低风险的发生概率。

第二节 商务谈判风险的规避

一、风险规避的含义与防范措施

1. 风险规避的含义

所谓风险规避，是指通过计划的变更来消除风险或风险发生的条件，保护目标免受风险的影响。风险规避并不意味着完全消除风险，而是规避风险可能造成的损失，具体有两方面措施：一是要降低损失发生的概率，这主要是采取事先控制措施；二是要降低损失程度，这主要包括事先控制和事后补救两个方面。

在商务谈判中，风险是不可避免的。高风险既意味着存在较高的潜在危机，也意味着一旦成功规避这些风险，将获得高的收益。对于谈判双方来讲，风险是同样存在的，要规避风险，避免和减少损失就要认清造成损失的具体原因。

2. 防范商务风险的基本措施

商务谈判人员可根据对风险状态和可能结果的分析估测，针对不同类型的风险，选用一种或综合运用多种防范和规避商务风险的措施。风险理论告诉我们，要防范商务合作中可能出现的风险，通常可以采取以下三种措施。

（1）完全回避风险

完全回避风险是通过放弃或拒绝合作，停止业务活动来回避风险。虽然潜在的或不确定的损失能够就此避免，但与此同时，获得利益的机会也会因此而丧失。但对于那些根据事实做出判断、界定的政治风险和自然灾害风险，采取完全回避风险的策略显然是较好的办法。例如，取消对战争或动乱可能持续下去的国家或地区的投资计划，停止在洪水经常泛滥的河谷地带建厂等，这些都可称得上是明智的选择。

（2）风险损失控制

风险损失控制，即通过降低损失发生的严重性、减少发生损失的机会来应对风险。一般地讲，由于人员因素引起的风险大多比较容易预先估计到。例如，技术人员对技术完美性的追求，使他们往往追求最完美的设计、健全的功能、最高的质量、最好的材料，而不顾制造成本大小。这些反映在有关引进技术设备的商务谈判中，就会表现为一种奢求风险。事实上，在一定标准或均衡的性能价格比基础上，每提高 1%的性能要求，价格上升就会超过 1%，并呈几何级数增长。企业对此可做出较为准确具体的估计，并对不同情况下各种方案的优劣做出评价，确定经济上比较合理、技术上又先进可行的对策。对于其他人为因素造成的风险，如现场管理、人员素质等，只要谈判人员以及其他参与人员规避风险的意识提高，那么是比较容易预见和控制的。

（3）转移风险

在商务活动中，企业普遍采用的保险方式就是出于转移风险的需要而让合作方的担保人来承担有关责任风险，是一种非保险的风险转移方式。

在保险业日益发达的今天，通过保险来转移自然风险所造成的损失已经成为企业的普遍选择。同时，对政治风险的保险也已成为一种现实，只是这种保险业务和内容尚被严格地限制在一定的范围之内。

对于非人员风险中的市场风险，包括汇率风险、利率风险、价格风险，企业可以通过加强预防措施来达到减少风险的目的。例如，在寻找设备供应商时，选择单一伙伴往往会面临设备性能或价格难以符合目标要求、资信状况不佳而有可能导致供货不及时等风险。因此，相关人员应该详细地考察该供应商各方面的合作条件，对合同中的违约责任予以细致明确的规定。如有必要可通过联系多家供应商，形成竞争局面，从中选择最有利的合作伙伴，以此减少和消除损失发生的机会。

对汇率风险，当谈判人员能够通过对历史资料的分析及未来国际外汇市场走势的预测，确信某种外币对本国货币将升值时，就可以采取远期交易的方式以现汇汇率或约定汇率买入未来某个时期的外币，这样外币价格就被锁定。如果日后这种外汇汇率果真上升，不仅损失能得以避免，而且相对而言等于有了一笔额外的收益。

在商务谈判中谈判者积极地采取一些风险转移策略，或者让合作伙伴分担部分风险，或者向保险商投保，都不失为对付市场风险的一种有效途径。

（4）自留风险

自留风险，也称承担风险，是一种由企业或单位自己承担风险事故所致损失的财务型风险管理技术。

自留风险可以是被动的，也可以是主动的；可以是无计划的，也可以是有计划的。当风险没有被预见，企业因而没有做出处理风险的准备时，风险自留就是被动的或者是无计划的。所谓主动的或有计划的风险自留，通常是企业采取建立一笔专项基金的做法，以此来弥补可能遭遇的不测事件所带来的损失。在某些情况下，自留风险是唯一的对策，因为有时完全回避风险是不可能或明显不利的。

预见和控制非人员风险的难度较大。例如，非人员风险中的政治风险、自然灾害风险往往是不可预测的，其发生常常会令人难以适从。因此，只能采取事后补救的办法，但实际损失的绝大部分将无法挽回。例如，苏伊士运河被切断、拉美国家的外国私人企业被没收、南斯拉夫战争，以及突如其来的地震、台风、海啸、旱涝等自然灾害给商务活动造成损失的例子不胜枚举。由于这些风险事先得不到预见，损失就无法避免。

由此可见，在商务活动中源于政治、自然灾害的风险损失常常是被动、无计划的自留风险的结果，因为这种风险是难以预测的。企业采取主动的、有计划的风险自留措施也只是杯水车薪之举。

二、素质风险规避方法

1. 提高谈判人员素质

在商务谈判过程中，风险可谓无处不在、无时不在。谈判主题一经明确，谈判人员一经确定，风险即已形成。因此，谈判人员的挑选应当着重依照一定的素质要求从严掌握。虽然不可能在这些候选人完全符合理想标准以后才允许他们走上谈判场（事实上，谈判人员的素质恰好是要在经常的谈判实践磨炼中不断提高和发展的），但是由于涉外谈判的责任重大，因此不得不对谈判人员，特别是首席谈判代表，提出严格的要求。最终被选定的谈判人员应该以事业为重，有较强的自我控制能力，不图虚荣，敢于负责。这样，人员的素质风险就可能避免。

2. 请教专家，主动咨询

一个商务谈判人员知识面再广，整个商务谈判班子知识结构再合理，总难免会有缺漏。特别是对于某些专业方面的问题，难免会缺乏全面的把握与深刻的了解。请教专家，聘请专家顾问常常是商务谈判取得成功所必不可少的条件。

专家可以帮助谈判人员了解客观环境。在选择合作伙伴时，主动征询专家的意见有助于企业避免因伙伴选择不当而造成的风险损失。这种专家渠道有很多，既可以是国内的有关专业外贸公司、同行业企业，也可以是国外特别是项目所涉及的有关国家的政府部门、行业机构，甚至可以是国内外银行等金融机构、外国驻我国使领馆和我国驻外使领馆等。

政治风险、自然灾害风险主要是纯风险，它们难以被预测，一旦造成危害，后果会非常严重。对此，请教有关方面专家能得到有价值的信息与启发。例如，到海外投资，一定要请政治问题专家帮助考证当地政治环境是否稳定，与周边国家和地区关系的状况如何等。与国外大公司、金融财团合作，一定要设法搞清楚他们与该国政府、议会之间的关系。专家不能保证完全消除这些风险，但总比外行更了解这些风险，而这正是商务谈判人员所需要的。

3. 审时度势，当机立断

一个谈判人员是否能审时度势，当机立断，很大程度上要归诸心理素质的优劣，谈判的准备是否充分。实际情况是纷繁复杂的，要进行反复比较，做出最佳选择往往是非常困难的。决策理论告诉我们现实生活中很少存在对某一事务进行处置的绝对最佳方案。即使人们花了大量时间、精力、钱财，反复研究、演算、论证找到了这样一个理想的方案，似乎据此便可以做出最优决策，但事实上极可能由于决策成本过高，或者由于贻误时机，这种决策最终丧失了其优化的特性，甚至变得一文不值。

商务谈判既不可急于求成，也不可当断不断。有些外商利用我方有求于他的心理，在谈判中提出苛刻的合作条件。如果我方急于求成，就要承受价格不合理的风险；相反，在谈判中表现出过多的犹豫，想把方方面面的情况条件包括各种细微之处都考虑周全再做决策，就得承受失去合作机会的风险。

三、规避风险的技术手段

市场风险中涉及的汇率风险、利率风险、价格风险，是可以通过一定的财务手段予以调节和转化的。作为商品交换的高级形式，期货期权交易在这方面充当了主要角色。

由于政治、经济等因素的影响，供求关系将不断变化，由此而引起的价格波动，对买方和卖方均会产生不利影响。为减少这种风险，交易者通过在期货期权市场公开竞争，以其认为最适当的价格随时转售或补进商品，与现货交易对冲，从而将价格波动的风险转移给第三者，达到保值的目的。与此同时，利用价格的时间差、地区差，从事买空卖空、牟取利润的投机商也伴随着这样一个交易过程而产生。因此，期货交易价格反映了市场参与者对 3 个月、6 个月或 1 年以后乃至更长的时间里供求关系、价格走势的综合判断。随着世界期货期权交易的蓬勃发展，交易商品也日趋多样化，目前已发展为四大类：一是商品期货交易，如谷物、棉花、橡胶以及金属等；二是黄金期货交易；三是金融工具期货交易，如债券、股票指数、利率等；四是外汇期货交易。虽然诸如远期买卖、期货买卖、期权买卖这些调节和改变市场风险的手段的运用本身就隐含着风险，但是在专家建议与指导下，这种操作会显出合乎理性的轨迹。况且汇率、利率、价格的波动总是相互关联的，其波动的频率范围多大、连锁波动的次序与时滞效应如何、今后变化趋势怎样，这些问题由金融、财务专家来回答是最为妥当的。

当今金融界已有越来越多的专业人士把期货、期权市场看作避免市场风险的最理想的场所。我国企业要大踏步地进入国际市场，发展国际商务合作，不仅要在确定利率形式、价格形式、选择结算币种方面求教于专家，而且应该在专家指导下大胆地尝试利用期货期权交易手段规避市场风险。

四、公平负担

在项目合作过程中，风险的承担并不是非此即彼般的简单，合作各方常常需要共同面对一些风险。因此，如何分担这些风险成了谈判的一个重要内容。不测事件发生后，如何处置共同的风险损失，构成了合作各方需要磋商的内容。在这样的谈判过程中，坚持公平负担原则是能带来合理结局的唯一出路。分担市场的风险是合作各方经常讨论的问题。例如，甲方要求乙方在结算的时候支付英镑，而乙方则只想支付欧元。双方分歧焦点的背后隐藏着共同的认识：欧元在未来的一段时间内会日益坚挺，而英镑会日益疲软。双方都不愿意承担外汇风险。一个合理的解决方案是双方共同到外汇市场套期保值，或双方自行约定一个用于结算的英镑对欧元的汇率，这样无论乙方最终以英镑还是欧元支付，对双方都是公平的。

五、利用保险市场和信贷担保工具

在商务活动中，企业向保险商投保已成为相当普遍的转移风险的方式。与价格浮动、汇率风险这种投机风险不同，保险一般仅适用于纯风险。是否就项目中存在的纯风险投保？向哪家保险公司投保？承保事项如何确定？选择什么档次的保险费率、如何与合作方分担保险费？面对这样的问题，谈判人员应虚心听取保险专家的意见。

商务活动中，信贷担保不仅是一种支付手段，而且在某种意义上具有规避风险的作用。在大型工程项目中，为了预防承包商出现差错，延误工程进度，业主为了保护自己的利益，可以要求承包商或供应商在签订合同时答应提供银行担保。这类担保分为三种。

①投标保证书。为了阻止投标者在中标后不依照投标报价签订合同，要求投标者在投标的同时提供银行的投标保证书。开标后，投标者未中标或正式签订合同后，银行的担保责任即告解除。

②履约保证书。为了防止供应商或承包商不履行合同，业主可以要求供应商提供银行担保。一旦发生不履约情况，业主就可以从银行得到补偿。

③预付款担保。在业主向供应商等按合同规定支付预付款的时候，可向供应商等索取银行担保，以保证自身利益。

第三节 商务谈判风险的转移

一、风险转移管理技术

（一）风险转移的含义

风险转移是指一些单位或个人为避免承担风险损失，而有意识地将损失或与损失有关的财务后果转交给另一些单位或个人去承担的一种风险管理方式。在现实生活中，人们在从事各种经济活动时，也经常考虑如何将自己面临的风险转移出去，以避免可能存在的损失。例如，通货膨胀率很高时，人们纷纷抛出现金，购置保值商品，以转移因通货贬值而遭受的损失。又如，有些商店贴着“货物出门，概不退换”的告示，这是商店以单方协议的形式，把因商品可能存在缺陷而造成的损失转移给顾客。也就是说，在各项经济活动中，人们已经有意或无意、主动或被动、合理或不合理地运用了这一风险管理技术。他们在某些情况下可能是风险的转移者，而在另外一些情况下又可能成为风险的接受者。显然，若人们能主动地、有意识地、自觉地运用这一风险管理技术，就可能避免许多不该承担的风险损失。值得指出的是，转移风险必须通过正当、合法的手段来进行，而绝非无限制地带有欺诈性地转移。那种诱骗性的嫁祸于人的做法是得不到法律保护的。

（二）风险转移管理技术的形式

风险转移管理技术包括：控制型非保险转移和财务型非保险转移。

1. 控制型非保险转移

控制型非保险转移是指通过降低风险事故发生的频率和损失幅度，提高预测风险事故发生的准确程度等途径，尽可能使风险事故所致损失降到最低限度，从而达到风险管理的既定目标。

2. 财务型非保险转移

事实上，因为种种因素的制约，人们对风险的预测不可能绝对准确，而防范损失的各种措施又具有一定的局限性，所以某些风险事故的损失不可避免。因此，如何有效地运用财务型非保险转移管理技术及时地为人们提供损失后的经济补偿，是风险管理的重要内容。财务型非保险转移管理技术是通过事故发生前所做的财务安排，来解除事故发生后给人们造成的经济困境和精神忧虑，为恢复企业经济提供财务基础。财务型非转移管理技术包括保险与非保险两大领域。保险是指投保人根据合同约定，向保险人支付保险费，保险人对于合同约定的可能发生的事故因其发生所造成的财产损失承担赔偿保险金责任，或者在被保险人死亡、伤残、疾病或者达到约定的年龄、期限等条件时承担给付保险金责任的商业保险行为。非保险是指投保人根据合同约定，向保险人支付保险费，保险人对在保险责任范围外所受到的损失赔偿责任。例如，非车险指的是除了汽车保险外的险种，比如企财险、家财险、工程险、农险、特险、意外健康险、社保类业务等。无论是保险还是非保险，保险是其核心部分。

3. 控制型非保险转移与财务型非保险转移的区别

控制型非保险转移与财务型非保险转移的区别有以下两点。第一，控制型非保险转移，它转移的是损失的法律责任，即通过合同或签约，消除或减少转让人对受让人的损失责任和对第三者的损失责任。而财务型非保险转移，是转让损失的财务负担，即转让人通过合同或签约寻求外来资金补偿其确实存在的损失。第二，控制型非保险转移将财产或活动连同损失责任都转让给受让人。而财务型非保险转移则只转移损失，不转移财产或经济活动本身。

二、合同（或契约）与风险转移

通过合同转移风险，就是通过合同条款将一方的风险转移到另一方。一般有四种情况：①在商品销售或劳务供应中，由于商品自身缺陷、职业性的劝告不慎、专利或版权的侵权、供应了不合适的商品而造成的人员伤亡或财产损失所引起的赔偿责任；②财产的销售、出租或租赁所引起的损失责任；③承包人或其他人员破坏雇主的房屋、伤害雇员、伤害第三者或损坏第三者的财产等而引起的赔偿责任；④污染等所引起的赔偿责任。

（一）转移风险合同

风险转让人与受让人在签订有关合同时，通过变更、修正、承诺等合同条款，巧妙地将风险转移。但这种转移不能无限制地运用，它必须是一个合法的、有效的经济合同的组成部分。《民法典》第一百五十三条规定："违反法律、行政法规的强制性规定的民事法律行为无效。""违背公序良俗的民事法律行为无效。"《民法典》第一百五十四条规定："行为人与相对人恶意串通，损害他人合法权益的民事法律行为无效。"无效的经济合同从订立的时候起就没有法律约束力。确认经济合同部分无效的，如果不影响其余部分的效力，其余部分仍然有效。值得指出的是，在协商订立合同的过程中，寻求利用某些条款转移风险的一方必须提醒对方注意，经双方同意后，其中任何一方不得另提新条件作为补充。因此，双方签订转移风险合同前必须考虑以下问题。

1. 明确责任，合法有效

必须明确转移责任的范围，并考虑转移责任条款在法律上是否有效。风险管理者若想利用合同的某些条款来转移损失的财务负担，必须十分小心，并要有足够的法律知识。《民法典》第五百七十七条规定："当事人一方不履行合同义务或者履行合同义务不符合约定的，应当承担继续履行、采取补救措施或者赔偿损失等违约责任。"由国家市场监督管理局经济合同司编著的《中华人民共和国合同范本》对各类合同中的责任、赔偿和保险等条款均做了较详细的规定。若企业不了解这些规定，签订了与法律、法规相矛盾的条款都是无效的。

2. 保证赔偿，借助保险

在运用转移风险技术将风险转移给合同的另一方的签约之前，风险管理者还必须考虑，当发生巨额损失时，对方是否有赔偿能力。因此，合同里通常有一个赔偿条款，要求对方承担进一步的义务。比如，向保险公司投保一笔双方同意的保险，或提供其他担保，以保证赔偿得以兑现。

3. 费用问题，充分评估

管理者在选择风险管理技术时，必须遵循的一个重要原则是，以最少费用支出获得最大安全保障。因此，在选择转移风险管理技术之前，管理者要对其所发生的费用作一个全面的估算。比如，若对供货人和客户加用赔偿和除外责任条款，就很可能在合同价格上得到反映。当然，这类费用主要与转移损失有关。另外，损失一旦发生，还可能引起争执，甚至诉讼，这可能带来更重的财务负担。所以企业应在对各种管理技术的费用进行估算并分析比较之后，再决定取舍。

（二）转移风险合同的形式

转移风险合同的形式有免责约定和保证合同两种。

1. 免责约定，纳入合同

免责约定是指合同的一方通过合同条款的拟订与变更，将合同中所发生的对第三者人身伤亡和财产损失的责任转移给另一方承担。在租赁合同、建筑合同、委托合同、销售合同、供给或服务合同中，均可通过免责约定来转移风险。对于免责的内容或范围，当事人可以根据意思自治的原则在合同中约定，如"如果出现某种情况，某方不负责任""如果出现某种结果，某方应在多长时间内提出赔偿请求"等。免责条款的设定能预先分配当事人之间的风险，防止出现不必要的摩擦或争议。

作为合同的一部分，免责条款只有符合法律规定才能产生相应的效力。因此，要判断免责条款是否有效，主要从以下两个方面来分析。

①看其是否纳入了合同。只有免责条款制定方合理地提请对方当事人注意免责条款的

存在，才能将免责条款纳入合同，才会产生法律效力，否则免责条款无效。制定方是否合理履行了提请对方注意的义务，要从以下几方面来判断。一是提请注意的时间。免责条款要成为合同的一部分，自然需要符合合同的一般原则，即双方都对免责条款的存在无异议。因此，免责条款的制定方应在订立合同之前向对方当事人说明免责条款的内容，让对方在充分了解双方权利义务的情况下作出是否接受合同的决定，否则便视为无效条款。二是提请注意的程度。提请应达到足以引起当事人注意免责条款的程度。在有书面合同的场合，免责条款应该显著标明或指向，让当事人应该能看到。在没有书面合同的情况下，免责条款应置于足够显眼的地方，也就是一般人在订立合同时都应该看到的地方。同时，免责条款免除己方的责任程度越大，将其纳入合同之前的提请注意义务越高。

②免责条款纳入合同后能否生效，还要看它的具体内容是否符合法律的规定。我国法律对公民人身的健康安全和生命安全给予了特殊保护，对造成人身伤害的免责约定无效。故意或重大过失造成对方财产损失也不能用免责条款来减免应负的责任。

2. 保证合同，担保有责

非保险转移的另一种形式是保证合同。《民法典》第六百八十一条规定：“保证合同是为保障债权的实现，保证人和债权人约定，当债务人不履行到期债务或者发生当事人约定的情形时，保证人履行债务或者承担责任的合同。”保证单位是保证当事人一方履行合同的关系人，被保证的当事人不履行合同的时候，由保证单位连带赔偿损失的责任。例如，保证债务清偿，在规定期限内提供一定数量的产品或付清贷款，按期建成一座工厂等。如果被保证人无法承担损失的责任，保证人必须按保证合同承担这一赔偿损失的责任。然后，保证人再向被保证人追偿其损失。

通常债权人在订立保证合同时，会要求保证人提供足够的财产担保，以备自己索赔。这样，债权人就可借助保证合同，将违约风险损失转移给保证人。保证合同与保险市场的保证保险的目的都是将违约风险转移，但它们还有如下区别。第一，保证合同中通常有三个当事人（债权人、债务人、保证人），而保证保险合同只有保险人与被保险人。第二，保证合同是由担保人提供保证，使债权人获得保障。保证人愿意提供保证，是因为他可能在其他方面与另两方有某些利害关系；而保险人愿意提供保证，则是因为他收取了被保险人的保费。第三，保证人通常以被保证人的财产抵押来补偿可能遭受到的损失，而保证保险则是集多数风险单位来分摊其可能发生的损失。

（三）财务型非保险转移风险技术的实施

在实务上，风险管理者欲运用某种风险管理技术时，必须了解该管理技术的优、缺点及其适用范围，这样才能正确选择、合理运用管理技术，达到事半功倍的效果。

1. 财务型非保险转移风险的优点

①非保险转移是保险转移的一种重要补充形式。保险是财务型风险转移的核心部分，是一种应用广泛的、行之有效的转移风险方式。它是通过专门的机构，根据有关法律，运用大数法则，以签订保险合同的方式来实现的。但由于种种原因，保险转移风险仍有其局

限性，它不能转移所有的风险，因为保险人只承保可保风险。即使是可保风险，具体到某一保险人，也不一定开办此项业务。因此，对某些风险来说，就只能通过非保险途径来转移。在人们从事的各种经济活动中，伴随着签订大量的经济合同，自然就可利用经济合同中的某些条款来转移风险，以补充保险无法完成的潜在风险损失转移的功能。

②非保险转移是一种非常灵活的转移风险方式。签订一份保单，从要约到承诺，基本上已规范化，各种条件改动的幅度不大。非保险转移却非常灵活，不仅转移责任可大可小，而且转移的成败主要取决于人们如何巧妙地运用各种法律知识、合同条款、合同语言、谈判技巧等。同时，非保险合同本身的多样性，当事人的千差万别，为商务谈判人员灵活运用这一管理技术提供了充足的余地。

③非保险转移是一种较经济的管理技术。与保险相比，它无须支付保险费用，只需在合同条款上下功夫，一旦合同签订，转移就告成功。

④就全社会而言，有可能促进风险控制。在某些情况下，将潜在损失转移给那些能够更好地实施损失控制的单位与个人，无疑会使损失发生的频率和损失幅度降低。例如，在一份建设施工合同中，若承包人将因设计图纸的疏忽、错误、更改所造成的工程损坏及因此发生的拆除、修复等费用支出，以及承包人因此而发生的人工、材料、机械和管理费用等损失转移给发包人。发包人就会更加严格、周密地审查设计图纸及其所提供的全部技术资料，以控制这类损失的发生。

2. 财务型非保险转移技术的局限性

任何管理技术的实施，均受到许多条件的制约，财务型非保险转移同样也有其局限性。

①受到法律和合同条文本身的限制。非保险转移是通过合同双方所签订的协议条款来实现的。但法律条文、合同条款均有其明确的法律意义和标准。合同双方必须在严格遵循法律规定和合同条文的基础上，转移那些在法律上、在合同条文中没有规定，或者规定不够明确的损失责任，否则这种转移将是不正当的、无效的。另外，由于各国的法律、各种合同条文的规定以及人们的习惯均不相同，使得伴随涉外经济活动的各种合同，在对合同语言的解释上可能出现明显的差异。因此，在涉外经济活动中，非保险转移的局限性更大。总之，一方要把损失责任既合理又合法地转移给对方，就必须受到情理和法律的双重限制。也就是说，既要在法律允许的范围内，又要对方愿意接受这种转移，愿意承担该损失责任。

②在某些情况下，非保险转移可能要支付较大的费用。一般来说，风险承担者不可能无代价地接受被转移来的损失责任，其条件可能在合同价格上反映出来。例如，土建工程承包人常把保险费作为单独一项，列入其投标价格中。因此，就预期风险代价的条件来说，转移人只是把实际后果与预期后果的差异率转移出去了。费用的支出主要还在于，一旦损失发生，转移方为解决争端而可能支付的一笔相当可观的诉讼费，它往往超过损失本身的经济价值。另外，风险承担者可能在财力上无法承担被转移损失的责任。被转移的风险损失一旦发生，可能会很严重，特别是人身伤亡事故，而非保险转移中的风险承担者不存在大量风险单位的集合，所以其承受能力是有限的。若风险承担者无力支付巨大的损失赔偿，则该转移无实际意义。因为根据合同的关系不涉及第三者这一原则，只有合同当事人才受

合同赔偿和除外责任条款的约束。

③因为在非保险转移中，风险受让人不存在大量风险单位的集合，不能合理地平均分摊损失，所以风险受让人面临的风险损失往往波动很大。正因为如此，在接受风险转移时，受让者将会态度谨慎。而对那些不了解风险性质的人来说，却很可能盲目地接受被转移的风险。然而，由于他们不能有效地管理和控制风险，势必导致更多的损失机会，显然，这不利于损失的消除和减少。

3. 财务型非保险转移技术的适应范围

从以上讨论可以看出，财务型非保险转移虽有许多优点，但也有其局限性，故并非任何情况下均能使用。通常只有在满足下列条件的情况下，双方才使用财务型非保险转移技术。

①风险转移者和风险承担者之间损失应能清楚地划分。在签订合同时，当事人双方对要转移损失的概念非常明确，双方对此的理解也要一致，并且一旦损失发生，要能清楚地划分。

②风险承担者愿意且具有能力承受适当的财务责任。在协商合同条款时，风险转移者必须明确地告诉对方，有关条文的全部含义及其可能产生的后果，使风险承担者在对自己的承受能力进行适当的估计并充分衡量之后，再做出相应的承诺。显然，若风险承担者不愿意承担损失责任，或无经济实力支付损失赔偿，该转移技术就无法实施。

应用非保险转移技术，对风险转移者和承担者来说，都觉得有利可图。其利益可能是直接的，也可能是间接的。显然，若仅对一方有利，则无利方将可能拒绝接受这一技术。

第四节　商务谈判的外汇风险防范

一、外汇风险的概念

在当今国际商务活动中，都不同程度地存在着外汇的收入或支出的问题。因而就存在因汇率的变动而导致损失的风险，即我们通常所说的外汇风险。所谓外汇风险，是指因汇率变动而蒙受经济损失的可能性。一个国际企业组织的全部活动，即在它的经营活动过程、结果、预期经营收益中，都存在着由于外汇汇率变化而引起的外汇风险。如何用规避风险的方式来对付外汇风险？针对外汇风险隐含投机可能的特性，企业可以采用外汇的期货交易或期权交易方式。因为它不仅可以套期保值，同时也可能产生获利，这或许是处理风险更为积极的做法。也就是说，风险规避从广义上理解，不仅不是指消灭风险，而且要在寻求减少未来可能损失的同时，寻求未来收益增长的机会。

二、外汇风险的种类

在国际商务活动中经常需要发生大量的本国货币与外国货币的兑换，就产生了外汇风险。经营活动中的风险为交易风险，经营活动结果中的风险为会计风险，预期经营收益的风险为经济风险。

1. 交易风险

由于外汇汇率波动而引起的应收资产与应付债务价值变化的风险即为交易风险。交易风险主要表现在：一是以即期或延期付款为支付条件的商品或劳务的进出口，在货物装运或劳务提供后，而货款或劳务费用尚未收支期间，外汇汇率变化所发生的风险。二是以外币计价的国际信贷活动，在债权债务未清偿前所存在的风险。三是待交割的远期外汇合同的一方，在该合同到期时，由于外汇汇率变化，交易的一方可能要拿出更多或较少货币去换取另一种货币的风险。交易风险是国际企业的最主要的外汇风险，是商务谈判时需要重点关注的。

2. 会计风险

会计风险也称转换风险，主要指由于汇率变化而引起资产负债表中某些外汇项目金额变动的风险。会计风险受不同国家的会计制度与税收制度制约，不属于本章研究的范围。

3. 经济风险

经济风险是指由于外汇汇率发生波动而引起国际企业未来收益变化的一种潜在风险。收益变化的幅度主要取决于汇率变动对该企业产品数量、价格与成本可能产生影响的程度。潜在经济风险直接关系到企业在海外的经营效果或一家银行在国外的投资效益。经济风险是一种概率分析，是企业从整体上进行预测、规划和进行经济分析的一个具体过程。经济风险的分析很大程度上取决于公司的预测能力，预测的准确程度将直接影响该公司在融资、销售与生产方面的战略决策。

外汇风险的构成因素一般包括三个方面：本币、外币与时间。如果一个国际企业在某笔对外交易中未使用外币而使用本币计价收付，这笔交易就不存在外汇风险。因为它不牵涉外币与本币的折算问题，从而不存在汇率波动的风险。一笔应收或应付外币账款的时间结构对外汇风险的大小具有直接的影响。时间越长，在此期间汇率波动的可能性就越大，外汇风险相对越大；时间越短，在此期间汇率波动的可能性就越小，外汇风险相对也较小。

从时间越长，外汇风险越大这个角度来分析，外汇风险包括时间风险与价值风险两大部分。改变时间，如缩短一笔外币债权债务的收取或偿付时间，可以减缓外汇风险，但不能消除价值风险，因为本币与外币折算所存在的汇率波动风险仍然存在。

三、汇率对国际商务的影响

1. 对投资成本的影响

对中外合资经营企业来说，如果双方投资的出资货币与资本的计算货币不一致，就会因汇率的变动而影响投资的成本。在合资企业的出资中，如出资者的出资货币与投资总额或注册资本的计价货币不一致，当实际出资时计价货币对出资货币的汇率高于合同规定的汇率时，投资者即可少出资，从而降低投资成本。反之，当实际出资时计价货币对出资货币的汇率低于合同规定的汇率时，投资者就要多出资，从而提高投资成本。如果出资者的出资货币与投资总额或注册资本的计价货币一致，那么该出资者就不会有外汇风险。

在中外合资经营企业中还存在汇率对投资利率汇出的影响。在合资企业的利润以东道国（中方）的货币计价的情况下，中方合资经营者不存在外汇的风险，因为没有货币兑换的问题，而境外投资者所分得的利润却存在外汇风险。例如，当人民币对美元汇率下跌时，境外投资者分得的人民币计价利润在兑换美元汇出时就会减少；反之，当人民币对美元汇率上升时，境外投资者分得的人民币计价利润在兑换成美元汇出境外时就会增加。

2. 对进出口贸易的影响

国际贸易的交货与付款在时间上往往是分开的。一般情况下，在签订合同以后要隔数月或数年才能实际进行货款的交割。如果实际交割时的汇率与签订合同时的汇率不同，那么合同双方必有一方或是双方将遭受外汇风险，其结果不是收益就是损失。

当人民币对外币贬值、汇率下降时，以人民币计价的进口物资或产品的价格就会提高，从而使得企业的成本上升，利润减少；而出口产品的价格则降低，从而有助于加强产品在国际市场上的竞争能力，导致出口增加，并且出口收入的外汇在兑换成人民币时会增加，从而提高利润。当人民币对外升值、汇率上升时，进口物资的价格降低，从而进口成本降低，使得利润增加；而出口产品的价格提高，产品出口竞争能力减弱，利润减少。可见，当人民币贬值、汇率趋于下跌时，企业应尽力争取出口，减少进口，多创利润；当人民币升值、汇率上升时，企业应适当扩大进口，以降低成本，多创利润。

3. 对国际租赁贸易的影响

在国际租赁业务中，一般来说，租金是用外币计价和支付的，因而也存在外汇风险。在租赁合同签订以后、租金确定的情况下，如果人民币对外币的汇率下跌，那么相同金额外币计价的租金就需要更多的人民币才能支付，因而提高了预定的租赁成本；如果汇率上调，相同金额的以外币计价的租金只需要较少的人民币就能支付，从而降低了租赁成本。因此，对支付租金的货币选择会影响租赁成本的增减。

综上所述，在国际商务活动中，如果以外币表示或计价的是债权，当人民币对外币的汇率下跌时，外汇风险的结果就表现为收益；反之，汇率上升时，外汇风险的结果就为损失。如果以外币表示或计价的是债务，外汇风险的结果正好与债权的相反。

四、影响汇率跌涨的因素

研究和分析汇率涨跌因素的目的是为了防范和消除外汇风险。

1. 通货膨胀率的影响

汇率作为两国货币之间的价值对比关系，其变动首先受一国国内价格变动的影响。如果一国国内价格不断上涨，通货膨胀，货币的实际购买力下降，就意味着货币的价值下降。这样，在其他国家的货币价值保持不变的情况下，该国货币的汇率就会下跌。假如与此同时，其他国家也有国内价格上涨、通货膨胀、货币的价值也不断下降的情况，那么只要该国通货膨胀率超过了其他国家的通货膨胀率，该国货币的汇率就有下跌的可能性；反之，就可能上涨。

2. 利率的影响

某一国家的利率高低对资本进出该国会产生一定的影响。如果一国的利率高于其他国家或地区，在其他条件相同的情况下，国际资本就会逐利而来，从而导致外资的流入，有利于引进境外资金，但也阻止了本国资金的外流，提高了市场上对该国货币的需求，从而导致汇率上升；反之，则使汇率下跌。

3. 中央银行干预的影响

在浮动汇率制度下，各国的中央银行都加强了对外汇市场的干预，经常根据本国一定时期内经济发展的需要，采取抛出或购进外汇（或本币）的办法来影响汇率。如果本币汇率偏高或过度升值时，就抛出本币而购进外币；如果本币汇率偏低或下跌厉害时，就抛出外币而购进本币。

中央银行干预的影响只能在短时间内起一定的作用。在西方国家，有时是多国中央银行采取一致的行动联合干预外汇市场。这种干预的影响较大，对汇率的影响也较强。

4. 国家财政政策的影响

国家政府为保持本国经济健康顺利的发展，或为了达到特定时期、特别情况下的特殊政治经济目标，可以采取不同的财政金融政策。这类政策的影响必然反映到汇率上来。如果政府实行货币紧缩政策，可能导致利率上升，从而使汇率提高；反之，汇率下降。如果政府实行财政紧缩政策，则使利率下降，通货膨胀率下降，导致汇率下跌；反之，汇率上升。可见，不同的财政金融政策导致不同的汇率反应。

5. 国家进出口状况的影响

如果国家的出口大于进口，国际收支表现为顺差。一方面表明其他国家对该国的商品或劳务有较多的需求，另一方面则反映了其他国家需要更多的该国货币来支付货款。这样在国际金融市场上，该国的货币就会供不应求，从而使得该国货币的汇率上升；反之，如该国的进出口状况表现为逆差，则货币的汇率就会下跌。

如果国际收支偶然短时间地出现逆差，往往不会对该国货币的汇率产生什么影响，即使有影响也是有限的、暂时的；如果处于长期的国际收支逆差，就会消耗外汇储备，使该国外汇储备减少甚至枯竭。外汇储备的减少意味着该国对外有保障的支付能力下降，从而使得外汇市场上对该国货币的信心发生动摇，出现抛售该国货币的现象，导致该国货币汇率下降。

影响汇率变动的因素较多，除以上罗列以外，还有国际经济的联动因素、国家政策的稳定状况，以及人们对汇率的心理预期反应等。汇率变动常常是影响汇率的各种因素综合作用的结果，在实际工作中必须注重分析和研究，企业才能真正掌握汇率的变化趋势。

五、外汇风险防范的措施

外汇风险防范的措施包括使风险消失、使风险分担、获取风险收益三种。

（一）使外汇风险消失的具体方法

1. 平衡法

平衡法分为单向平衡和综合平衡。单向平衡是指将一项具体交易的货币平衡。例如，某公司准备引进一套设备，在向银行申请美元外汇贷款时，就应在设备交易谈判中力争用美元计价支付。这就不存在货币的兑换问题，在设备交易中就不会遭受外汇风险。当公司向银行的美元借款没有约定归还时的汇率，或归还时的汇率与贷款时的汇率不同，就存在着外汇风险的问题。在合资企业中，用美元引进设备的同时，完全可以将生产出的产品以美元计价出口，收取美元归还贷款，以消除贷款的外汇风险。可见，这是一种通过借用一致或借还一致的原则来选用货币，避免外汇风险的方法。

综合平衡是指一系列交易或整个对外经济活动中的货币平衡，是将两笔或多笔对外交易业务联结在一起选择计价货币。例如，某公司有两笔出口业务，都在 6 个月以后进行收汇。为避免外汇风险，公司在谈判中就必须选择两种关系非常密切而币值的运动方向相反的货币，即一种货币可能升值，另一种货币可能贬值，如两者变动的幅度相近则更好。这样在 6 个月以后收汇时，如果第一笔交易中计价支付的货币汇率下跌，造成公司损失，但第二笔交易中计价支付的货币汇率上升，给公司带来了利益，以达到降低外汇风险的作用。又如，在公司的两笔对外业务中正好是一项收入业务，一项是支出业务。这样在对外商务谈判中就应选择相同的货币作为计价结算货币，使两笔交易的外汇风险损益互补，从而降低或消除外汇风险。

综合平衡法只能部分地或基本上消除外汇风险，这是由于交易收入支出的时间、金额不可能完全一致，而在用不同货币为平衡货币时还存在平衡货币之间变动幅度不一致的问题。同时，综合平衡法较为适用对外交易的地区范围广、业务多的大公司。公司可事先将不同币种、不同期限的远期外汇收付款进行汇总轧抵，然后再根据轧抵的结果，决定本笔交易及今后交易中选择何种货币来避开或减少外汇风险。

2. 人民币计价法

在我国，外汇风险的产生是因为在以外币计价支付的情况下，签订交易合同时外币与本币（即人民币）的汇率和实际交割时外币与人民币的汇率不同，而产生人民币收支上的损益。如果在国际商务活动中的结算中，以人民币作为计价货币，我国企业直接收付的是人民币，就不存在与外币的兑换折算问题，实际收付的人民币数额与交易合同中规定的人民币数额是完全相同的。因此，不论国际上汇率如何波动，企业都无任何外汇风险。

3. 易货交易法

如果交易双方达成协议，在一定的时间内对等的从对方购买相同金额的货物或劳务，并用同一种货币进行清算，这就可以完全消除外汇风险。这是由于双方都保持着出口平衡，又都用同一种货币（如人民币或美元等）计价。对补偿贸易来说，如果在合同中既确定了设备技术的价格，同时又确定了补偿产品的价格，并用同一货币进行计价，也完全可以消除外汇风险。

（二）分担外汇风险的具体方法

分担外汇风险的措施，通常使用签订货币保值条款的方法。这一措施容易使谈判双方接受，因而在国际商务谈判中应用较多。企业在国际商务谈判中，对交易的计价货币其汇率的变动趋势难以把握，或因各种因素限制必须接受可能于己不利的计价支付货币时，可采用签订货币保值条款来避免或减少外汇风险。基本方法为，选择交易时的硬货币（一般为美元）作为保值货币，如计价货币（中方为人民币）对美元的汇率变动超过规定的某一幅度，就对其价格作相应的调整，由卖方或买方来支付差额或由双方按约定的比例分摊。

从美元的角度来看，买卖关系的双方实际收支额与当初签订合同时的金额是完全一致的，双方都没有承担汇率风险。但从人民币的结付来看，在人民币汇率下跌时，是由买方向卖方支付汇率差价，而在人民币汇率上涨时，是由卖方向买方支付汇率差价。如果双方在合同中约定，汇率变动的差价由双方分摊，则按约定的比例分摊。这是一种双向保值的方法，即对卖方和买方都保值，由买卖双方负担汇率的风险。

（三）获取风险收益的措施

汇率的变动既可能给企业带来损失，但也可能带来风险收益。只要采取的措施得当，企业就能减少损失，获取较多的风险收益。

1. 正确应用结汇的时间差

当交易的一方判定汇率将发生某种变化时，将结汇的日期提前或推迟，以避免外汇风险，而获取汇价上的好处。在进口的情况下，企业如果预计计价外币对人民币的汇率下跌时，应尽量延长或推迟支付期，以多获汇价收益；当汇率上涨时，应提前或缩短支付期，以尽量避免和减少外汇风险的损失。在出口的情况下，企业如果预计计价外币对人民币的汇率下跌时，应采取提前或缩短结汇期，以尽量避免和减少外汇风险的损失；当预计计价外币对人民币上涨时，则采取推迟或延长结汇期，以尽可能多地获取汇价的收益。

2. 正确应用不同的计价货币

在谈判过程中，如果能对各种货币的汇率走势做出正确的判断，那么对出口的一方来说，应选择汇率趋于上涨的硬货币计价，进口的一方则应选择汇率趋于下跌的软货币计价。对出口的一方来说，用硬货币计价意味着在实际收到买方支付的货币时，因汇率较订立合同时提高，可兑换到更多数量的本币或其他货币，从而获得外汇风险收益。对进口的一方来说，用软货币计价意味着在实际支付卖方货币时，因汇率较订立合同时下跌，只用较少的本币或其他货币就可兑换到合同金额的计价货币，完成支付的义务和责任，从而获得外汇风险的收益（减少支出）。

六、谈判中外汇风险的处置

对外商务谈判中，对外汇风险处理的复杂性，不是表现在某种方法的具体运用和操作上，而是表现在如何根据谈判中的具体条件，在众多的防范外汇风险的方法中选择较为适宜的方法。各种外汇风险防范方法的运用受到一些必然因素的制约。更为重要的是，这些外汇风险防范措施的应用必须在整个谈判过程中去分析、把握和争取。

1. 汇率趋势的分析

汇率变化的趋势错综复杂。谈判中防范外汇风险的方法，特别是争取外汇风险收益方法的运用，直接取决于谈判者对外汇走势的正确分析、判断和把握。在选择外汇风险防范措施时，必须从自身对汇率趋势的判断能力出发。如果谈判者对汇率趋势的判断能力不强，或对本次交易所涉及的计价支付的汇率趋势难以准确地分析和判断，最妥当的方法是选择人民币计价和支付，或用订立货币保值条款或汇率风险分摊条款，将以获取外汇风险收益为目标改为以减少外汇风险损失或完全避免外汇风险为目标。

2. 谈判中的地位

外汇风险防范方法都涉及或影响到谈判双方的利益。谁都想选择最有利于己方的谈判方法，是否能如愿，首先要看己方在谈判中的地位。如果在进出口贸易中我方作为出口方，选择硬货币作为计价或支付的货币最为有利，但有可能损害进口的利益。因此，在一般情况下进口方是不会接受的。除非我方在谈判中占有比较明显的优势或是处于绝对的优势地位。如果我方在谈判中实力较强，占有绝对优势或明显优势时，可考虑争取收入外币（出口）时选用硬货币计价，而在支付（进口）外币时软货币计价。如果我方在谈判中实力稍强于对方，谈判地位稍优于对方，则可争取提前或推迟收付，以及以人民币计价。如果双方实力相等、地位相当，则可选择对等易货贸易法、平衡法。如果我方谈判实力较弱，对方在谈判地位上占优势，可选择约定货币保值条款或汇率风险分摊条款。

3. 市场竞争状况

在处理外汇风险时，谈判者还要结合当时的市场形势、竞争的状况综合考虑。如果市场竞争激烈，我方既想扩大或维持市场占有率，又不愿意通过减价销售的方法来实现，以避免被指控为倾销等麻烦。此时通过对汇率认真分析，发现对可能产生的外汇风险可不作处理，仅利用外汇汇率变动对价格的影响就能增强己方的价格竞争能力。例如，我国上海某公司在英国与美国某公司销售同样的产品，相同的价格，并均以英镑计价，因而是强烈的竞争对手。假如现在美元对英镑的汇率保持不变，而人民币对英镑的汇率下跌，上海某公司既可以通过降价来增强竞争力，也可以在不降价的情况下增强本方的竞争力。因为在汇率下跌的情况下，可用较少的英镑换得较多的人民币而购买中方的其他商品。

4. 防范外汇风险成本的问题

谈判者在选择防范外汇风险的方法时，还必须注意运用该种方法的成本。如果损失超过了运用该种方法所可能得到的利益，很显然这种方法是不可取的。防范外汇风险成本的问题应考虑以下几个因素。

（1）利率

从汇率的角度看贷款，对借款人来说，借进软货币比较有利。但从成本的角度来看，软货币的贷款利率较高，而硬货币的贷款利率较低。因此，只有在汇率上的好处大于利率上的不利时，借软货币才是真正有利的。

（2）提价幅度

在中方作为进口方坚持要以软货币计价支付，或作为出口方坚持以硬货币计价支付的情况下，对方为了避免外汇风险，往往采取价格调整法，在价格中增加或减少一部分金额作为防范外汇风险的金额。如果汇率的实际变动所导致的价格变动小于对方增加或减少的部分，那么对方实际上在将全部的外汇风险转嫁给我方以外，还有可能获得部分额外的收益。即使汇率的实际变动所导致的价格变动大于对方增加或减少的部分，只要不超过一倍的限度，那么实际上外汇风险的大部分还是由我方来承担。在这种情况下，出口方坚持选择硬货币或进口方选择软货币计价就利少弊多了。

（3）其他因素

在我方坚持以某种货币为计价支付货币而对方难以直接反对时，其除了在价格上作调整外，还可在结汇的时间、支付的方式等方面提出要求，进行变更。例如作为出口方的中方坚持用美元计价，对方难以改变，但他可以提出将支付方式由原来的信用证方式改为托收承付方式，甚至要求延期付款。在这种情况下，虽然我方避免了汇率上的风险，但增加了贷款本身收付的风险和成本。

对国际商务谈判中外汇风险的处理，谈判者必须作充分认真的分析，综合考虑各种因素的影响，结合本公司的实际，权衡利弊以后再选择适宜的方法进行防范。这是一个长期的、需要经过多次实践的工作，谈判者要坚信“事在人为”。

思考题

1. 什么是风险？风险具有哪些特征？
2. 简述风险识别的基本途径。
3. 商务谈判中常见的风险有哪些？
4. 规避商务风险的主要措施有哪些？
5. 简述转移风险合同的形式。
6. 汇率对国际商务有哪些影响？
7. 影响汇率跌涨的因素主要有哪些？

案例分析

第十二章 国际商务谈判

文化是指一群人所拥有的共同价值观和信念。

——罗伊·J. 列维奇

学习目标与重点

1. 国际商务谈判的含义、特点；
2. 国际商务谈判的原则与要求；
3. 国际商务谈判文化差异；
4. 国际商务谈判法律规定；
5. 世界主要国家的谈判风格。

案例导入

第一节 国际商务谈判概述

一、国际商务谈判含义与特点

1. 国际商务谈判含义

有关研究表明，在国际商务活动中，企业管理人员、销售人员、财务管理人员、工程技术人员及律师等约有 50%的工作时间处于各种各样的商务谈判之中，其中大多是与来自不同文化背景或不同国家的对手之间的谈判。

国际商务谈判是指在国际商务活动中，处于不同国家或地区的商务活动当事人为了达成某笔交易，彼此通过信息交流，就交易的各项要件协商的行为过程。我们可以从以下四个方面理解国际商务谈判的含义。

国际商务谈判是国际商务活动的重要组成部分。

②国际商务谈判是国际商务谈判活动的总称。我们不能仅仅把签约阶段称为国际商务谈判，也不能把它理解为仅仅是签约之前那一阶段的事情，它还包括签约之后协议的履行阶段。签约只是交易的开始，更重要的是协议的圆满执行。

③在国际商务谈判中，谈判各方来自不同国家和地区，各方立场不同，拥有的文化背景不同，所追求的具体目标也不同。因此，从准备工作到谈判中涉及的问题复杂且多，在谈判过程中难免会出现冲突和矛盾。如何解决这些冲突和矛盾，正是谈判人员所要承担的责任。

④国际商务谈判是国内商务谈判的延伸和发展。国内商务谈判和国际商务谈判都是商务活动的组成部分，是企业发展国内和国际市场业务的重要手段。国际商务谈判与国内商务谈判的目标都是为了取得双方可以接受的协议。

2. 国际商务谈判的特点

（1）国际性

国际性是国际商务谈判的最大特点，又称为跨国性。国际商务谈判主体属于不同国家和地区，谈判各方代表了不同国家和地区的经济利益，因而涉及国际贸易、国际结算、国际保险、国际运输等一系列问题。在国际商务谈判中，要以国际商法为准则，并以国际惯例为基础。国际商务谈判的这一特点是其他特点的基础。

（2）跨文化性

国际商务谈判不既是跨国的谈判，也是跨文化的谈判。各方谈判代表具有不同的社会、文化、经济、政治背景，价值观念、思维方式、行为方式、交往模式、语言及风俗习惯各不相同，在谈判过程中表现出不同的谈判风格。所以，参加国际商务谈判的各方将花费比国内商务谈判更多的资源来适应这种不同文化的差异，包括语言差异、沟通方式的差异、时间和空间概念的差异、决策结构的差异、法律制度的差异、谈判认知的差异和经营风险的差异等。

（3）政策性

国际商务谈判既是一种国际商务交易的谈判，也是一项国际交往活动，具有较强的政策性。由于谈判各方的商务关系是国家或地区之间整体经济关系的一部分，常常会涉及其政治关系和外交关系，因此政府经常会干预和影响国际商务谈判。因此，在国际商务谈判的过程中，谈判者必须贯彻执行本国的有关方针政策和外交政策，特别是要执行本国的一系列对外经济贸易的法规和政策。

（4）复杂性

复杂性是由跨文化和国际性派生而来的，是指国际商务谈判比国内商务谈判所面临的环境更加复杂。从事国际商务谈判的人将花费更多的时间与精力来适应环境。国际商务谈判的这种复杂性体现在若干差异上，如语言及其方言的差异、沟通方式的差异、时间和空间概念的差异、决策结构的差异、法律制度的差异、谈判认识上的差异、经营风险的差异、谈判地点的差异等。

（5）困难性

国际商务谈判与国内商务谈判相比，困难更多。谈判中因文化差异会带相当大的困难，就算签订了协议，如果在履行执行阶段出现纠纷或其他意外，需要协调的关系更复杂，要处理的事务和经历的环节也更多，所以，解决起来比国内商务谈判要困难得多。此外，由于国际商务谈判活动的国际性与跨文化性也决定了国际商务谈判的难度更大。

（6）风险性

由于国际商务谈判的影响和制约因素比一般商务谈判要多得多，所以国际商务谈判结果的不确定性和协议执行过程中的风险也更大。这就要求谈判者要事先估计到某些可能出现的不测事件并进行相应的防范与准备，以避免可能出现的不测。

二、国际商务谈判的原则

1. 平等性原则

平等性原则是指在国际商务谈判中，各方的实力不分强弱，在相互关系中应处于平等的地位。各方在商务交易中，自愿让渡商品，等价交换。谈判各方应根据需要与可能，有来有往，互通有无，做到平等互利。在国际商务谈判中，平等性原则包括以下几方面内容。

①谈判各方地位平等。国家不分大小贫富，企业不论实力强弱，个人不管权势高低，在谈判中的地位一律平等。

②谈判各方权利与义务平等。各国之间在商务往来的谈判中权利与义务是平等的，既应平等地享受权利，也要平等地承担义务。谈判者的权利与义务，具体表现在谈判各方的一系列交易条件上，包括涉及各方贸易利益的价格、标准、资料、方案、关税、运输、保险等。

③谈判各方签约与践约平等。商务谈判的结果是签订贸易及合作协议或合同。协议条款的拟订必须公平合理，有利于谈判各方目标的实现，使各方利益都能得到最大程度的满足。谈判合同一经成立，谈判各方面须认真遵守，严格执行。签订合同时不允许附加任何不合理的条件，履行合同时不能随意违约和单方面毁约，否则，就会以不平等的行为损害对方的利益。

2. 互利性原则

在国际商务谈判中，平等是互利的前提，互利是平等的目的。

①投其所需。在国际商务活动中进行谈判，说到底就是为了说服对方，进而得到对方的帮助和配合，以实现自己的利益目标，或者通过协商从对方获取我方所需要的东西。

②求同存异。产生谈判的前提是各方利益、条件、意见等存在着分歧。国际商务谈判，实际上是通过协商弥合分歧使各方利益目标趋于一致而最后达成协议的过程。首先，双方要把谋求共同利益放在第一位；其次，努力发现各方之“同”；最后，把分歧和差异限定在合度的范围内。

③妥协让步。在国际商务谈判中，互利不仅表现在互取上，还表现在互让上。谈判中的得利与让利是辩证统一的。妥协能避免冲突，让步可防止僵局。妥协让步的实质是以退为进，促进谈判的顺利进行并达成协议。

3. 灵活性原则

谈判过程是一个不断思考的过程，谈判者需要灵活掌握各种谈判技巧，猜测出对方内心的想法与计策，使己方在谈判中始终占据有利的位置。总之，在谈判过程中，在不放弃重大原则的前提下，谈判者要有实现整体目标的灵活性，特别是要根据不同的谈判对象、市场竞争情况、销售意图，采用灵活的谈判技巧，促使谈判取得成功。

4. 友好性原则

在国际商务谈判中，各方必然会就协议或合同条款发生这样或那样的争议。不管争议的内容和分歧程度如何，各方都应本着友好性原则来协商解决，切忌使用要挟、欺骗或其他强硬手段。双方如果遇到几经协商无望获得一致意见的重大分歧，宁可终止谈判、另择对象，也不能违反友好协商的原则。终止谈判的决定一定要慎重，要全面分析谈判对手的实际情况，看其是否缺乏诚意，或是确实不可能满足我方最低要求的条件，因而不得不放弃谈判。只要尚存一线希望，双方就要本着友好协商的精神，尽最大努力达成协议。谈判不可轻易进行，也切忌草率终止。

5. 合法性原则

国际商务谈判最终签署的各种文件都具有法律效力。因此，谈判当事人的发言，特别是书面文字，一定要符合法律的规定和要求。一切语言、文字都应具有各方一致承认的明确的合法内涵。必要时应对用语给以具体明确的解释，写入协议文件，以免因解释条款的分歧导致签约后在执行过程中发生争议。按照这一原则，主谈人的重要发言，特别是协议文件，必须经由熟悉国际经济法、国际惯例和涉外经济法规的律师进行细致审定。

三、国际商务谈判的基本要求

在国际商务谈判中，谈判者除了要把握谈判的一般原则和方法外，还应注意以下几个方面。

1. 树立正确的国际商务谈判意识

国际商务谈判意识是促使谈判走向成功的灵魂。谈判者的谈判意识正确与否，将直接影响到谈判方针的确定、谈判策略的选择，以及谈判中的行为准则。正确的国际商务谈判意识主要包括：谈判是协商，不是竞技比赛；谈判中既存在利益关系，又存在人际关系，良好的人际关系是实现利益的基础和保障；国际商务谈判既要着眼于当前的交易谈判又要放眼未来，考虑今后的交易往来。

2. 做好开展国际商务谈判的准备

国际商务谈判的复杂性要求谈判者在开展正式谈判之前应做好充分的准备工作。一是充分地分析和了解潜在的谈判对手，明确对方企业和可能的谈判者个人的状况，分析政府介入（有时是双方政府介入）的可能性及其介入可能带来的问题。二是研究商务活动的环境，包括国际政治、经济、法律和社会环境等，评估各种潜在的风险及其可能产生的影响，拟订各种防范风险的措施。三是合理安排谈判计划，解决好谈判中可能出现的体力疲劳、难以获得必要的信息等问题。

3. 正确认识并对待文化差异

国际商务谈判的跨文化特点要求谈判者必须正确认识和对待文化差异。谈判者对文化差异必须要有足够的敏感性，尊重对方的文化是对国际商务谈判人员最起码的要求。从事国际商务谈判的人员要善于从对方的角度看问题，善于理解对方看问题的思维方式和逻辑判断方式。国际商务谈判的一大禁忌就是，以自己熟悉的文化的“优点”去评判对方文化的“缺点”。切记，当谈判者跨出国门与他人谈判时，自己就成了别人眼中的外国人。

4. 熟悉国家政策、国际法律和国际惯例

国际商务谈判的政策性特点要求谈判者必须熟悉国家的政策，尤其是外交和对外贸易政策，把国家和民族的利益置于崇高的地位。除此之外，谈判者还要了解国际经济法、国际商法，遵循国际商务惯例。

5. 善于运用国际商务谈判的基本原则

在国际商务谈判中，谈判者要善于运用国际商务谈判的一些基本原则来解决实际问题，并取得谈判成果。谈判者在国际商务谈判中要运用技巧，尽量扩大总体利益，使双方都多受益；要善于营造公开、公平和公正的谈判局面，防止暗箱操作；一定要明确谈判目标，学会妥协，争取实质利益。

6. 具备良好的外语技能

语言是交流磋商必不可少的工具，良好的外语技能有利于双方良好的沟通，提高交流协商的效率，避免沟通过程中的障碍和误解。而且，语言本身也是文化的重要组成部分，学好有关外语也能更好地了解对方文化，使谈判者在国际商务谈判中准确表达自己的观点和意见，完整地了解对方的观点和意见，不失时机地抓住机会，实现谈判目标。

第二节　国际商务谈判文化差异

一、文化差异的含义

文化是人类在社会历史发展过程中所创造的物质财富和精神财富的总和，是历史的积淀，也是不同地域、不同国家和不同民族特质的一种载体。它包含了一定的思想和理论，是人们对伦理、道德和秩序的认定与遵循，是人们生活的方式方法与准则。虽然在历史的进程中不同文化相互影响和渗透，但是不同国家和民族的文化却依然保持了各自独特的一面。

所谓文化差异，是指不同国家、不同民族间文化的差别，如语言文字、价值观念、风俗习惯、宗教信仰、道德观念、行为准则等方面的差异。不仅不同民族、不同国家之间存在文化差异，即使同一个国家的不同地域之间也会存在文化差异。它既会给贸易谈判带来矛盾和冲突，也会给贸易谈判带来竞争优势。在跨文化谈判中，谈判双方应互相尊重彼此的文化习惯。

商务谈判者要了解文化差异，注意来自不同背景的人在讨价还价、介绍情况、观点争执和方式方法上所表现出来的文化特征和反映出来的文化风格。

二、文化差异的主要表现

1. 价值取向差异

价值观念是以文化衡量人们的行为及后果的标准。它不仅影响着人们理解问题的方式，也会给人们带来强烈的情感冲击。每一种文化都有自己特有的价值体系，价值观差异在国际商务活动中的影响主要表现为客观性，商务谈判中客观性反映了人对人和事物的区分程度。

（1）谈判的决定

具体来说，每个人都会根据如何获得自己的最大利益而采取行动。如何判定一桩买卖是好还是不好呢？或者从更广泛的意义上来说，什么是能够接受的事实依据。不同的文化接受事实依据的方式不尽相同。这些方式可以归结为信仰、事实、情感。

依据信仰行事的人会依赖宗教或政治意识形态。举例来说，一些小国家信仰自给自足。它们有时对极有好处的生意加以拒绝，仅仅因为它们想让自己国家的人民的力量参与其中。你能提供的物美价廉的产品可能并不重要，重要的是它们认为自己民众生产出来的产品品质更高一筹，尽管事实上这种产品可能质量很差、价格昂贵。向这种人陈述事实无异于浪费时间，因为他们的信仰脱离事实而存在。

相信事实的人希望你用证据支持你的论点。与他们打交道要有预测性，如果你的价位更低，那么这桩生意就归你了。

相信情感的人在世界上最普遍。这种人凭本能行事，为了同他们做生意，你需要让他们喜欢你。你可能需要花费很长时间才能与他们建立起人际关系，但是一旦建立，那就将是一种稳固的联系，他们不会轻易转向与你的竞争公司。

西方人特别是美国人具有较强的客观性。他们在商务谈判中根据冷酷的、铁一般的事实进行决策，不徇私情、公事公办，崇尚独立和自信。在中国文化中，人们推崇谦虚知礼，追求随遇而安，不喜欢争强好胜。同时，社会风气也往往封杀过于突出的个人，正所谓“行高于人，众必非之”。故集体取向占据主导地位，追求个人发展被视为是一种严重的个人主义，会受到谴责。因此，国际商务谈判过程中，不同价值观的碰撞是必然而且正常的。

（2）谈判的认识

因价值取向不同，在最基本层面上给谈判下的定义也就会大不相同。例如，美国人把谈判看成是出价和还价的竞争过程，谈判的首要目的也是最重要的目的是与对方达成协议，达成协议意味着一项交易结束；日本人则视谈判为信息共享的机会，将与对方达成协议和签署合同视为双方之间合作关系的正式开启。

2. 思维方式差异

思维方式会影响人们对外界事物的认识以及具体的谈判行为和话语规则。在商务谈判中，来自不同文化的谈判人员往往会遭遇思维方式上的冲突。以东方文化和英美文化为例，两者在思维方面的差异如下。

①东方文化偏好形象思维，英美文化偏好抽象思维。形象思维是指借助形象反映生活，运用典型化和想象的方法塑造艺术形象，表达人们的思想感情；抽象思维是指人在认识过程中借助概念、判断、推理反映现实的思维方式。

②东方文化偏好综合思维，英美文化偏好分析思维。综合思维是指在思想上将各个对象的各个部分联合为整体，将各种属性、联系等结合起来；分析思维是指在思想上将一个完整的对象分解成各个组成部分，或者将各种属性、联系等区别开来。

③东方文化注重统一，英美文化注重对立。中国哲学虽不否认对立，但比较强调统一，而西方人注重把一切事物分为两个对立的方面。

基于客观存在的思维差异，不同文化的谈判者呈现出决策上的差异，形成了顺序决策方法和通盘决策方法间的冲突。中国人倾向于从总体上观察事物的特征，即将宇宙视为一个整体，从全局观点进行综合研究。思维方式的不同反映出谈判策略的差异。中美商务谈判中，中方代表奉行先谈原则、后谈细节的谈判策略，会首先就有关合同双方共同遵守的总体性原则和共同利益展开讨论。美方由于受线性思维方式的影响，往往对具体细节给予极大的关注，在谈判一开始就直奔正题，讨论具体款项。

3. 风俗习惯差异

风俗习惯常常与一些宗教的禁忌相关。比如，在泰国，左手被认为是不洁的，所以在交换名片时不可以用左手递出名片。美国人认为某些数字不吉利，他们在 13 号（特别是星期五）一般是不举行活动的，甚至连牌号、旅馆房间、楼层号、宴会的桌子号等都不用这个数字。柠檬香在美国表示清洁、活泼，但在菲律宾则与疾病有关。在阿拉伯国家，日落会使人想到死亡和疾病。与来自阿拉伯国家的谈判人员交往时，都不可涉及妇女问题，更不可以派女性作为商务谈判代表，也不可以开门见山开始谈判。

4. 时空概念差异

文化总体上决定了人们如何看待时间及其对谈判所带来的影响。爱德华 · T. 霍尔把时间的利用方式分为两类：单一时间利用方式和多种时间利用方式。

单一时间利用方式是北美人、瑞士人、德国人和斯堪的纳维亚人利用时间的特点，他们注重速度，把时间分成一小段一小段，喜欢专时专用。而大多数发展中国家和地区采用多种时间利用方式，这些地方的人们可以有宽松的时间表，凡事不完全按照时间表进行，他们强调一时多用，多人参与。

由于持有不同的时间观念，导致不同谈判者的谈判方式各异。例如，美国人具有强烈的现代竞争意识，追求速度和效益，这造就了美国商人雷厉风行的商业作风。他们会在各个环节尽量缩短谈判时间，力争使每一场谈判都能速战速决。对他们来说，衡量一个谈判的进程如何，就要看解决了多少小问题。

在一些经济落后或是封建意识较为浓厚的国家里，人们往往不太重视时间，有时甚至有意识地拖延时间，以显示其地位的尊贵。比如，在商务谈判中，南美商人迟到一两个小时是常有的事。中国属于多重时间习惯的国家，把时间看成是分散的，可以随意支配的。人们常常在同一时间内与几个人谈话或办几件不同的事情，西方人对此往往感到不适应。

另外，西方人一般有很强的空间领域感，注重保护个人私密。由于这两种需求，他们常用墙、门及夹板把个人工作和生活的区域隔开。如果门开着就意味着一种邀请，访客这时便可以轻轻敲门以示对办公室主人的尊重，随后就会自然而然地受到欢迎。由于历史的原因，中国人一般是共享区域空间的，很少意识到空间对西方人来说也是一种不可随意侵犯的财产。与空间观直接相连的是人与人交谈时的距离，其反映了谈话者双方的社会身份。

5. 语言差异

（1）有声语言表达方式差异

一个民族所使用的语言与该民族所拥有的文化之间存在着密切联系。在跨文化交流中，不同文化之间的差异对于谈判语言存在明显的制约，以美国和中国为例加以说明。美国是个典型的低语境文化国家，其大部分信息是用明确而具体的语言或文字传递的。因此，美方谈判者推崇明确、坦率、直接的交流方式，说话力求清楚，不模棱两可，会直陈所想要的东西。另外，美国人对争辩情有独钟，语言具有对抗性，口气断然。这些都是具有开拓精神，求胜欲望强的欧洲移民后代的典型特征。中国则属于高语境文化国家。在高语境文化中非语言交流和间接的表达方式是传递和理解信息的重要因素，如用体态、眼神、外貌、音调、位置、距离、环境等非言语因素来进行沟通，要想理解话语的含意，领会字里行间的语言之意是必要的。并且中国人显得温和，不喜欢争辩，很少对抗，说话间接隐晦，而且常常使用沉默这一非言语行为。例如，对某问题有看法，或者不同意某条款时，中国人有时不直接说“NO”，而用沉默来代替，以表示礼貌和对对方的尊重。中国人在谈判桌上是很有耐性的，即所谓“东方的耐性”。中国人奉行“和气生财”的古训，把和谐看作实现价值的先决条件，谈判中尽量避免摩擦，用语礼貌含蓄，追求永久性的友谊和长久合作。因此，在商务谈判中，尤其是国际商务谈判，谈判者事前了解不同民族和地区在语言表达方式上的不同特征，对谈判的成败有着重要的影响和作用。

（2）非语言表达方式差异

在国际商务谈判中，体态语言是一种非语言交流的方式。同样的体态语言在不同的文化中所传达的意思不同，是一种主要的沟通障碍。例如在南亚一些国家，人们用点头表示否定，用摇头表示赞同，这与中国人的意思相悖。在法国、德国、日本、印度尼西亚等国，与人谈话时把两手插在衣袋里是非常粗鲁无礼的。不同文化对眼神也有不同的解释，一个人注视对方眼睛的时间长短和其文化背景有关。例如，在美国直盯着说话者的眼睛表示尊敬；在南欧注视对方常常会造成冒犯；对印度人而言，不盯着人看表示尊敬；日本人在谈话时注视的是对方的颈部，而不是面部。再比如，中国人常用沉默表示认可，或表示对某问题有看法，或表示不同意某条款，以此表示礼貌和尊重。而这对沉默持有消极看法的美国人来说则很难接受，他们把沉默看作拒绝。一般情况下，“笑”被看作高兴，而中国人有时会用“笑”表示无奈、不认可，这是美国人很难理解的。中国人说“对不起”的同时会微微一笑表示歉意，美国人则可能误认为“笑”表示歉意是虚假的。由此可见，在国际商务谈判中，如果忽视不同国家的非语言交流的方式，谈判者便会感到困惑，乃至产生误解，可能招致无法估量的损失。

6. 人际关系差异

注重人际关系的文化对争端的解决往往不是完全依赖法律体制，而是依赖双方之间的关系。在注重人际关系的文化中，书面合同很短，主要用来描述商业伙伴各自的责任，有时甚至写得不严密，仅包含处理相互关系的原则而已。注重人际关系的文化的管理者常常希望举行一个由各自执行总裁参加的合同签字仪式。注重人际关系的文化把保持与大多数外国客户的后续交流视为国际商务谈判的重要部分，在合同签订很久以后仍然会与对方保持联系。

不注重人际关系的文化往往依赖对权利和义务界定严密的合同来保障权利的实现和义务的履行。例如，美国企业之间的合同经常长达百页以上，各个方面的条款措辞严谨、内容具体，其目的是借此来保障企业不受各种争端和意外事故的伤害。不注重人际关系的文化的管理者一般将举行合同签字仪式视作既浪费时间又浪费金钱的举动，因此常常通过寄发邮件来签订合同，且不注意保持与外国客户的后续交流。

7. 宗教信仰差异

宗教是社会意识形态之一，包括指导思想、组织、行动、文化等方面的内容。宗教是一种对社群所认知的主宰的崇拜和文化风俗的教化，是一种社会历史现象。自从人类成为具有社会性的群体以来，宗教就是作为具有培养和加强人的社会性作用的一种重要的社会行为而成为社会的必需。作为意识形态层面的宗教，对国际商务活动也产生影响。不同国家、不同地区和不同民族有着不同的宗教信仰。商务谈判过程中，谈判者要将对方的宗教信仰作为重要因素来考虑。不同的宗教信仰，有不同的图腾崇拜和文化禁忌，如果触犯这些，往往会给谈判带来不利的影响。

8. 法律制度差异

基于不同的社会哲学和不同的社会发展轨迹，不同国家的法律制度往往存在着很大差异。要保证谈判活动的正常进行和谈判协议签订后能够得以顺利实施，正确认识法律制度的差异是谈判者不可忽视的。与此同时，一个值得注意的现象是，不仅不同国家的法律制度存在着明显的不同，而且不同国家法律制度执行的程度也有很大不同。

由此可见，充分了解不同文化之间的差异，在商务谈判中因人而异选择不同的谈判技巧是商务谈判成功的关键所在。

三、文化差异对商务谈判的影响及对策

文化差异对国际商务谈判而言，存在许多变量。由于不同国家的文化价值观不同，谈判者对合同或协议的看法、对合作伙伴的选择标准，以及谈判风格等都不尽相同。这些会对各国或不同地区的商务人员进行商务谈判产生一定影响。对此，美国西北大学洛格管理学院研究生院、争端解决研究中心主任珍妮·M.布莱特（Jeanne M. Brett），在她的著作《全球谈判：跨文化交易谈判、争端解决和决策制定》中曾作过系统阐述。

1. 文化差异对商务谈判的影响

布莱特在《全球谈判：跨文化交易谈判、争端解决和决策制定》一书中着重分析了利益、权利、权力在文化范畴对谈判（尤其是争端解决谈判）的影响。

（1）利益对商务谈判的影响

利益是构成商务谈判人员立场基础的需要或原因。优先事项反映各种利益或立场的相对重要性。布莱特建议当考虑利益和文化时，务必牢记以下观念：文化影响了自身利益对于集体利益的相对重要性，而且这两种不同的利益的相对重要性导致了不同的结果。当与来自集体主义文化的解决争端和谈判时不要低估了集体利益的重要性。当与来自个人主义文化的解决争端和谈判时不要低估了自身利益的重要性。来自高语境文化的谈判者可能会对直接问他感觉不适，你提出建议来发现利益之所在会比较好些。当了解了利益，除了放弃低优先级利益来得到高优先级利益外，可以达成许多类型的一致。

（2）权利对商务谈判的影响

权利是公正、合约、法律或先例的标准。布莱特建议在考虑权利与文化时，要记住下列观念：文化影响了争端各方对权利标准依靠的强烈程度，以及他们更愿意采用的权利标准。由于有许多不同的权利标准，也因为文化中不同的方面支持不同的标准，所以很难知道哪个标准会被争端的另一方接受。因为争端的一方不太可能提出对自己无利可图的权利标准，所以权利标准不可信。使用权利标准成功解决争端的关键是，要么提出争端另一方同意、认为公平的标准，要么提供新的可靠的信息使己方提出的标准看上去公平。

（3）权力对商务谈判的影响

权力指的是影响他人接受自己愿望的能力。布莱特建议考虑权力和文化时，应牢记下述观念。争端中的权力与交易中的权力在一个重要方面有所区别：与争端方的 BATNA（best alternative to a negotiated agreement，最好的替代方案）有所联系。所谓 BATNA 是指谈判协议的最佳替代方案。如果不能达成整合性协议，非常重要的是要考虑另一方可能对己方做什么，考虑己方的 WATNA（worst alternative to a negotiated agreement，最坏替代方案），而不是 BATNA。文化影响着地位被用作权力的基础的程度，第三方可能被招来解决问题。

2. 正视文化差异采取的相应对策

在国际商务谈判中，正视文化差异的应对策略主要有以下几个方面。

（1）未雨绸缪，谈判前充分准备

谈判者在与国外商务人员谈判前一定要尽可能多地了解当事国的习俗与文化，熟悉当事国的商务谈判方面的礼仪，以避免因不知道某些特殊讲究和禁忌而使对方不愉快，甚至影响商务谈判的进程与结果。

（2）求同存异，正确对待文化差异

国际商务谈判不是纯技巧性的较量，而是不同文化间的较量和碰撞，是一种跨文化的行为。跨文化的行为并不意味着简单地去适应或敷衍对方，关键是要站在对方的立场上考虑问题，即换位思考。这就要求谈判者不仅要善于从对方的角度看问题，而且要善于理解对方看问题的思维方式和逻辑。在国际商务谈判中，经济利益是第一位的。谈判者不要对对方的文化妄加评论，妄加评论很容易引发尖锐的矛盾。谈判者应对双方的文化差异有足够的敏感性，理解和尊重对方的文化习俗，求同存异，树立跨文化的宽容意识。

（3）克服文化障碍，做好后续交流

为了顺利实现谈判目标，谈判者要尽量以简单、明了和坦率的方式表达自己的思想，不要模棱两可、含糊其辞。一般情况下，在国际商务谈判中会使用翻译人员。翻译人员不仅要能熟练运用两种语言，还应具备相应的专业知识，对谈判国家的文化要有深厚的了解，要最大限度地缩小双方在语言文化方面的未知区域，克服语言文化和非语言文化方面的沟通障碍，还要适时地运用幽默的语言来扫除沟通障碍。例如，美国人在国际商务谈判中强调把人和事区分开来，感兴趣的主要是实质性的问题，而不太注意后续交流。但是，我们应该注意到，保持与大多数外国客户的后续交流是国际商务谈判的一个重要组成部分。在合同签订后仍应长期、及时了解对方信息，以及时把握新的合作机会，寻求更多、更大、更好的商务机会，实现互利共赢。

四、霍夫施泰德的文化维度

海尔特·霍夫施泰德是荷兰管理学专家，从事组织机构人类学和国际管理。在霍夫施泰德的研究中，他把文化定义为一个群体的成员所共同拥有的价值观和信念。他的研究被认为是在国际商务领域中有关文化维度最深入和最广泛的研究项目。霍夫施泰德考察了从世界各地 10 万余名 IBM 公司员工搜集的数据。至今，他的研究对象包括来自超过 53 种不同文化和国家的人们。分析数据表明，有四种维度可以被用来描述文化间的重要区别。

1. 权力距离

权力距离维度描述的是组织和机构（比如家庭）中权力较弱的成员接受和期望权力分配不均的程度。按照霍夫施泰德的理论，拥有较高权力距离的文化将更有可能进行上层决策，而且所有重大决策均通过领导者实现。拥有较低权力距离的文化更趋向于把决策权分配到组织中，虽然领导者是最受尊敬的人，但是他们的决策同样可能受到质疑。拥有较高权力距离的国家有日本、马来西亚、危地马拉、巴拿马等。拥有较低权力距离的国家有美国、挪威、瑞士和英国等。国际谈判的结果是，来自较高权力距离国家的谈判者可能需要更加频繁地从领导者那里寻求支持，也会导致更多问题的出现，从而使谈判进程缓慢。另外，杜根等（1998）的研究发现，外部小组的意见不同在低权力距离国家比在高权力距离国家更容易出现。

2. 不确定性规避

不确定性规避维度是指表明一种文化使它的成员在无组织状态中能否感到舒服的程度。无组织的情况具有快速变化、新颖等特征，而有组织的情况具有稳定和安全的特征。具有较高不确定性规避特征的国家有希腊、葡萄牙和危地马拉等。具有较低不确定性特征的国家和地区有瑞士、中国香港和爱尔兰等。来自高不确定性规避特征国家的谈判者对模棱两可的形势会感到不舒服，他们很可能会在谈判中寻找稳定的规则和程序。对无组织情况感到比较舒服的谈判者很可能迅速适应变化形式，当谈判规则不清楚或者容易变更时也不会感到不舒服。

3. 个人主义/集体主义

个人主义/集体主义描述了社会中个体与集体的组织程度。个人主义是指一种结合松散的社会组织结构，其社会鼓励年轻人重视自身的价值与需要，依靠个人的努力来为自己谋取利益。集体主义则指一种结合紧密的社会组织，即个人融入集体中，集体为每个成员的利益负责。个人主义的国家包括美国、英国和澳大利亚等，而集体主义的国家包括印度尼西亚、巴基斯坦、日本、中国等。霍夫施泰德认为，在个人主义社会中，强调个性自由及个人的成就，因而开展员工之间个人竞争，并对个人表现进行奖励，是有效的人本主义激励政策。在集体主义社会中，员工对组织有一种感情依赖，更容易构建员工和管理者之间和谐的关系。

4. 男性/女性

霍夫施泰德研究发现，文化的差异还表现在男性或女性按传统习惯洞察到的价值程度上。男性文化以“自信武断、进取好胜、对于金钱的索取、执著而坦然”为特征。女性文化以“注重亲友关系、追求生活质量、关心他人和养育儿女”为特征。男性文化占优势的国家有日本、奥地利和委内瑞拉等，女性文化占优势的国家有智利、芬兰、中国等。根据霍夫施泰德的理论，当谈判者来自男性文化国家时，这一维度会通过增加谈判中的竞争性来影响谈判，来自女性文化国家的谈判者则更容易对对方产生同情而寻求折中的办法。

通过对上述文化四维度调查数据的分析，霍夫施泰德证实了不同民族的文化之间确实存在着很大的差异性，而且这种差异性是根植在人们的头脑中的，很难轻易改变。从文化维度指标值中，可得出东西方的文化差异是十分明显的。就是在同为东方文化圈的中国内地、日本、中国香港、新加坡等的文化差异也是较明显的。就如中国与日本两国文化都是集体主义导向，但两种集体主义却有较大的不同。此外，除了民族、地域文化差异之外，还有投资合作伙伴间公司文化的风格差异。可以说，公司文化差距越大，产生文化冲突与困惑的可能性与强度就会越大。

第三节　国际商务谈判法律规定

一、国际商务谈判法律适用原则

1. 国家主权原则

国家主权又称为主权，是国家的根本属性，是指一个国家独立自主地处理国内外事务的最高权力。主权具有不可分割、不从属于外来意志和神圣不可侵犯的性质。主权不是国际法赋予国家的，而是国家固有的。国际法中的主权原则只是对国家这种最基本属性的一种宣示和确认。国家主权原则在商务谈判的法律适用中主要表现为以下两个方面。

①无涉外因素的商务谈判一律适用本国的法律规定，而不得以协议参照外国法律作为谈判标准。涉外因素又可称为外国因素或国际因素，是指谈判的要素中涉及外国的成分。

我国《民法典》第四百六十七条规定："在中华人民共和国境内履行的中外合资经营企业合同、中外合作经营企业合同、中外合作勘探开发自然资源合同，适用中华人民共和国法律。"因此，在我国境内成立的中外合资企业、中外合作经营企业和外资企业之间，以及它们同外国其他企业、经济组织或者个人之间进行的商务谈判均应以我国法律的规定作为谈判的标准。

②在我国国际商务谈判中，谈判双方应相互尊重对方的社会、经济、法律制度，尤其要遵守商务活动进行地所在国家的法律及公序良俗。一个国家对本国的领土完整及自然资源拥有永久主权。任何经济组织或个人无法律授权，都没有权力向外方允诺出售、出租或开发国土，也无权对外减免税收或给予特殊的外汇管理权。双方协议选择适用外国法律或由外国法院来解决争议时，不得损害本国的主权，也不得与本国的公共秩序相抵触。

2. 平等互利原则

平等互利原则是我国法律的基本原则，在《宪法》和《民法典》中均有明文规定。同时，它也是世界范围内公认的一条法律原则。商务谈判的双方当事人法律地位平等，都具有享受民事权利和承担民事义务的资格，任何一方都不能以特权者的面目出现，不允许恃强凌弱、以大欺小。所有的协议内容只有在协商一致且体现各自真实意思表示的情况下才有效。互利就是在权益上要彼此有利，当事人之间确定权利、义务关系的具有法律效力的文件应满足双方的利益要求；不得以损害他方利益的方法来满足一方的要求，更不得利用经济、技术或其他实力的优势诱迫对方签订不平等协议。而且，在一定情况下，要从双方的具体经济条件出发，使经济实力较弱的一方确实得到相应的实惠。只有平等，才能互利，即互惠互利是以平等为前提的。但是，平等互利并不意味着双方在利益上的收获是均等的，而要承认其在合理基础上的不等。

3. 合理利用法律保护合法权益原则

商务谈判双方的目的都是为了寻求一定的利益，因此双方必定运用一切可以利用的方法、手段或者技巧来为己方争取利益，其中包括法律手段。法律的一些规定正是为了合理地保护当事人的正当利益而设定的，当事人可以通过合理利用法律来达到预定的目的。以承揽加工合同为例，有关法律规定："承揽人将承揽的主要工作交由第三人完成的，应当就该第三人完成的工作成果向定做人负责，未经定做人同意的，定做人可以解除合同。"定做人可以在谈判中将这样的法律规定作为双方的协议内容，以防止承揽人任意转包。相应地，法律对承揽人的利益也做了一些保护性规定："定做人中途变更承揽工作的要求，造成承揽人损失的应当赔偿。定做人未向承揽人支付报酬或者材料费的价款的，承揽人对完成的工作成果享有留置权，但当事人另有约定的除外。"其中，对于承揽人是否对完成的工作成果有留置权就应该成为谈判的一个重点方面。如果承揽人有留置权，就意味着在定做人拖欠费用时，承揽人扣押承揽加工物抵债是合法的，否则即为违法行为。

4. 遵守国际规则及惯例的原则

在国际商务谈判中，适用的法律往往不是单方当事人所属国的法律，而是适用国际规则及惯例。国际规则主要由国际条约构成，国际条约是国家间缔结的确定、变更或终止相互权利、义务关系的协议。我国加入世界贸易组织（World Trade Organization，WTO）后，对任何经济组织和个人来说，应该遵守的 WTO 规则不仅是乌拉圭回合达成的协议文本，还包括我国加入 WTO 的承诺，这些都是具有约束力的规则。WTO 规则中规定和确认当事人的权利、义务等实体问题的规则主要包括货物贸易规则、服务贸易规则、与贸易有关的知识产权规则三部分。用以保证当事人的权利和义务得以实施的有关程序规则分为争端解决规则与程序、贸易政策审议机制两部分。

国际惯例是在长期的、普遍的国际商务实践中形成的习惯做法，常常表现为一些约定俗成的成文或不成文的规则。国际惯例不是各国的共同立法，也不是一国的法律，因而在未经国家认可的情况下不具有法律的约束力。国家认可国际惯例的方式有两种：一是直接认可，即将某一国际惯例的内容直接纳入本国的法律规范中；二是间接认可，如允许谈判者的协议是否接受某一国际惯例。我国法律明确规定，我国法律和我国缔结或者参加的国际条约没有规定的，可以适用国际惯例。因此，当双方在某个问题上发生争议，而法律没有明确的规定且双方就此问题无协议时，可以国际惯例作为判断标准来解决争议。

二、国际商务谈判中的法律问题注意事项

1. 谈判之初应注意的事项

在谈判之初，谈判人员首先要对各方的资源状况及交易双方的竞争情况进行分析。只有做到知己知彼，才能确定己方的出价。在获取有关信息，对有关信息进行整理、分析，并对整体谈判形势做出判断的同时，谈判人员必须注意以下几个事项。

①对方谈判主体的有效活动范围。

②谈判客体的产权是否清晰，是否存在第三方利益。例如，对一幢房屋买卖进行谈判，谈判人员就要事先查明该房屋是否已做债务抵押。

③各方所争取的利益是否合法。

④获取有效信息的途径是否合法。己方要做好信息的保密工作，同时防止对方用非法手段窃取己方商业秘密。

2. 实质磋商阶段应注意的事项

在实质磋商阶段，谈判人员基于对谈判形势的分析，针对争论焦点提出解决方案并充分交流，努力达成协议。除价格、数量、交货、支付等实质商务问题外，一些法律事项也应进行磋商，如侵权及违约的处理、保密、争议的解决等事项。这些法律事项的磋商通常只有当商务执行出现非预料情况时才会发挥作用，一方面是对谈判双方的一种威慑，即如果不按双方的约定办事，要因此受到损失；另一方面也可以作为出现意外情况时寻求解决方案的指导。总而言之，这些法律约定是对今后合同的履行进行监督，以确保合同得到正确、全面、真实地履行。另外，利益让步是否与法律抵触、解决方案是否符合法律的规定也都是谈判者应当考虑的。在双方不让步的情况下，谈判者也可以试着从法律中寻找客观标准来公平地划分利益。

3. 签约与履约阶段应注意的事项

在双方对谈判问题达成一致后，谈判者应当用合同将谈判成果固定下来。此时，保证合同条款的严密性与准确性就成为头等大事。因为合同是法律形式对谈判结果的记录和确认，它们之间应该是完全一致的。合同一经双方签章生效后就与以前的谈判无关。双方的交易关系均以合同条款为准，双方根据合同的规定来履行各自的义务。一方违约，另一方可以依据合同的规定与相关的法律进行索赔。

第四节　世界主要国家的谈判风格

一、美国人的谈判风格

美国是经济上的超级大国，建国时间短。早年开拓者从欧洲大陆来到北美洲的进取精神，以及作为移民国家的开放程度高的社会文化背景，培养了美国人强烈的创新意识、竞争意识。同时，由于深受犹太民族追求商业利益的秉性的影响，他们重实际、重功利、守信用、重效率等，因此形成了与其他国家商人迥异的谈判风格。

1. 自信心强，自我感觉良好

美国是世界上经济技术最发达的国家之一，国民经济实力也最为雄厚，不论是美国人所讲的语言，还是美国人所使用的货币，都在世界经济中占有重要的地位。所有这些，都使美国人对自己的国家深感自豪，对自己的民族具有强烈的自尊感和荣誉感。这种心理在他们的贸易活动中充分表现出来。他们在谈判中，自信心和自尊感都比较强，加之他们所信奉的自我奋斗的信条，常常使与他们打交道的外国谈判者感到美国人有自我优越感。其主要表现在以下几个方面。

①美国人的自信表现在他们坚持公平合理的原则，他们认为两方进行交易，双方都要有利可图。在这一原则下，他们会提出一个“合理”方案，并认为十分公平合理。他们的谈判方式是喜欢在双方接触的初始就阐明自己的立场、观点，推出自己的方案，以争取主动。

②美国人在双方的洽商中充满自信，语言明确肯定，计算也科学准确。如果双方出现分歧，他们只会怀疑对方的分析。他们认为，如果你有十分能力，就要表现出十分能力，千万不要遮掩、谦虚，否则很可能被看作无能。如果你的产品质量过硬、性能优越，就要让购买产品的人认识到。那种认为要到实践中才有检验的做法，美国人认为是不妥的。

③美国人的自信与傲慢还表现在他们喜欢批评别人，指责别人。当谈判不能按照他们的意愿进展时，他们常常直率地批评或抱怨。这是因为，他们认为自己做的一切都是合理的，缺乏对别人的宽容与理解。美国人的谈判方式往往让人觉得美国人傲慢、自信。他们说话声音大、频率快，办事讲究效率，而且很少讲“对不起”。

④美国人喜欢别人按他们的意愿行事，喜欢以自我为中心。“想让美国人显得谦卑、暴露自己的不足、承认自己的无知实在太困难了。”总之，美国人的自信让他们赢得了许多生意，也让东方人感到他们咄咄逼人、傲慢、自大或粗鲁。

2. 讲究实际，注重利益

美国人做交易往往以获取经济利益作为最终目标。因此，他们有时对日本人、中国人在谈判中要考虑其他方面的因素，如政治关系所形成的利益共同体等表示不可理解。尽管他们注重实际利益，但他们一般不漫天要价，也不喜欢别人漫天要价。他们认为，做买卖要双方都获取利益，不管哪一方提出的方案都要公平、合理。因此，美国人对于日本人、中国人习惯注重友情和看在老朋友的面子上可以随意通融的做法很不适应。

①美国人做生意时更多考虑的是做生意所能带来的实际利益，而不是生意人之间的私人交情。亚洲国家和拉美国家的人都对美国人有这种感觉：美国人谈生意就是直接谈生意。他们不注意在洽商中培养双方的友谊和感情，而且还力图把生意和友谊清楚地分开，因而显得比较生硬。但从美国人的角度看，他们对友谊与生意的看法却与我们大相径庭。有位美国专家指出："美国人觉得到中国谈生意像到朋友家做客，而不像做生意，同中国人谈判是'客人'与'主人'的谈判。"

②美国人注重利益还表现在他们一旦签订了合同，会非常重视合同的履行，履约率较高。在他们看来，如果签订合同不能履约，那么违约方就要严格按照合同的违约条款支付赔偿金和违约金，没有再协商的余地。所以，他们十分注重违约条款的洽商与执行。

3. 热情坦率，性格外向

美国人属于性格外向的民族。他们的喜怒哀乐大多通过他们的言行举止表现出来。在商务谈判中，他们精力充沛，热情洋溢，不论在陈述己方观点，还是在表明对对方的立场态度上，都比较直接坦率。如果对方提出的建议他们不能接受，也是毫不隐讳地直言相告，唯恐对方误会。所以，他们对日本人和中国人的表达方式表示了明显的异议。美国人常对中国人在谈判中的迂回曲折、兜圈子感到莫名其妙。对于中国人在谈判中用微妙的暗示来提出实质性的要求，美国人感到十分不习惯。他们常常惋惜，不少美国厂商不善于品味中国人的暗示，失去了不少极好的交易机会。东方人认为直接地拒绝对方，表明自己的要求，会损害对方的面子，僵化关系，像美国人那样感情爆发、直率、激烈的言辞是缺乏修养的表现。同样，东方人所推崇的谦虚、有耐性、有涵养，可能会被美国人认为是虚伪、客套、耍花招。

4. 重视合同，法律观念强

美国是一个高度法制化的国家，美国人解决矛盾纠纷习惯于诉诸法律。他们的这种法律观念在商业交易中也表现得十分明显。美国人认为，交易最重要的是经济利益。为了保证自己的利益，最公正、最妥善的解决办法就是依靠法律、依靠合同，而其他方法都是靠不住的。因此，他们特别看重合同，谈判时会十分认真地讨论合同条款，而且特别重视违约赔偿条款。一旦双方在执行合同条款中出现意外情况，就按双方事先同意的责任条款来处理。因此，美国人在商务谈判中对合同的讨论特别详细、具体，也关心合同适用的法律，以便在合同执行中能顺利地解决各种问题。

美国人重合同、重法律还表现在他们认为商业合同就是商业合同，朋友归朋友，两者之间不能混淆起来。私交再好，甚至是父子关系，在经济利益上的划分也是绝对分明的。

因此，美国人对中国人认为对方是好朋友就理所当然地要对方提供给自己比别人更优惠的待遇、出让更大的利益的做法表示难以理解。这一点也值得我们认真考虑，并在谈判中加以注意。

5. 注重时间和效率

美国是一个高度发达的国家，生活节奏比较快。这使美国人特别重视、珍惜时间，注重活动的效率。所以在商务谈判中，美国人常抱怨其他国家的谈判对手拖延、缺乏工作效率，而这些国家的人埋怨美国人缺乏耐心。在美国企业，各级部门职责分明，分工具体，因此，谈判的信息收集、决策都比较快速、高效率。加之美国人个性外向、坦率，所以在谈判时，他们喜欢开门见山，报价及提出具体条件也比较客观，水分较少。几经磋商后，双方的意见可以很快趋于一致。但如果对方的谈判特点与美国人的不一致或正好相反，那么他们就会感到十分不适应，而且常常把他们的不满直接表示出来，就更显得他们缺乏耐心。

美国人重视时间还表现在做事井然有序，有一定的计划性，不喜欢不速之客来访。另外，与美国人约会时，早到或迟到都被认为是不礼貌的。

二、英国人的谈判风格

英国是第一个进入工业化的国家，曾经是世界头号经济大国。但第二次世界大战后，经济增长缓慢，国力相对下降。所以，英国人在性格上既有过去大英帝国的傲慢矜持，又有本民族的谦和。他们很传统、很绅士、很讲究礼节。

1. 不轻易与对方建立个人关系

英国人个人之间的交往比较谨慎，很难一见如故，即使对本国人，也是一样。他们不轻易相信别人和依靠别人，这种保守、传统的个性在某种程度上反映了英国人的优越感。但是，一旦你与英国人建立了友谊，他们会十分珍惜，会长期信任你，在生意关系方面也会十分融洽。因此，如果谈判人员没有与英国人长期打交道的历史、没有赢得他们的信任或没有优秀的中间人从中介绍，就不要期望与他们做大买卖。

2. 等级观念根深蒂固

尽管英国是老牌的资本主义国家，但那种平等和自由更多地表现在形式上。在英国人的观念中，等级制度依然存在。在对外交往中，英国人比较注重对方的身份、经历、业绩，而不像美国人那样更看重对方在谈判中的表现。因此，在必要的情况下，与英国人谈判时派有较高身份、地位的人会起到一定的积极作用。

3. 风格稳健，保守谨慎

英国人对谈判的准备不是特别详细、周密。他们善于简明扼要地阐述立场、陈述观点，然后便是更多地表现沉默、平静、自信而谨慎。因此，谈判者与英国人讨价还价的余地不大。在谈判中，英国人采取非此即彼的缺乏灵活性的态度，在谈判的关键时刻往往表现得既固执又不肯花大力气争取，使对手颇为头疼。在英国人眼里，追求生活的秩序与舒适是最重要的，而勤奋与努力是第二位的。所以，英国商人对物质利益的追求不激烈也不直接，愿做风险小、利润少的买卖，但在谈判遇到纷争时也会毫不留情地争辩。

4. 不能按时履行合同

英国人有一个共同特征，就是不能保证合同的按期履行。据说这一点举世闻名。英国人为此也做了很大努力，但效果不明显。对于出现这种现象的原因，有一种说法是：英国工业历史较为悠久，但近几个世纪发展速度放慢，英国人更追求生活的秩序与舒服，而勤奋与努力是第二位的。另外，英国的产品质量、性能优越，市场广泛，这使英国人忽视了作为现代贸易应遵守的基本要求。

三、德国人的谈判风格

德国是世界著名的工业大国。从整个民族的特点来看，自信、高傲、刻板和高效是德国人的显著特点。

1. 产品高标准，严要求

德国的工业很发达，企业标准精确、具体，产品质量堪称世界一流，对这一点德国人一直引以为豪。如果要与德国人做生意，谈判人员一定要让他们相信己方的产品可以满足交易规定的各方面的一贯高标准。在某种程度上，德国人对谈判人员在谈判中的表现的评价取决于谈判人员能否令人信服地说明己方将信守诺言。

2. 时间观念强，工作效率高

德国人的时间观强、工作效率高，勤奋、敬业是美德。他们信奉的座右铭是“马上解决”。因此，德国人具有极为认真负责的工作态度和高效率的工作方式。德国人认为，一个谈判者是否有能力，只要看一看他经手的事情是否被快速、有效地处理就清楚了。

3. 周到细致，准备充分

德国人谨慎保守，但办事雷厉风行，考虑问题周到细致，注重细枝末节，力争任何事都完美无缺。在进行商务谈判之前，他们会收集详细的资料，准备工作做得十分周密。不仅包括产品性能、质量，还包括对方业务开展情况、银行资信及经营组织状况，都能了解得很清楚。充分的准备使他们在谈判一开始便能占据主动地位。德国人谈判思维极有系统性、逻辑性，假如他们遇到事先不充分准备，谈判时思维混乱的对手，德国商人会表现出极大的不满。

德国人谈判果断、极注重计划性、节奏紧凑，谈判中语气严肃，谈判建议具体而切实，以一种清晰、有序和有权威的方式加以表达。

4. 重合同，守信用

德国人素有“契约之民”的雅称。他们崇敬合同，严守合同信用，因此，他们对合同条文研究得比较仔细，要求谈判协议上的每个字、每句话都十分准确。一般说来，签订了合同之后他们就绝对会履行，不论发生任何问题也决不毁约。因此，德国商人合同履约率很高，在全世界贸易中有着良好的信誉。

另外，德国人有很强的时间观念。如果对手在谈判时迟到，那么德国人对他的那种不信任的反感心理就会溢于言表。在签订合同之后，己方对交货日期或付款日期应严格遵守，任何要求宽延或变更都是不会被德方理睬的。

四、法国人的谈判风格

法国是一个工业发达的老牌资本主义国家。法兰西民族在近代史上有其社会科学、文学、科学技术上的卓越成就，民族自豪感特别强。他们具有戴高乐的依靠决定的“不”字以谋取自己利益的高超谈判本领。

1. 注重人际关系

法国人天性比较开朗，比较注重人情味，所以他们非常珍惜交易过程中的人际关系。有人说，在法国“人际关系是用信赖的链条牢牢地互相联结的”，这种性格也影响到法国人的商业交往。一般说来，在尚未互相成为朋友之前，法国人是不会与对方做大笔生意的。因此，如果要和法国人洽谈生意，谈判者就必须和法国人建立友好关系，这需要做出长时间的努力。法国人的人情味还表现在：谈判不能只顾谈问题，否则会被嘲笑为是个枯燥乏味之人。除了在最后做决定时可以一本正经，在洽谈时间里，多谈一些关于社会新闻和文化等方面的话题往往会受法国人欢迎。

2. 讲究服饰礼仪

法国人具有良好的社会风范，他们多受过良好教育，从小就被指点、培养各种文明习惯。法国人相当注意修饰自己的外表，在正式场合，他们的衣着装饰都相当讲究。在他们看来，衣着代表着一个人的修养、身份和地位。因此，在与法国人谈判时，谈判者必须注意自己的服饰，尽可能穿上最得体的衣服。

3. 坚持使用法语谈判

法国人具有一个世人共识的特点，就是坚持在谈判中使用法语。即使他们英语讲得很好，也是如此，而且在这一点上很少让步。因此，如果一个法国人在谈判中对谈判对手使用英语，那么这可能是你争取到的最大让步。所以，在与法国人谈生意时，如果己方不是占很大的优势，最好选择一名很好的法语翻译。至于为什么法国人只用法语，原因有很多，可能是法国人爱国的一种表现，可能是说法语会使他们减少由于语言不同产生的误会。

4. 喜欢横向式谈判

在商务谈判中，法国人明显地偏爱横向式谈判。也就是说，他们喜欢先为协议勾画出一个大致的轮廓，再搭建原则协议，最后确定协议的各个方面。他们把谈判的重点放在拟订一些重要的原则上，而不注意细节。这与美国人的一个问题又一个问题的谈判风格正好相反。

5. 注重个人决策

法国是存在主义的发祥地，对于个人权力还是很珍视的。即使在商务谈判中，法国人也很注重同个人的关系，认为以个人为基础的关系要比公司的信用重要得多。法国的企业通常组织机构明确、简单，实行个人负责制，个人权力很大。在商务谈判中，也多是由个人决策负责，所以谈判的效率较高。即使是专业性很强的洽谈，法国人也能一个人独挡几个方面。

6. 时间观念不强

法国人的时间观念不是很强。在公共场合如正式宴会，有种非正式的习俗，那就是主客身份越高来得越迟。法国人的时间意识是单方面的。在商务谈判中，他们经常迟到，却总能找到许多堂皇的理由。但是，如果对方由于某些原因而迟到，他们就会非常冷淡地接待对方。所以如果谈判者有求于他们时，不要迟到，否则将不会被原谅。相反，如果法国人迟到了，谈判者要学会忍耐。

五、日本人的谈判风格

日本人的谈判风格不仅与西方人大相径庭，即使与亚洲其他国家的人相比，也差异很大。事实上，在许多国家，人们认为日本人是很难对付的谈判对象。但是，一旦了解对方谈判风格中的文化因素，与日本人谈判中的困难将大大减少。

日本是个岛国，人口密集，资源缺乏，对外有很强的依赖性。因而，日本人有很强的事业心、进取精神，工作勤奋刻苦，态度认真且一丝不苟，事先准备工作充分。一般而言，与日本人谈判最为关键的一点是信任。

1. 群体意识强，喜欢集体决策

日本文化所塑造的日本人的价值观念与精神取向都是集体主义的，以集体为核心。日本人认为压抑自己的个性是一种美德，教化人们将个人的意愿融于和服从于集体意愿。因此，日本人认为，寻求人们之间的关系和谐是最为重要的。如果商务谈判是在这样的感觉和气氛下进行的，那么它将存在一种平衡，一切也就会进行得很顺利。正因为如此，日本人的谈判决策非常有特点，绝大部分美国人和欧洲人都认为日本人的决策时间很长，这就是群体意识的影响。日本人在提出建议之前，必须与公司的其他部门和成员商量后再决定，这个过程十分烦琐。如果日方作出的决策涉及制造产品的车间，那么其决策的酝酿就从车间开始，一层一层向上反馈，直到公司决策层，而且要经过反复协商。如果协商的结果与原定的目标有出入，那么很可能这一过程又要重复一番。因此，谈判人员与日本人进行商务谈判时应注意，即使日本的谈判代表被授予签署协定的权力，合同书的条款也应是具体商议的结果。日本人做决策的时间较长，而一旦决定下来，行动起来会十分迅速。

2. 建立相互信任是合作成功的重要基础

与欧美商人相比，日本人做生意更注重建立个人之间的人际关系。许多谈判专家都认为，要与日本人进行合作，朋友之间的友情、相互之间的信任是十分重要的。日本人不喜欢对合同讨价还价，他们特别强调能否同外国合作者建立相互依赖的关系。如果双方能成功地建立相互依赖的关系，签订合同就是比较容易的事情。一旦这种关系得以建立，双方都会十分注重长期保持这种关系。

欧美商人喜欢把合同条款写得尽可能具体、详细，特别是双方的责任、索赔的内容方面，以防日后出现纠纷或者利于出现纠纷以后的处理。日本人却认为，双方既然已经十分信任和了解，一定会通力合作，即使万一做不到合同所保证的，双方也可以再坐下来谈判，重新协商合同的条款。如果周围环境发生变化，使得情况有损公司利益，那么合同的效力就会丧失。要是对方坚持合同中的惩罚条款或不愿意放宽已签订的合同条款，日本人就会感到极为不满。

专家建议，当外商同从未打过交道的日本企业洽商时，必须在谈判前就获得日方的信任。公认的最好的办法是取得一家日方认为可靠的、信誉甚佳的企业的支援，即找一个信誉较好的中间人。在与日本人的合作中，中间人起着十分重要的作用。在谈判的初始阶段或在面对面的讨论细则之前，对谈判内容的确定往往都要由中间人出面协商。中间人还能告诉谈判者是否有可能将洽谈推向前进。总之，中间人在沟通双方资讯、加强联系、建立信任方面都有着不可估量的作用。因此，非日本企业需要与日本企业洽谈时，要千方百计地寻找中间人来牵线搭桥。中间人既可以是企业、社团组织、皇族成员、知名人士，也可以是银行、为企业提供服务的咨询组织等。

3. 重视礼仪，讲求面子

日本是个重视礼仪的社会。日本人所做的一切都要受严格的礼仪约束。许多礼节在西方人看起来有些可笑，但日本人做起来却一丝不苟。正因为如此，如果外国人不适应日本人的礼仪或表示出不理解、轻视，那么就不大可能在推销和采购业务中引起日本人的重视，不可能获得他们的信任与好感。理解日本人的礼仪且能很好地适应，并不是要求谈判人员学会像日本人那样鞠躬，而是在了解日本文化背景的基础上理解并尊重他们的行为。在与日本人的谈判中，谈判者要注意以下几点。

①日本人最重视人的身份地位。在日本社会中，人人都对身份地位有明确的概念。在日本公司中，即使同一管理层次，地位也是不同的。这些极其微妙的地位差异常令西方人摸不着头脑。但是，每个日本人却非常清楚自己所处的地位和该行使的职权，知道如何说话、办事才是正确与恰当的言行举止。

②与日本人谈判时，交换名片是一项绝不可少的仪式。在与日本人谈判之前，谈判者要把名片数量准备充足。因为谈判者要向对方的每个人递送名片，并且绝不能遗漏任何人。如果日方人员先向你递上名片，切不可急急忙忙塞进口袋，这是不恭敬的表示。要把名片拿在手中，反复仔细确认对方的名字，公司的名称、电话、位址等信息，这既显示了你对对方的尊重，又记住了名片的主要内容，还显得自己从容不迫。传递名片时，一般是由职位高的、年长的先出示。另外，很随意地交换名片也被日本人认为是一种失礼的行为。

③要面子是日本人最普遍的心理。这在商务谈判中表现最突出的一点就是，日本人从不直截了当地拒绝对方。西方人不愿意同日本人谈判的最重要的一点就是，日本人说话总是转弯抹角，含糊其辞。另外，当己方提出要求而日本人回答“我们将研究考虑”时，不能认为此事已有商量的余地或对方有了同意的表示。这只说明日本人知道了己方的要求，他们不愿意当即表示反对而使提出者陷入尴尬的境地。同样，日本人也不直截了当地提出

建议。他们更多的是把对手往他们的方向引，特别是当他们的建议同对手已经表达出来的愿望相矛盾时更是如此。因此，谈判者应把保全面子作为与日本人谈判需要注意的首要问题，主要注意以下四点。

①千万不要直接指责日本人。当出现意见分歧时，较好的处理方法是把己方的建议间接地表示出来，或采取某种方法让日本人自己谈起棘手的话题，或通过中间人去交涉。

②避免直截了当地拒绝日本人。如果谈判者不得不否认日本人的某个建议，要尽量婉转地表达出来或做出某种暗示，也可以陈述己方不能接受的客观原因，绝对避免使用羞辱、威胁性的语言。

③不要当众提出令日本人难堪或他们不愿回答的问题。有的谈判者喜欢运用令对方难堪的战术来打击对方，但对日本人最好不要用这种策略。如果谈判者让一个日本人感到在集体中失去了面子，那么圆满的合作是不存在的。

④要十分注意馈赠礼物方面的问题。馈赠礼品是日本社会最常见的现象，谈判者与日本人进行商务谈判时要对这个问题引起重视。

4. 有耐心才能赢得谈判成功

日本人在谈判中的耐心是举世闻名的。日本人的耐心不仅仅是缓慢，而是准备充分、考虑周全、洽谈有条不紊、决策谨慎小心。例如，为了一笔理想的交易，日本人可以毫无怨言地等上两三个月，只要能达到他们预想的目标或取得更好的结果，时间对于他们来说不是第一位的。

日本人具有耐心还与他们在交易中注重个人友谊、相互信任有直接的联系，因为要建立友谊、信任就需要时间。像欧美商人那样把商务谈判看成纯粹的商务往来、只限于交易上的联系，日本人是不习惯的。因此，有一位美国专家说："日本人在业务交往中，非常强调个人关系的重要性。他们愿意逐渐熟悉与他们做生意的人，并愿意同他们长期打交道。在这一点上，他们同中国人很相像。"

耐心使日本人在谈判中具有充分的准备，使他们能成功地运用规定期限技巧而赢得应获得的最大利润。因此，谈判者与日本人谈判时缺乏耐心或急于求成，有可能会输得一败涂地。

六、俄罗斯人的谈判风格

俄罗斯是礼仪之邦。俄罗斯人热情好客，注重个人之间的关系，愿意与熟人做生意。

1. 办事效率低，缺乏灵活性

俄罗斯人受到官僚主义办事拖拉作风的影响，做事断断续续，大大增加了谈判的困难。他们绝不会让自己的工作节奏适应外商的时间表。外商遇见的俄罗斯办事人员，绝不会急急忙忙奔回办公室，向上级呈送一份有关谈判的详细报告，除非外商供应的商品正好是俄罗斯人极想要的商品。在谈判期间，如果外商向他们发信或打电传，征求他们的意见或反应，往往得不到及时回应。

俄罗斯人缺乏灵活性，因为他们的计划制订与审批要经过许多部门、许多环节。这必然要延长决策与反馈的时间，这种传统体制也僵化了人的头脑。在国际贸易方面，尽管俄罗斯现在在外贸体制上有了较大的变革，但还没有形成正常的经营秩序和健全的管理体制。因此，俄罗斯人在外贸方面非常谨慎，缺少敏锐性和创新精神，喜欢墨守成规。随着俄罗斯经济体制改革的不断深入，国际贸易的不断扩大，这种情况将会有所改变。

2. 对技术细节感兴趣

俄罗斯人的谈判能力很强，特别重视技术内容和索赔条款。这是因为引进技术要具有先进性、实用性。由于技术引进项目通常都比较复杂，对方在报价中又可能会有较大的水分，为了尽可能以较低的价格购买最有用的技术，俄罗斯人特别重视技术的具体细节。他们索要的资料也包括包罗万象，如详细的车间设计图纸、零件清单、设备装配图纸、原材料证明书、化学药品和各种试剂、各种产品的技术说明、维修指南等。因此，谈判人员在与俄罗斯人进行洽商时要有充分的准备，可能要就产品的技术问题进行反复大量的磋商。为了能及时、准确地对技术细节进行阐述，在谈判中要配置技术方面的专家。谈判者要十分注意合同用语的使用，语言要精确，不能随便承诺某些不能做到的条件，对合同中的索赔条款也要十分重视。

3. 善于讨价还价

俄罗斯人善于与外国人做生意，善于寻找合作与竞争的伙伴，也非常善于讨价还价。如果他们想要引进某个项目，首先要对外招标引来数家竞争者，然后不慌不忙地进行选择，并采取各种离间手段让争取合同的对手之间竞相压价而自己最后从中渔利。俄罗斯人在讨价还价上堪称行家里手。许多优秀务实的欧美生意人都认为，不管自己的报价是多么公平、合理，怎样精确计算，俄罗斯人也是不相信的，会千方百计地挤出其中的水分，达到他们认为的理想的结果。

4. 喜欢易货贸易

俄罗斯人喜欢在外贸交易中采用易货贸易的形式。由于易货贸易的形式比较多，如转手贸易安排、补偿贸易、清算账户贸易等，使贸易谈判活动变得十分复杂。在对外贸易中，俄罗斯人采用易货贸易的形式也比较巧妙。他们在谈判一开始并不一定提出货款要以他们的产品来支付。因为这样一来，对需要硬通货做交易的公司缺乏吸引力，也会使自己处于劣势地位。他们在与外商洽商时，在拼命压低对方的报价后才开始提出用他们的产品来支付对方的全部或部分货款。由于外国商人已与俄罗斯人进行了广泛的接触，谈判的主要条款都已商议妥当，因而当俄罗斯商人提出这一要求时往往会感到很为难，也容易做出让步。需要指出的是，如果俄罗斯人提出只有接受他们的易货商品或者帮助他们把某些商品销售给支付硬通货的第三方时，他们才能支付货款，那么谈判者一定要认真考虑其中所涉及的时间、风险和费用。易货是一种好的交易形式，但当交易的商品没有市场时，那么还不如没有这项交易。

七、阿拉伯人的谈判风格

由于地理、宗教、民族特性的影响，阿拉伯人具有一些共同的特点：以宗教划派，以部族为群，通用阿拉伯语（英语在大多数国家也可通用），信仰伊斯兰教，比较保守，有浓重的家庭主义观念，性情比较固执，脾气也很倔强，不轻易相信别人，比较好客，缺乏时间观念，喜欢用手势或其他动作来表达思想。

1. 重友情，轻信誉

阿拉伯人是先交朋友，后谈生意。外商想向他们推销商品，必须多次拜访，方可进入商谈。谈判者与他们打交道，必须争取他们的好感和信任，建立朋友关系，创造谈判气氛。只有这样，下一步的交易才会顺利发展。

阿拉伯人不注重信誉。例如在商务谈判中订好的合同，如果情况发生变化，阿拉伯人想要取消合同，就会名正言顺地说“这是神的意志”，很简单地取消了合同。双方在商谈中好不容易有了进展，情况如果对外商有利，正想进一步促成交易时，阿拉伯商人却耸耸肩说：“明天再谈。”等到明天再谈时，有利的气氛和形势已不存在，一切都得重新开始。当外商对阿拉伯人的上述行为感到恼怒时，他们会怕着外商的肩说：“不要介意。”让人哭笑不得。

2. 要求尊重他们的信仰

阿拉伯人的生活深受伊斯兰教的影响，他们希望与自己洽谈的外商对伊斯兰教及其历史有些了解，并对他们的生活表示尊重。他们反感别人用贬损或玩笑的口吻谈论他们的信仰和习惯，嘲弄他们生活中不寻常的举动。另外，最好不要对阿拉伯人的私生活表示好奇。尽管阿拉伯人热情好客，但因阿拉伯人所信仰的伊斯兰教规矩很严格，他们的日常生活明显地带有宗教色彩。稍有不慎，谈判者就会伤害他们的宗教感情，其后果将是不可想象的。

3. 喜欢讨价还价

阿拉伯人认为没有讨价还价就不是一场严肃的谈判。在阿拉伯国家无论大小商店都可以讨价还价。标价只是卖主的报价。更有甚者，不还价就买走东西的人，还不如讨价还价后什么也不买的人受卖主尊重。他们的逻辑是：前者小看他，后者尊重他。不过，对阿拉伯人的讨价还价要注意两类不同做法的人：漫天要价与追求利润。面对前者，你可以就地还价，大刀阔斧。后者虽然有余地，但其态度主要在追求适当利润，你应适度还价，仅在还价立场上做文章。

4. 谈判通过代理商

在阿拉伯商界有一个阶层，就是代理商。几乎所有阿拉伯国家的政府都坚持：外商同阿拉伯国家的私营企业或是政府部门谈判，都必须通过代理商。如果没有合适的代理商，很难设想外商能在生意中进展顺利。因为涉及重大生意，代理商可以为外商在政府中找到合适的关系，使项目可以得到政府的批准；也会帮助外商安排劳动力、运输、仓储、膳宿供应，帮助外商较快收到生意中的进款。

以上介绍的只是世界上主要经济贸易国家和地区的谈判风格和特点。当然，由于经济全球化、一体化的迅速发展，有些商人的国别风格已不十分明显。因此，谈判者既要了解、熟悉不同国家和地区的商人之间的谈判风格的差异，又要在实际的谈判中根据情况的变化，适时调整自己的谈判方式，以达到预期的目的，取得商务谈判的成功。

扩展阅读

思考题

1. 国际商务谈判的含义与特点是什么？
2. 国际商务谈判的原则有哪些？
3. 国际商务谈判的基本要求有哪些？
4. 中西方文化差异产生的主要原因是什么？
5. 试述文化差异对商务谈判的影响与对策。
6. 试述霍夫施泰德的文化维度。
7. 世界主要国家商务谈判有哪些特点？

案例分析

主要参考文献

[1] 大字条旨版. 中华人民共和国合同民法典. 北京：中国检察出版社，2020.
[2] 林麒麟. 例解债与合同法. 郑州：郑州大学出版社，2020.
[3] 徐斌，王军旗. 商务谈判实务. 北京：中国人民大学出版社，2019.
[4] 黄睿，蔡玉云，雷朝晖. 商务谈判. 成都：电子科技大学出版社，2019.
[5] 隋彭生. 合同法要义. 北京：中国人民大学出版社，2018.
[6] 李晓娜，周原，周言姣. 商务谈判实务. 济南：山东大学出版社，2018.
[7] 尚惠丽. 商务谈判实务. 北京：科学出版社，2018.
[8] 毛国涛，田华. 商务谈判. 北京：北京理工大学出版社，2018.
[9] 郭鑫. 商务谈判. 成都：西南财经大学出版社，2017.
[10] 陈汉明，李占红. 商务谈判理论与实务. 长沙：湖南大学出版社，2017.
[11] 鲁小慧. 商务谈判. 北京：中国财政经济出版社，2016.
[12] 李爽. 商务谈判. 北京：人民邮电出版社，2017.
[13] 李静，刘新贵. 商务谈判. 北京：中国传媒大学出版社，2016.
[14] 吕彦云. 商务谈判. 北京：北京师范大学出版社，2016.
[15] 陈汉文，徐梅. 商务谈判实务. 北京：清华大学出版社，2014.
[16] 袁其刚. 商务谈判学. 北京：电子工业出版社，2014.
[17] 杜海玲，许彩霞. 商务谈判实务. 北京：清华大学出版社，2014.
[18] 赵莉. 商务谈判. 北京：电子工业出版社，2013.
[19] 李力刚. 谈判说服力. 北京：北京联合出版社，2013.
[20] 林伟贤. 中国人的优势谈判. 北京：北京大学出版社，2012.
[21] 石永恒. 商务谈判实务与案例. 北京：机械工业出版社，2012.
[22] 樊建廷，干勤. 商务谈判. 大连：东北财经大学出版社，2012.
[23] 蔡彦敏，祝聪，刘晶晶. 谈判学与谈判实务. 北京：清华大学出版社，2011.
[24] 姚风云，范成存，朱光. 商务谈判与管理沟通. 北京：清华大学出版社，2011.
[25] 方其. 商务谈判. 北京：中国人民大学出版社，2011.
[26] 张佩星. 高手谈判技巧. 北京：机械工业出版社，2011.
[27] 刘必荣. 中国式商务谈判. 北京：北京大学出版社，2011.
[28] 邢桂平. 谈判就这么简单. 北京：北京工业大学出版社，2010.
[29] 张强. 商务谈判学理论与实务. 北京：中国人民大学出版社，2010.
[30] 陈玉章. 商务谈判实务. 北京：北京理工大学出版社，2010.
[31] 毛晶莹. 商务谈判. 北京：北京大学出版社，2010.
[32] 陈岩. 国际商务谈判学. 北京：中国纺织出版社，2010.

[33] 姜百臣. 商务谈判. 北京：中国人民大学出版社，2010.
[34] 张立强. 经典谈判谋略. 北京：地震出版社，2009.
[35] 王景山. 商务谈判. 西安：西北工业大学出版社，2009.
[36] 徐卫星. 商务谈判. 北京：经济科学出版社，2009.
[37] 王绍军，刘增田. 商务谈判. 北京：北京大学出版社，2009.
[38] 刘园. 国际商务谈判. 北京：中国人民大学出版社，2009.
[39] 憨氏. 轻松商务谈判. 呼伦贝尔：内蒙古文化出版社，2009.
[40] 王剑飞. 赢在谈判. 广州：广东经济出版社，2008.
[41] 白远. 国际商务谈判. 北京：中国人民大学出版社，2008.
[42] 贯越. 谈判的艺术. 北京：京华出版社，2008.
[43] 李品媛. 现代商务谈判. 大连：东北财经大学出版社，2008.
[44] 汤秀莲. 国际商务谈判. 天津：南开大学出版社，2008.
[45] 张翠英. 商务谈判理论与实训. 北京：首都经济贸易大学出版社，2008.
[46] 丁建忠. 商务谈判. 北京：中国人民大学出版社，2007.
[47] [美]罗伊·J. 列维奇，等. 谈判学. 北京：中国人民大学出版社，2007.
[48] 刘必荣. 完美谈判. 北京：北京大学出版社，2007.
[49] 宋贤卓. 商务谈判. 北京：科学出版社，2007.
[50] 孙平. 当代商务谈判. 武汉：武汉大学出版社，2007.
[51] 李昆益. 商务谈判技巧. 北京：对外经济贸易大学出版社，2007.
[52] 贾蔚，栾秀云. 商务谈判理论与实务. 北京：中国经济出版社，2007.
[53] 高建军. 商务谈判实务. 北京：北京航空航天大学出版社，2007.
[54] 刘志超. 商务谈判. 广州：广东高等教育出版社，2006.
[55] 张煜. 商务谈判. 成都：四川大学出版社，2005.
[56] 刘园. 国际商务谈判理论实务案例. 北京：中国商务出版社，2006.
[57] 方明亮，刘华. 商务谈判与礼仪. 北京：科学出版社，2006.
[58] 龚荒. 商务谈判与推销技巧. 北京：清华大学出版社，2006.

教师服务

感谢您选用清华大学出版社的教材！为了更好地服务教学，我们为授课教师提供本书的教学辅助资源，以及本学科重点教材信息。请您扫码获取。

教辅获取

本书教辅资源，授课教师扫码获取

样书赠送

市场营销类重点教材，教师扫码获取样书

清华大学出版社

E-mail: tupfuwu@163.com
电话：010-83470332 / 83470142
地址：北京市海淀区双清路学研大厦 B 座 509

网址：http://www.tup.com.cn/
传真：8610-83470107
邮编：100084